# LUST

## Der ultimative Ratgeber

# Der ultimative Ratgeber

ANNE HOOPER

coventgarden

**coventgarden**
BEI DORLING KINDERSLEY

*Erstausgabe*
Für Dorling Kindersley entwickelt und produziert von
Carroll & Brown Limited

*Neuausgabe*
*Leitung Bildlektorat* Lynne Brown
*Cheflektorat* Corinne Roberts
*Bildredaktion* Karen Ward
*Lektorat* Julia North
*Herstellung* Bethan Blase

Die Deutsche Bibliothek – CIP-Einheitsaufnahme
Ein Titeldatensatz für diese Publikation ist bei
Der Deutschen Bibliothek erhältlich.

Titel der englischen Originalausgabe:
Ultimate Sex



*Übersetzung und Satz* pathword Reinhard Bröker
*Redaktion* Dorothée Trassl
*Umschlaggestaltung* Mark Thomson, International Design
UK Ltd., London

ISBN 3-8310-9010-6

Besuchen Sie uns im Internet
**www.dk.com**

# Vorwort

In den vielen Jahren meiner Tätigkeit als Therapeutin habe ich zahlreiche Menschen kennen gelernt, die ihr Liebesleben verändern und verbessern wollten. Unter ihnen waren hochsensible, sehr intelligente und außerordentlich erfolgreiche Personen. Sexuelle Probleme haben nichts mit Status, Bildung oder Vermögen zu tun. Sexuelle Neugier scheint eine universelle Eigenschaft zu sein, denn letztlich möchte jeder wissen, ob Sex noch schöner werden kann, als er ohnehin schon ist.

Unter meinen Patienten waren Parlamentsmitglieder, hohe Polizeibeamte, Ärzte, Psychiater, Opernsänger, Musiker und Bestseller-Autoren. Es gab Krankenschwestern und Lehrer, Köche, Zahnärzte, Buchhalter, Rechtsanwälte, Arbeiter und Arbeitslose, Männer und Frauen mit unheilbaren Krankheiten, Hausfrauen und Hausmänner.

Ich habe viel von meinen Patienten gelernt, nicht zuletzt auch, dass Sex wirklich Spaß machen kann. Er stärkt und beruhigt und stellt ein Fundament her, auf dem eine liebevolle Partnerschaft aufbauen kann. Es ist überhaupt nicht ungewöhnlich, mehr über seine eigene Sexualität erfahren zu wollen.

Bedauerlicherweise ist es ganz egal, wie hart eine Therapeutin arbeitet und wie viele Patienten sie behandelt: Sie kann immer nur eine begrenzte Anzahl von Personen betreuen. Hinzu kommt, dass viele Männer und Frauen niemandem Einblick in ihre Intimsphäre geben wollen. Das bedeutet aber, dass es viele gibt, die außerhalb einer therapeutischen Praxis mehr über ihre Sinnlichkeit wissen wollen. Für diese Menschen habe ich dieses Buch geschrieben.

Guter Sex bedeutet, dass man das Leben in sich fühlt, im Geist rege ist und seinen Körper spürt, in dem es prickelt. Er hängt von persönlichem Geschick und individuellen Vorlieben ab. Sex ist Kunst, nicht im Sinne toter und künstlicher Objekte, sondern im Sinne eines einzigartigen und kreativen Prozesses, an dem zwei Personen beteiligt sind. In diesem Buch versuche ich, meine klinischen und therapeutischen Einsichten für solche kreativen Erfahrungen nutzbar zu machen. Indem ich Ihnen neue (und manchmal auch sehr alte) Gedanken vermittle, hoffe ich, Sie beim Streben nach einem erfüllten Liebesleben zu unterstützen. Ich wünsche Ihnen, dass Sie damit eine Fülle lebhafter Erfahrungen und Erinnerungen gewinnen werden.

Anne Hooper

# INHALT


Einführung 8

1 Wie kann ich zeigen, dass ich an Sex interessiert bin? 20

2 Wie kann ich mich auf die Wünsche meines Partners einstellen? 32

3 Wie kann ich die Hemmungen meines Partners abbauen? 40

4 Wie kann ich meinen Partner total erregen? 48

5 Wie kann man die Dauer des Liebesaktes verlängern? 56

6 Wie äussere ich meine sexuellen Wünsche richtig? 68

7 Wie wird der Sex intimer und inniger? 76

8 Wie kann ich mein Repertoire erweitern? 86

9 Wie erreicht man den Gipfel sexueller Ekstase? 98

10 Wie kann man mehr Abwechslung in das Liebesspiel bringen? 110

11 Was kann ich gegen nachlassendes Interesse tun? 120

12 Wie können wir unsere innersten Fantasien ausleben? 132

13 Muss ich mit einem neuen Partner Safer Sex praktizieren? 144

14 Wie können Schwangere guten Sex haben? 154

15 Wie bekomme ich intensivere Orgasmen? 164

16 Wie finden wir Zeit für unsere Liebe? 176

17 Die sexuelle Batterie neu aufladen 182

18 Wie schenkt uns Sex ein Gefühl der Ganzheit? 190

19 Wie bringt man das Begehren zurück? 198

20 Wie kann ich mehr Spass im Bett haben? 210

21 Wie überwinde ich sexuelle Zurückweisung? 222

22 Einsatz sexueller Hilfen 234

23 Seine und ihre Geschlechtsorgane 240

Register 244

# EINFÜHRUNG

*Sex hat man oft das »Vergnügen des armen Mannes« genannt, weil man ja nichts kaufen muss, damit man ihn genießen kann. In unserem Inneren haben wir alle »Zutaten« für jede Art der Ekstase. Wir können mit unseren Partnern individuell erstellte Szenarien sexueller Lust leben, ohne spezielle Vorkenntnisse zu haben. Wenn aber Sex ein menschlicher Grundzug ist, warum soll man sich dann überhaupt mit Büchern wie diesem beschäftigen? Warum lassen wir uns nicht vom Strom orgasmischer Freuden fortreißen, indem wir einfach nur das tun, was ganz natürlich in uns entsteht?*

## GUTER SEX IST LERNBAR

Dass wir aus unseren sexuellen Fähigkeiten nicht mehr machen, liegt wohl auch daran, dass wir sie nicht greifen können. Die meisten von uns lernen Sex über ihre Familien, Freunde und »turtelnde« Paare kennen. Viel erfahren wir auch aus den Medien. In unseren Schlafzimmern versuchen wir dann praktisch umzusetzen, was wir an Ideen zusammengetragen haben. Im Idealfall geschieht das spontan wie die Albereien in unserer Kindheit.

Aber das Leben verläuft selten ideal. Vielleicht erhalten wir nicht genügend Informationen oder nicht die richtigen. Nicht jeder hat genug Fantasie, daraus sexuelles Wissen zu ziehen oder rein instinktiv zu ahnen, wie Sex funktioniert. In der Praxis erleben die meisten die Wonnen des Glücks nur rein zufällig.

Selbst wenn wir glauben, dass wir durchaus fähig sind, einen Orgasmus zu erleben, bedeutet das noch lange nicht, dass uns das Glück immer hold bleibt. Wie oft haben Sie einen eher flachen Orgasmus erlebt, so als ob da eigentlich mehr hätte »drin« sein können? Es gibt natürlich keine Garantien, das sexuelle Nonplusultra zu erreichen, aber es gibt Methoden, ihm ziemlich nah zu kommen. Dieses Buch soll Sie anregen, all Ihre »inneren Zutaten« zu aktivieren, um zu sexueller Erfüllung zu gelangen.

**BERÜHRUNG UND SEXUALITÄT** Berührung ist die erste Stufe der Stimulationsleiter. Durch die Berührung erforschen wir unsere eigene Empfindung und Intimsphäre mit dem Partner. Wenn wir älter werden, entwickeln wir eine Art der Berührung, die aus der Sensibilität Sinnlichkeit entstehen lässt. Diese Reifung wird gefördert durch Neugier – Interesse an Abwechslung.

## Sexuelle Probleme sind überwindbar

Die Unfähigkeit, sexuelle Schwierigkeiten zu überwinden, hat nicht nur Folgen für unser eigenes Wohlbefinden, sondern auch für unsere Beziehungen zu anderen Menschen. Wenn heute Menschen in allen Lebensbereichen eine möglichst hohe Qualität anstreben, so kann sexuelle Erfüllung dabei nicht ausgenommen werden.

Sexuelle Schwierigkeiten stellen sich bei jedem von uns von Zeit zu Zeit ein. Nur wenn wir sie auf sich beruhen lassen, können sie das zerstören, was unter guten Bedingungen eine große Quelle der Befriedigung ist. Sexuelle Probleme sind normalerweise kein »großes Ding«. Die meisten Männer schützt die Tatsache, dass sie Sex haben, noch längst nicht vor Impotenz. Oft klafft eine große Lücke zwischen dem, wie wir uns unser Liebesleben vorstellen, und dem, was wir tatsächlich erreichen.

Probleme beim Sex sind nichts Neues; es gibt sie, seitdem Menschen miteinander Sex haben. Sie sind nichts Besonderes, sondern weit verbreitet, klar erkennbar und oft lange anhaltend. Aber sie sind auch »heilbar«. Mit den Jahren haben Sexualtherapeuten wie ich Techniken optimiert, mit denen man die Schwierigkeiten überwinden kann. Dieses Buch enthält viele davon. Leser, die, aus welchen Gründen auch immer, keine Praxis aufsuchen, können innerhalb ihrer häuslichen Privatsphäre Wege entdecken, die sie näher an ihre sexuellen Erwartungen heranführen.

## Ein natürlicher Zugang zum Sex

Zwar kann ich nicht versprechen, dass Sie nach Lektüre dieses Buches automatisch auf Platz 1 der Ekstase-Skala landen werden, aber ich kann garantieren, dass Sie beim praktischen Umsetzen eine herrliche Sinnlichkeit erfahren werden. Alles, was Sie an Informationen in Ihr Liebesspiel mit einbringen können, wird sexuelle Erfahrungen hervorkitzeln, die Sie wirklich verzücken sollten. Und das alles geschieht einfach nur, weil Sie wissen, wie die natürlichen Chemikalien von Körper und Geist angeregt werden können.

**Techniken dieses Buchs** Sie werden sehen, warum es manchmal gut ist, den Orgasmus zurückzuhalten. Oder wie man Spaß am Sex haben kann, ohne miteinander zu schlafen. Und wir zeigen Ihnen nicht nur Stellungen, die ein Maximum an Stimulation mit sich bringen, sondern auch solche, die einfach nur Spaß machen.

**Abwechslung** Männer schauen sich nach vielen Frauen um; Frauen schauen zwar oft nur einen Mann an, aber in diesem suchen sie nach vielen Qualitäten. Damit das Interesse am Partner nicht abstirbt, sollte man den Sex abwechslungsreich halten.

Nur wenige Menschen machen sich klar, dass ihre Körper »lebende Laboratorien« sind. Beim Sex produzieren wir chemische Stoffe, die uns wunderbare Gefühle vermitteln. Im Hautgewebe unseres Körpers liegen Nervenzellen, die auf minimalste Berührungen reagieren. Als ein Nebenprodukt des Orgasmus wird eine Substanz ausgeschüttet, die uns in den Schlaf fallen lässt: ein angenehmes, natürliches Entspannungsmittel. Und Teile des sexuellen Reaktionszyklus nutzen den Anstieg des Adrenalinspiegels, um sich in gewaltigen Energieausbrüchen zu entladen. Dies ermöglicht uns große Befriedigung aus den ausdauernden Bewegungen des Körpers zu ziehen, der natürlichen Gymnastik des Sexualaktes.

Zusätzlich ist unser Gehirn in der Lage, ohne einen äußeren oder inneren Anlass Reisen durch Landschaften und Gefühle zu unternehmen. Wir können geradezu »außerweltliche« Erfahrungen durch die Kraft unserer Fantasie machen. Ihre Anregungen ermöglichen endlose Variationsmöglichkeiten beim Sex und schärfen unsere sexuelle Wahrnehmung.

Kinder lernen über das Medium Spiel viel über sich selbst und viel über das Erwachsenwerden. Erwachsene können auf die gleiche Weise viel über Sex lernen. Spiel ist kein flüchtiges Vergnügen, es erfüllt einen Zweck. Es ist eine praktische Art, Wissen und Erfahrung zu sammeln, um herauszufinden, wie die Dinge funktionieren – und wir selbst. Spiel ist der Grundstein menschlicher Erfahrung. Spielen, Spaß haben, Experimentieren und regelrechtes Herumalbern sind Methoden, um die eigene Sinnlichkeit zu erfahren.

Die hier vorgestellten Techniken basieren auf einem spielerischen und natürlichen Zugang zu unserer Sexualität. Sie haben Hunderten von Menschen geholfen, ihre unbefriedigenden Beziehungen in Chancen zu verwandeln, die neue und aufregende Gefühle in ihnen selbst und ihren Partnern auslösen. Die einzigen Zutaten sind die Fantasie, die erotische Berührung und das Wissen von uns als sexuellen Wesen.

## Variationsmöglichkeiten ohne Ende

Ein Grund für die Stagnation unseres Liebeslebens liegt darin, dass Sex langweilig wird, wenn er jedesmal gleich abläuft. Seltsamerweise ist das so, weil wir an einer Lieblingsstellung, einem bestimmten Zusammenspiel von Körperteilen festhalten und dies immer häufiger praktizieren. Schließlich wissen wir ja, dass es klappt. Aber das Leben ist darum so interessant, weil es nicht vorhersehbar ist. Während Sigmund Freud von der Sexualität als dem stärksten Lebenstrieb ausging und Alfred Adler einen triebhaften Willen zur Integration sah, stelle ich den Überlebenstrieb in den Mittelpunkt. Er umfasst sexuelle und soziale Dimensionen und hängt von etwas ab, was ich den »Anti-Langeweile-Faktor« oder den »Stimulationstrieb« nennen möchte.

Indem man mit verschiedenen Stellungen experimentiert, oder einfach dieses Buch durchblättert, gibt man den nach Neuheiten suchenden Gehirnzellen geeignetes »Futter«. Tatsächlich liegt der Grund für das Abflauen des Sexuallebens in vielen Beziehungen darin, dass die Möglichkeiten sexueller Wandlung vergessen werden. Die Behauptung stimmt nämlich nicht, dass man seinen Partner irgendwann so gut kennt, dass man alles von ihm weiß und es nichts mehr an ihm zu entdecken gibt. Es gibt immer etwas, aber man muss seinen Kopf ein wenig anstrengen, um es zu finden. Ich hoffe, dieses Buch gibt dazu viele Anregungen.

Selbst wenn nur eine Liebesstellung infrage kommt, kann sie doch durch gelegentliche Dialoge oder Ideen variiert werden. Körperlich kann man durch andere Gedanken eine bestimmte Stellung ganz neu definieren.

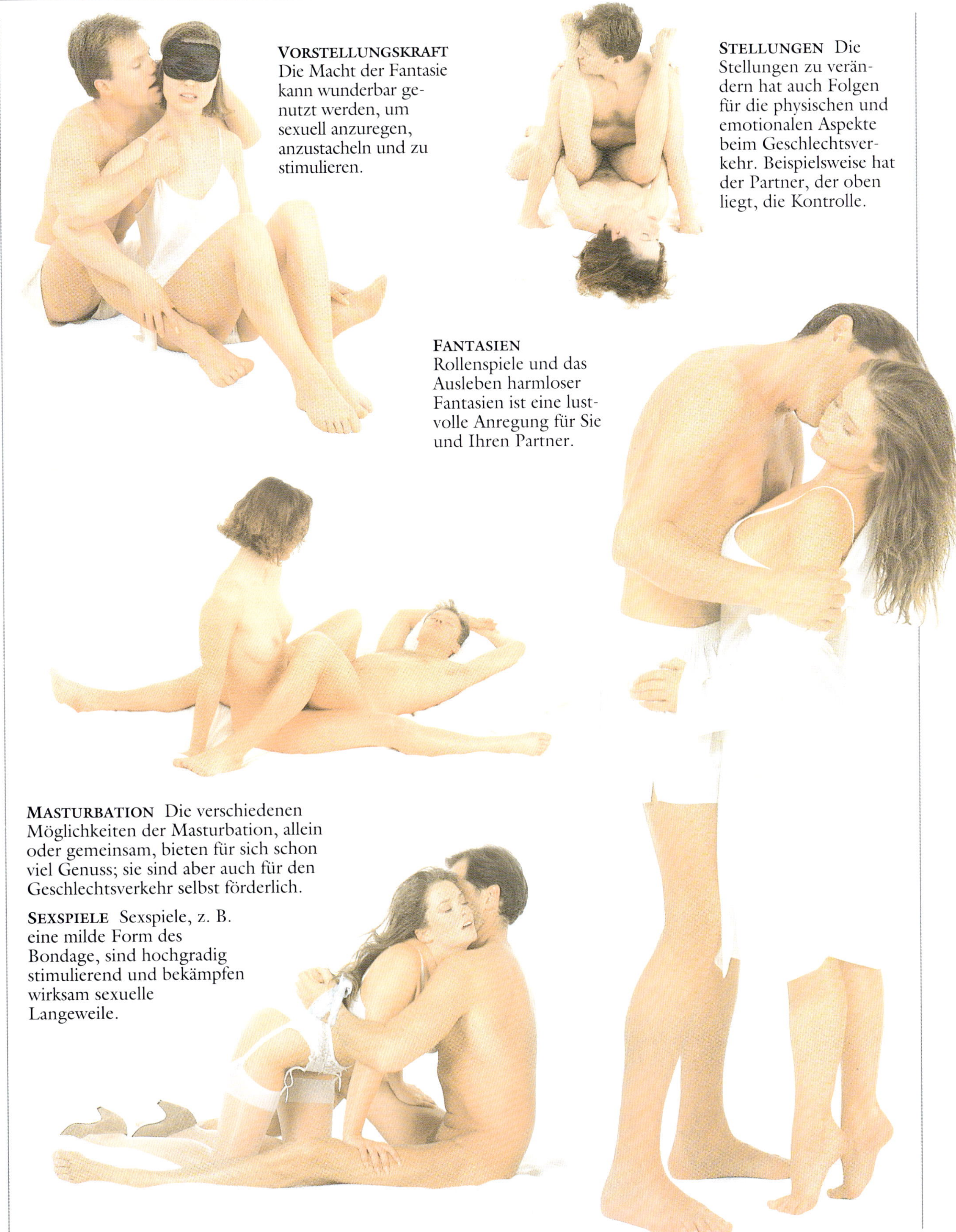

**VORSTELLUNGSKRAFT** Die Macht der Fantasie kann wunderbar genutzt werden, um sexuell anzuregen, anzustacheln und zu stimulieren.

**STELLUNGEN** Die Stellungen zu verändern hat auch Folgen für die physischen und emotionalen Aspekte beim Geschlechtsverkehr. Beispielsweise hat der Partner, der oben liegt, die Kontrolle.

**FANTASIEN** Rollenspiele und das Ausleben harmloser Fantasien ist eine lustvolle Anregung für Sie und Ihren Partner.

**MASTURBATION** Die verschiedenen Möglichkeiten der Masturbation, allein oder gemeinsam, bieten für sich schon viel Genuss; sie sind aber auch für den Geschlechtsverkehr selbst förderlich.

**SEXSPIELE** Sexspiele, z. B. eine milde Form des Bondage, sind hochgradig stimulierend und bekämpfen wirksam sexuelle Langeweile.

# DER LIEBESAKT

*Um die Kunst der erotischen Liebe zu lernen, muss man verstehen, wie Sex »funktioniert«. Viele Schwierigkeiten in einer Beziehung können auf einen Mangel an Informationen zurückgeführt werden. Viele wissen nicht, wie der Partner auf welche Stimuli reagiert. Männer und Frauen haben zwar ganz ähnliche sexuelle Reaktionsweisen, aber einen anderen Zugang zu Sex und unterschiedliche spezifische Bedürfnisse. Betrachtet man Sex als einen Prozess, kann man vier Phasen unterscheiden: Erregung, Penetration, Höhepunkt und Entspannung. Jede Phase kann sich auch unabhängig von den anderen ereignen, aber am schönsten ist es, wenn sie ineinander übergehen. Wenn wir nicht lernen zu verstehen, was jede Phase auszeichnet, ist die Fähigkeit guten Sex zu haben – oder überhaupt Sex zu haben – ernsthaft bedroht.*

## ERREGUNG

Wer Sex haben will, muss Begehren spüren. Soweit wir die biologischen Vorgänge durchschauen, entsteht Erregung, indem das Gehirn die Ausschüttung bestimmter Hormone veranlasst. Durch die Erregung wird der Penis des Mannes hart und erigiert; bei der Frau wird die Vagina feucht. Durch die gegenseitige zärtliche Stimulation wächst das Begehren weiter an. Wenn die Lust eine bestimmte Schwelle erreicht hat, sehnen sich beide Partner nach Penetration.

*Gegenseitiges Streicheln und Liebkosen lässt den Penis des Mannes hart und die Vagina der Frau feucht werden.*

*Die Stimulation der erogenen Zonen steigert das Begehren. Für die Frau sind Küsse auf ihren Busen und ihre Brustwarzen sehr erregend; für den Mann ist das Streicheln seines Penis besonders schön.*

*Sichtbare Zeichen der Lust sind der schneller werdende Atem, ein Erröten bestimmter Hautstellen und das Hartwerden der Brustwarzen.*

## PENETRATION

Das Vorspiel muss Vagina und Penis so weit »vorbereitet« haben, dass das Eindringen des Penis in die Scheide nicht schmerzhaft oder unangenehm ist. Dafür muss die Scheide ein Sekret abgegeben haben, das das sanfte Eindringen des erigierten Penis ermöglicht. Die Vagina umschließt den Penis. Dessen stoßende Bewegungen in diesem engen Raum verursachen in beiden Körpern Veränderungen, z. B. das weitere Anschwellen der Genitalien und eine erhöhte Muskelspannung. Dies wiederum führt zu so lustvollen sexuellen Gefühlen, dass besonders der Mann sich unweigerlich dem Höhepunkt nähert.

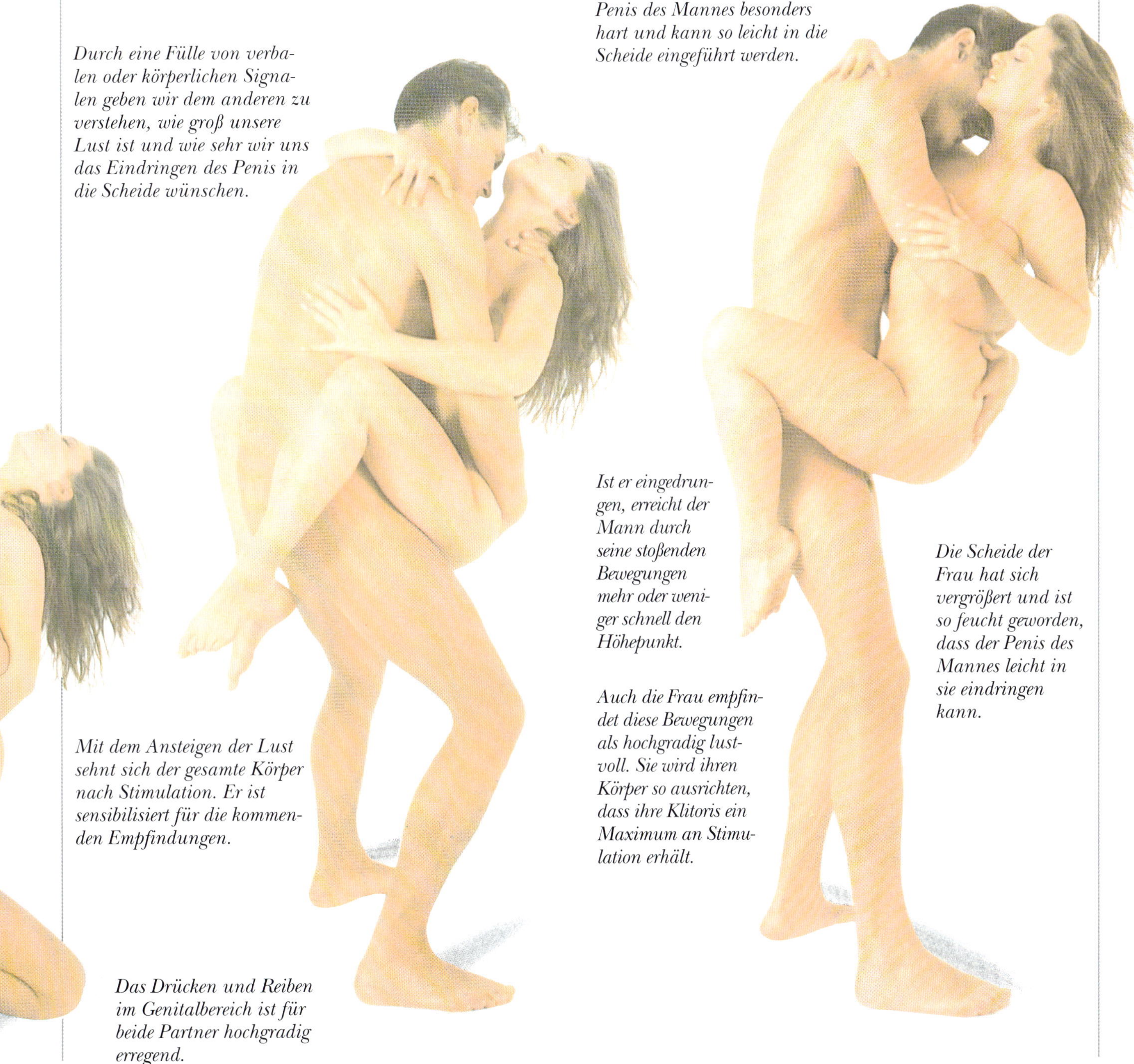

*Durch eine Fülle von verbalen oder körperlichen Signalen geben wir dem anderen zu verstehen, wie groß unsere Lust ist und wie sehr wir uns das Eindringen des Penis in die Scheide wünschen.*

*Mit dem Ansteigen der Lust sehnt sich der gesamte Körper nach Stimulation. Er ist sensibilisiert für die kommenden Empfindungen.*

*Das Drücken und Reiben im Genitalbereich ist für beide Partner hochgradig erregend.*

*In der höchsten Lust ist der Penis des Mannes besonders hart und kann so leicht in die Scheide eingeführt werden.*

*Ist er eingedrungen, erreicht der Mann durch seine stoßenden Bewegungen mehr oder weniger schnell den Höhepunkt.*

*Auch die Frau empfindet diese Bewegungen als hochgradig lustvoll. Sie wird ihren Körper so ausrichten, dass ihre Klitoris ein Maximum an Stimulation erhält.*

*Die Scheide der Frau hat sich vergrößert und ist so feucht geworden, dass der Penis des Mannes leicht in sie eindringen kann.*

## ORGASMUS

Wenn die Empfindungen überwältigend intensiv werden, spüren beide Partner einen Höhepunkt, der bei Männern fast immer mit dem Samenausstoß verbunden ist. Der männliche Orgasmus hängt fast vollständig von der Stimulation des Penis ab – manuell, oral oder durch die Scheidenwand. Der weibliche Orgasmus hängt dagegen von der Stimulationsmenge ab, die die Klitoris erfährt, denn sie ist das Gefühlszentrum der Frau. Auch hier kann die Stimulation durch Hände, Mund und Zunge, direkt oder indirekt geschehen. Die direkte Stimulation jedoch führt zu den stärksten und schnellsten sexuellen Reaktionen.

Das schnelle Stoßen des Penis führt zu wiederholten Kontraktionen in der männlichen Harnröhre bzw. Prostatadrüse. Dieses Zusammenziehen erzeugt die extrem angenehmen Gefühle, die mit der Ejakulation verbunden sind. Beim Herausschleudern der Samenflüssigkeit verspüren die meisten Männer eine große Lust. Der Orgasmus des Mannes wird fast immer von dem dringlichen Gefühl der Ejakulation begleitet; ejakuliert der Mann, kann er auch den Orgasmus nicht mehr hinauszögern.

*Beim Herannahen des Orgasmus werden die Stöße des Mannes dringlicher und rhythmischer. Auch sein Pulsschlag und seine Atemfrequenz steigen an.*

*Die Lust der Frau passt sich stufenartig der des Partners an. Ihre Reaktionen sind auf seine Bewegungen und Empfindungen abgestimmt.*

*Während der intensivsten Gefühle beim Geschlechtsverkehr konzentrieren sich die Empfindungen des Mannes darauf, mit seinen Stößen tief in seine Partnerin einzudringen.*

*Kurz vor dem Ausstoß der Samenflüssigkeit hat der Mann den Punkt überschritten, an dem es kein Zurück mehr gibt.*

*Die Muskeln der Scheide ziehen sich zusammen. Die Vagina wird jetzt stark durchblutet.*

*Im Moment des Höhepunktes durchströmen die Frau intensive Gefühle, die sich vom Vaginalbereich über den ganzen Körper ausbreiten.*

Auch die Frau erlebt beim Orgasmus rhythmische Muskelkontraktionen, die in Anzahl und Dauer denen des Mannes sehr ähnlich sein können. Das Orgasmusgefühl erlebt jede Frau anders; die einen haben einen einzigen Höhepunkt, andere verspüren einen Abfolge kleinerer Gefühlsgipfel, die, erneut angefacht, zu weiteren Orgasmen führen können.

## ENTSPANNUNG

War der Höhepunkt da, bricht die sexuelle Spannung zusammen. Der Mann verspürt ein sofortiges Nachlassen der Reize; sein Penis erschlafft und benötigt nun Zeit, bevor er wieder erigieren kann. Nach dem Orgasmus fühlt sich ein Mann normalerweise sehr entspannt und schläfrig und fällt oft, wenn die Umstände das zulassen, in einen tiefen Schlaf.

Für die Frau gestaltet sich die Rückkehr zur »Normalität« wesentlich langsamer. Sie fühlt das langsame Zurückgehen der Brust- und Scheidenschwellung und verharrt noch eine ganze Weile in einem Zustand, in dem ihr durchaus eine erneute Zuwendung willkommen sein kann.

Männer und Frauen reagieren also zwar ganz ähnlich auf sexuelle Reize, zeigen aber doch deutliche Unterschiede hinsichtlich des Erregungs- und Orgasmuserlebnisses. Oftmals beeilen wir uns so sehr, zum Orgasmus zu kommen, dass die eigentliche Erregung zu kurz kommt. Aber es gehört auch zur Magie dieses Stadiums, dass unser Gehirn im Moment sinnlicher Verzückung in ein anderes Bewusstsein überzugehen scheint. Die Partner sollten sich ihrer Unterschiedlichkeit bewusst sein und die in diesem Buch vorgestellten Techniken nutzen, damit beide ein rundum befriedigendes Liebesleben führen können.

*Nach dem Höhepunkt lässt die sexuelle Spannung des Mannes nach. Er fühlt sich entspannt und schläfrig und sein Penis wird schlaff.*

*Bei der Frau lässt die sexuelle Spannung nach dem Höhepunkt relativ langsam nach. Da sie sexuell erregbar bleibt, kann sie auch zu weiteren Orgasmen stimuliert werden.*

*Dem Partner Wärme zu geben und Zuneigung zu zeigen, vermittelt ein Gefühl der Zusammengehörigkeit, die den Geschlechtsverkehr erst komplettiert.*

# DER ANSATZ DIESES BUCHES

*Viele Leute sind der fälschlichen Ansicht, dass Sexualität nur zu zweit in der Privatheit der eigenen vier Wände »wertvoll« ist. Die Sexualtherapie ist weit davon entfernt, die Partner künstlich voneinander zu entfernen, sondern versucht Männern und Frauen Hilfestellungen zu geben und neue Gedanken, Gefühle und Wahrnehmungen zu entwickeln. In diesem Buch gebe ich Ratschläge für alle, die sich nicht direkt mit einem Therapeuten austauschen wollen oder können, die aber trotzdem ihre sexuellen Probleme in den Griff bekommen wollen. Wenn Sie diese Ideen, Übungen und therapeutischen Ansätze, die ich über die Jahre hinweg entwickelt habe, nutzen wollen, so freue ich mich darüber und hoffe, dass Sie damit in jeder Hinsicht positiv an Ihrer Liebesbeziehung arbeiten können.*

Dieses Buch wurde verfasst, um Sie mit allen Informationen zu versorgen, die notwendig sind, um sexuelle Beziehungen zu vervollkommnen. Alle Problembereiche werden auf die gleiche, leicht verständliche Art behandelt. Die Eingangsfrage wird jeweils von verschiedenen Seiten beleuchtet. So werden zum Beispiel stark verinnerlichte Ängste und Wünsche in spezifischen, aber exemplarischen Fallbeispielen erörtert. In meinem therapeutischen Ansatz, den ich speziell für Paare erarbeitet habe, erkläre ich, wie emotionale Intimität gepflegt werden kann. In den dazugehörigen Tipps liste ich eine Reihe einfacher Übungen auf, die der körperlichen Intimität dienen sollen. Schließlich werden die Tipps durch die Bebilderung der Übung ergänzt, die genau zeigt, wie man lustvoll z. B. die Berührungstherapie durchführen kann. Diese Übungen werden es Ihnen ermöglichen, eine gegenseitige intime Kenntnis Ihrer Sinnlichkeit zu entwickeln.

## Die Fallbeispiele

Immer wieder gebe ich auch Beispiele aus meiner Praxis, die illustrieren, welche Sehnsüchte und Neigungen die meisten von uns haben, die aber zuzugeben sich nur wenige trauen. Die Liebenden dieser Seiten sind keine Menschen, die unter vorzeitigem Samenerguss leiden oder die unfähig sind, einen Orgasmus zu erleben; es sind Leute mit ganz einfachen Fragen, aus denen aber manchmal schwerwiegende Antworten resultieren. »Wie kann ich einen tieferen Orgasmus erreichen?« führt z. B. zu einer komplexen Antwort, die die Stimulation des Geistes mit einbeziehen muss.

Die vorgestellten Menschen mit ihren Problemen sind Singles, Paare aus kurzen oder langen Beziehungen und stammen aus den unterschiedlichsten Altersgruppen. Dies zeigt, dass jeder zu jeder Zeit sexuelle Enttäuschungen erfahren kann. Nur auf den ersten Blick erscheinen die Beispiele nicht verallgemeinerbar. Bei meinen Ratschlägen habe ich immer versucht, von den besonderen Umständen so abzusehen, dass jeder, der die Fallbeispiele liest, daraus Einsichten für sein eigenes Verhalten gewinnen kann, die dazu dienen mögen, es auf befriedigende Weise zu verbessern.

## Die Tipps

Tipps für die ERREGUNG DURCH VORSTELLUNGSKRAFT

Phase GRENZEN ZIEHEN

Phase EIN FANTASIEVOLLES SZENARIO ENTWICKELN

Phase SEXSPIELE

VORSCHLÄGE FÜR SEXSPIELE

Jedem Fallbeispiel folgen therapeutische Empfehlungen, bei denen in mehreren Phasen ein neuer Umgang mit dem betreffenden Problem eingeübt werden soll. Die einzelnen Phasen beinhalten Übungen, um die innere Einstellung zu verändern, faktenreiche Informationen und Sexualtechniken.

Zu Beginn bespreche ich jeweils Themen, die mit Selbstachtung und -behauptung zu tun haben, und beschreibe einfache Übungen, um das Selbstwertgefühl zu steigern. Die Verquickung von Vertrauen und Sexualität mag nicht offensichtlich sein, aber sie existiert. Den Mut haben zu sagen, was man beim Sex erleben möchte, und die Worte zu finden, mit denen man das taktvoll ausdrücken kann, entscheiden bei einigen Paaren über die Zukunft ihrer Partnerschaft.

Im weiteren Verlauf des Buches werden Hilfestellungen gegeben, um die Vorstellungskraft der Beteiligten zu erweitern. Sie zeigen, wie man gezielt an Sinnlichkeit und Bewusstsein arbeiten kann, so dass das Herannahen des Orgasmus und der Orgasmus selbst zu einer spirituell-ekstatischen Erfahrung werden. Niemand kann Ekstase auf Befehl erleben. Aber man kann die Voraussetzungen dafür schaffen, weil man nicht auf den Zufall warten möchte.

Jeder Tipp zielt auf einen besonderen Teilbereich der Sexualität. Er kann einzeln oder mit dem Partner erarbeitet werden. In der Abstufung kommen die Tipps einer Grundüberzeugung der Sexualtherapie nach, dass nämlich Verbesserungen nur Schritt für Schritt umgesetzt werden können und auf früheren Erkenntnissen aufbauen müssen.

## Bebilderte Übungen

Allen Tipps folgen einige Übungen, die bestimmte Sexualpraktiken in Bildern vorstellen. Dabei werden diese Techniken so dargestellt, dass sie für alle nachvollziehbar und hilfreich sind. Die Überschriften und Bildlegenden führen Sie durch die verschiedenen Phasen und leiten Ihre Aufmerksamkeit auf die Detailinformationen.

Diese bebilderten Übungen können auf vielerlei Situationen übertragen werden. Zwar erzielen Sie den größten Nutzen, wenn Sie das gesamte Buch durchlesen, aber Sie können, wenn Sie wollen, auch nur von einer Übung zur nächsten springen.

Ich habe persönlich Hunderte von Paaren gesehen, die ihre Liebe wieder gefunden haben, indem sie die »Therapie-Hausaufgaben« erledigten. Es ist nun einmal ein Faktum, dass Menschen Hilfe und Anleitung benötigen – auch für den Sex. Therapeuten wie ich versuchen, ihr Wissen und ihr Einfühlungsvermögen einzusetzen, um dabei zu helfen.

# WIE SIE DIESES BUCH AM BESTEN FÜR SICH NUTZEN

In diesem Buch habe ich mich auf die Erfahrungen meiner fünfzehnjährigen Tätigkeit als Sexualtherapeutin gestützt. Bei der Niederschrift sind mir die folgenden drei Aspekte ganz deutlich geworden und es ist extrem wichtig, dass Sie sie sich ebenfalls klar machen:

- Es ist sehr wichtig, dass Sie alle Ihre Ansichten darüber, was im Bett »erlaubt« ist, beiseite legen. Freunden Sie sich stattdessen mit dem Gedanken an, dass man an vielen Sexpraktiken seine Freude haben kann – vorausgesetzt allerdings, dass man niemandem dabei weh tut. Wir können unsere festgefahrenen Meinungen über diese Welt ändern!
- Allein schon wegen Aids ist es sinnvoll, an einer bereits bestehenden Beziehung zu arbeiten, anstatt sie auf die leichte Schulter zu nehmen. Indem man Wärme und Sinnlichkeit, sexuelle und emotionale Anerkennung in den Geschlechtsverkehr einbringt, ergeben sich wunderbare Aussichten für die bestehende Partnerschaft.
- Durch die gleichzeitige Konzentration auf sexuelle und emotionale Aspekte ergibt sich die Möglichkeit, innerhalb einer bestehenden oder neuen Beziehung das Leben ganz zu spüren. Wenn Sie wirklich intim miteinander umzugehen lernen, wird bei Ihnen im Bett schwerlich alles wie bei Robotern ablaufen, und noch weniger wahrscheinlich ist es, dass Langeweile aufkommt.

## IHR LEITFADEN FÜR BESSEREN SEX

Als Grundlage werden Sie in diesem Buch ein paar Handreichungen für geistige und körperliche Praktiken finden, die Ihre sexuellen Fertigkeiten erweitern. Das ist schon für sich genommen keine Kleinigkeit.

Darüber hinaus könnte aber auch das eine oder andere Fallbeispiel in Ihnen einen ganz besonderen Widerhall finden und Ihnen eine besondere Antwort vermitteln. Schalten Sie nicht ab, wenn individuelle Begleitumstände nicht spiegelbildlich Ihre Situation wiedergeben. Lesen Sie auch dann weiter, wenn ein Tipp oder Hinweis von Ihnen nicht so ausgeführt werden kann, wie er beschrieben ist. Er dient immer nur dazu, die Bandbreite des Möglichen anzudeuten, und soll helfen, unterdrückte Gefühle zu befreien und das eigene Sexualverhalten zu überarbeiten.

Stellen Sie sicher, dass Ihr Partner vollständig an diesen Bemühungen beteiligt ist. In diesem Buch ist eine Beziehung jede Begegnung von zwei Menschen, egal ob es das erste, ein gelegentliches oder ein oftmals wiederholtes Zusammentreffen ist. Vielleicht entgegnen Sie, dass bei einem ersten Treffen oder sporadischen Eroberungen, die sich zu einer Beziehung entwickeln, diese Dinge undurchführbar seien, aber es gibt viele Menschen, die gerade in diesen Situationen emotionale und sexuelle Höhepunkte erfahren haben.

Ich empfehle damit nicht, ständig den Partner zu wechseln, auch wenn Neuartigkeit zweifellos ein starkes Aphrodisiakum ist. Aber genauso stark ist die herrliche Übereinstimmung zwischen zwei Menschen, die sich auch erotisch so gut kennen, dass allein das Betrachten des anderen sie in Erregung versetzt.

Da dies ein Buch zum Thema Sex ist, sind viele Übungen und Praktiken, die hier vorgestellt werden, körperlicher Natur. Aber es sind Körpervorgänge, die das Entstehen neuer Gefühle ermöglichen. Diese Gefühle wiederum fließen in den Geschlechtsverkehr ein, verbessern ihn und stärken die Beziehung.

# FALLBEISPIELE, TIPPS UND ÜBUNGEN

# 1 KAPITEL

# WIE KANN ICH ZEIGEN, DASS ICH AN SEX INTERESSIERT BIN?

*»Einigen Menschen fällt es zwar leicht, mögliche Partner kennenzulernen, aber es fällt ihnen schwer, echte Beziehungen aufzubauen. Anderen fällt es schwer, überhaupt jemanden zu treffen, der zu ihnen passt.«*

EIN SEXUALTHERAPEUT beschäftigt sich mit allen Aspekten einer Beziehung, sogar mit denen, die diese erst herstellen. Einige Menschen empfinden es als ihr Hauptproblem, dass sie überhaupt keinen Sex haben, weil sie entweder keinen Partner für sich interessieren können oder weil dieser schnell wieder das Interesse verliert.

Frauen und Männer beurteilen sehr verschieden, warum ihr Auftreten und ihr Verhalten sie daran hindern, erfolgreich ihre Wünsche und Bedürfnisse zu leben. Zum Beispiel glauben viele Männer irrtümlich, dass Frauen einen großen Penis oder muskulöse Körper attraktiv finden. Tatsächlich schrecken aber die meisten Frauen vor diesen Attributen zurück und bevorzugen eher kleine Hintern, einen flachen Bauch, lange Beine oder eine Körpergröße, die der ihren entspricht. Männer beurteilen das Aussehen einer Frau als entscheidend für ihre Attraktivität, aber verschiedene Männer fühlen sich von ganz unterschiedlichen Frauenfiguren angezogen.

Natürlich reicht allein die körperliche Anziehung nicht aus, um eine enge, lang anhaltende Beziehung aufrecht zu erhalten — auch die emotionalen und intellektuellen Faktoren spielen eine große Rolle. Darum sollte grundsätzlich ein Partner nicht nur nach dem Aussehen beurteilt werden, sondern danach, ob seine Gesamterscheinung zu einem passt.

# FALLBEISPIEL *Stefan & Caroline*

*Geeignete Partner zu finden und eine intime Beziehung zu beginnen, ist nicht leicht. Stefan zum Beispiel lernt zwar schnell mögliche Partnerinnen kennen, aber es fällt im schwer, echte Beziehungen aufzubauen. Caroline dagegen hat schon Schwierigkeiten, jemanden zu treffen, die zu ihr passt.*

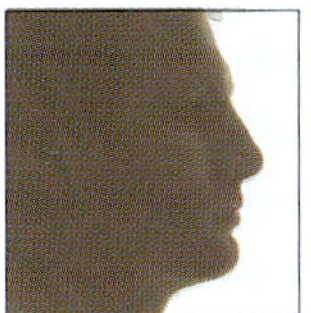

***Name:*** STEFAN
***Alter:*** 31
***Familienstand:*** GESCHIEDEN
***Beruf:*** STEUERBERATER

*Stefan hat sich gerade erst von seiner Frau nach einer achtjährigen Ehe scheiden lassen. Obwohl er viele physische Eigenschaften hatte, die Frauen attraktiv finden – er war groß, gut gebaut und in guter körperliche Verfassung – gab er sich den Anstrich einer überzeugten Gleichgültigkeit, die seine Schüchternheit und seine sexuelle Unerfahrenheit verbergen sollte. Er erzählte mir: »Ich möchte zwar mit einigen attraktiven Frauen ins Bett gehen, aber dabei bin ich nicht sehr erfolgreich. Viele Frauen scheinen zwar zunächst sehr an mir interessiert zu sein, aber nur gelegentlich landen wir wirklich im Bett. Irgendwie verschrecke ich viele Frauen.«*

*»Was muss ich tun, damit die Frauen entspannter mit mir umgehen und wie schaffen wir es, guten Sex miteinander zu haben?«*

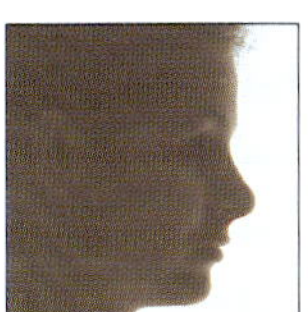

***Name:*** CAROLINE
***Alter:*** 23
***Familienstand:*** LEDIG
***Beruf:*** LEKTORIN

*Caroline hatte eine längere Beziehung von drei Jahren gehabt. Als sie zu mir kam, war sie schon ein Jahr Single. Sie war in dieser Zeit mit einigen Männern ausgegangen, die sie aber alle nicht wirklich interessiert hatten. Sie war eine dünne, ruhige und intelligente Frau, die eine Brille trug und in ihrer Arbeit recht erfolgreich war. Sie zog gut geschnittene, aber dezente Kleidung an, antwortete bereitwillig auf Fragen, stellte selbst aber keine Fragen. Sie sagte: »Ich bin sehr wählerisch mit Männern, die mit mir ausgehen möchten, weil die meisten von ihnen nichts im Kopf haben. Ich kann mit Menschen nichts anfangen, die mir geistig nicht ebenbürtig sind; nur in meinem Büro gibt es einen Mann, den ich attraktiv genug finde, aber er scheint noch nicht einmal von meiner Existenz zu wissen.«*

*»Meine Erziehung macht es mir schwer zu flirten, aber im Kern bin ich, glaube ich, ganz sexy. Ich leide darunter, dass mein Busen nicht sehr groß ist, aber ich habe lange Beine und glaube, dass ich dem richtigen Mann einiges zu bieten habe.«*

## THERAPEUTISCHER ANSATZ

Stefan und Caroline müssten von sich eine Vorstellung als sexuell anziehende Menschen entwickeln.

### ATTRAKTIVITÄT

Wir alle senden über unsere Körpersprache und unseren Lebensstil deutliche, meist unbewusste Signale über uns selbst aus. Lebensfreude, Kreativität, sexuelle Ausstrahlung, Neugier und Humor sind besonders anziehende Eigenschaften. Stefans Begeisterungsfähigkeit zeigte sich gewiss nicht in ersten Unterhaltungen, sondern nur, wenn er über sein Hobby, den Sport, sprach.

Im Gegensatz zu Stefans ursprünglicher Vorstellung sind Frauen nicht primär von besonderem Aussehen, körperlicher Fitness oder Redegewandtheit beeindruckt. Der sicherste Weg, sich bei Frauen anziehend zu machen, besteht darin, sie als verführerische menschliche Wesen zu behandeln und nicht als angenehme Sexualobjekte. Keine Frau hat das geringste Intersse daran, eine weitere Abschussmarke am Bettpfosten zu sein.

Caroline tat gut daran, Ihrer Erscheinung viel Wert beizumessen, da dies Männer tatsächlich besonders anzieht. Sie reagieren auf visuelle Signale viel stärker als Frauen, so dass der Wert von verführerischer Kleidung gar nicht überschätzt werden kann.

### PARTNERWAHL

Stefan empfahl ich, seinen sportliche Enthusiasmus zu benutzen, um die ersten sozialen Schranken zu brechen. Seine Schüchternheit würde automatisch verschwinden und seine sportliche Aktivität würde seinen Körper und seine Körpersprache überzeugender wirken lassen.

Caroline empfahl ich, einen Partner zu suchen, der mit ihrer intellektuellen Leistung umgehen konnte und nicht davon eingeschüchert wurde. Sie sollte Orte und Gelegenheiten suchen, wo sie entsprechende Personen auch antreffen könnte, vielleicht auch den Kontakt zu Männern zu suchen, die älter sind als sie. Ihre Figur sollte sie stärker betonen, und besonders ihre langen, wohlgeformten Beine durch engere Kleidung oder duch kurze Röcke unterstreichen.

Flirten ist nicht jedermanns Sache. Auf jemanden interessiert einzugehen kann ein guter Ersatz sein und liefert Informationen, die eine gemeinsame Basis für weitere Schritte geben können. Indem sie ähnliche Erfahrungen beisteuert, kann Caroline einem möglichen Partner zeigen, dass ihre Gefühle und Einstellungen mit seinen zusammenpassen.

# *Tipps für eine* SEXY SELBSTDARSTELLUNG

*Ein Teil dessen, was allgemein als »angemessenes« Auftreten angesehen wird, besteht in dezenter Kleidung: Wer diskret und zurückhaltend erscheinen möchte, kleidet sich unauffällig. Das Problem besteht nun darin, dass man mit der Zeit selbst meint, eher unauffällig zu sein. Das Gegenteil stimmt ebenso: Indem man sein Auftreten und seine Körpersprache nach und nach deutlicher hervorhebt, kann man sich zunehmend als erotische Person wahrnehmen und damit die eigene Zurückhaltung überwinden. Hat man jemanden mit seiner Erscheinung angezogen, kann eine vielsagende Körpersprache die sexuelle Attraktion verstärken; und eine Berührung kann dem Gegenüber zeigen, dass man sich für es interessiert.*

## *Phase* 1 LEGEN SIE WERT AUF IHRE ERSCHEINUNG

Wirklich sinnlich zu sein ist das Ergebnis einer inneren Veränderung, die die Einstellung zur Sinnlichkeit geändert hat. Diese Veränderung kann einfacher und schneller vollzogen werden, wenn man an seiner sexuellen Ausstrahlung arbeitet. Versuchen Sie mit Sexappeal in den Spiegel zu schauen – Sie werden sich selbst anziehender finden; die allmähliche Veränderung Ihrer Erscheinung gibt Ihnen die Zeit, Ihre äußeren Veränderungen innerlich nachzuvollziehen. Wenn Sie an sich die Veränderungen bemerken, werden das andere Menschen auch tun. Alle paar Wochen eine kleine Veränderung mit Mut zum Experiment wirkt Wunder.

## *Phase* 2 DEN KÖRPER SPRECHEN LASSEN

Beobachten Sie sich, wenn Sie jemanden kennen lernen. Meist werden Sie die Arme gekreuzt oder die Hände vor sich gefaltet haben. Im Sitzen haben Sie sich wahrscheinlich seitwärts von Ihrem Gegenüber abgewendet, um einen Vis-à-vis-Kontakt zu vermeiden. Wenn Sie ängstlich sind, haben Sie die Beine übereinander geschlagen, vielleicht sogar ineinander verschlungen. Oder Sie haben sich in eine Ecke zurückgezogen, so als ob Sie möglichst weit weg von den Menschen sein wollen.

**GRENZSIGNALE** Diese Haltungen sind Grenzsignale, die zeigen, dass Sie sich angespannt und nervös, vielleicht sogar bedroht fühlen. Der anwesenden Person vermitteln Sie damit, dass Sie ihr gegenüber nicht offen sind und sie Ihnen nicht näher kommen soll. Zwar analysieren wir normalerweise die Körpersprache des Gegenübers nicht bewusst, aber im Unterbewusstsein registrieren wir diese Signale und verhalten uns ihnen entsprechend.

Wenn Sie jemandem zeigen wollen, dass er willkommen ist, müssen Sie ihm gegenüber offen sein. Im Stehen sollten Sie die Arme an Ihre Seite legen. Die Schultern zurückzulegen und sich ein wenig vorzubeugen, drückt aus,

### NÄHE AUSSTRAHLEN

- Schauen Sie Ihrem Partner länger in die Augen.
- Nähern Sie sich Ihrem Gegenüber mehr, als Sie es normalerweise tun würden.
- Lächeln Sie öfter; betrachten Sie abwechselnd unterschiedliche Körperbereiche Ihres Partners.
- Zeigen Sie durch heftiges Nicken Ihre Zustimmung.
- Zeigen Sie beim Sitzen Signale des Sich-Öffnens.
- Unterstreichen Sie Ihre Worte mit Gesten, die den Partner miteinbeziehen und die ihm Ihre Anerkennung zeigen.
- Wenn Sie Ihrem Partner flüchtige Blicke zuwerfen, befeuchten Sie dabei Ihre Lippen mit der Zunge und weiten Sie kurz Ihre Augen.
- Berühren Sie ihn gelegentlich. Wenn Sie nebeneinander stehen, greifen Sie um seine Hüften; legen Sie ihm den Arm um die Schultern; streicheln und massieren Sie kurz seine Nackenpartie.

dass Sie Ihrem Gegenüber die volle Aufmerksamkeit schenken. Auch wenn Sie jemanden nur flüchtig kennen, kann ein kurzer Körperkontakt Nähe und Wärme vermitteln.

Im Sitzen drücken Arme auf der Stuhl- oder Sofalehne aus, dass Sie offen für Ihr Gegenüber sind. Wenn Sie Ihrem Partner das Gefühl geben wollen, dass er die Situation bestimmt, stellen Sie sicher, dass er auf einem Stuhl sitzt, der höher als Ihrer ist. Soll er dagegen verletzlich sein, bieten Sie ihm einen Platz an, der niedriger als der Ihrige ist.

**BLICKKONTAKT** Durch häufigen Blickkontakt drücken Sie Ihr Interesse an Ihrem Gegenüber aus. Forschungen haben gezeigt, dass sich sexuelles Interesse in geweiteten Pupillen ausdrückt – schon für sich genommen ein ergendes Merkmal. Aber übertreiben Sie den Blickkontakt nicht, sonst wirkt er schnell gekünstelt.

**NACHAHMUNG** Ihre Körpersprache kann die Ihres Gesprächspartners nachahmen und bei ihm den Eindruck verstärken, wie ähnlich Sie einander sind. Haben Sie sich auf die Körperbewegungen des anderen eingestimmt, werden Sie feststellen, dass Ihr Gegenüber sich unbewusst auch auf Ihre Körperbewegungen einstellt. Es entsteht eine Stimmung gegenseitiger Intimität.

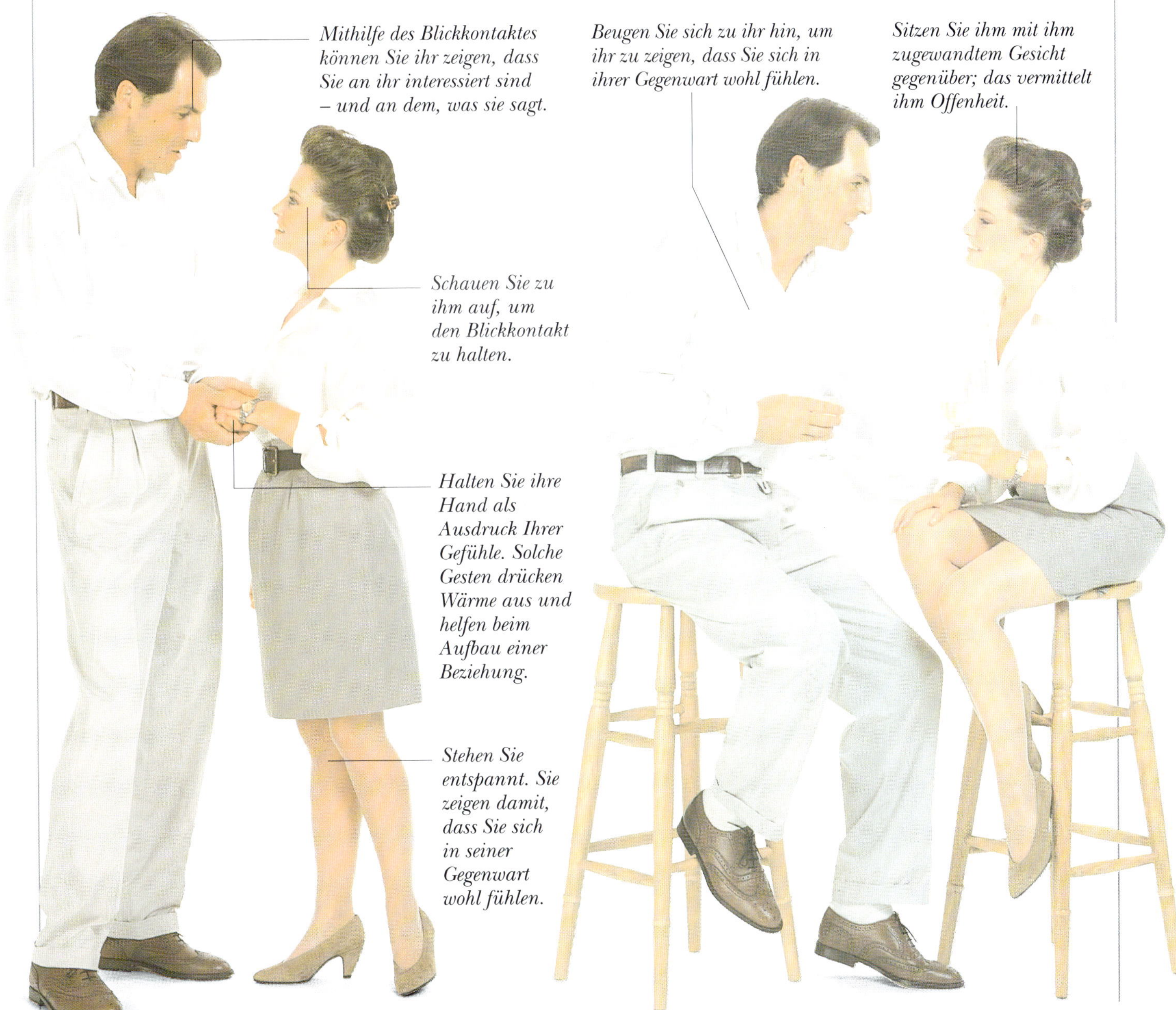

*Mithilfe des Blickkontaktes können Sie ihr zeigen, dass Sie an ihr interessiert sind – und an dem, was sie sagt.*

*Schauen Sie zu ihm auf, um den Blickkontakt zu halten.*

*Halten Sie ihre Hand als Ausdruck Ihrer Gefühle. Solche Gesten drücken Wärme aus und helfen beim Aufbau einer Beziehung.*

*Stehen Sie entspannt. Sie zeigen damit, dass Sie sich in seiner Gegenwart wohl fühlen.*

*Beugen Sie sich zu ihr hin, um ihr zu zeigen, dass Sie sich in ihrer Gegenwart wohl fühlen.*

*Sitzen Sie ihm mit ihm zugewandtem Gesicht gegenüber; das vermittelt ihm Offenheit.*

## *Phase* 3 BERÜHRUNG VERMITTELT NÄHE UND INTIMITÄT

Es gibt viele Gelegenheiten, bei denen Sie sich bedächtigen Berührungen hingeben können, die Ihre Treffen mit Erotik aufladen. Dabei ist es wichtig, dass Sie sich mit deutlichen sexuellen Anspielungen zurückhalten, um damit das Fundament für sexuelle Spannung zu legen: Eine gewisse Zurückhaltung kann durchaus erregend sein. Da Ihr Verhalten eine gewisse Unsicherheit erzeugt, nimmt die Erregung Ihres Partners zu und macht ihn gleichzeitig empfänglich für die einsetzende erotische Atmosphäre.

**WÄRME VERMITTELN** Halten Sie seine Hand bei der Begrüßung ein wenig länger als notwendig fest. Schauen Sie Ihrem Gegenüber beim Reden in die Augen, aber starren Sie es nicht an. Nutzen Sie Berührungen, um Wärme und Nähe zu vermitteln, drücken Sie ihn zum Beispiel kurz an sich, wenn Sie das möchten. Wenn Sie Anteil an den Sorgen des Anderen nehmen, zeigen Sie es ihm, indem Sie seine Hände in die Ihren nehmen. Wenn Sie miteinander spazieren gehen, können Sie Ihre Bereitschaft, sich in den Anderen hineinzuversetzen ausdrücken, indem Sie sich bei ihm unterhaken.

Wenn Sie einen Freund auf ein Fest begleiten, sollten Sie eng beieinander stehen. In einer Menschenmenge können Sie beschützend den Arm um ihn legen.

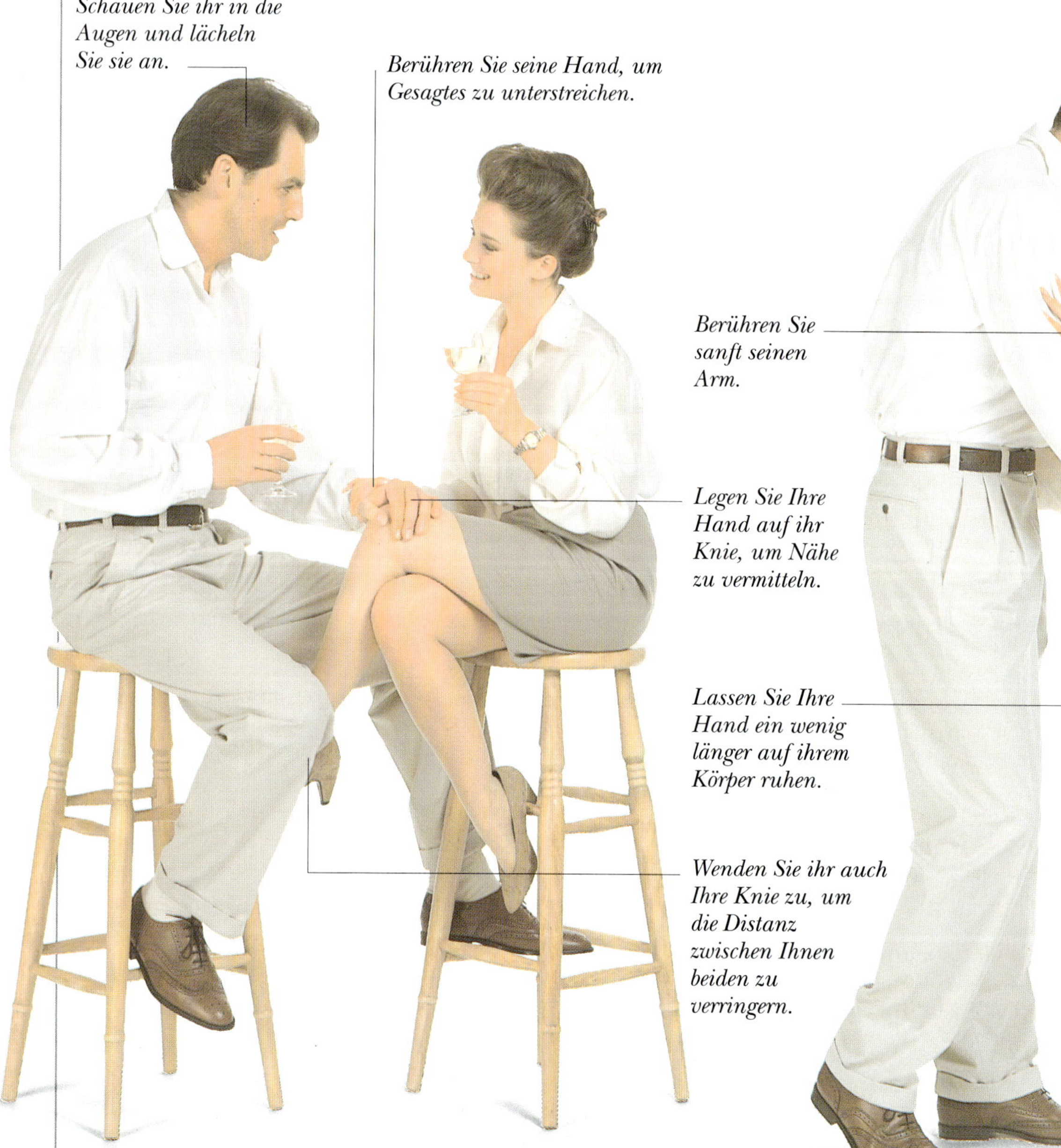

*Schauen Sie ihr in die Augen und lächeln Sie sie an.*

*Berühren Sie seine Hand, um Gesagtes zu unterstreichen.*

*Legen Sie Ihre Hand auf ihr Knie, um Nähe zu vermitteln.*

*Wenden Sie ihr auch Ihre Knie zu, um die Distanz zwischen Ihnen beiden zu verringern.*

*Berühren Sie sanft seinen Arm.*

*Lassen Sie Ihre Hand ein wenig länger auf ihrem Körper ruhen.*

**Berühren mit Pfiff** Wenn Sie sich ein wenig besser kennen gelernt haben, lassen Sie Ihre Hand beim gemeinsamen Spaziergang von ihrer Taille auf ihre Hüfte gleiten. Wenn Ihre Hand nach vorne um die Hüfte greift, kann diese Berührung, auch wenn sie nur ganz beiläufig geschieht, vieldeutig und erregend sein. Da Ihre Begleitung aber nicht weiß, wie die Berührung tatsächlich gemeint war, entsteht eine prickelnde Spannung zwischen ihnen. Ihre Hand kann auch an der Hüfte nach hinten gleiten, wo sie sich sanft auf den Ansatz zum Po legt, oder fast schon auf den Po.

**Küssen** Ein Kuss ist eine Begrüßung: Küssen Sie Ihren Partner zunächst nur flüchtig, aber dann umso inniger, je besser Sie sich kennen lernen. Überfallen Sie Ihren Partner nicht mit einem Zungenkuss, sondern zeigen Sie sich lieber locker und forschend als heiß und fordernd. Wenn Sie diesen Rat befolgen, legen Sie den Grundstein für eine erfüllte Liebesbeziehung.

Wenn man zu Beginn einer Bekanntschaft die Dinge sich sensibel entwickeln lässt, so dass sich niemand unter Druck gesetzt fühlt, legt man die Basis, die für eine erfolgreiche sexuelle Beziehung notwendig ist. Wenn man den Partner besser kennen gelernt hat und mehr Zeit mit ihm allein verbringt, wird es genügend Gelegenheiten geben, um ganz alltägliche Situationen durch erotische Berührungen aufzuwerten. Das fördert die Intimität mit dem Partner und vertieft die Gefühle, die Sie füreinander hegen.

*Sinnliche Berührungen, s.S.28*

## Arbeiten Sie an Ihrer äusseren Erscheinung

### Hinweise für Männer

- **Gesicht** Wenn Sie einen Bart tragen, überlegen Sie einmal, ob ein neuer Schnitt spezielle Bereiche Ihres Gesichts nicht besser zur Geltung bringen könnte, Ihre Lippen etwa oder Ihre Wangenknochen. Ihr Haar sollte sauber und ordentlich sein; es könnte vielleicht aber auch eine komplett neue Frisur vertragen, die Sie sich vorzugsweise von einem guten Frisör schneiden lassen sollten.
- **Brille** Wenn Sie eine Brille tragen, fragen Sie sich kritisch, ob sie zu Ihnen und Ihrer Gesichtsform passt. Haben Sie Zweifel daran, gehen Sie zum Optiker und suchen Sie in der Fülle der Fassungen und Farben nach dem Brillengestell, das Ihnen richtig gut gefällt. Finden Sie keines, dann sind Kontaktlinsen vielleicht besser für Sie geeignet.
- **Unterwäsche** Viele Frauen finden Boxershorts an Männern besser als enge Slips. Egal, wo Ihre persönlichen Präferenzen liegen: Wichtig ist, dass Unterwäsche immer sauber, ordentlich und gut sitzend ist. Altmodische Unterhosen von anno dazumal mögen im besten Falle praktisch sein, aber neue und modische Unterwäsche betont auf ansprechende Weise, was durch sie verhüllt ist.
- **Kleidung** Elegante und lässige Kleidung, beginnend mit schönen Sakkos und Hosen, sollte nach und nach die tristen Klamotten in Ihrem Schrank ersetzen. Vorsicht vor bunten Farben, wenn Sie kein flotter Typ sind. Konzentrieren Sie sich lieber auf klassisch geschnittene Kleidung in klaren Farben. Zu einem dunklen Sakko passen immer ein blaues Hemd und eine Jeans.

### Hinweise für Frauen

- **Gesicht** Betonen Sie die markanten Züge Ihres Gesichts – heben Sie Lippen, Augen und Wangen hervor. Legen Sie besonderen Wert auf Ihre Frisur; vielleicht ist ein neuer Schnitt ratsam, wenn Sie den Eindruck haben, dass Ihre jetzige Frisur nichts hermacht. Auch Färbungen und Tönungen sollten Sie in Erwägung ziehen. Denken Sie daran, dass Ihr Make-up zur neuen Haarfarbe passen muss.
- **Brille** Wenn Sie eine Brille tragen, fragen Sie sich, ob sie vorteilhaft für Ihre Gesichtszüge ist. Müssen Sie das verneinen, sollten Sie Geld in eine neue Brille investieren oder zu Kontaktlinsen wechseln.
- **Unterwäsche** Sortieren Sie Ihre alte, langweilige Unterwäsche aus und kaufen Sie sich Spitzenwäsche, attraktive BHs und schöne Bodys. Zu wissen, dass man sexy Unterwäsche trägt, beflügelt Auftreten und Selbstwahrnehmung und Sie erscheinen sexy und selbstsicher. Tragen Sie schwach gemusterte Strumpfhosen, die Ihren Beinen schmeicheln, und versuchen Sie auch Spitzenstrapse.
- **Schuhe** Legen Sie sich Schuhe mit Absätzen zu, die höher sind als Ihre alten.
- **Kleidung** Kaufen Sie Kostüme, Kleider und Hosen, die sich an Ihren Körper anschmiegen und die aus einem weichen Material sind. Versuchen Sie zunehmend, Ihren Körper zu betonen.
- **Duft** Benutzen Sie Hautlotionen und Kosmetik, die gut, aber nicht zu stark riecht. Wählen Sie Parfüms, die zu Ihrem natürlichen Duft passen.

# SINNLICHE BERÜHRUNGEN

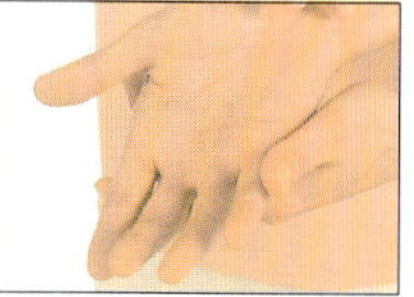

*Viele Situationen können durch den bewussten Einsatz von Berührungen sinnlicher und erotischer gestaltet werden. Nahe bei jemandem zu stehen und graziöse Bewegungen lassen den Partner entspannen und geben ihm eine Empfindung Ihrer Präsenz, die tiefer greift als das bewusst wahrgenommene Gefühl.*

**DAS HAAR BÜRSTEN** Kämmen Sie von der Stirn zum Hinterkopf, zuerst mit Ihren Fingerspitzen, dann mit einer Haarbürste.

*Benutzen Sie eine Haarbürste, mit der Sie die Kopfhaut stimulieren können.*

**OBEN BEGINNEN** Kuscheln Sie sich nah an Ihren Partner und massieren Sie Schulter und Nacken, so dass Ihr Partner sich entspannt.

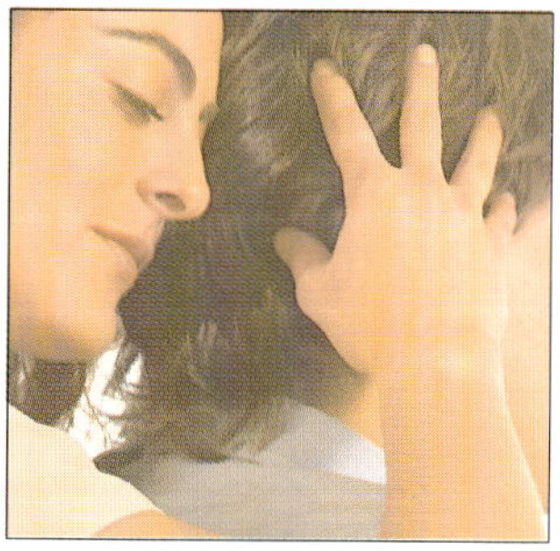

**MASSAGE DER KOPFHAUT** Massieren Sie vom Nacken aufwärts die Kopfhaut. Durch die kreisartigen Bewegungen der Fingerspitzen und durch die Bewegung der Kopfhaut selbst erlebt Ihr Partner wunderbare Gefühle.

*Lehnen Sie sich an Ihren Partner.*

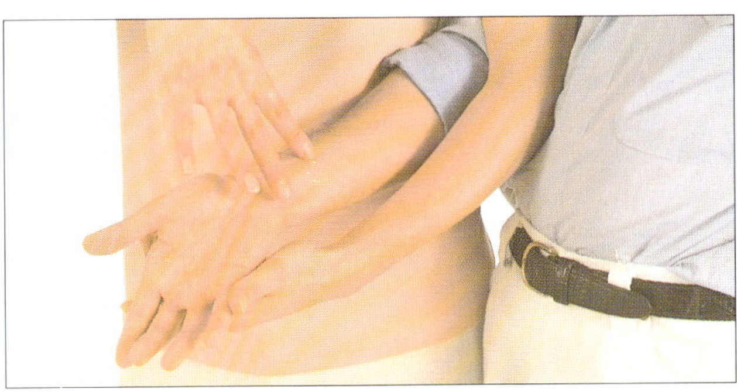

**STREICHEN SIE MIT IHREN FINGERSPITZEN SEINEN ARM ENTLANG** Fahren Sie von der Ellbogenbeuge zum Handgelenk. Wiederholen Sie dies mehrere Male an verschiedenen Stellen.

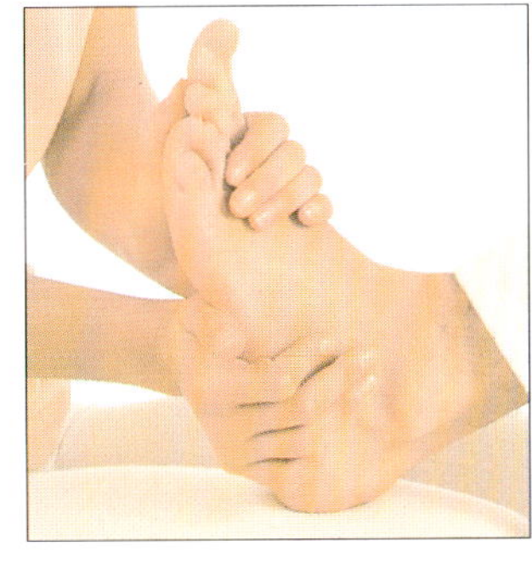

**FUSSSOHLENMASSAGE** Daumen und Zeigefinger, später auch alle Finger beider Hände führen auf jeder Fußsohle einzeln kreisende Bewegungen aus.

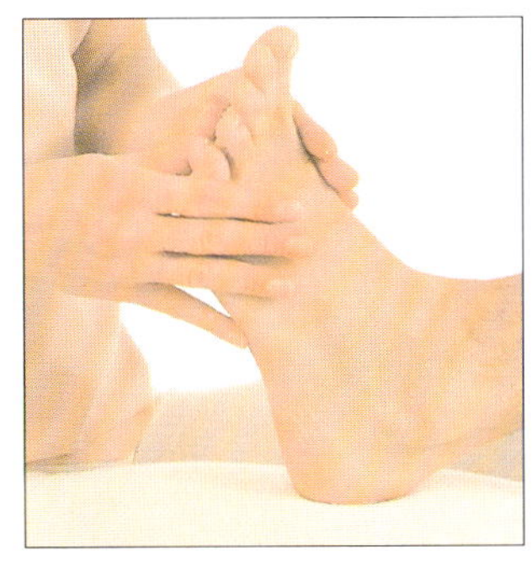

**ZEHENSPITZEN** Führen Sie Ihren eingecremten Zeigefinger sanft durch die Zwischenräume der Zehen Ihres Partners.

*Benutzen Sie Hautöl und -lotion, um sich die Bewegungen zu erleichtern und das sinnliche Gefühl auf der Haut zu steigern.*

**FUSSMASSAGE** Kneten Sie bestimmt, aber sanft mit Fingern und Daumen die Füße Ihres Partners. Arbeiten Sie sich von der Mittellinie des Fußes zu den Seiten vor, bei der Ferse beginnend und auf die Zehen zu. Drücken Sie an den verdickten Teilen der Fußsohle unterhalb der Zehen ein wenig stärker.

# DIE KLASSISCHEN LIEBESSTELLUNGEN

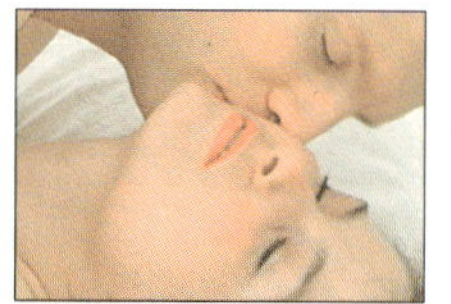

*Man kann in den verschiedensten Stellungen miteinander schlafen. Diese einfachen Positionen sind grundsätzlich ratsam, wenn man am Anfang einer neuen Beziehung steht. Sie lassen viel Raum für Intimität und befriedigen die Bedürfnisse beider Partner, abwechselnd die Situation bestimmen zu können. Neue Stellungen auszuprobieren macht viel Spaß, erweckt die Lust und verhindert, dass man in Routine und Langeweile erstarrt, was zu einer Bedrohung für die Beziehung werden kann.*

**DIE MISSIONARSSTELLUNG** Sie hat ihren Namen angeblich von Missionaren erhalten, die in ihrer Bemühung, Kolonien zu »zivilisieren«, der Ansicht waren, dass nur diese Stellung für respektable Leute angemessen sei. Die Missionare bestanden darauf, dass die neu Getauften auf diese Weise miteinander Sex hatten. Die Missionarsstellung ist eine angenehme Liebesstellung mit vielen Varianten.

*Damit beide Partner diese Stellung genießen können, sollten Sie Ihr Körpergewicht mit den Händen oder Ellbogen abfedern.*

**SEITE-AN-SEITE-STELLUNG** Wie die Missionarsstellung kennt auch diese Position viele Varianten. Bei der hier gezeigten hat sie ihre Beine ganz um ihn geschlungen; das ist nur dann kein Problem, wenn der Mann nicht viel wiegt. Bringt er dagegen viel Gewicht auf die Waage, wird es für sie bald unangenehm sein, dass sein ganzes Körpergewicht auf ihrem Oberschenkel ruht.

*Bei dieser vis-a-vis-Stellung kann man sich auf den Mund küssen und zärtlich zueinander sein, während man miteinander schläft.*

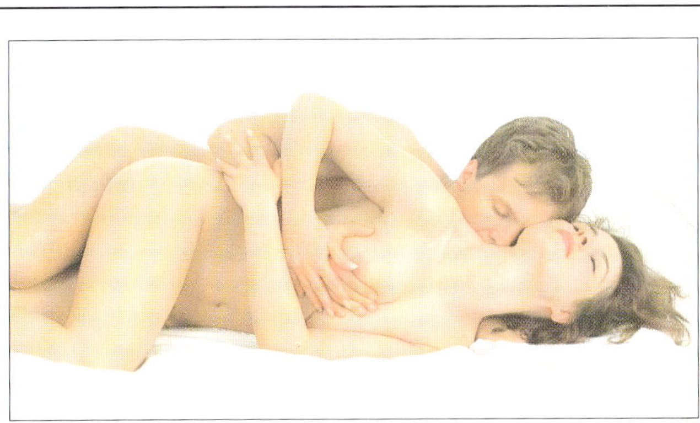

**Die Löffelstellung** Beide Partner liegen aneinander geschmiegt wie zwei Löffel in der Schublade. In dieser Stellung, bei der das Paar sich aneinander kuscheln kann, dringt er von hinten in sie ein. Varianten dieser Stellung ergeben sich, wenn sie nach der Penetration ein Bein zwischen seine Beine legt oder wenn er sich nach hinten und sie ihren Oberkörper nach vorne beugt. Bei den letzten beiden Varianten kann er normalerweise tiefer in sie eindringen.

*Benutzen Sie Ihre Hände, um Ihren Partner an seinen Genitalien und anderen erogenen Zonen zu streicheln und zu stimulieren.*

**Sex von hinten** Neben der Löffelstellung gibt es weitere Positionen, bei denen er von hinten in sie eindringt. Meistens kniet er dabei hinter ihr, aber die Stellung ist auch im Stehen, Liegen oder Sitzen möglich. Oder sie sitzt rittlings auf ihm, mit abgewandtem Gesicht.

*Wenn die Frau oben liegt, kann sie die Bewegungen und die Tiefe der Penetration besser steuern.*

**Die Frau liegt oben**
Auch hier gibt es viele Variationsmöglichkeiten. Sie kann z. B. rittlings auf ihm sitzen, sich nach vorne oder nach hinten beugen; oder sie liegt auf ihm, mit ihren Beinen zwischen seinen, oder aber er sitzt aufrecht und hält sie auf seinem Schoß.

*Mit einer Hand können Sie sich oder Ihren Partner zusätzlich stimulieren.*

**Selbststimulation**
Wenn die Frau oben ist, kann sie sich selbst an der Klitoris stimulieren.

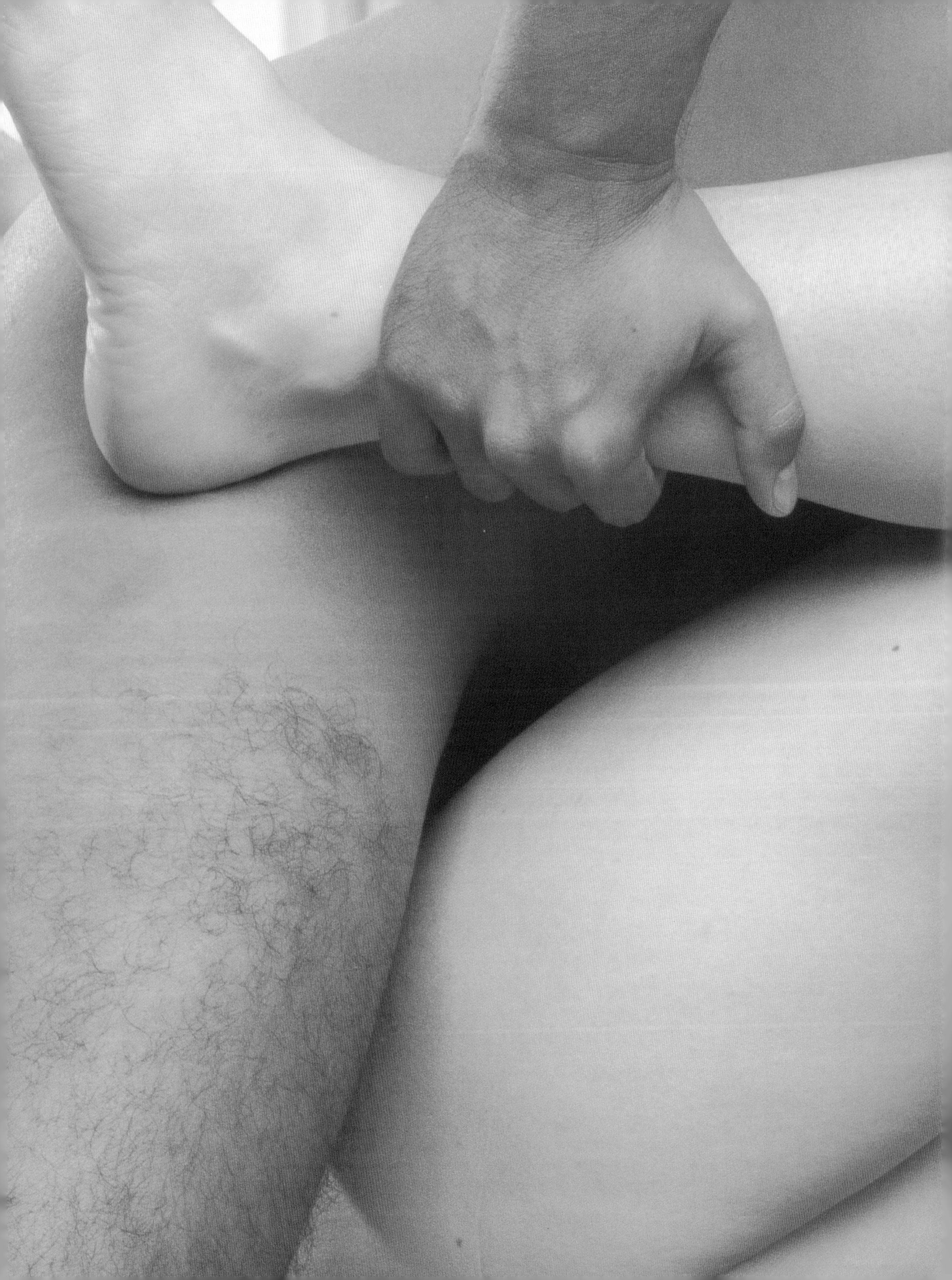

# KAPITEL 2

# WIE KANN ICH MICH AUF DIE WÜNSCHE MEINES PARTNERS EINSTELLEN?

*Es gibt nichts daran auszusetzen, wenn der Partner auf die Frage »Was magst Du?« antwortet: »Ich weiß es nicht genau, aber ich fände es schön, wenn wir es gemeinsam herausfänden.« Beide haben so die Möglichkeit, alles miteinander auszuprobieren.*

DIE MEISTEN MÄNNER glauben an den Mythos, dass sie alles über die sexuellen Bedürfnisse von Frauen wissen und ihre Gedanken lesen können sollten. Es ist ein Relikt aus alten Zeiten, als der Mann noch den aktiven Part beim Sex übernehmen und die Frau passiv bleiben sollte. Und viele Frauen wissen heute noch nicht, was für Wünsche ihr Partner hat! Es kann eine große Belastung für eine Beziehung sein, wenn keiner der Partner sexuelle Erfahrungen mitbringt, die die Hemmnisse überwinden helfen.

Hinzu kommt, dass es ohnehin immer wieder Situationen gibt, in denen wir uns unwohl fühlen. Neue Vorstellungen über die Rolle von Frauen und Männern hinterfragen sexuelle und soziale Wertigkeiten und konfrontieren uns mit Situationen, auf die uns unsere Erziehung nicht vorbereitet hat. Ein Beispiel: Ein Mann, der mit einer befreundeten Frau essen geht, wird sich immer noch schwer tun, wenn sie ihm offen Avancen macht. Oft weiß er einfach nicht, wie er darauf eingehen soll, weil sie einen althergebrachten Ablauf von Werben und Begehren umgangen hat. Angenommen, er sagt »Ja«, bedeutet das, dass er leicht zu haben oder zu schwach ist? Heißt ein »Nein«, dass er prüde oder ein Feigling ist, der mit modernen Frauen nicht umgehen kann?

# FALLBEISPIEL *Hans & Nora*

*Hans und Nora waren beide sexuell unerfahren; keiner von beiden wusste, wie er die Wünsche des anderen herausfinden konnte. Hans befürchtete, dass eine direkte Frage nach Noras sexuellen Vorlieben unhöflich sei; Nora glaubte nicht, dass man sexuelle Erfahrungen sammeln kann, ohne miteinander zu schlafen.*

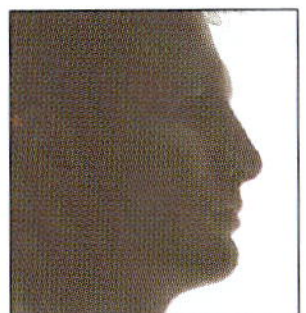

***Name:*** HANS
***Alter:*** 24
***Familienstand:*** LEDIG
***Beruf:*** TONMEISTER

*Hans war groß, dünn und blond, nach außen überaus extrovertiert, aber in Wirklichkeit sehr ängstlich. Beginnende erotische Beziehungen verunsicherten ihn sehr.*

*»Ich hätte so gerne eine Freundin, die mich liebt«, sagte er. »Ich sehne mich danach aufzuwachen, weil meine Freundin mich umarmt, die ich liebe und die sich etwas aus mir macht. Sex ist die Voraussetzung, um mich zu verlieben und eine Beziehung aufzubauen. Wenn es sexuell in einer Beziehung nicht klappt, kann ich nicht wirklich lieben.*

*Die zwei Frauen, die ich geliebt habe, haben mich verlassen. Das hat mich stark verunsichert. Gerade beginnt eine neue Beziehung, aber ich habe Angst, dass ich wieder nicht herausfinde, was meine Freundin von einer Beziehung und vom Sex erwartet.«*

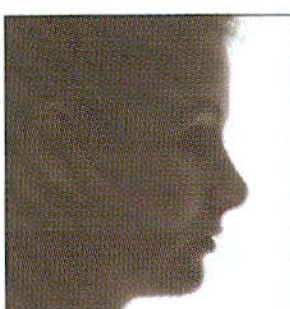

***Name:*** NORA
***Alter:*** 29
***Familienstand:*** LEDIG
***Beruf:*** DATENTYPISTIN

*Nora hatte fast hüftlanges, blondes Haar. Da sie sehr auf ihr Äußeres achtete, sah sie fast wie ein Model aus. Tatsächlich war sie aber schüchtern und in sich gekehrt und lebte immer noch bei ihren Eltern. Sie hatte bisher nur einen Freund gehabt (ein Kollege namens Bobby).*

*»Ich weiß, dass ich in sexueller Hinsicht noch einiges lernen muss,« erzählte sie mir. »Ich habe mit Bobby nie einen Orgasmus gehabt. Er sagte mir immer, dass ich voller Hemmungen und möglicherweise frigide sei. Das stimmt aber nicht, weil ich beim Masturbieren durchaus Orgasmen habe. Wenn ich einen Mann kennen lerne, den ich interessant finde – wie zur Zeit –, bin ich total verwirrt.*

*Ich weiß wirklich nicht genau, was ich von Hans will. Mich auf ihn einzustellen, fällt mir schwer. Ständig fragt er mich, wie ich mir den Sex wünsche. Das Problem ist, dass ich es nicht so genau weiß, aber mich nicht traue, das zu sagen. Aber wie kann ich es herausfinden, wenn ich nicht mit ihm schlafe? Und was passiert, wenn ich mir Sachen wünsche, die er mir nicht geben kann?«*

## THERAPEUTISCHER ANSATZ

Hans hatte Angst, dass eine Frage zu den sexuellen Präferenzen seiner Partnerin ihn unerfahren und unattraktiv erscheinen ließe. Tatsächlich ist es aber so, dass die Frage nach den Wünschen und Abneigungen des Partners zeigen würde, dass Hans sich für die Person selbst interessiert und sich individuell auf den Partner einzustellen bereit ist.

### FRAGEN STELLEN

Eine Möglichkeit, um sich mit sexuellen Fragen auseinander zu setzen, besteht darin sich vorzustellen, wie man mit dem Partner im Bett liegt. Wenn Hans z. B. herausfinden möchte, ob Nora es mag, wenn er ihre Brüste berührt, stellt er sich vor, wie er nackt im Bett liegt und sie in seinen Armen hält. In seinen Gedanken lässt er seine Finger über ihren Busen und ihren Warzenhof wandern und sanft ihre Brustwarzen drücken. Er könnte sie fragen: »Fühlt sich das gut an?« Dann fahren seine Finger an ihrer Seite von den Achselhöhlen zur Hüfte und er fragt: »Oder fühlt sich dies besser an?« Indem er ihr die Möglichkeit gibt aus-zuwählen, drängt er sie nicht dazu Dinge zu sagen, die nicht stimmen. Gleichzeitig sammelt er so genaue Informationen. In seiner Fantasie könnte er von hier ausgehend sagen: »Es wäre schön, wenn du mir sagen würdest, wenn ich etwas tue, das dir nicht gefällt.«

Ich schlug Hans vor, solche Szenen im Geiste zu üben, damit diese Situation im echten Leben leichter zu bewältigen sei. Es wäre so einfacher ein offenes Gespräch mit seiner Partnerin zu führen, da er Fragen und mögliche Antworten schon gedanklich vorbereitet hätte.

### EIGENE WÜNSCHE ERKENNEN

Noras Problem bestand darin, dass sie nicht wusste, was sie wollte, und es folglich auch nicht beschreiben konnte. Auch ihr empfahl ich, sich verschiedene Situationen vorzustellen und gedanklich zu proben. Nora musste sich vorstellen, welche Situationen sie erregend finden würde, wenn sie sie tatsächlich erlebte.

Alle Menschen erfahren unterschiedliche Dinge, wenn sie sich solche Situationen vorstellen: Erregung, Abneigung oder Unsicherheit. Erregung und Abneigung sprechen für sich. Unsicherheit muss nicht immer etwas Negatives sein, sondern stellt sich auch bei Dingen ein, die neu für uns sind, uns aber trotzdem gefallen können. Das gedankliche Durchspielen kann Klarheit darüber bringen, ob wir eine bestimmte Sexualpraktik in der Realität auf uns zukommen lassen oder lieber vermeiden möchten.

# *Tipps für die* VERBESSERUNG DER KOMMUNIKATION

*Dieser Abschnitt dient dazu, dass beide Partner in einer Beziehung Sensibilität für die Wünsche und Abneigungen des anderen entwickeln. Das Gespräch und/oder die Demonstration sexueller Vorlieben ist notwendig, um eine erfolgreiche Beziehung auszuleben. Machen Sie sich keine Sorgen, wenn Sie am Anfang verunsichert sind und sich schämen – Ihrem Partner geht es genauso. Wenn Sie im Geist die Dinge durchgespielt haben, die Ihnen peinlich sind, und diese Vorstellungen dann real umsetzen, werden Sie am Ende viel über ihre jeweiligen erotischen Empfindungen herausgefunden haben. Sie überwinden damit viele Hemmschwellen und fördern dadurch eine ungeheure Intimität. Die hier vorgestellten therapeutischen Übungen sind leicht durchzuführen.*

## *Phase* 1 DEN AUSTAUSCH BEGINNEN

Es ist für Ihren Partner genauso wichtig zu wissen, was Sie mögen, wie für Sie herauszufinden, was er mag. Aber es ist oft nicht leicht in Worten auszudrücken, was wir schön finden. Gerade wenn es um Sex geht, haben viele von uns Schwierigkeiten, die passenden Worte zu finden. Darum empfinden es einige Paare leichter, den Austausch nicht nur über Worte zu führen, sondern konkret in Handlungen zu zeigen, was sie sexuell erregt und was ihnen Lust bereitet.

**INTIMITÄT** Eine gute Kommunikation zwischen Ihnen und Ihrem Partner fördert Intimtiät und die Entstehung echter Nähe.

**WECHSELT EUCH AB!** Wenn das für Ihre Beziehung zutrifft, ist es sinnvoll, wenn sich beide Partner gegenseitig zeigen, was sie mögen, und dabei so viel Erfahrungen sammeln wie möglich. Auch wenn Sie sich gut im Gespräch über Ihre sexuellen Präferenzen austauschen können, kann es ratsam (und lustvoll) sein zu zeigen, was Ihnen konkret Spaß macht.

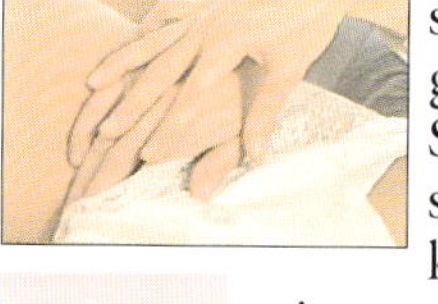

*Zeigen, was man mag: s. S. 38*

**SEXUELLES BEWUSSTSEIN** Natürlich kann es der Fall sein, dass Ihnen nicht ganz klar ist, was Ihnen am Sex gefällt, oder Sie wissen es, haben aber Schwierigkeiten, es im Gespräch zu thematisieren. So geht es besonders denjenigen von uns, die sexuell unerfahren sind und noch kein Bewusstsein dafür entwickelt haben, wie und was sie sexuell empfinden. Wir alle kennen diese Unsicherheit noch vom Beginn unseres Sexuallebens her.

Viele Menschen finden, dass Selbstbefriedigung (vgl. S. 226 und S. 228) hilft, ein Bewusstsein für die eigenen sexuellen Empfindungen zu entwickeln, das dann auch der Beziehung zugute kommen kann.

Wenn Sie zu schüchtern sind, um solche sehr intimen Dinge wie sexuelle Vorlieben zu besprechen, können Ihnen die Tipps zur sexuellen Bestimmtheit (vgl. S. 72f.) zeigen, wie Sie Ihre Zurückhaltung aufgeben und offen über Ihre Bedürfnisse reden können.

## *Phase* DIE SEX-AUTOBIOGRAFIE MITEINANDER TEILEN

Es gehört zu unserer Kultur, dass Gespräche über Sex immer noch tabuisiert sind und wir uns nicht über unsere sexuellen Erfahrungen austauschen. Selbst wenn wir bereit sind, diese Erfahrungen offen zu legen, sind einige Menschen der Ansicht, dass es darüber nicht viel zu sagen gibt. Da wir aber alle von Geburt an sexuelle Wesen sind, haben auch unsere frühesten Erfahrungen Auswirkungen darauf, wie wir hier und jetzt mit unseren Partnern umgehen.

Es kann eine gute Möglichkeit sein, dem Partner ein Bild davon zu geben, warum wir so sind, wie wir sind, wenn wir uns in unsere früheste Kindheit zurückversetzen und uns eingehende Fragen zu unserer Persönlichkeitsentwicklung stellen. Auch wenn wir noch keinen Sex hatten, kann es erhellend für einen selbst und den neuen Partner sein herauszufinden, welche Erfahrungen besonders wichtig waren.

Der Fragebogen rechts soll einige sexuelle Erfahrungen in Erinnerung bringen. Nehmen Sie sich die Zeit, um mit Ihrem Partner über diese Erinnerungen zu sprechen und Ihre Erfahrungen mit seinen zu vergleichen. Jede Frage gibt schon Stoff für stundenlange Gespräche. Und bei besonders interessanten Fragen kann das Gespräch über sexuelle Erfahrungen Sie sogar tagelang beschäftigen.

**ERINNERUNGEN** Durch den Austausch sexueller Erfahrungen lernen Sie viel über sich und Ihren Partner kennen.

## FRAGEBOGEN ZUR SEXUELLEN BIOGRAFIE

- Welchen Hintergrund hat Ihre Familie? Welcher sozialen Klasse, Religion und Kultur entstammen Sie?
- Welche moralischen Wertvorstellungen gab es in Ihrer Familie? Welchen Stellenwert hatten Spiele?
- Gingen Ihre Eltern zärtlich miteinander um, oder waren sie eher hart und streitsüchtig zueinander?
- An welche Ereignisse erinnern Sie sich, die mit dem Sexualleben Ihrer Eltern zu tun haben?
- Welche Ansichten vertrat man zur Nacktheit?
- Würden Sie rückblickend sagen, dass Ihre Eltern in ihrer Ehe sexuell und sozial erfüllt waren?
- Welche unterschwelligen Botschaften in Hinsicht auf Sex glauben Sie von Ihren Eltern erhalten zu haben?
- Welche Ansichten über Sex haben Sie während Ihrer Kindheit übernommen?
- Wann und wie lernten Sie Sex kennen?
- Gab es irgendwelche frühen sexuellen Erfahrungen, die peinlich oder beschämend für Sie waren?
- Wann haben Sie zum ersten Mal masturbiert?
- Haben Sie sexuelle Fantasien? Wenn ja: Wie alt waren Sie, als diese begonnen haben?
- Haben Sie sich schon einmal in Menschen verliebt, die das gleiche Geschlecht wie Sie hatten?
- Wenn Sie ein Mann sind: In welchem Alter begannen Ihre »feuchten Träume«? Wenn Sie eine Frau sind: Wann hatten Sie Ihre erste Menstruation?
- Was waren Ihre ersten sexuellen Erfahrungen? Erlebten Sie diese mit gleichgeschlechtlichen oder andersgeschlechtlichen Partnern?
- Was zeichnete die darauf folgenden sexuellen Erfahrungen aus?

# ZEIGEN, WAS EINEM GEFÄLLT

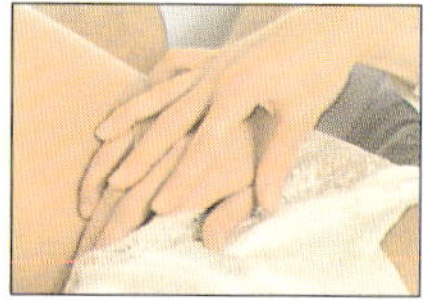

*Wenn Ihr Partner nicht weiß, was Ihnen gefällt und was Sie erregt, kann Ihre sexuelle Lust schnell dahinschwinden. Vorzuführen, was Sie erregt, ist oft der beste Weg des sexuellen Austausches. Stimulieren Sie abwechselnd Ihre erogenen Zonen, so dass der andere sieht, was Sie besonders erregt. Bestärken Sie Ihren Partner, wenn er Dinge tut, die besonders lustvoll für Sie sind.*

**ZEIGEN SIE SICH GEGENSEITIG IHRE EROGENEN ZONEN** Legen Sie Ihre Hände auf die des Partners, wenn er Sie streichelt, und führen Sie sie zu Ihren bevorzugten erogenen Zonen. Dazu können – neben Ihren Geschlechtsorganen – Ihre Brustwarzen, die Innenseiten der Schenkel, Ihr Perineum (der Bereich zwischen Hoden bzw. Scheide und Anus) und Ihr Anus gehören; letztlich kann das jede Körperstelle sein, an der Sie durch Streicheln erregt werden.

*Achten Sie auf die Reaktionen Ihres Partners, wenn Sie ihn an bestimmten Stellen streicheln. Sie werden Ihnen viel über seine Empfindungsweise verraten.*

*Führen Sie die Hand Ihres Partners nur leicht, damit sie Sie streicheln kann. Stimulieren Sie sich aber nicht selbst mit ihr.*

**ZEIGEN SIE, WIE SIE SICH SELBST STIMULIEREN** Zeigen Sie Ihrem Partner, wie Sie sich selbst gerne streicheln. Erklären Sie ihm, wie sich was anfühlt und beziehen Sie auch Ihre bevorzugten erogenen Zonen mit ein.

**HÄNDE ÜBEREINANDER** Legen Sie die Hand Ihres Partners auf Ihren Handrücken und steicheln Sie sich selbst. Zeigen Sie ihm, wie Sie am besten erregt werden, wie intensiv er drücken soll und welchen Rhythmus und welche Bewegungen am intensivsten sind. Beschreiben Sie Ihre Vorlieben, zum Beispiel ob Sie es lieber haben, wenn er Ihre Brustwarzen drückt, oder ob er lieber mit seinen Fingerspitzen um den Warzenhof fahren soll.

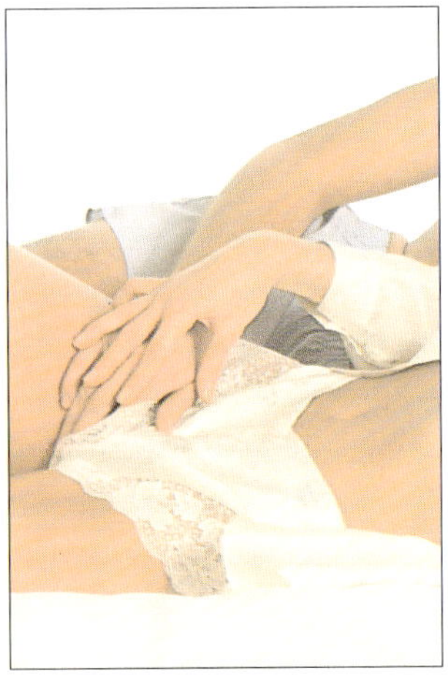

**FÜHREN SIE IHREN PARTNER** Nehmen Sie die Hand Ihres Partners und führen Sie sie so, als ob es Ihre eigene wäre. Stimulieren Sie mit seiner Hand Ihre Geschlechtsorgane und deren Umgebung, den Bereich des Schamhaars, die Innenseiten der Schenkel oder das Perineum.

**LASSEN SIE IHREN PARTNER FÜHREN** Wenn Sie gezeigt haben, wo Ihre erogenen Zonen sind und wie Sie dort berührt werden wollen, soll Ihr Partner Sie stimulieren. Lassen Sie Ihre Hand auf seiner liegen, damit Sie ihm gegebenenfalls zeigen können, was er tun soll. Übernehmen Sie aber nicht das Kommando, denn er lernt es am besten, wie Sie erregt werden können, wenn er selbst dafür verantwortlich ist.

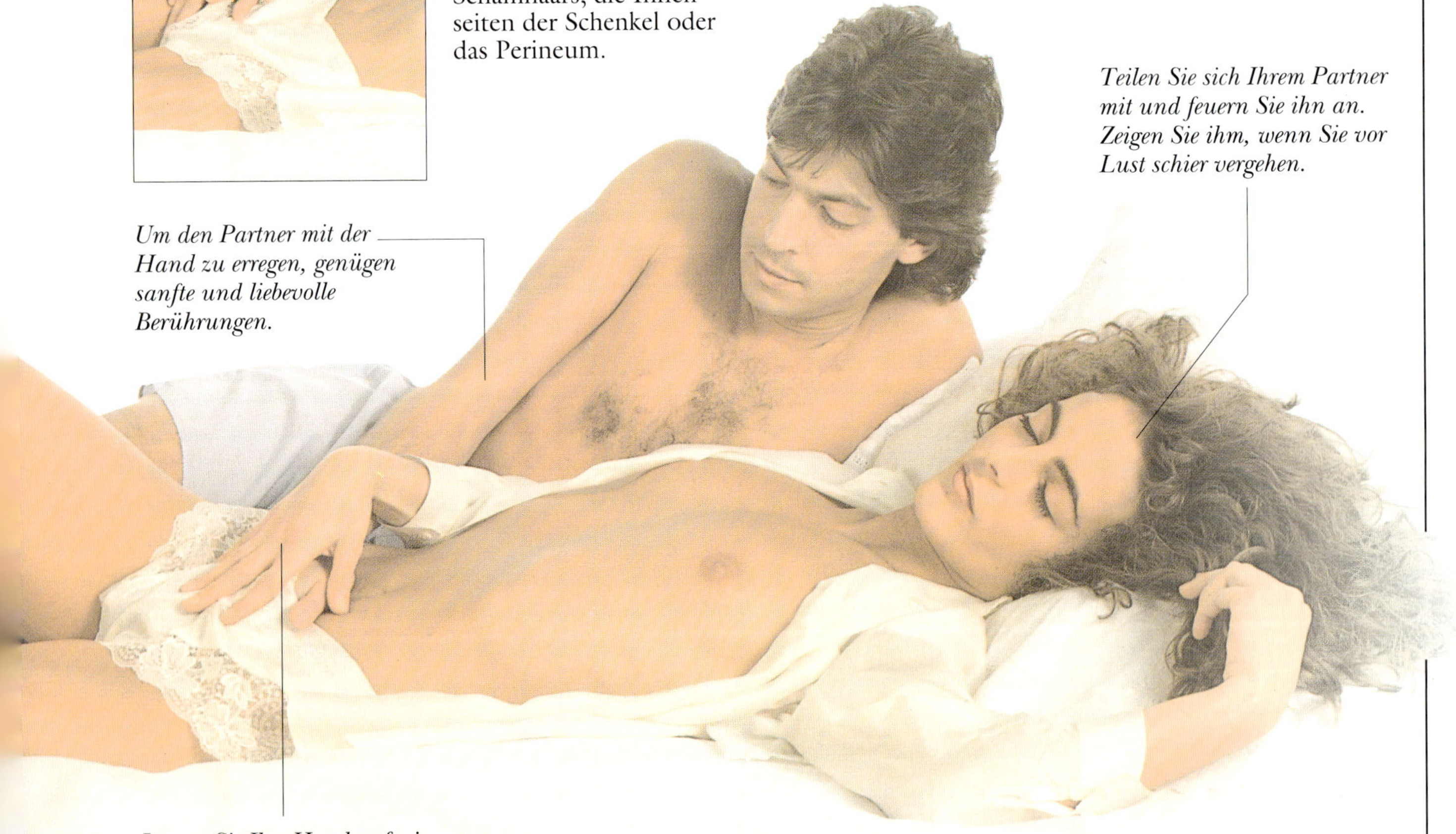

*Teilen Sie sich Ihrem Partner mit und feuern Sie ihn an. Zeigen Sie ihm, wenn Sie vor Lust schier vergehen.*

*Um den Partner mit der Hand zu erregen, genügen sanfte und liebevolle Berührungen.*

*Lassen Sie Ihre Hand auf seiner liegen, damit er auch wirklich die richtigen Stellen stimuliert.*

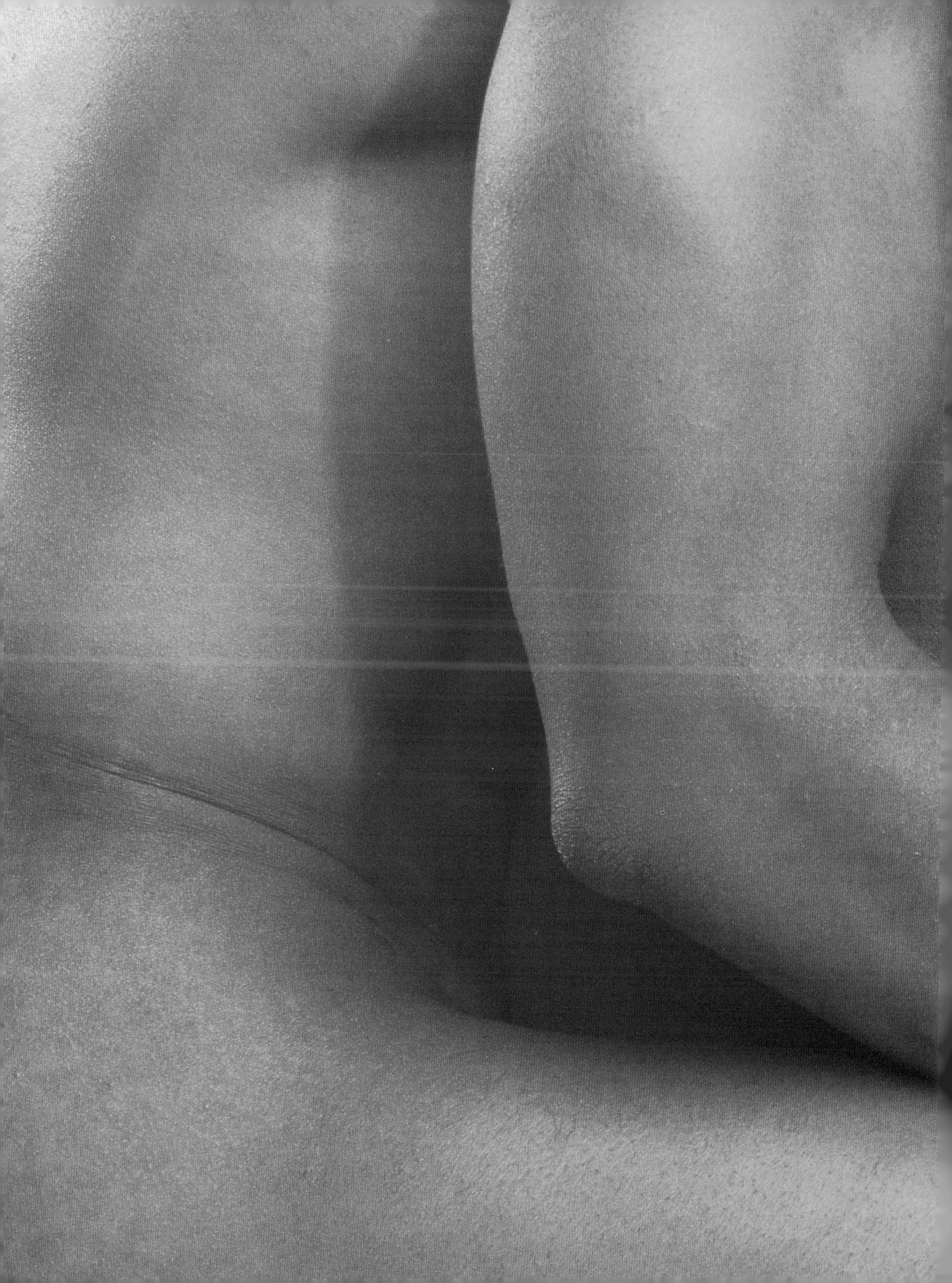

# KAPITEL 3

# WIE KANN ICH DIE HEMMUNGEN MEINES PARTNERS ABBAUEN?

*»Sie können die Begrenzungen der sexuellen Freiheit Ihrer Generation in der Privatheit des eigenen Schlafzimmers aufheben.«*

VIELE MENSCHEN kommen in meine Sprechstunde, weil sie ihre sexuellen Hemmungen nicht überwinden können. Oftmals ist dieses Problem Folge von schwierigen persönlichen Erfahrungen, die diese Menschen in ihrer Vergangenheit gemacht haben, oder sie sind zu stark von sozialen Tabus und Vorstellungen beeinflusst. Manchmal sind die Schwierigkeiten aber lediglich darin begründet, dass eine beteiligte Person von ihrem Partner zu stark unter Druck gesetzt wird.

Eine Einzeltherapie hilft immer dann, wenn Familienmitglieder oder Dritte die Probleme verursachen. Dabei ist es wichtig zu erkennen, dass einige Hemmungen von Vorstellungen ausgelöst werden, die über Generationen hinweg weitergegeben wurden – zu dem Zweck, unser Sexualverhalten zu kontrollieren und zu tabuisieren.

Wenn die Schwierigkeiten individueller sexueller Hemmungen aber ihren Grund in dem Gefühl haben, unter Druck gesetzt zu werden, kann man mit den von mir empfohlenen Übungen gut dagegen vorgehen. Die Erforschung der eigenen Sexualität, die Einsichten über die persönlichen Empfindungen vermittelt und Lust ohne Schuldgefühle ermöglicht, ist eine große Hilfe, wenn man Hemmungen überwinden will.

# FALLBEISPIEL *Leon & Charlotte*

*Charlottes sexuelle Hemmungen waren größtenteils auf ihren dominierenden und moralisch engstirnigen Vater zurückzuführen. Sie wurden noch verstärkt durch die Ungeduld ihres Partners, Leon. Charlotte wollte ihre Hemmungen verlieren. Leon musste lernen, das Leben gelassener anzugehen.*

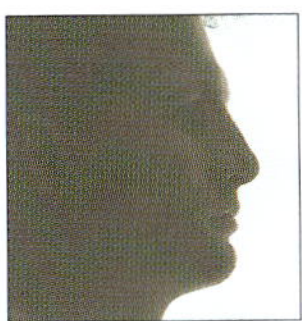

***Name:*** LEON
***Alter:*** 29
***Familienstand:*** LEDIG
***Beruf:*** BÖRSENMAKLER

*Leon war ein junger, beruflich stark engagierter Yuppie. Perfekt gekleidet und ständig auf dem Sprung, vermittelte er allen das Gefühl, dass ihm alles zu langsam ging.*

*»Ich bin seit einem Monat mit Charlotte zusammen und finde sie sehr attraktiv«, erzählte er mir. »Sie sieht toll aus und ist sehr intelligent. Um es kurz zu machen: Ich hatte erwartet, dass sie im Bett eine Wucht ist. Vielleicht ist sie das auch, ich weiß es nicht. Aber mit mir jedenfalls ist sie das nie.«*

*»Ich habe noch keine Frau getroffen, die so viele Hemmungen hatte. Wenn wir miteinander schlafen, liegt sie einfach da, als ob sie erstarrt wäre. Aber sie findet mich ganz offensichtlich sehr anziehend, denn wenn wir keinen Sex miteinander haben, kuschelt sie wirklich viel mit mir und scheint ganz erregt zu sein. Ist es überhaupt sinnvoll, die Beziehung weiterzuführen, wenn es sexuell einfach nicht klappt?«*

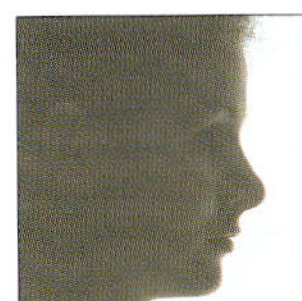

***Name:*** CHARLOTTE
***Alter:*** 25
***Familienstand:*** LEDIG
***Beruf:*** BILBLIOTHEKARIN

*Charlotte hatte große, dunkle Augen, schwarze Locken und war eine anziehende, lebhafte Person. Ihre gesamte Erscheinung war verführerisch, aber wenn sie von den sexuellen Schwierigkeiten in ihren Beziehungen sprach, verließ sie ihr Selbstvertrauen und sie wirkte völlig eingeschüchtert.*

*»Mich ziehen eigentlich nur Überflieger an«, gestand sie mir. »Aber ich benötige viel Zeit, um mich aus meiner sexuellen Verklemmung zu lösen, und Männern wie Leon fehlt meist das Verständnis dazu. Ich spüre geradezu seine Ungeduld. Ich habe nur zwei andere ernsthafte Beziehungen gehabt, von denen keine länger als ein Jahr dauerte, und nur eine hat auch sexuell geklappt. Aber auch in der hatte ich nie einen Orgasmus. Ich brauche Zeit, um zu entspannen und um jemanden kennen zu lernen, bis ich sexuell gelassener werde. Wie kann ich Leon beibringen, einen Gang runterzuschalten?«*

*»Mein Vater war sehr religiös und hatte extreme Moralvorstellungen, die ich überhaupt nicht teile. Aber ich erinnere mich zu völlig unpassenden Gelegenheiten an sie. Ich stelle mir vor, wie mein Vater mich beim Sex beobachtet.«*

## THERAPEUTISCHER ANSATZ

Charlotte war das Musterbeispiel eines Menschen, der versucht, den Anforderungen seines schwierigen und fordernden Vaters auch im Erwachsenenleben gerecht zu werden – nur dass der Vater durch den Liebhaber ersetzt wurde. Um das sprunghafte Temperament ihres Vaters wissend, stand sie ständig unter Spannung und erwartete jeden Moment eine Explosion. So war es nicht verwunderlich, dass es ihr nicht gelang, sich bei Leon zu entspannen, der nur schwer seine Forderung zurückhalten konnte, dass sie sich schnell ändern müsse. Charlotte musste mit dieser doppelten Last fertig werden. Tief in ihrem Inneren fühlte sie sich an die moralischen Vorgaben gebunden, die immer dann (durch das verurteilende Gesicht ihres Vaters) auf den Plan traten, wenn sie sexuelle Lust verspürte.

### ERFORSCHUNG DER SINNESLUST

Charlotte musste mithilfe eines Therapeuten versuchen, die Wirkungsweise der väterlichen Erziehung auf ihre Psyche zu durchschauen. Dies half ihr, Gedanken an ihren strafenden Vater durch angenehme Vorstellungen zu ersetzen. Als sich herausstellte, dass sie noch nie einen Orgasmus gehabt und noch nie masturbiert hatte, musste sie sich auch auf den Weg machen, um ihre eigene Sinneslust zu erforschen (vgl. S. 232). Die Entdeckung ihrer Sexualität, das Erleben von Lust und die Erkenntnis, dass sie keine Vergeltung fürchten müsse, führte sie auf den richtigen Weg.

Ob Leon der richtige Mann dafür ist, wird sich zeigen. Dazu müsste er sein Getriebensein in den Griff bekommen. Es ist aber ein gutes Zeichen, dass er bereit war, nach Hilfe zu suchen. Das heißt, dass es sich für das Paar lohnen würde, an einem Programm zur Verbesserung der gemeinsamen Sexualität teilzunehmen (vgl. S. 60).

### SEXUELLES ERLEBEN STEIGERN

Leon selbst benötigte Hilfe, weil er Frauen als Konsumartikel oder als Hilfsmittel beim Erklimmen der Karriereleiter begriff. Er hatte noch nicht verstanden, dass die Hast ihren Preis hat. In seinem Fall bestand der Preis in dem enormen Druck, in dem Glauben, dass er alles regeln und verantworten müsse, inklusive Charlottes Problemen. Durch gemeinsame Übungen lernte Leon, dass Charlotte als Individuum für sich selbst verantwortlich war. Er selbst erarbeitete sich einen Freiraum, in dem er entspannen und gedanklich frei werden konnte, und fand so neue Quellen eigener Freude.

# *Tipps um* HEMMUNGEN ZU VERLIEREN

*Es gibt viele physische und psychische Faktoren, die für das sexuelle Erleben eine Rolle spielen. Spannung kann z. B. ein Teil des sexuellen Kitzels sein, aber zu viel Spannung kann die Lust und die Erregung blockieren. Sexuelle Unterdrückung macht ein erfülltes Sexualleben zunichte. Viele von uns empfinden Sex immer noch als eine peinliche Angelegenheit. Es fällt uns schwer, uns gehen zu lassen, weil wir befürchten, primitiv oder animalisch zu erscheinen, wenn wir uns Schreie oder spontane sexuelle Handlungen erlauben. Unser Leben wird aber viel befriedigender sein, wenn wir uns die Zeit nehmen zu lernen, was uns Lust bereitet und wie wir unsere Gefühle besser ausdrücken können.*

## *Phase* 1 DIE AUSSTRAHLUNG VERBESSERN

Wenn Sie verängstigt erscheinen, fühlen Sie sich wahrscheinlich auch gehemmt. Es schmälert Ihre Chancen, lustvolle sexuelle Erfahrungen zu machen. Indem Sie äußerlich eine sinnlichere Selbstdarstellung an den Tag legen (vgl. S. 24–27), verändern Sie auch Ihre innere Einstellung.

**ENTSPANNEN** Entspannungsübungen helfen den Druck abzubauen, der oft mit Hemmungen einhergeht.

## *Phase* 2 ENTSPANNUNG LERNEN

Gezielt Lockerungsübungen zu praktizieren, bevor man miteinander schläft, kann Spannungen lösen und Erotik freisetzen. Keiner der Partner sollte zu irgendetwas gedrängt werden. Entspannt zu sein bedeutet auch, dass man sich leichter darauf einlassen kann, was der Partner möchte, aber sich ebenso auch besser auf die eigenen Empfindungen konzentrieren kann.

Generell gilt, dass Entspannungsübungen am besten flach auf dem Rücken liegend durchgeführt werden. Aber das ist nicht immer machbar. Das nebenstehende Beispiel kann auch im Sitzen auf einem bequemen Stuhl geübt werden.

**VORBEREITUNG** Bevor Sie mit der Übung beginnen, sollten Sie sicherstellen, dass Ihre Umgebung »stimmt«: Beseitigen Sie Störungen wie Telefon oder Radio und prüfen Sie, ob der Raum eine angenehme Temperatur hat. Ein warmes Bad vorab wird Ihnen zusätzlich helfen sich zu entspannen.

## *Phase* 3 ÖFFNEN SIE SICH NEUEN ERLEBNISWELTEN

Um sensibel für die eigenen sexuellen Empfindungen zu bleiben, lohnt es sich, durch Selbstbefriedigung die eigene Sinnlichkeit kennen zu lernen (vgl. S. 226ff.). Ziehen Sie sich öfter eine Stunde zurück, entspannen Sie sich auf dem Bett und streicheln Sie Ihren Körper und Ihre Genitalien. Versuchen Sie auch ab und an etwas Neues: Legen Sie sich z. B. zum Masturbieren statt auf den Rücken auf die Seite.

**Lassen Sie Ihrer Erregung freien Lauf** Lassen Sie Ihren Atem frei ausströmen und stöhnen Sie vor Erregung. Bewegen Sie Ihre Beine und streicheln Sie sich mit der Hand, die Ihre Genitalien nicht massiert, an anderen Körperstellen. Übertreiben Sie absichtlich ein wenig, um sich selbst in Stimmung zu bringen. Drücken Sie Ihre Scham fest gegen die Hand, so dass der gesamte Körper aktiviert ist.

Versuchen Sie »Sexwörter« zu finden, leise, aber mit Bewusstsein. Wenn der Orgasmus naht, lassen Sie Ihr Stöhnen den Raum füllen, atmen Sie laut aus und werden Sie zunehmend lauter. Wenn Sie schreien möchten, halten Sie sich nicht zurück, sondern lassen Sie sich gehen.

*Selbststimulation, S. 230*

**Beobachten Sie Ihre Gefühle** Denken Sie einmal über Ihre Erziehung nach, wenn bei dieser Übung Scham in Ihnen aufsteigt. Wo kommen diese Hemmungen her? Machen Sie die Übung ein paar Tage später erneut und vergleichen Sie die Berührungen, die Ihnen beim ersten Mal peinlich waren, mit Ihren Empfindungen beim zweiten Mal. Gibt es Unterschiede? Gewöhnen Sie sich langsam an die Laute der Lust? Wenn Sie die Bedenken beiseite schieben, fällt es Ihnen dann leichter die Übung durchzuführen? Es ist wichtig, das etwas übertriebene Verhalten langsam einzuüben. Vielleicht müssen Sie die Übung zweimal wöchentlich über eine längere Zeit hinweg machen, bevor Sie sich dabei wohl fühlen.

## *Phase* Kleidung für die sinnliche Berührung

Zu Beginn einer Beziehung sind wir oft beschämt, wenn wir uns ausziehen. Jemanden zu treffen, der es mag, beim Sex angezogen zu bleiben, kann nicht nur eine Erleichterung für den sein, der Hemmungen verspürt, sondern ergibt auch eine pikante Note für Paare, die normalerweise nackt miteinander schlafen.

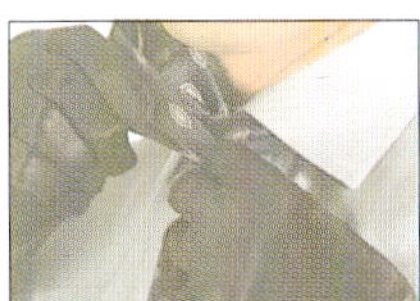

Erotische Berührungen, kombiniert mit sinnlicher Kleidung, steigern die Freude am Sex. Dabei sind die Variationsmöglichkeiten so vielfältig, wie unsere Fantasie und der Kleiderschrank es zulassen. Eine Frau kann z. B. komplett angezogen die Verführerin spielen, ihren Partner entkleiden, ihn mit Händen stimulieren und sich weigern sich auszuziehen. Es kann zum Spiel gehören, den Partner mit seiner Erregung allein zu lassen, indem man ihn auf später vertröstet.

*Die Verführerin spielen, s. S.46*

## Entspannungsübungen

Diese einfachen, aber wirksamen Entspannungsübungen beinhalten Atemtechniken, mentales Loslassen und Übungen, die die Muskeln entspannen. Sie können die Übungen durchführen, um Ihre sexuellen Reaktionen zu erforschen, aber genauso, wenn Sie z. B. nach einem anstrengenden Tag einfach nur zur Ruhe kommen wollen.

- **Fussballen** Setzen Sie sich auf einen Stuhl und stellen Sie die Füße in einigem Abstand nebeneinander auf den Boden. Pressen Sie Ihre Fußballen fest auf den Boden und zählen Sie bis zehn. Stellen Sie sich dabei vor, wie gut es tut, so mit der Erde verbunden zu sein. Wenn Sie den Ballendruck beenden, spüren Sie dem Gefühl der Verbundenheit noch nach. Achten Sie auch auf Ihre Atmung. Suchen Sie einen regelmäßigen Rhythmus, bei dem Sie hörbar durch die Nase ein- und durch den Mund ausatmen.

- **Atmung** Am Anfang werden Sie vielleicht flach aus der Brust heraus atmen. Versuchen Sie Ihre Atmung zunehmend nach unten zu verlagern, bis sie aus dem Zwerchfell kommt. Wenn Sie einen für Sie angenehmen Rhythmus gefunden haben, behalten Sie diesen bei und konzentrieren Sie sich auf Ihre Gedanken.

- **Gedanken** Schließen Sie Ihre Augen und versuchen Sie Ihre Gedanken z. B. auf einen kleinen hellen Fleck in der Dunkelheit zu fokussieren. Entspannen Sie sich in einer Sitzposition, die für Sie angenehm ist, und lassen Sie alle anderen Gedanken, die sich vor Ihr geistiges Auge drängen wollen, an sich vorbeiziehen. Dieses Freiwerden von gedanklicher Anstrengung wird umso einfacher, je öfter Sie diese Übung praktizieren und je weniger Sie sich damit beschäftigen, welcher Übungsschritt als nächstes ansteht.

- **Spannen und entspannen** Achten Sie auf all Ihre Glieder: Einige sind sicher immer noch angespannt. Beginnen Sie mit dem linken Fuß und spannen Sie ihn so stark an, wie es Ihnen möglich ist. Halten Sie die Spannung für fünf Sekunden und lassen Sie sie dann los. Wiederholen Sie diesen Ablauf mit dem linken Bein, dann dem rechten Fuß und dem rechten Bein. Gehen Sie zum Po über: Spannen und entspannen Sie eine Pobacke, dann die andere, dann beide gleichzeitig. Machen Sie es genauso mit dem Bauch, den Schultern, dem linken und dem rechten Arm, der linken und rechten Hand und dem Gesicht.

- **Spannung abbauen** Durch den mutwilligen Auf- und Abbau von Spannung befreien Sie Ihren Körper von Verspannungen. Nehmen Sie sich fünfzehn Minuten Zeit für die Übung. Suchen Sie nach den Stellen, die besonders verspannt sind und bearbeiten Sie sie auf diese Weise. Wenn Sie völlig entspannt sind, genießen Sie es, solange es Ihnen möglich ist.

# DIE VERFÜHRERIN SPIELEN

*Kleidung kann eingesetzt werden, um erotische Gefühle hervorzurufen. In diesem erregenden Szenario tragen Sie einen eng anliegenden Körperbody. Nach und nach ziehen Sie Ihren Partner aus und machen ihm gleichzeitig klar, dass Sie selbst »zugeknöpft« bleiben werden. Entscheiden Sie selbst, ob Sie ihn zum Höhepunkt kommen lassen. Sie können die Spannung noch erhöhen, indem Sie ihn auf der Spitze seiner Erregung sagen, dass er auf die nächste Runde noch warten muss.*

1 **ZIEHEN SIE IHN AUS** Entkleiden Sie ihn, bis ein Stück nackter Haut zum Vorschein kommt.

*Drücken Sie Ihre bekleideten Arme gegen seine nackte Haut.*

2 **NECKEN SIE IHN** Führen Sie mit Ihren Handschuhen neckische Bewegungen aus, die ihm zeigen, dass Sie angezogen sind und er nackt ist.

*Tragen Sie einen engen, fast undurchlässigen Catsuit, der nur wenig Haut frei lässt.*

*Wenn Sie auf Ihrem Partner sitzen oder liegen, müssen Sie Acht geben, dass Sie nicht zu schwer auf empfindlichen Körperstellen wie seinen Genitalien oder seinem Bauch sitzen.*

*Machen Sie ihm klar, dass er hilflos und nackt ist, während Sie das Geschehen bestimmen.*

3 **Bleiben Sie angezogen** Weisen Sie jeden Versuch Sie auszuziehen zurück. Alle Erotik läuft nur, solange Sie den Body tragen.

4 **Ziehen Sie ihn aus** Entkleiden Sie Ihren Partner nach und nach, bis er fast nackt und Ihnen völlig ausgeliefert ist.

5 **Setzen Sie sich auf ihn** Setzen Sie sich auf ihn und stimulieren Sie ihn durch seine Kleidung hindurch.

6 **Gehen Sie weg** Kurz vor seinem Höhepunkt hören Sie auf und vertrösten ihn auf später.

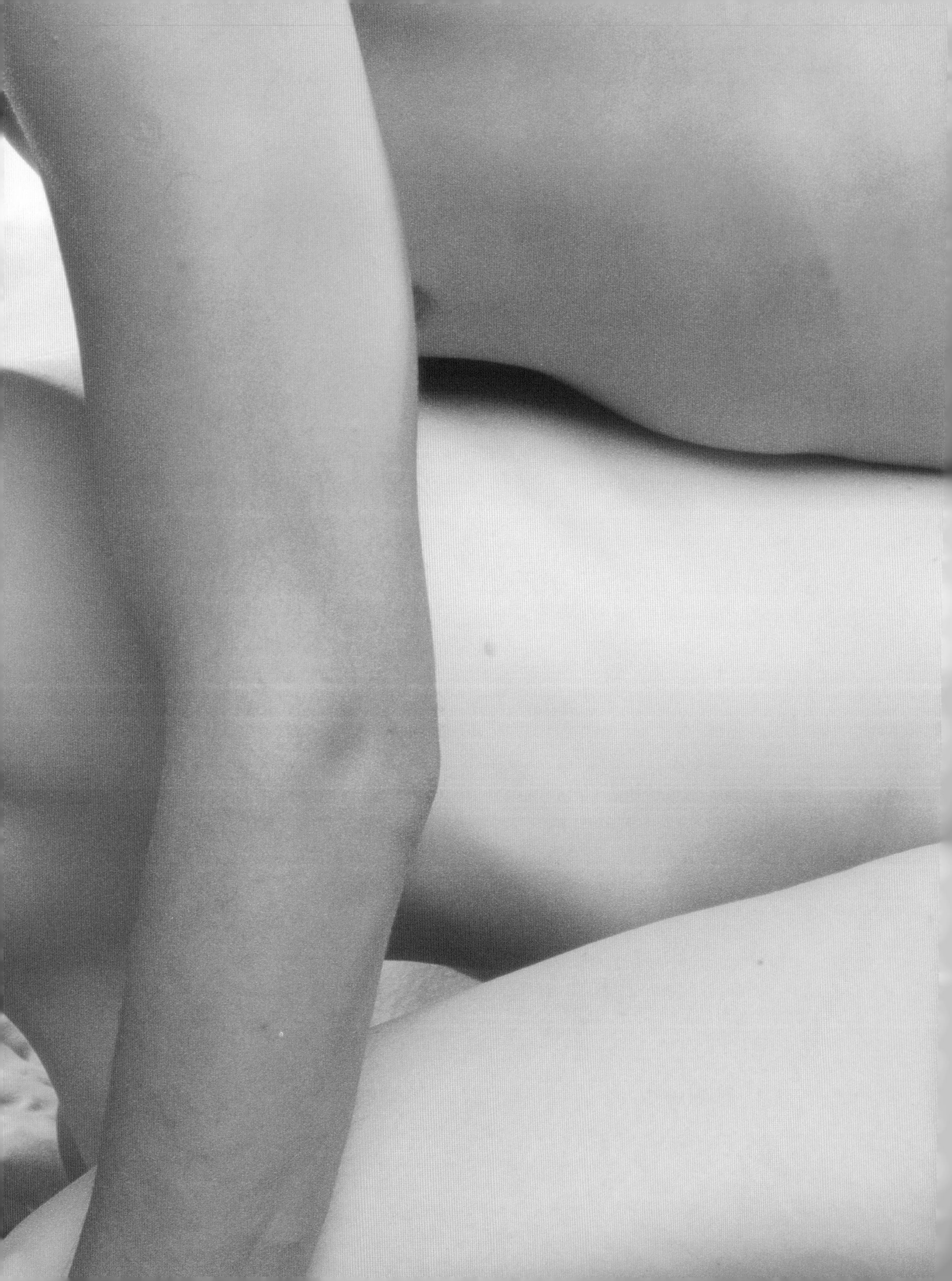

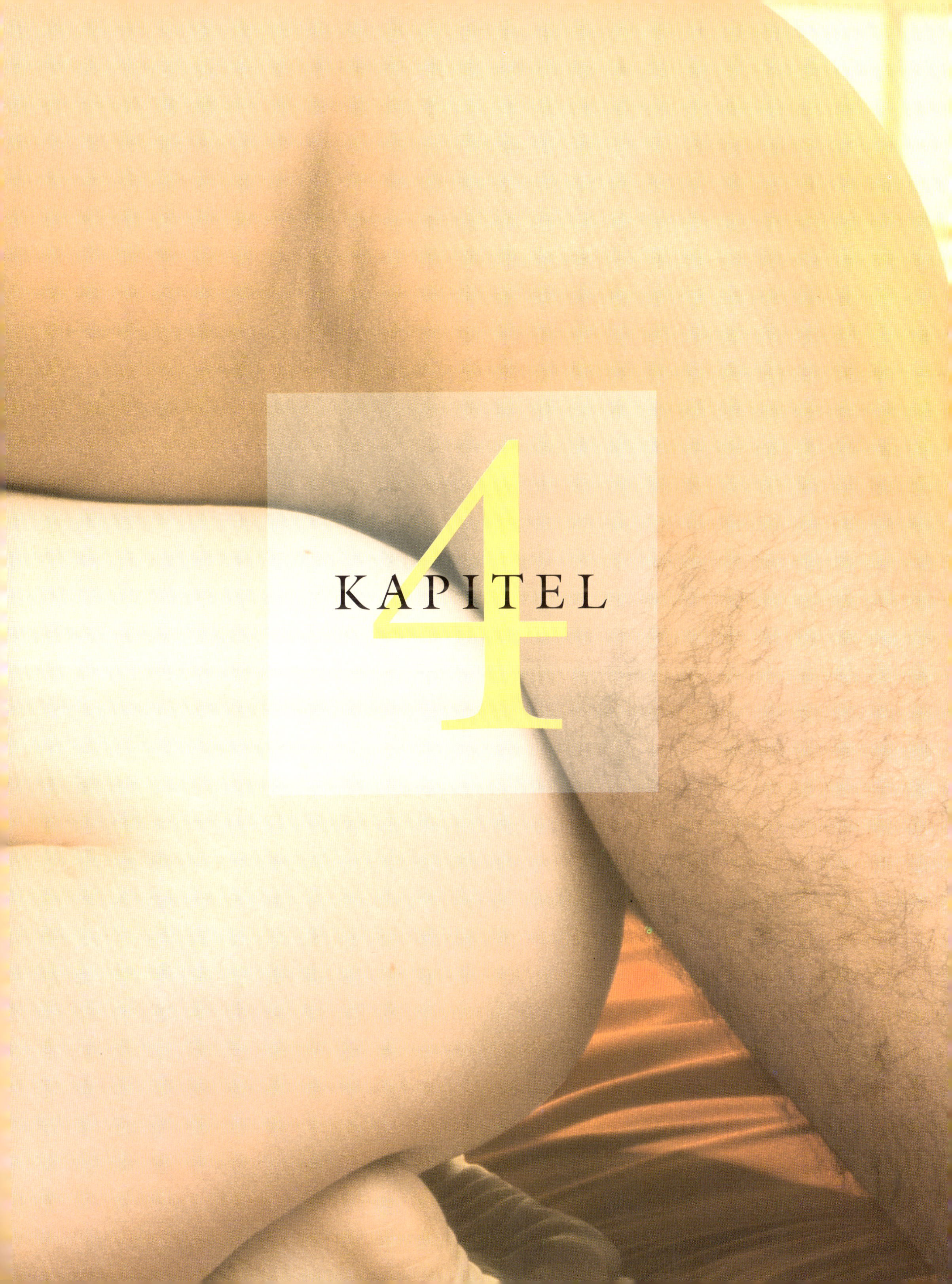

# KAPITEL 4

# WIE KANN ICH MEINEN PARTNER TOTAL ERREGEN?

*»Bedauerlicherweise wird guter Sex immer mit spontanem Sex gleichgesetzt, so dass gezielte Planung abwegig erscheint. Wer aber wirklich seine Lust steigern möchte, muss genau das tun.«*

WIE SCHWIERIG eine Beziehung auch sein mag – Männer und Frauen gewöhnen sich an feste Abläufe. Bestes Beispiel ist der Geschlechtsverkehr. Es ist ohne weiteres möglich, dass das Sexualleben eines Ehepaares über die Jahre auch ohne Liebe vollkommen gleich bleibt, weil sich das Paar gut auf die Mechanik des Akts eingespielt hat.

Geht das Gefühl der Vertrautheit verloren oder wählt einer einen neuen Partner, tauchen eine Fülle von Unsicherheiten und Bedenken aus dem Unterbewusstsein auf. Dann fühlt sich der Sex manchmal einfach falsch an – so irrational das auch sein mag. Es klappt einfach nicht mehr so gut wie früher, weil das alte Muster mit dem Partner verloren ging.

Manchmal ist auch das Vertrauen das eigentliche Problem. Bezogen auf den Geschlechtsverkehr heißt das z. B., dass Sie das Gefühl haben müssen, dass Ihr Partner sich so viel aus Ihnen macht, dass Ihre sexuellen Schwierigkeiten keine Rolle mehr spielen. Oder dass die Zeit, die Sie für Ihre sexuelle Erfüllung brauchen, nicht gelangweilt abgearbeitet wird, sondern eine Quelle der Lust ist. Und dass es der Mensch ist, der wirklich zählt, und nicht der Sexualakt, an dem jemand beteiligt ist.

# FALLBEISPIEL *Kathrin & Martin*

*Kathrin und Martin waren beide sexuell sehr erfahren. Jeder von ihnen wusste genau, was er beim Geschlechtsverkehr tun musste. Über einen langen Zeitraum hatte sich Martin aber so sehr an eine bestimmte Technik gewöhnt, dass er Schwierigkeiten hatte, mit Kathrin zum Orgasmus zu kommen.*

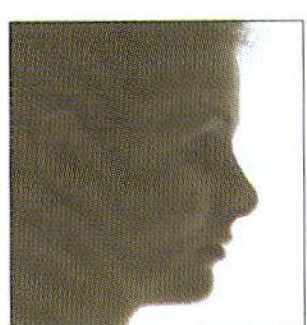

***Name:*** KATHRIN
***Alter:*** 31
***Familienstand:*** LEDIG
***Beruf:*** LEHRERIN

*Kathrin war eine 31-jährige Lehrerin, die sich in einen viel älteren Kollegen verliebte, nachdem sie vorher verschiedene Liebhaber gehabt hatte. Mit einem von ihnen führte sie eine sechsjährige Beziehung. Sie glaubte sexuell erfahren zu sein und war überrascht, als sie sich mit einer Situation konfrontiert sah, mit der sie nicht umzugehen wusste.*

*»Martin ist ein besonderer Mann«, erzählte sie. »Er gibt mir das Gefühl schön zu sein, dynamisch und sexy. Aber wir haben Schwierigkeiten im Bett. Für mich läuft es prima. Er ist ein wunderbarer, einfallsreicher Liebhaber, der genau weiß, was zu tun ist, damit ich einen Orgasmus habe – auf welche Art auch immer. Das Problem ist, dass er nur nach endloser Anstrengung einen Höhepunkt bekommt. Bis dahin bin ich müde und – um ehrlich zu sein – auch gelangweilt. Was muss ich machen, um ihn schneller zu erregen?«*

***Name:*** MARTIN
***Alter:*** 50
***Familienstand:*** GESCHIEDEN
***Beruf:*** LEHRER

*Martin hatte dichtes, graues Haar über einem attraktiven, gebräunten Gesicht. Aber er wirkte auch ein wenig müde. Er hatte sich kürzlich von seiner Frau getrennt und gab zu, dass in seiner Ehe der Sex seit langem zu kurz gekommen war. Kathrin war neben seiner früheren Gattin die erste Frau, mit der er in den letzten zwanzig Jahren geschlafen hatte.*

*»Während meiner Ehe hatte ich zwar kein besonders aktives Sexualleben, aber wenn ich mit meiner Frau schlief, hatte ich überhaupt keine Schwierigkeiten, zum Orgasmus zu kommen. Jetzt geht es mir so, als ob die Gefühle in meinem Penis abgestumpft seien. Am Anfang fühle ich mich stark erregt, aber es braucht seine Zeit, um Kathrin zu befriedigen. Bis sie dann kommt, ist mein erstes Begehren vorbei. Sicherlich bin ich an die Art des Geschlechtsverkehrs mit meiner Frau gewöhnt und ich denke, dass mich das auch behindert.«*

*»Meine Frau hat mich ganz anders angefasst. Ich vermisse z. B., wie sie meinen Penis oft und fest in ihre Hände genommen hat.«*

## THERAPEUTISCHER ANSATZ

Kathrin und Martin gaben beide unabhängig voneinander zu, dass sie sich wünschten, ihr Partner käme etwas schneller zum Orgasmus. Martin befand sich nach seiner Scheidung in einer Phase der Neuorientierung, ohne dass er sich zu Kathrins Leidwesen auf neue Sexualpraktiken einstellen konnte. Hinzu kam, dass er Schwierigkeiten damit hatte erregt zu werden – ein Phänomen vieler älterer Männer.

### ZUSÄTZLICHE STIMULATION

Die zusätzliche Stimulation, die Männer oft mit zunehmendem Alter brauchen, kann sich auf visuelle Anregung beziehen, z. B. durch erotische Filme oder Bücher. Sie kann aber auch echte physische Stimulation bedeuten, die sich dann in einem härteren Umgang mit den Genitalien ausdrückt. Viele Männer mögen es, wenn die Hand der Partnerin beim Sex ihren Penis oder ihren Hoden drückt. Andere benötigen für einen Orgasmus zusätzliche Stimulation über den Anus oder die Prostatadrüse.

### GEGENSEITIGES VERTRAUEN

Martin und Kathrin haben vielleicht noch nicht gelernt sich ausreichend zu vertrauen. Martin hatte nicht den Mut vorzuschlagen, dass er seinen Orgasmus zuerst haben könnte, bevor er sich um Kathrins Stimulation kümmerte. Er hatte Angst, sie dann nicht mehr befriedigen zu können. Es fiel ihm gar nicht ein, dass Kathrin damit vielleicht gar kein Problem hätte oder dass es ihr nichts ausmachte, gelegentlich unbefriedigt einzuschlafen. Ebensowenig kam er auf die Idee, dass es auch dann, wenn die Erektion vorbei ist, noch viele lustvolle Möglichkeiten der Befriedigung gibt, die nicht vom eigentlichen Geschlechtsverkehr abhängen.

### SCHNELLERE REAKTIONEN

Nachdem wir in der Beratung diese neuen Szenarien durchgesprochen hatten, fühlte sich Martin freier und konnte neue Gefühle für sich (und seinen Penis) zulassen. Er sprach ehrlich über die Technik, die ihm am besten gefiel. Wie viele Männer bevorzugte er einen eher rauen Umgang mit seinem Penis. Als Kathrin dies in die Tat umgesetzt hatte, reagierte er merklich schneller.

### EINEN VIBRATOR EINSETZEN

Martin fand den Vorschlag gut, gelegentlich einen Vibrator zu benützen, um Kathrin intensiv und schnell zu stimulieren. Ihm gefiel, dass ihr zeitiger Orgasmus ihm die Möglichkeit ließ, sein frühes Begehren auszuleben.

# *Tipps um* ALTERNATIVEN ZU FINDEN

*Die meisten von uns gehen Beziehungen ein, ohne genau zu wissen, was sie von ihrem Partner erwarten. Deshalb tun wir manchmal Dinge, die wir nicht tun möchten, und bekommen doch nicht den Liebhaber, den wir uns wünschen. Man muss sich selbst kennen, seine Reaktionsweisen und die des Partners, um mehr Auswahlmöglichkeiten zu haben. Wenn man sich langsam immer mehr zutraut, allein oder zusammen mit dem Partner, gewinnt man mehr Vertrauen, wird bestimmter in seinem Auftreten und lernt, mit Zurückweisung besser umzugehen. Man kann dann die sexuellen Dinge praktizieren, die man schon immer tun wollte, aber die vorzuschlagen man nie den Mut aufgebracht hat.*

## *Phase* 1 SICH UND DEN ANDEREN BESSER KENNEN LERNEN

Der erste Lernschritt, um seine sexuellen Vorlieben kennen zu lernen, besteht darin, dass man sich und den Partner »erforscht«. Selbstbefriedigung ist für die Selbsterfahrung genauso wichtig wie die Erkundung der erogenen Zonen des Partners. Nur durch diese Erkenntnisse erweitern Sie die Möglichkeiten, unter denen Sie wählen können.

**EROGENE ZONEN** Wenn Sie die erogenen Zonen Ihres Partners erforschen, beginnen Sie am besten mit den offenkundigen Stellen: den Brustwarzen und Genitalien. Versuchen Sie diese auf verschiedene Weise zu stimulieren. Fragen Sie Ihren Partner dann, welche anderen Zonen ihm noch bekannt sind, und finden Sie heraus, wie Sie diese am besten stimulieren können.

Haben Sie die Ihrem Partner bewussten Zonen erforscht, suchen Sie nach denen, die er selbst noch nicht kennt. Meist haben wir mehr erogene Bereiche, als wir dachten.

*Erkunden Sie die erogenen Zonen Ihres Partners. Es hilft, Intimität und gegenseitiges Vertrauen zu entwickeln, und errichtet ein Fundament, auf dem Sie ein aufregendes Sexualleben aufbauen können.*

**EROGENE ZONEN** Erogene Zonen sind solche Körperstellen, die bei Berührung eine sexuelle Reaktion hervorrufen.

## *Phase* ENTDECKEN SIE ALTERNATIVEN

Es gibt zahlreiche Aktivitäten, mit denen man beginnen kann, die eigene Sinnlichkeit zu erhöhen und bisher unbekannte Möglichkeiten zu entdecken.

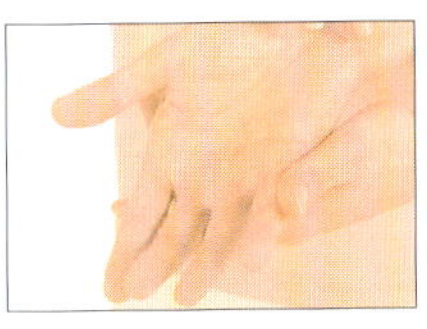

*Sinnliches Berühren, s. S. 28*

**STREICHELN** Sich selbst und den Partner zu berühren und zu streicheln ist die offensichtlichste Quelle sinnlicher Lust. Berühren Sie sich sanft und sinnlich nach einem heißen Bad und cremen Sie sich mit wohl duftenden Ölen und Lotionen ein. Entdecken Sie dabei Ihre versteckten erogenen Zonen. Streicheln Sie Ihren Partner regelmäßig und »streicheln« Sie ihn auch seelisch, indem Sie ihm immer wieder sagen, wie sehr Sie ihn lieben und dass Sie ihn attraktiv und sexy finden. Erklären Sie Ihrem Partner, dass Sie auch gestreichelt und liebkost werden wollen, und tauschen Sie sich über Ihre Empfindungen offen und frei aus.

**MASTURBATION** Lernen Sie, frei und ohne Schuldgefühle zu masturbieren. Lassen Sie sich nur dann auf Sex ein, wenn Sie es wirklich wollen. Seien Sie wählerisch und suchen Sie nur nach solchen Erfahrungen, die Sie sich wünschen. Haben Sie keine Angst davor, Ihren Fantasien und Begierden nachzugeben, sondern bauen Sie diese durch neue Einfälle weiter aus. Suchen Sie nach einer Fantasie, die Sie mit Ihrem Partner ausleben können, und versuchen Sie, diese Fantasie mit den sexuellen Präferenzen Ihres Partners abzugleichen und gemeinsam mit ihm auszugestalten.

Reden Sie offen mit Ihrem Partner über das, was Sie mögen, aber seien Sie auch bereit, eine Idee fallen zu lassen, wenn sie Ihrem Partner nicht gefällt, oder wenn er seine Vorstellungen ebenfalls einbringen möchte.

**SEX OHNE GESCHLECHTSVERKEHR** Vergessen Sie nicht, dass es eine Fülle von Sexaktivitäten gibt, die nicht Geschlechtsverkehr (und Penetration) beinhalten. Sie reichen von der reinen Bewunderung des nackten Körpers bis hin zur gegenseitigen Masturbation und zum Oralsex.

Natürlich kann man alle Techniken mit dem Geschlechtsverkehr verbinden. Aber man sollte sie allein schon wegen ihrer spezifischen Lust schätzen und sie als ein Element begreifen, das die Liebe abwechslungsreich macht und die Entstehung langweiliger und routinierter Abläufe verhindert. In jedem Fall fördern sie Sinnlichkeit und Intimität.

## *Phase* ALTERNATIVEN LEBEN

Auch wenn Sie und Ihr Partner entdeckt haben, was es »sonst« noch gibt, so bleibt immer noch Raum zur Erweiterung dessen, was Sie beide miteinander im Bett erleben können. Begreifen Sie Ihre bisherigen Entdeckungen als Ausgangspunkt: Darauf aufbauend werden Sie viele Dinge erfahren und lieben lernen, durch die Sex noch lustvoller und interessanter wird.

**EROTIK VERSTÄRKEN** Sagen Sie Ihrem Liebhaber jeden Tag, was Sie an ihm mögen. Sagen Sie auch sich selbst, was Sie an sich schätzen. Verstärken Sie die Erotik durch das Aufhängen von Spiegeln neben und über Ihrem Bett, so dass Sie sich beim Sex zuschauen können. Oder nehmen Sie Ihre Liebesgeräusche auf Tonband auf bzw. halten Sie Ihr Liebesspiel mit einer Videokamera fest.

**AUSTAUSCH SINNLICHER ERFAHRUNGEN** Masturbieren Sie vor den Augen Ihres Partners und versuchen Sie jede Woche neue Stellungen zu finden. Wenn Sie Zeit haben, dann gehen Sie zusammen unter die Dusche oder in die Badewanne, massieren sich danach mit duftenden Ölen ein und verwöhnen einander mit einer Fußmassage. Vielleicht probieren Sie auch sinnliche Erlebnisse anderer Art, wie die Haare des Partners zu bürsten und zu waschen, nackt zusammen Abend zu essen, den Körper des Liebhabers mit Fingerfarbe zu bemalen, sich erotische Bücher vorzulesen oder gemeinsam einen Vibrator zu benutzen.

**GEISTIGE EROTIK** Erotik ist ein mentales wie physisches Phänomen. Es gibt viele Möglichkeiten dem anderen ohne Körperkontakt zu zeigen, dass man ihn lieb hat und begehrt. Schreiben Sie sich z.B. Liebesbriefe, hinterlassen Sie zärtliche Mitteilungen in der Wohnung oder beschreiben Sie Ihre Sexfantasien.

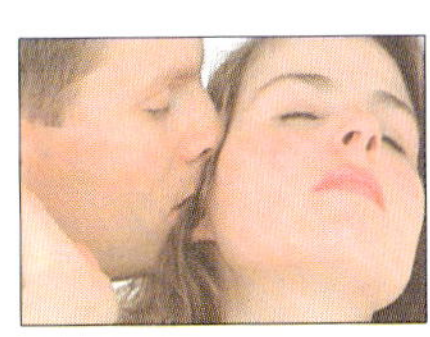

*Fantasien, vgl. S. 138 ff.*

**HEMMUNGEN ABLEGEN** Die größte Schwierigkeit, Menschen zu über-zeugen, dass sie ihre Hemmungen ablegen sollten, besteht darin, dass sie meinen, die oben beschriebenen Vorschläge seien unwirksam. Aber jeder, der auf einen neuen (oder möglichen) Partner zugeht, wirft eigentlich schon einige seiner Hemmungen über Bord, selbst wenn er sich nicht in jedem Moment darüber im Klaren ist.

# STRIPTEASE

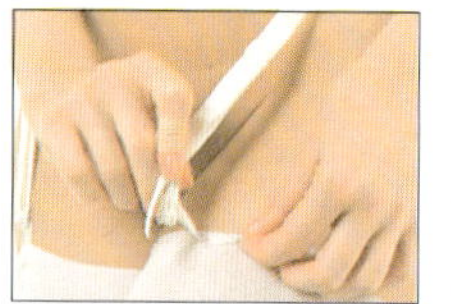

*Visuelle Stimulation ist für die Erregung des Mannes extrem wichtig. Ein normales Begehren wird zu einer verzehrenden Sehnsucht und ein nachlassendes Interesse kann wieder geweckt werden, wenn eine Frau ihre Kleider provokativ fallen lässt. Eine professionelle Stripperin hat natürlich ungleich mehr Erfahrung als unsereiner, aber keiner erwartet vom ersten Moment an eine bühnenreife Vorführung. Aber Sie könnten ja vor dem Spiegel üben ...*

*Lassen Sie einen Träger über Ihre Schulter gleiten. Geben Sie damit einen Hinweis auf weitere Enthüllungen.*

*Fahren Sie verführerisch an Ihren Schenkeln auf und nieder, bevor Sie Ihren Slip ausziehen.*

*Zeigen Sie oberhalb Ihrer Strumpfhose ein wenig Bein und den Ansatz Ihres Höschens.*

**HIGH HEELS** Hohe Absätze machen viele Männer ganz wild, weil sie die Beine einer Frau länger und den Po knackiger erscheinen lassen. Laufen Sie in Unterwäsche und Stöckelschuhen vor ihm auf und ab und achten Sie auf seine Reaktionen.

*Tragen Sie einen Push-Up-BH, der Ihren Busen und Ihr Dekolleté betont.*

**HOSE ODER HEMD** Wenn erst einmal die äußeren Wäscheteile gefallen sind, zielt die Reihenfolge der »Entblätterung« auf das Ausziehen des Slips. Ein Top, das Sie auf den Boden gleiten lassen, eignet sich besser als eines, das Sie über den Kopf ziehen müssen.

*Behalten Sie Ihren Slip noch an, wenn Sie das Top ausziehen. Werfen Sie es mit der dramatischen Geste fort, die Sie von echten Stripperinnen kennen.*

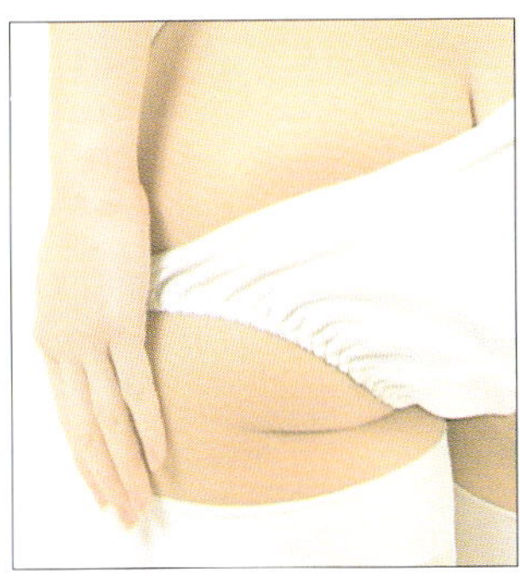

**HÖSCHEN** Das Höschen mit einer Hand auszuziehen macht sich besser und eleganter, als beide Hände zu benutzen.

**STRÜMPFE UND STRAPSE** Strümpfe und Strapse sind immer neckischer als Strumpfhosen; Spitzenhöschen aus Seide sind aufregender als Baumwollslips.

**VORGETÄUSCHTE SITTSAMKEIT**
*Schauen Sie nach unten, um Sittsamkeit vorzutäuschen. Dieser falsche Anstand steigert seine Lust, weil es ihm unbewusst vermittelt, dass er eigentlich nicht hinschauen sollte.*

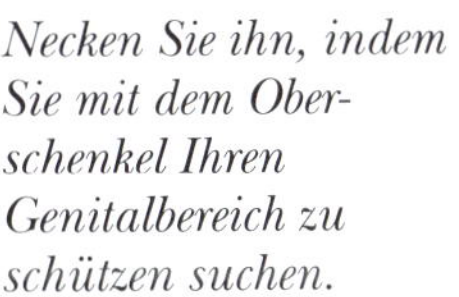

*Necken Sie ihn, indem Sie mit dem Oberschenkel Ihren Genitalbereich zu schützen suchen.*

**ABSTREIFEN DER STRÜMPFE** Strapse geben Ihnen beim Ausziehen viele Möglichkeiten, Ihr Bein in schönster Form zu präsentieren. Das langsame Herunterrollen der Strümpfe von einem schön bedeckten Bein ist extrem erotisch.

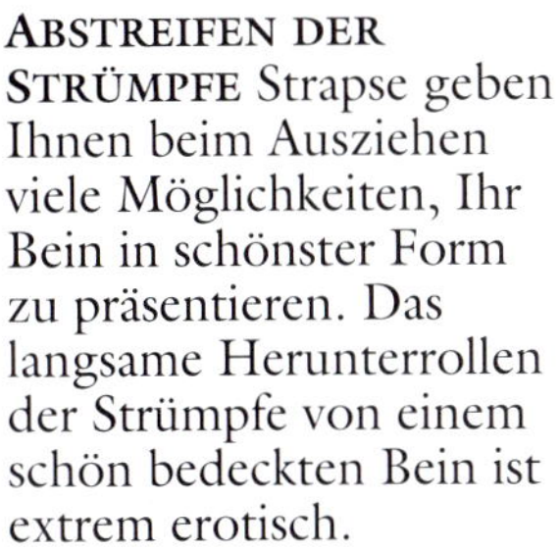

*Zeigen Sie Stellungen, von denen Sie wissen, dass sie erregend sind.*

*Streichen Sie mit Finger und Hand verführerisch über Ihren Schenkel, während Sie langsam die Strümpfe abstreifen.*

**DEN BH FALLEN LASSEN** Stellen Sie sich unwillig, Ihren Busen zu entblößen, und spielen Sie ein wenig Theater, als ob Sie sich überlegten, ob Sie den BH wirklich fallen lassen sollen – bevor Sie es dann wirklich tun. Das ist viel sinnlicher, als ihn plötzlich nur einfach auszuziehen.

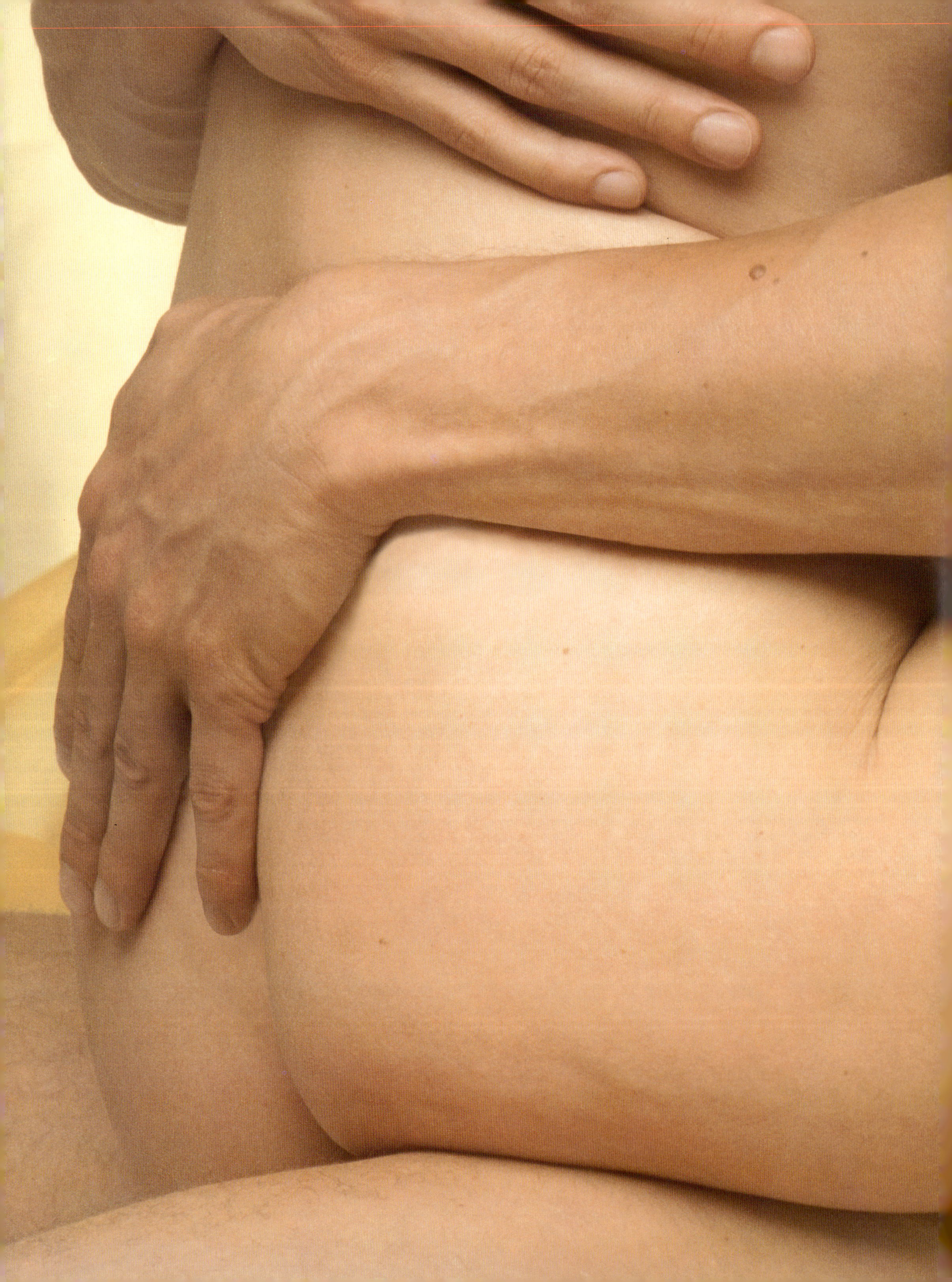

# KAPITEL 5

# WIE KANN MAN DIE DAUER DES LIEBES-AKTES VER-LÄNGERN?

*»Einige Männer beschweren sich, dass sie zu schnell kommen. Wenn man genauer nachfragt, stellt man jedoch fest, dass sie mehr als eine halbe Stunde brauchen. Die Frage heißt also eigentlich: Zu schnell für wen?«*

DIE KONTROLLE der Ejakulation ist ein Hauptgrund für eine gewisse Verunsicherung bei Männern, besonders bei jungen Männern, die noch nicht viele sexuelle Erfahrungen sammeln konnten. Sie ist oft verbunden mit einem Mangel an Selbstbewusstsein, was sexuelle Aktivitäten insgesamt angeht. Viele der Männer, die dazu neigen, zu schnell zum Höhepunkt zu kommen, sind eher ängstliche, hektische Naturen. Sie sind auch in anderen Dingen des Alltags hektisch, besonders auffällig z. B. beim Essen.

Es gibt viele Gründe, warum ein Mann schnell ejakuliert. Eine Ejakulation, die sich für das betroffene Paar zu früh einstellt, ist – im engeren Sinn – kein »vorzeitiger« Samenerguss. Einige Männer kommen bei bestimmten Frauen zu früh, bei anderen haben sie dagegen keine derartigen Schwierigkeiten. Solche gelegentlichen schnellen Ejakulationen sind weniger ein Problem des Liebesaktes an sich als vielmehr eines der Beziehung.

Weiterhin gibt es Männer, die zwar beim Geschlechtsverkehr zu früh kommen, hingegen stundenlang sich selbst befriedigen können. Das hat wohl damit zu tun, dass sie sich beim Masturbieren nicht unter Druck gesetzt fühlen, etwas »darzustellen« oder bestimmten Erwartungen gerecht zu werden.

# FALLBEISPIEL *Anton & Bea*

*Anton und Bea glaubten, dass sie ein Problem hatten, aus dem sich eine Gefahr für ihre Beziehung ergeben könnte. Es bestand weder darin, dass Anton vorzeitig ejakulierte, noch in Beas Fähigkeit, einen Höhepunkt zu erreichen. Das Problem lag darin, dass Bea mehr Zeit benötigte, um zum Orgasmus zu kommen als Anton.*

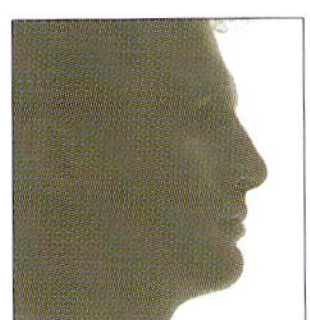

***Name:*** ANTON

***Alter:*** 31

***Familienstand:*** LEDIG

***Beruf:*** BANKANGESTELLTER

*Anton war ein Bankangestellter, der sehr akkurat, aber von Natur aus ängstlich war. Er kam aus einem zerrütteten Elternhaus und suchte nach einer festen Partnerin. Seit er 14 war, ging er mit Mädchen aus, hatte aber in 17 Jahren nur zwei längere Beziehungen gehabt.*

*»Ich war total deprimiert, als mich Annette, meine letzte Freundin, verlassen hat«, berichtete er mir. »Aber jetzt habe ich eine andere sehr liebenswerte Frau kennen gelernt. Ich finde sie wirklich toll, habe aber fürchterliche Angst, dass ich auch diese Beziehung wieder ruiniere. Besonders beschäftigt mich gerade – und ich glaube, darin liegt auch ein Grund, warum mich Annette verlassen hat –, dass ich Angst habe, zu früh zu kommen. Es ist nicht so, dass ich vorzeitig komme. Aber meine neue Freundin, Bea, braucht sehr lange, bis sie einen Orgasmus hat. Bis sie befriedigt ist, habe ich keine Lust mehr, weil ich über eine halbe Stunde daran arbeiten musste oder weil ich schon vorher einen Höhepunkt hatte. Wie kann ich sie stärker erregen und was muss ich tun, damit ich länger Lust dabei empfinde?«*

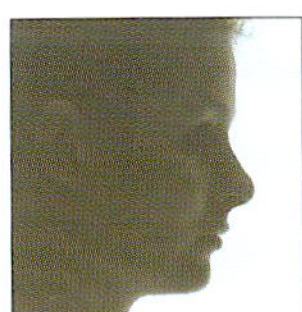

***Name:*** BEA

***Alter:*** 33

***Familienstand:*** GESCHIEDEN

***BERUF:*** BANKANGESTELLTE

*Bea war Antons Kollegin. Sie hatte mehrere Freunde gehabt und war auch kurze Zeit verheiratet gewesen. Sie war sehr überrascht, als sie hörte, was Anton sagte.*

*»Ich habe überhaupt nicht bemerkt, dass er sich wegen unseres Liebeslebens Sorgen macht«, sagte sie. »Er hat es wirklich gut verborgen. Es stimmt, ich brauche zum Orgasmus recht lange. Es geht natürlich schneller, wenn ich masturbiere, aber ich wünsche mir einen Partner, der weiß, was ich sexuell brauche. Manchmal denke ich, dass das ganz unmöglich ist. Mir ist auch bewusst, dass das mit Vertrauen zusammenhängt, und Anton vertraue ich sehr. Ohne Vertrauen hätte ich überhaupt keinen Höhepunkt. Ich fühle mich bei Anton geborgen und ich öffne mich ihm immer mehr. Und je mehr ich ihm vertraue, desto leichter fällt es mir, einen Orgasmus zu haben. Wenn es eine Möglichkeit gäbe, meine Erregung zu steigern, würde ich diese natürlich gerne wahrnehmen.«*

## THERAPEUTISCHER ANSATZ

Es ist mir sehr wichtig herauszustellen, dass eine Ejakulation nach einer halben Stunde Sex kein Problem darstellt, genauso wenig wie ein weiblicher Orgasmus nach 45 Minuten Stimulation. Bei diesem Paar war der unterschiedliche Zeitpunkt aber ein echtes Problem.

### KONTROLLE DER EJAKULATION

Um die Kontrolle über seine Ejakulation zu erhöhen, riet ich Anton, mit Bea die sog. »Druck-« oder »Squeeze-Technik« auszuprobieren. Diese Technik ist eine Möglichkeit, den Reflex des Samenausstoßes zu unterbinden. Die Frau befriedigt dabei ihren Partner mit der Hand. Wenn er ihr sagt, dass er jeden Augenblick kommt, drückt sie fest seinen Penis, den Daumen am Vorhautbändchen und ihre Finger um die Eichel geschlossen. Sie drückt so lange, bis sein Drang zu ejakulieren vorbei ist, fährt mit der manuellen Befriedigung fort und führt jedes Mal, wenn er kurz vor dem Orgasmus steht, die Squeeze-Technik erneut aus. Durch regelmäßige Übung dieser Technik und durch willentliche Zurückhaltung der Ejakulation kann ein Mann lernen, den Samenerguss zu kontrollieren.

### STIMULATION

Anton war wirklich erleichtert über Beas Aussage, dass es ihr nichts ausmache, wenn er zuerst käme. Aber es wurde zu einem wichtigen Thema, wie er sie nach seinem Orgasmus stimulieren müsse. Zum ersten Mal überhaupt unterhielt sich das Paar über Beas Bedürfnisse. In den darauffolgenden Liebesnächten bat Anton Bea, es ihm zu zeigen und ihm dabei zu helfen, wenn er es versuchte. Zwar verschnellerte dies Beas Reaktionen, doch das Paar benötigte noch einige Unterstützung, bis sich Erfolge einstellten.

### NICHTGENITALE SEXUALITÄT

Neben meinem Hinweis, wie die Ejakulation zu kontrollieren sei, und einigen Tipps zur Stimulation riet ich Anton zu lernen, sich beim Sex nicht zu sehr auf die Genitalien zu konzentrieren. Er lernte zum ersten Mal schätzen, dass Streicheln, Kuscheln und Liebkosen auch eine wichtige Seite des Sex sind. Mit Bea setzte Anton abwechselnd die Tipps zur Verbesserung des Sex (vgl. S. 60) um. Er machte damit nicht nur neue sinnliche Erfahrungen, sondern lernte sich zu entspannen und Lust zu empfinden. Letztlich brauchte er nur die Erlaubnis, den Geschlechtsverkehr genießen zu dürfen. Auch Bea brauchte letzten Endes nur die Gewissheit, dass es völlig legitim ist, einen Vibrator (vgl. S. 238) zu benutzen, was sie sich seit Jahren gewünscht, aber nie zu tun getraut hatte.

# *Tipps zur* BEREICHERUNG DES SEX

*Unsere Routinen beim Sex neigen dazu, sich zu erfolgreichen Einheitsmustern zu verfestigen. Das hat seinen guten Grund darin, dass diese Muster uns ein Maximum an Lust bereiten. Bedauerlicherweise gehen dabei aber alternative Wege der Sinnlichkeit verloren. Denn wie gut ein Paar auch beim Sex miteinander umgehen kann, es ist immer eine Bereicherung, Alternativen auszuprobieren.*

Neben dem Vorteil, einen neuartigen Zugang zur Sinnlichkeit kennen zu lernen, ist es auch stimulierend, neue Dinge zu erleben, selbst wenn das in einer langjährigen Beziehung schwierig ist. Zur Rückgewinnung der alten Frische beim Liebesspiel müssen Sie sich auf ein »Sex-Verbesserungs-Programm« einlassen. Es wird die fundamentalen Dinge wieder betonen und Sie Handlungen ausführen lassen, die Sie seit den ersten Tagen Ihrer Beziehung nicht mehr getan haben. Es entsteht eine Art Berührungstherapie, die das Vertrauen zueinander wieder herstellt. Diese Lektion soll auch helfen, besser über Sex reden zu können (vgl. S. 36f.), sich gegenseitig Ihre Gefühle und Reaktionen mitzuteilen und quasi zu den Tagen des Petting zurückzukehren.

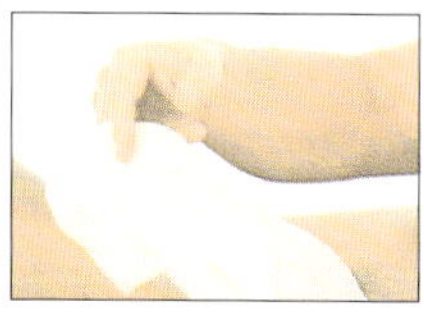

*Spürbare Erotik, s. S. 64*

**BERÜHRUNG IST ELEMENTAR** Sich zu berühren ist möglicherweise der wichtigste Aspekt einer Beziehung. Eine Berührung versetzt uns in die Geborgenheit des Mutterleibes zurück oder in die Zeit unserer Kindheit, als wir in den Armen unserer Eltern Sicherheit und Geborgenheit fanden. Es erinnert uns auch an die Freude, mit ihnen oder den Geschwistern zu raufen, sich zu kitzeln und zärtlich zu piesacken. In unserem späteren Leben versuchen wir oft, diese kindlichen Erfahrungen nachzuerleben. Aber nicht jeder kann wirklich berühren; vielleicht, weil er als Kind zu wenig davon erfahren hat, weil der Partner Berührung zurückweist oder weil wir glauben, dass Berührung nur dann akzeptabel ist, wenn sie auf Sex abzielt.

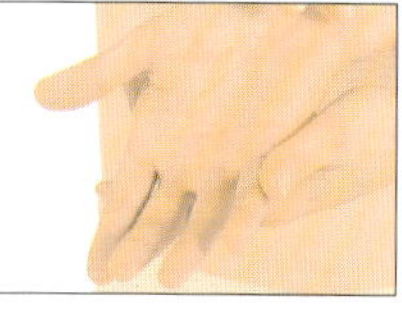

*Erotisch berühren, s. S. 28*

**ZURÜCK ZUM URSPRUNG** Was nun folgt, ist eine Lektion zur Einführung in die Sensibilität der Haut. Sie ermöglicht es Ihnen, zu den Ursprüngen zurückzukehren und durch Massage und gegenseitiges Streicheln längst vergessene Freuden wieder zu entdecken.

## *Phase* GEGENSEITIGES MASSIEREN

Eine gemütliche Umgebung, Ungestörtheit und eine warme und feste Unterlage (die am besten mit einem großen Handtuch bedeckt ist), aber auch warme Hände und ein angenehmes Massageöl sind die Voraussetzungen für eine erfolgreiche Massagesitzung. Wenn Sie Öl benutzen, reiben Sie sich zuerst selbst die Hände damit ein, bevor Sie es auf die Haut Ihres Partners aufbringen. Lassen Sie es nicht direkt auf die Haut des Partners fließen, da dies oft unerwünschte Reaktionen hervorruft.

Während Sie seine Schultern, Rücken und Hüften massieren, liegt Ihr Partner mit dem Kopf nach unten auf der Unterlage. Geben Sie während der Massage Rückmeldung, wie sich was anfühlt. Sie lernen dabei, was dem anderen angenehm ist, entdecken vergessene Empfindungen wieder und erlernen neue.

Führen Sie die Massage grundsätzlich langsam aus und richten Sie sich nach den folgenden Massagetipps.

**KREISEN** Der erste und wichtigste Handgriff besteht darin, die Handfläche auf die Schultern des Partners zu legen und kreisende Bewegungen auszuführen. Bewegen Sie dabei beide Hände in die gleiche Richtung, fest vom Rückgrat nach außen und langsam nach unten zum Po sich vortastend.

Fahren Sie mit den kreisenden Bewegungen über den Po hinweg fort, bis Sie die Oberschenkel Ihres Partners erreicht haben; dort machen Sie kehrt und massieren langsam wieder hinauf. Dieses kreisende Streicheln kann auch in vielen anderen Situationen eingesetzt werden. Mit der letzten kreisenden Bewegung beenden Sie Ihre Massage unterhalb des Pos. Von hier aus führen Sie die nächste Bewegung durch, das Schieben.

**SCHIEBEN** Das Schieben ist der wichtigste Teil einer Massage. Legen Sie Ihre Hände auf den unteren Teil des Pos Ihres Partners; die Finger zeigen nach oben zu seinem Kopf. Dann stützen Sie sich mit viel Körpergewicht auf beide Hände und gleiten entlang der Wirbelsäule bis zum Kopf. Das ist fast kein Streicheln mehr, weil Sie sich schwer auf Ihrem Partner abgestützt haben. Aber er erfährt diese Bewegung wie eine Welle, die über seinen Rücken und seinen Kopf hinwegrollt. Machen Sie weiter mit den Schwimm- und Kreisbewegungen.

**SCHWIMMEN** Das Schwimmen ist dem Kreisen ähnlich, aber die Hände bewegen sich nicht in die gleiche, sondern in unterschiedliche Richtungen, einem Brustschwimmer vergleichbar. Dieser Griff eignet sich besonders für die fleischigen Rückenpartien und den Po.

**DAUMENGRIFF** Massieren Sie mit beiden Daumen unten, am Rücken Ihres Partners. Machen Sie dabei mit jedem Daumen kurze, abrupte und schnelle Bewegungen und arbeiten Sie sich so vom Po zu den Hüften vor. Fahren Sie zuerst über die rechte Rückenseite bis zu den Schultern, dann über die linke. Beenden Sie diese Phase, indem Sie die Massage wieder auf den Po konzentrieren.

**FEDERFLUG** Die leichte, gleitende Bewegung beim Federflug hat einen beruhigenden und besänftigenden Effekt. Neben dem Entspannungsmoment wird Ihr Partner hieran auch die Verstärkung der gesamten Mas-

**SCHWIMMEN** Beim Schwimmergriff bewegen Sie Ihre eng beieinander liegenden Hände kreisend in unterschiedliche Richtungen, ähnlich den Bewegungen beim Brustschwimmen. Dieser Griff ist am besten geeignet, um den Rücken und hier besonders die eher fleischigen Partien (inklusive des Po) zu massieren. Wie alle Massagebewegungen benötigen Sie auch für diese Streicheleinheiten viel Massageöl.

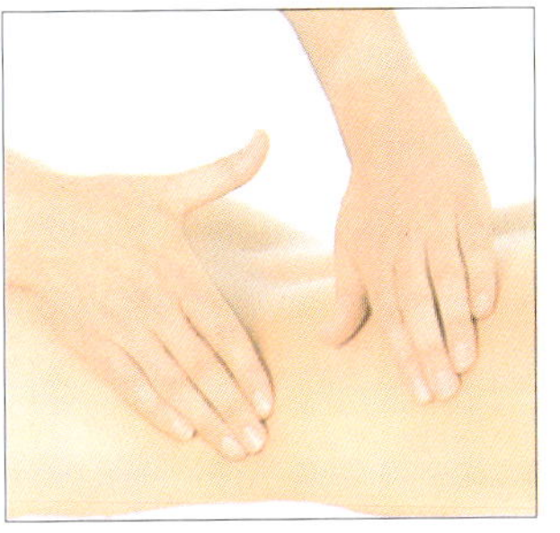

**KREISEN** Das Kreisen ist ein elementarer Griff, bei dem sich beide Hände in die gleiche Richtung bewegen. Anders der Schwimmergriff, der in unterschiedliche Richtungen kreist.

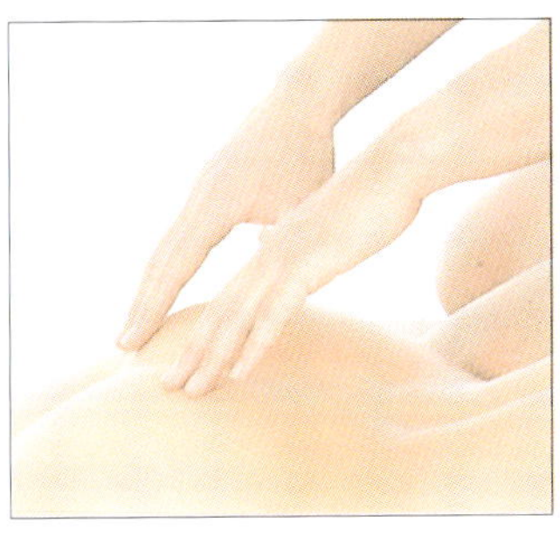

**FEDERFLUG** Der Federflug ist ein sehr spielerischer Griff. Sie gleiten mit den Fingerspitzen über die Haut Ihres Partners, wahlweise mit beiden Händen oder nur mit einer Hand.

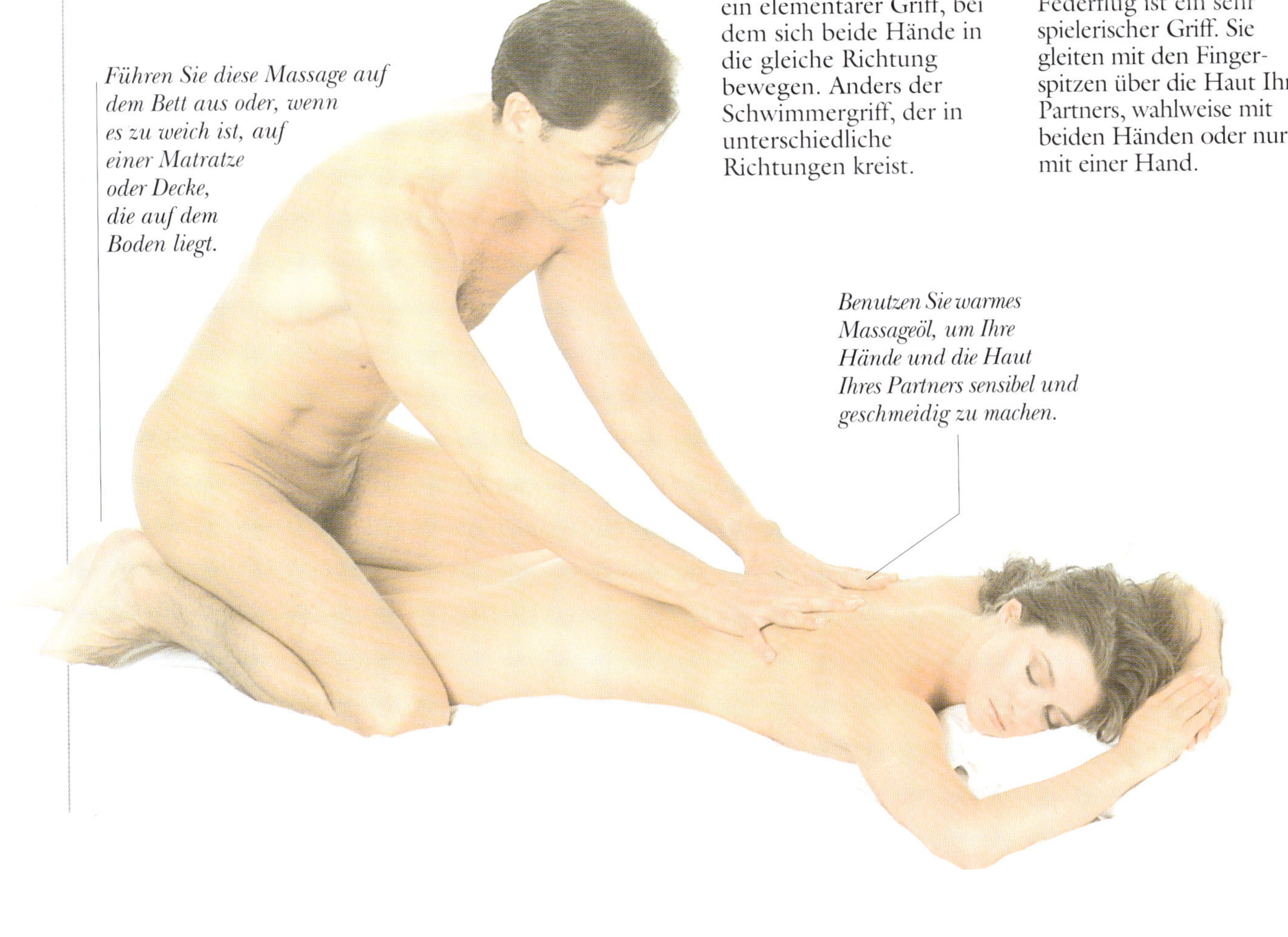

*Führen Sie diese Massage auf dem Bett aus oder, wenn es zu weich ist, auf einer Matratze oder Decke, die auf dem Boden liegt.*

*Benutzen Sie warmes Massageöl, um Ihre Hände und die Haut Ihres Partners sensibel und geschmeidig zu machen.*

sagewirkung schätzen. Nach den eher festeren Griffen des Kreisens, Knetens und Daumendrucks ist dieses Massageform eher sanft und zärtlich. Sie kann während einer Massagesitzung häufiger und zu jedem Zeitpunkt ausgeführt werden. Auch zu Beginn der Massage bietet sie sich an, weil man damit das angewärmte Massageöl gut auf den Körper des Partners verteilen kann.

Beginnen Sie, indem Sie Ihrem Partner zärtlich und sanft über den Rücken streichen. Benützen Sie dabei Handfläche und Finger einer Hand und fahren Sie damit so leicht es geht von der Schulter Ihres Partners zum Po hinunter. Kurz bevor Sie mit der einen Hand den Po erreicht haben, beginnt die andere Hand auf der Schulter.

Führen Sie diese überlappenden Bewegungen ungefähr ein Dutzend Mal aus, bis Ihr Partner das Gefühl hat ein einziges Streichen zu spüren. Wiederholen Sie die Massage auch auf den Beinrücken Ihres Partners und streichen Sie dann, so leicht es geht, mit den Fingerspitzen über seine Haut, von den Schultern bis zu den Füßen.

**KNÖCHELDRUCK** Pressen Sie Ihre Daumen mit gleichbleibendem Druck ein paar Sekunden auf eine bestimmte Körperpartie, z.B. die Schultern oder die Füße. Sie können die Daumen auch kreisen lassen und wellenartigen Druck ausüben. Der Daumendruck kann durch Druck mit den Fingerknöcheln ersetzt werden, die in kleinen, kreisenden und

**DRUCK** Benutzen Sie den Daumendruck um punktuellen Druck auszuüben, entweder durch kurzen Druck an der gleichen Stelle, oder durch kreisförmig verteilten Druck, bei dem die Daumen auf der Haut kreisen.

**KNETEN** Die Knet-Technik hat ihren Namen von den ganz ähnlichen Bewegungen beim Kneten eines Teigs. Sie ist besonders für die »fleischigen« Körperpartien wie den Po, die Oberschenkel, aber auch für die Schultern und den Nacken geeignet.

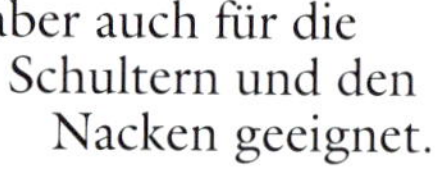

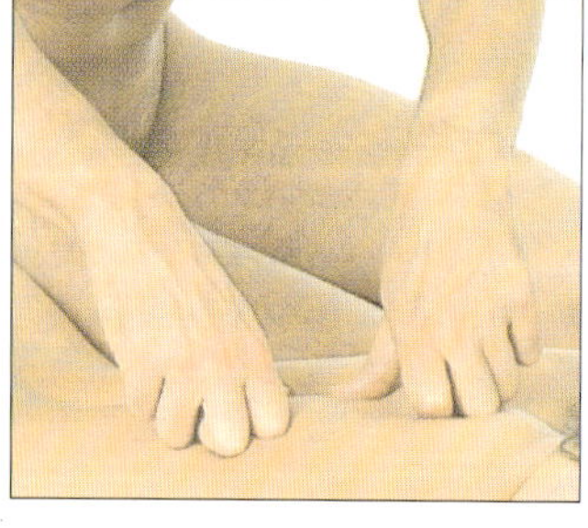

*Lassen Sie sich beim Massieren immer Zeit und führen Sie die Massage sensibel aus.*

**KNÖCHELDRUCK** Benützen Sie die mittleren Fingerknöchel, um Schulter, Brust, Handflächen und Fußsohlen zu massieren. Führen Sie dabei kreisende Bewegungen aus, die einen wogenden Effekt erzeugen.

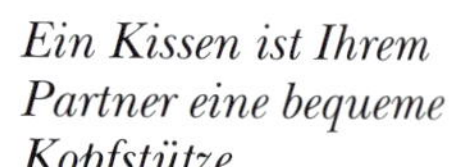

*Ein Kissen ist Ihrem Partner eine bequeme Kopfstütze.*

abrollenden Bewegungen über die Haut Ihres Partners fahren und dadurch ein wogendes Gefühl auf der Haut und dem darunter liegenden Gewebe erzeugen.

Benützen Sie für diese Art von Massage die mittleren Fingerknöchel und ballen Sie Ihre Hand zur Faust, so dass Ihre Fingerspitzen leicht in Ihre Handflächen drücken. Wie beim Kneten ist die Knöchelmassage besonders für die Behandlung des oberen Brustraums, die Schultern, die Nackenpartie, für Füße und Hände und die Außen- und Rückseiten der Beine geeignet.

Eine Handmassage mit Knöcheldruck führen Sie am besten aus, indem Sie zunächst die zu massierende Hand auf Ihre legen. Kreisen Sie dann mit den Knöcheln in der Handinnenfläche und üben Sie unterschiedlich starken Druck dabei aus. Kombinieren Sie diesen Griff mit der Daumendrucktechnik, um Verspannungen in Händen und Füßen zu lösen.

**KNETEN** Die Knet-Technik hat ihren Namen von den ganz ähnlichen Bewegungen beim Kneten eines Teigs. Sie nehmen dabei zwischen Finger und Daumen eine eher »fleischige« Hautpartie und drücken sie abwechselnd zusammen und lassen dann wieder los. Leichtes Kneten dehnt und entspannt den Muskel, der unterhalb der entsprechenden Hautpartie liegt. Je fester das Kneten geschieht, desto tiefere Muskelbereiche kann man erreichen.

Das Kneten ist besonders für die »fleischigen« Körperpartien wie den Po, die Oberschenkel, aber auch für die Schultern und den Nacken geeignet, um dort Spannungen abzubauen. Die Knet-Technik kann natürlich auch an allen anderen Körperstellen ausgeführt werden, an denen viel Gewebe den Griff wirksam und angenehm macht.

Im Normalfall werden beim Kneten beide Hände eingesetzt, die zunächst flach nebeneinander und mit den Daumen zueinander gerichtet auf den Körper des Partners gelegt werden. Pressen Sie mit einem Handballen auf den massierten Körper, so dass das Fleisch zwischen Zeigefinger und Daumen gepresst wird. Greifen Sie diesen Fleischwulst und drücken Sie ihn sanft zusammen, lassen Sie dann los und legen Sie den Wulst zwischen Zeigefinger und Daumen der anderen Hand. Wiederholen Sie diesen Vorgang mehrere Male und finden Sie einen Rhythmus, der das Abwechseln der Hände sowie Spannung und Entspannung des Fingerdrucks ermöglicht.

Wenn Sie bei diesem Griff ein wenig Übung gewonnen haben, werden Sie fähig sein, Haut und Gewebe wellenartig von einer Hand in die andere zu drücken. Beim Po, den Hüften und an den Unterschenkeln können Sie fester massieren, um die tiefer gelegenen Muskelpartien zu erreichen. Hier können Sie den einzelne Massagebewegungen auch eine leichte Drehbewegung geben.

Weniger »fleischige« Hautpartien, wie etwa die Waden oder die Brust, sollten Sie nur sanft und vorsichtig kneten.

## *Phase* MASSAGE ZUR LUSTSTEIGERUNG

Nehmen Sie zusammen ein heißes Bad. Seifen Sie den Körper Ihres Partners sorgsam ein und lassen Sie Ihre Finger über alle seine Kurven gleiten. Lehnen Sie sich genussvoll zurück und genießen Sie die Wärme des Wassers und das Gefühl Haut an Haut mit Ihrem Partner zu liegen. Lassen Sie sich Zeit.

Hüllen Sie den anderen nach Beendigung des Bades in warme, flauschige Badetücher ein und gehen sie ins warme Schlafzimmer (die Heizung müssen Sie schon im Voraus hochgedreht haben). Schenken Sie sich abwechselnd eine halbstündige Massage, aber vereinbaren Sie vorher, zunächst keinen Geschlechtsverkehr zu haben. Der, der massiert wird, erzählt dem anderen, was er bei welcher Technik an welcher Körperstelle fühlt – mit Ausnahme der Genitalien, die zu diesem Zeitpunkt noch nicht mitmassiert werden – oder wie er wo massiert werden will. Versuchen Sie in dieser Phase nur die Sinnlichkeit zu fördern, nichts anderes. Wiederholen Sie dieses einstündige Vorgehen an zwei oder drei Tagen pro Woche.

## *Phase* GENITALER LUSTGEWINN

Beginnen Sie auch hier mit einem heißen Bad und begeben Sie sich danach ins Schlafzimmer. Erneut sollten Sie vereinbaren, keinen Geschlechtsverkehr zu haben. Schließen Sie bei dieser Massage aber die Genitalien mit ein, damit Sie auch Informationen darüber gewinnen, an welcher Stelle Ihr Partner besondere Lust verspürt. Der Mann erklärt, wie er an seinem Penis, die Frau, wie sie im Vagina- und Klitorisbereich berührt werden möchte. Beide sollten versuchen, sich Lust zu bereiten, ohne dass einer zum Orgasmus kommt.

*Sinnliche Massage, s.S. 128*

# SPÜRBARE EROTIK

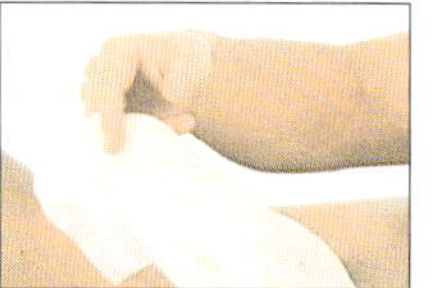

*Es macht nicht nur großen Spaß, die erotischen Gelüste von Berühren und Berührtwerden zu erforschen, es schenkt auch Vertrauen und Intimität. Es fördert die Kommunikation über Sex zwischen den Partnern. Zusätzlich verhilft es Ihnen auch zu einem tieferen Verständnis Ihrer eigenen Empfindungen und lässt Sie die Reaktionen Ihres Partners besser verstehen. So ist es eine sinnvolle Technik, um Ihr Sexualleben zu verbessern und mit jugendlichem Elan zu versehen.*

**SEIDIGE LUST** Seide ist schon lange für seine sinnliche Komponente bekannt. Sie können sie einsetzen, um Ihren Partner zu liebkosen und zu kitzeln. Benutzen Sie einen Seidenschal oder ein Seidentuch und fahren Sie mit dessen Ende über den nackten Körper Ihres Partners.

*Ziehen Sie die Seide so langsam wie möglich über ihre Haut, damit das erotische Gefühl besonders spürbar wird.*

*Eine Wirkung der Augenbinde besteht in der Erhöhung der Berührungsempfänglichkeit.*

*Streicheln Sie ihn sanft mit einer Hand, während Sie mit der anderen die Haarbürste verwenden.*

**BÜRSTENSPIEL** Durch den sanften Gebrauch von Haarbürsten kann man eine ganz andere Art von Empfindungen hervorrufen als durch Seide. Eine weiche Babyhaarbürste etwa kitzelt und streichelt die Haut (oben), während eine härtere Bürste gut für die Kopfhautmassage geeignet ist (links).

*Er empfindet das kribbelnde Gefühl einer Kopfhautmassage als ausgesprochen entspannend und beruhigend.*

**KÖRPERFARBE** Mit den Fingern kann man den Körper des anderen herrlich bemalen. Das ist auf vielerlei Weise sinnlich anregend: Da ist die Lust, den Finger in die Farbe zu tauchen und auf die Haut des Partners aufzutragen. Dann gibt es die sinnliche Erfahrung, selbst bemalt zu werden, und schließlich die Freude, farbenfrohe Bilder auf dem Körper des anderen entstehen zu lassen.

*Körperfarbe ist ungiftig und kann leicht abgewaschen werden – es gibt sogar essbare und mit Geschmacksstoffen versehene!*

**SPASS UND SPIEL** Es kann Freude machen, alberne Dinge auf den Körper des anderen zu malen.

*Bemalen Sie Körperstellen Ihres Partners je nach Sensibilität in unterschiedlichen Farben.*

*Eine Augenbinde verstärkt den Eindruck, erotisch ausgeliefert zu sein.*

**MIT FEDERN STREICHELN** Mit einer großen Straußen- oder Pfauenfeder können Sie die Haut Ihres Partners wunderbar streicheln. Spielerisch und kitzelnd gleiten die Federenden über seinen Körper; wenn Sie damit seine erogenen Zonen reizen, erregt ihn das sehr.

*Streicheln Sie die Haut, um Lust, und die Genitalien, um sexuelle Erregung zu erzeugen.*

*Durch Beobachtung seines Gesichtsausdrucks finden Sie heraus, wo er besonders auf Berührung reagiert.*

# EIN FESTMAHL DER LUST

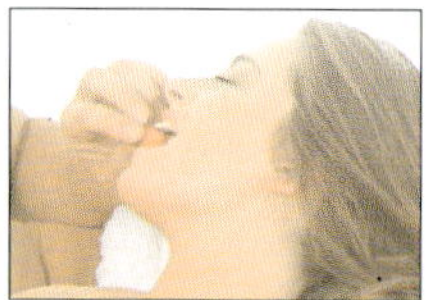

*Essen und Sex sind die zwei großen Lust spendenden Erfahrungen des Menschen. Der Mund, einer der vielseitigsten Körperteile überhaupt, ist fähig, die verschiedensten Formen der Lust zu geben und zu empfangen. Um ein Festmahl der Sinne hervorzubringen, kombiniert man die Aktionen des Küssens, Saugens, Knabberns und sanften Beißens fantasievoll mit dem Verspeisen sorgsam ausgewählter Früchte. Heraus kommt ein Erlebnis, das in jeder Hinsicht als genussvoll bezeichnet werden kann. Mit seinem Hauch der Exotik erweiteret es unseren sexuellen Horizont.*

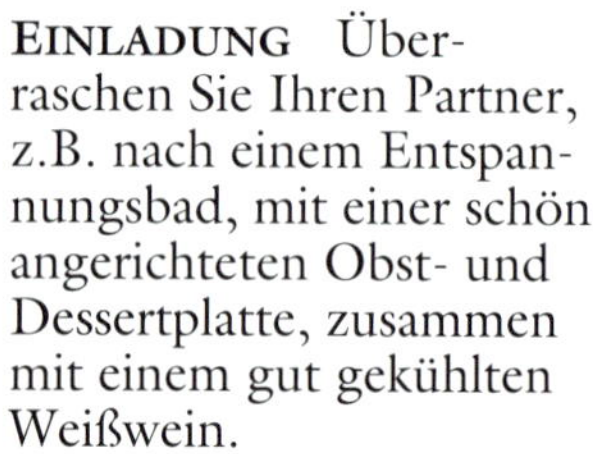

**EINLADUNG** Überraschen Sie Ihren Partner, z.B. nach einem Entspannungsbad, mit einer schön angerichteten Obst- und Dessertplatte, zusammen mit einem gut gekühlten Weißwein.

*Füttern Sie Ihren Partner und machen Sie dadurch das Festmahl noch exotischer.*

*Bieten Sie sich abwechselnd Obst an.*

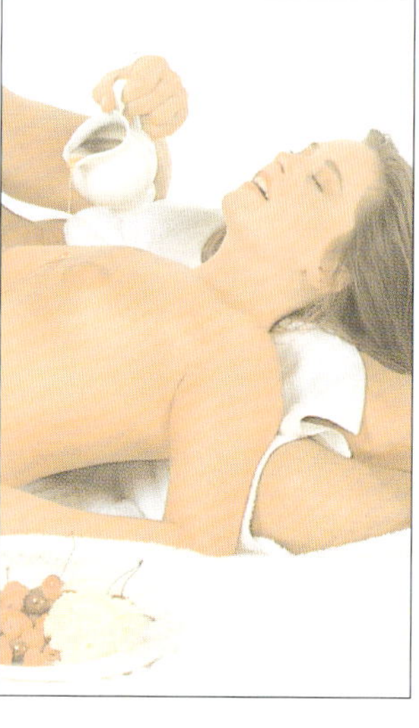

**SÜSSE LUST** Ein Löffel Honig oder Sirup oder ein wenig Champagner fühlen sich großartig an, wenn sie über Brust und Nabel fließen.

**ERKUNDUNGSTOUR DES MUNDES** Lecken und saugen Sie den Honig, Sirup oder Wein vom Körper Ihres Partners. Übertreiben Sie dabei ruhig die Bewegungen Ihrer Zunge. Das Hinweggleiten mit der eher rauen Zunge über den Körper des anderen vermittelt garantiert eine tiefe sinnliche Erfahrung.

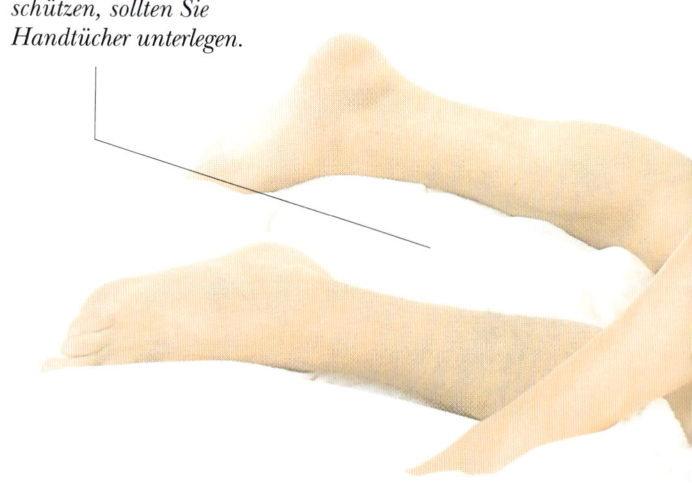

*Um das Bettzeug zu schützen, sollten Sie Handtücher unterlegen.*

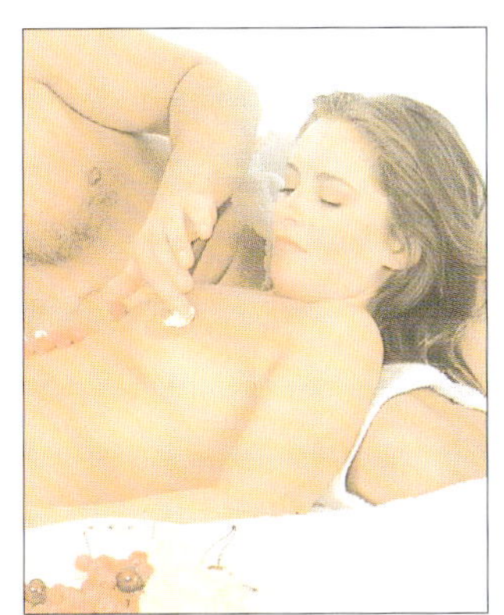

**ESSBARER ANSTRICH** Schlagsahne eignet sich gut, um auf die Brustwarzen Ihres Partners aufgetragen und abgeschleckt zu werden.

*Lassen Sie sie wissen, dass sie zum Anbeißen gut aussieht.*

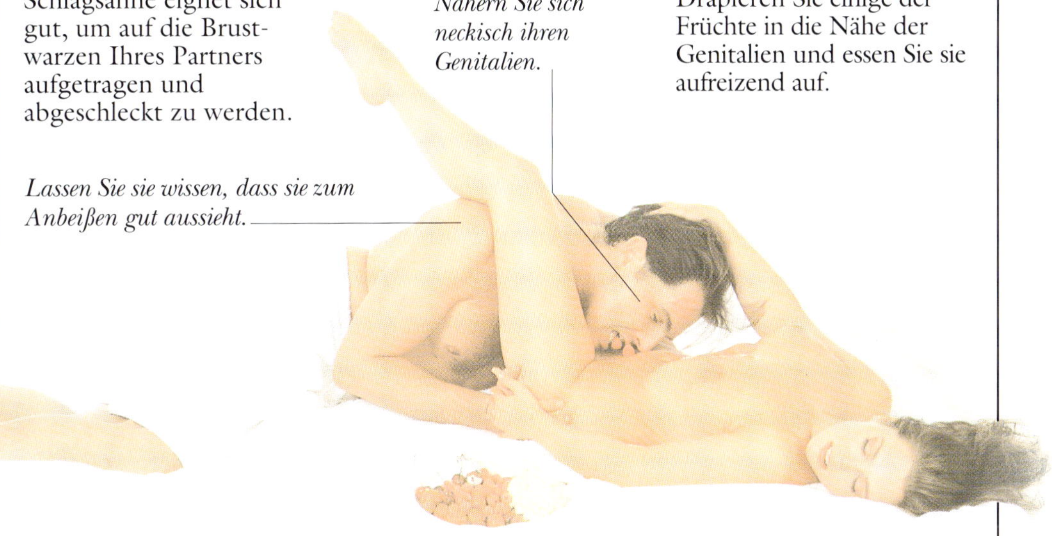

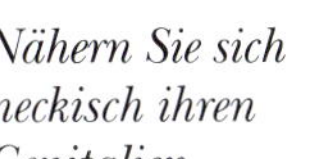

*Nähern Sie sich neckisch ihren Genitalien.*

**STELLUNGSSPIEL** Drapieren Sie einige der Früchte in die Nähe der Genitalien und essen Sie sie aufreizend auf.

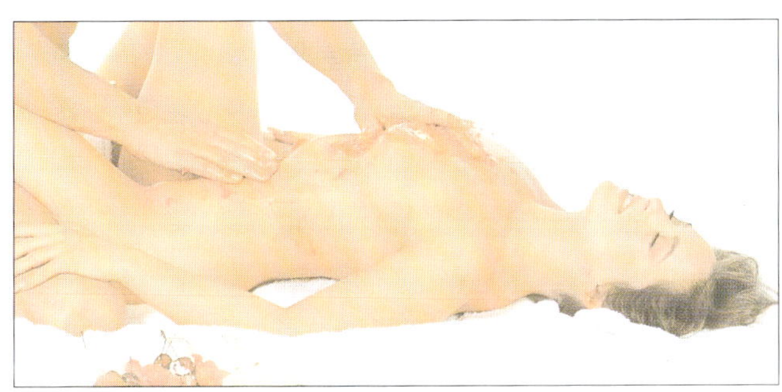

**NACHTISCH** Belegen Sie den nackten Körper Ihres Partners mit Fruchtfleisch, das Sie aus dem Obst herausgepresst haben (links). Sie können das Gefühl großer Innigkeit weiter verstärken, indem Sie sich von Mund zu Mund füttern und dabei fortfahren, sich mit und über die Früchte zu streicheln. Sind Sie beide hochgradig erregt und mit Essen fertig, vollenden Sie Ihr Festmahl mit einem wunderbaren Höhepunkt. Geben Sie sich ganz hin und massieren Sie sich dabei trotzdem noch mit den Früchten Ihrer Liebe (unten).

*Zerdrücken Sie das Obst verführerisch auf dem Körper Ihres Partners.*

*Lassen Sie Ihren Partner wissen, wie sehr Sie diese neuartige Erfahrung genießen.*

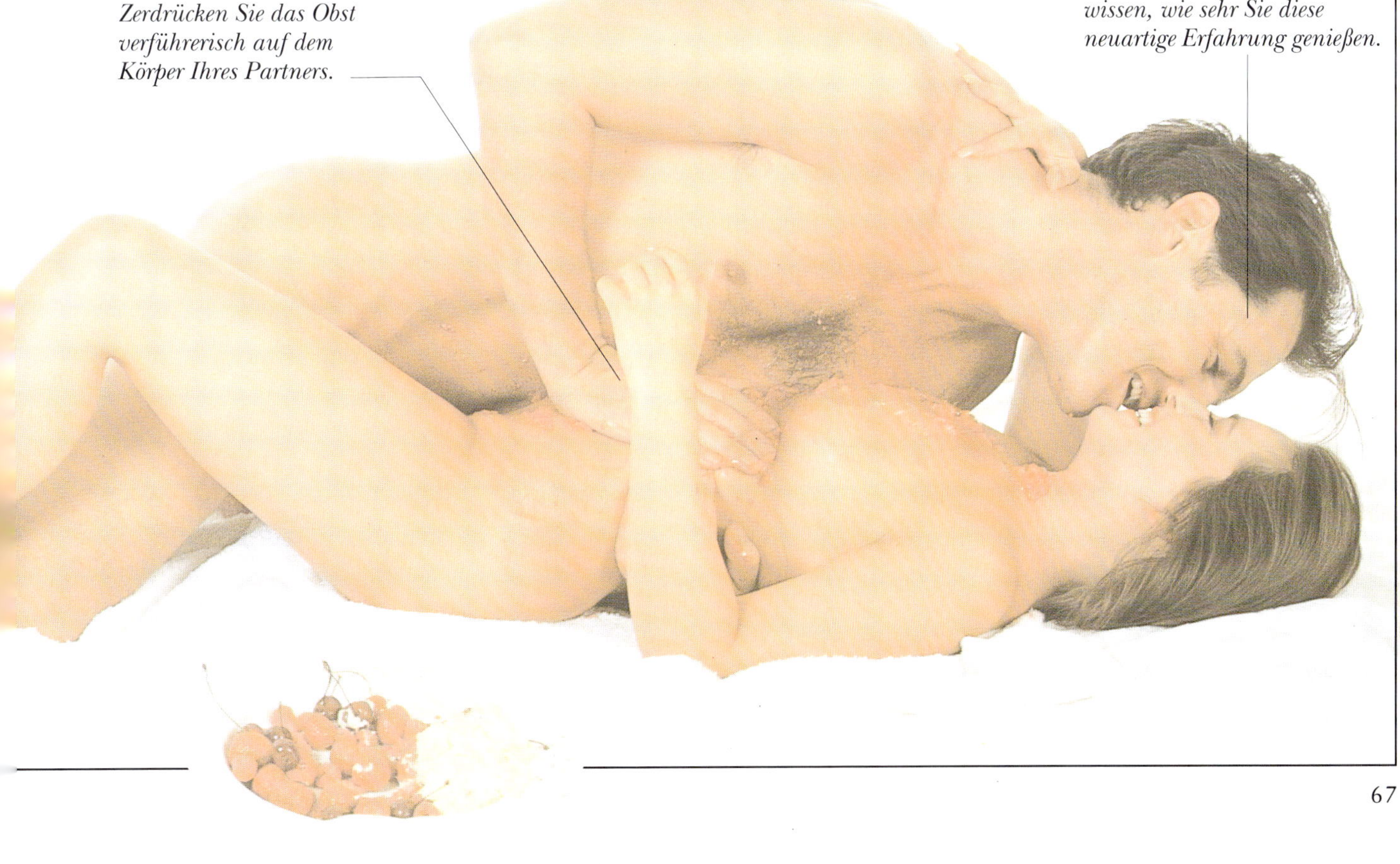

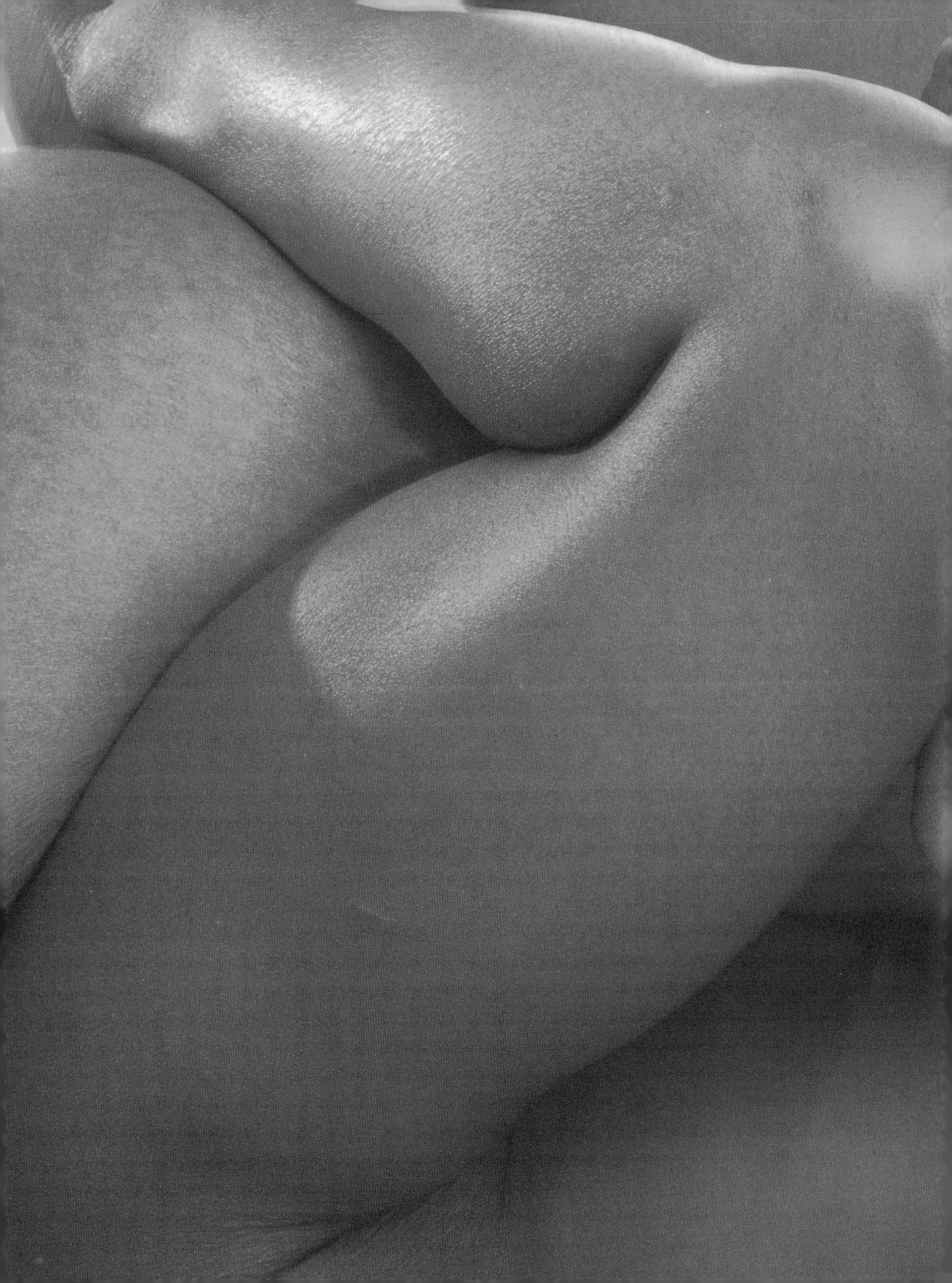

# KAPITEL 6

# WIE ÄUSSERE ICH MEINE SEXUELLEN WÜNSCHE RICHTIG?

*»Wie können die eher Schüchternen ein Selbstvertrauen entwickeln, das es ihnen erlaubt, ihre sexuellen Wünsche zu äußern? Das Geheimnis liegt in der Strategie der kleinen Schritte: Erst die kleinen Dinge ansprechen und mit dem Anwachsen des Selbstvertrauens die größeren angehen.«*

WEIT VERBREITET ist das Kriseln vieler Beziehungen, wenn die Partner nicht mehr miteinander reden können. Das gilt besonders für sexuelle Fragen. Viele Frauen erdulden ein unbefriedigendes Sexualleben, weil sie mit ihren Partnern nicht über ihre sexuellen Bedürfnisse im Bett reden können.

In einer Idealwelt würden Männer dieses Manko erkennen und sensibel auf die sexuellen Ansprüche ihrer Partnerinnen reagieren. Sie würden alles daran setzen, damit deren Bedürfnisse befriedigt werden. Tatsächlich achten viele Männer aber nicht im Geringsten darauf, ob ihre Partnerinnen ein sexuell erfülltes Leben führen. Sie bemerken es nicht und die Frauen sind zu schüchtern oder aus irgendeinem Grund zu zurückhaltend, um dieses Thema anzusprechen.

Um diese Schwierigkeiten zu durchbrechen, muss die Frau die Initiative ergreifen und lernen, sich taktvoll, aber deutlich über ihre Bedürfnisse zu äußern und ihrem Partner klar zu machen, wie er ihr entgegenkommen kann.

Der erste Schritt besteht darin, dass die Frau lernen muss, ihre Meinung zu äußern und frei und ohne Scham ein derartiges Gespräch zu führen. Wenn es ihr gelingt, mit ihrem Partner ein offenes Gespräch über Sex zu führen, wird sie es auch leichter finden, beim Geschlechtsverkehr selbst aktiver zu sein und für beide eine größere Lusterfüllung zu suchen.

# FALLBEISPIEL *Irene & Tom*

*Tom war ein hastiger Liebhaber, der Irene nicht zum Orgasmus bringen konnte. Sie war sich sicher, dass sie einen Höhepunkt haben könnte, wenn er sie nur etwas länger mit den Fingern stimulieren würde. Sie traute sich aber nicht, ihn darum zu bitten, wenn er seinen Orgasmus gehabt hatte. So erfuhr Tom nicht, dass Irene durchaus einen Höhepunkt haben konnte und was er dafür tun müsste.*

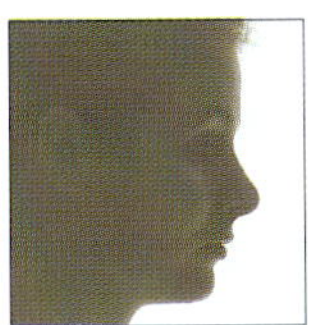

***Name:*** IRENE
***Alter:*** 22
***Familienstand:*** LEDIG
***Beruf:*** REZEPTIONISTIN

*Irene, die mit Tom ihre zweite sexuelle Beziehung erlebte, fühlte, dass sie von ihm nicht die sexuelle Aufmerksamkeit bekam, die sie für erstrebenswert hielt.*

*»Ich habe nie einen Orgasmus«, sagte sie mir. »Aber ich habe genug darüber gelesen, um zu wissen, dass mir etwas Wichtiges fehlt. Tom ist ein liebenswerter Mann, aber immer auf dem Sprung. Nicht nur beim Sex, sondern überhaupt in seinem ganzen Leben. Er ist ein Vertreter und sehr ehrgeizig; er geht früh zur Arbeit und auch wenn wir zusammen sind, telefoniert er den halben Abend. Im Bett bin ich noch nicht einmal warm geworden, wenn er schon fertig ist. Ich glaube, dass ich einen Orgasmus haben könnte, wenn er einfach nur ein wenig langsamer machen würde, aber ich finde keinen Weg, ihm das zu sagen. Ich brauche einfach ein anderes Tempo.«*

***Name:*** TOM
***Alter:*** 26
***Familienstand:*** LEDIG
***Beruf:*** HANDELSVERTRETER

*Als Tom mich besuchte, trug er einen Anzug, einen Musterkoffer und einen schweren Terminplaner. Bei jeder Gelegenheit schaute er auf die Uhr. »Ich bin gekommen, weil mich Irene darum bat. Sie scheint ein Problem zu haben, bei dem ich ihr selbstverständlich gerne helfen würde. Natürlich fände ich es gut, wenn sie auch einen Orgasmus hätte, aber ihr scheint Sex auch ohne Höhepunkt Spaß zu machen. Das mit Irene ist für mich eine sehr ernsthafte Geschichte, sonst wäre ich nicht hier. Wir wollen uns in vier Monaten verloben. Zwei ihrer Brüder sind wirklich gute Kumpel, überhaupt mag ich die ganze Familie.«*

*»Keine meiner Freundinnen hatte so ein Problem. Aber es waren keine ernsten Partnerschaften. Irene ist zwar recht ruhig, aber ich halte sie für sehr intelligent. Es gefällt mir, mich mit ihr zu unterhalten, und ich fühle mich gut dabei. Ich möchte jetzt noch so viele Verkäufe wie möglich machen, damit wir den Grundstock für ein Eigenheim legen können. Ich will, dass meine Familie den bestmöglichen Lebensstandard hat.«*

## THERAPEUTISCHER ANSATZ

Zwei Probleme waren zu lösen: Einmal musste Irene lernen, Dinge beim Namen zu nennen, ohne Angst vor den Folgen zu haben. Zum zweiten brachte Tom anscheinend nicht nur Irene zu wenig Aufmerksamkeit entgegen, sondern er beeilte sich auch bei seinem eigenen Höhepunkt.

### LANGSAMKEIT LERNEN

Es war bezeichnend, wie stark Toms Hektik sein Leben, seine Karriere, seinen Sex, sogar die Schnelligkeit der Antworten bestimmte, die er anstelle von Irene gab. Diese Hektik war früh in einer der Sitzungen angesprochen worden, so dass Tom schnell einsah, dass er Irene mehr Platz geben musste. Es zeigte sich, dass er mit den Antworten an Irenes Stelle versuchte hatte, sie zu beschützen.

Gleichzeitig kam heraus, dass er eigentlich sich selbst als Kind schützen wollte. Da es die ursprüngliche Familie nicht mehr gab, außer in seinem Kopf, bestand dazu keine Veranlassung mehr. Tom konnte sichtbar entspannen, als er dies erkannte, und Irene konnte ihm ihr Mitgefühl dafür aussprechen.

Tom versprach, sich zu ändern. Es wurde ein Kodewort vereinbart, dass Irene dann aussprechen würde, wenn Tom in seine alten Gewohnheiten zurückfallen sollte. Außerdem dazu wollte Tom versuchen, seinen Orgasmus hinauszuzögern und, falls nötig, sexualtherapeutische Methoden (vgl. S. 59) anzuwenden.

### GESUNDEN EGOISMUS ENTWICKELN

Irene musste zuerst lernen, wie sie durch Selbststimulation zum Orgasmus kommen kann (s. S. 232). Das Verständnis für ihre sexuellen Reaktionsweisen ermöglichte ihr, die Erfahrungen in ihre Beziehung einzubringen und mit Tom zu teilen. Dann musste sie Grundkenntnisse davon erwerben, wie man bestimmt auftritt und auch im Bett daran festhält. Dazu dienten Übungen, die ihr halfen, ihre Bedürfnisse auch in schwierigen Situationen auszudrücken.

Tom musste in den folgenden Monaten noch viel Selbstbeherrschung üben, aber er lernte, nicht so hochtourig durchs Leben zu gehen und Irene die Möglichkeit zu geben, ganz sie selbst zu sein und nicht nur ein Schatten von ihm. Es machte ihm Freude zu erlernen, wie er sie stimulieren konnte und er entdeckte dabei, wie erregend das auch für ihn selbst war. Ihr Sex wurde deutlich besser, ebenso ihre Kommunikation. Monate später waren die beiden ein weitaus glücklicheres Paar und verkündeten ohne den geringsten Zweifel ihre Verlobung.

# *Tipps zum Aufbau einer* SELBSTBEWUSSTEN SEXUALITÄT

*Selbstbehauptung hilft in brenzligen Situationen. Sie stärkt unser Selbstwertgefühl, erlaubt uns, unsere Meinung zu ändern und Fehler zu machen. Sexuelle Selbstbestimmung meint, dass man mit Situationen fertig wird, in denen man sich unwohl fühlt, dass man weiß, was man möchte und dass man fähig ist, aus sexuellem Selbstbewusstsein heraus aktiv zu werden.*

## *Phase* 1 ERKENNEN, WANN ES UNBEHAGLICH WIRD

Zuerst müssen Sie sich darüber klar werden, in welchen Situationen Sie sich unwohl fühlen. Erstellen Sie eine Liste der Situationen, mit denen Sie nicht umzugehen wissen (es müssen nicht alles sexuelle sein). Bringen Sie sie in eine Reihenfolge, so dass die schwierigsten Situationen oben, die am wenigsten schwierigen unten stehen. Beginnen Sie unten auf der Liste und sprechen Sie die Situationen mit einem Freund durch. Wenn Ihnen ein bestimmtes Thema zu intim für ein Gespräch wird, führen Sie es mit sich selbst vor dem Spiegel. Nehmen Sie das Selbstgespräch auf Tonband auf, um zu überprüfen, ob Sie sich überzeugend geäußert haben.

Wenn Sie so mit den Themen vertraut geworden sind, können Sie sie in der Realität umsetzen. Sprechen Sie die Dinge so aus, wie Sie sie geübt haben, und denken Sie dabei an das Grundgesetz der Selbstbestimmung.

## *Phase* 2 »DRECKIGE« WÖRTER LAUT AUSSPRECHEN

Es gibt eine berühmte Seminartechnik, die Sexualtherapeuten und Eheberater anwenden, um Schwierigkeiten zu meistern, »richtig« über Sex zu sprechen. Dabei werden den Teilnehmern eine Reihe von Filmen zum Thema Sex vorgeführt, die dann besprochen werden. Ganz am Anfang steht ein seltsamer, aber bezeichnender Film, in dem ein Schauspieler einfach eine schier endlose Liste »dreckiger« Wörter vorliest.

Die erste Reaktion darauf ist Ungläubigkeit und Schock. Je länger aber das Vorlesen der Wörter auf diese eigentümliche Weise dauert, desto mehr gewöhnt man sich daran. Am Ende machen sie einem überhaupt nichts mehr aus. Man nennt diesen Vorgang des andauernden Ausgesetztseins bis zur Abstumpfung »Desensibilisierung«.

**DRECKIGE WÖRTER** »Dreckige« Wörter haben negative Konnotationen, einen schlechten Beigeschmack. Wenn wir sie hören, fühlen wir etwas wie eine Abwertung des beschriebenen Vorgangs. Bezeichnenderweise stammen die so genannten »dreckigen« Wörter fast alle aus dem Bereich der Geschlechtsorgane und des

### GRUNDGESETZ DER SELBSTBESTIMMUNG

- Ich habe das Recht, über mein Verhalten, meine Gedanken und Gefühle selbst zu bestimmen und Verantwortung für sie und ihre Folgen zu übernehmen.
- Ich brauche keine Gründe oder Entschuldigungen zu nennen, um mein Verhalten zu rechtfertigen.
- Ich habe das Recht selbst zu entscheiden, ob ich mich für die Lösung der Probleme anderer verantwortlich fühle.
- Ich habe das Recht meine Meinung zu ändern.
- Ich habe das Recht Fehler zu machen und dafür auch verantwortlich zu sein.
- Ich habe das Recht zu sagen: »Ich weiß es nicht.«
- Ich habe das Recht unabhängig von anderen zu sein, während ich an Problemen arbeite.
- Ich habe das Recht unlogisch zu sein, wenn ich Entscheidungen treffe.
- Ich habe das Recht zu sagen: »Das verstehe ich nicht« und um mehr Informationen zu bitten.

Sex. Vielleicht ist es darum nicht verwunderlich, wenn wir Sex in gewisser Hinsicht auch als eine schmutzige Erfahrung betrachten, die wir in unserer Privatsphäre verschließen. Mit der Verheimlichung kommt aber auch die Verängstigung und wir scheuen uns, anstehende Probleme zu thematisieren.

**SICH DEUTLICH ÄUSSERN** Der Vorteil der Desensibilisierung liegt darin, dass der negative Beigeschmack der Wörter verschwindet und wir objektiv sehen, was sie genau beschreiben. Es ist notwendig über Sex reden zu können, ohne negative Gefühle dabei zu empfinden.

Wenn es Ihnen schwer fällt, sich über Sex deutlich auszudrücken, werden Sie wahrscheinlich auch Probleme haben, klar über Ihre sexuellen Wünsche zu reden. Um es Ihnen leichter zu machen, sollten Sie sich eine Liste schwieriger Wörter erstellen und üben, sie laut auszusprechen. Gelingt Ihnen das, wird Ihnen auch ein Gespräch über Sex leichter fallen.

## *Phase* ZEIGEN SIE IHR SELBSTBEWUSSTSEIN

Eine Frau kann ihr Selbstbewusstsein auf vielerlei Art demonstrieren (die Art sich auszuziehen eingeschlossen). Die Körpersprache einer guten Stripperin etwa zeigt immer auch die Eigenliebe; sie wird sich immer wieder selbst streicheln, sich nicht verklemmt bewegen oder sich bestimmter Körperstellen schämen. Natürlich schlage ich hier nicht vor, mit der Tür ins Haus (oder ins Bett) zu fallen, aber man sollte eine überzeugende Art finden sich auszuziehen. Es kann gar nicht schaden, eine Körpersprache zu entwickeln, die den Partner ganz wild macht.

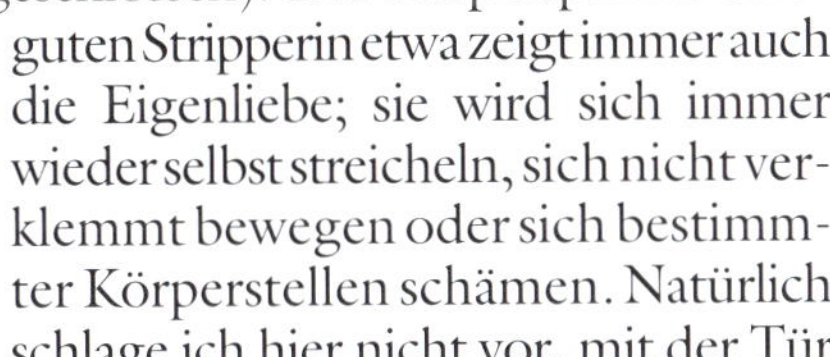

*Striptease, s. S. 54*

Zweifellos ist es erotisierender von jemandem ausgezogen zu werden, als selbst die Kleider abzustreifen. Den Partner auszuziehen zeigt nicht nur Ihr sexuelles Selbstbewusstsein, sondern ist auch für ihn sehr erregend. Wenn Sie Ihren Partner erfolgreich entkleiden wollen, sollten Sie erstens ein wenig Übung darin bekommen, wie man Sachen am besten auszieht. Zweitens sollten Sie dabei eine bestimmte Reihenfolge einhalten. Es ist z.B. für einen Mann nicht so angenehm, wenn Sie ihm zuerst Hose und Unterhose ausziehen und sich dann erst Hemd und Sacco vorknöpfen.

**ERGREIFEN SIE DIE INITIATIVE** Ein weiteres Kennzeichen von Selbstbestimmtheit ist es, wenn man beim Sex die Initiative ergreift. Viele Männer erwarten von Ihren Partnerinnen gar nicht, dass sie etwas anderes wollen als passiv zu sein. Es wird eine Überraschung für ihn sein, wenn sie nach dem Geschlechtsverkehr zu ihm sagt: »Nicht schlecht, aber jetzt lass' mich mal machen.« Viele Männer sind so darauf fixiert, die aktive Rolle zu übernehmen, dass sie es schwierig finden, sich zurückzulegen und Lust zu empfangen. Eine gegenseitige sinnliche Massage kann hier neue Wege beschreiten. Wenn Ihr Partner einen Orgasmus hatte und Sie unbefriedigt zurücklässt, sollten Sie ihm bestimmt sagen: »Würdest Du bitte noch meine Klitoris reiben, wie Du es eben getan hast? Es war so schön und ich möchte auch einen Orgasmus haben.« Er würde so lernen, wie wichtig es ist, dass beide befriedigt sind, weil sie Lust empfangen und gegeben haben.

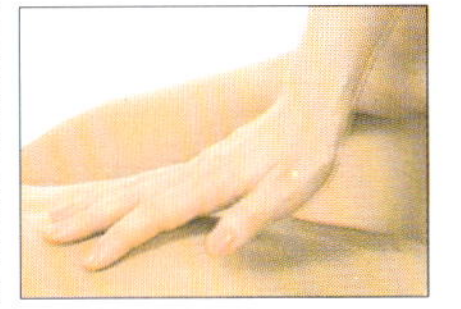

*Initiative ergreifen, s. S. 74*

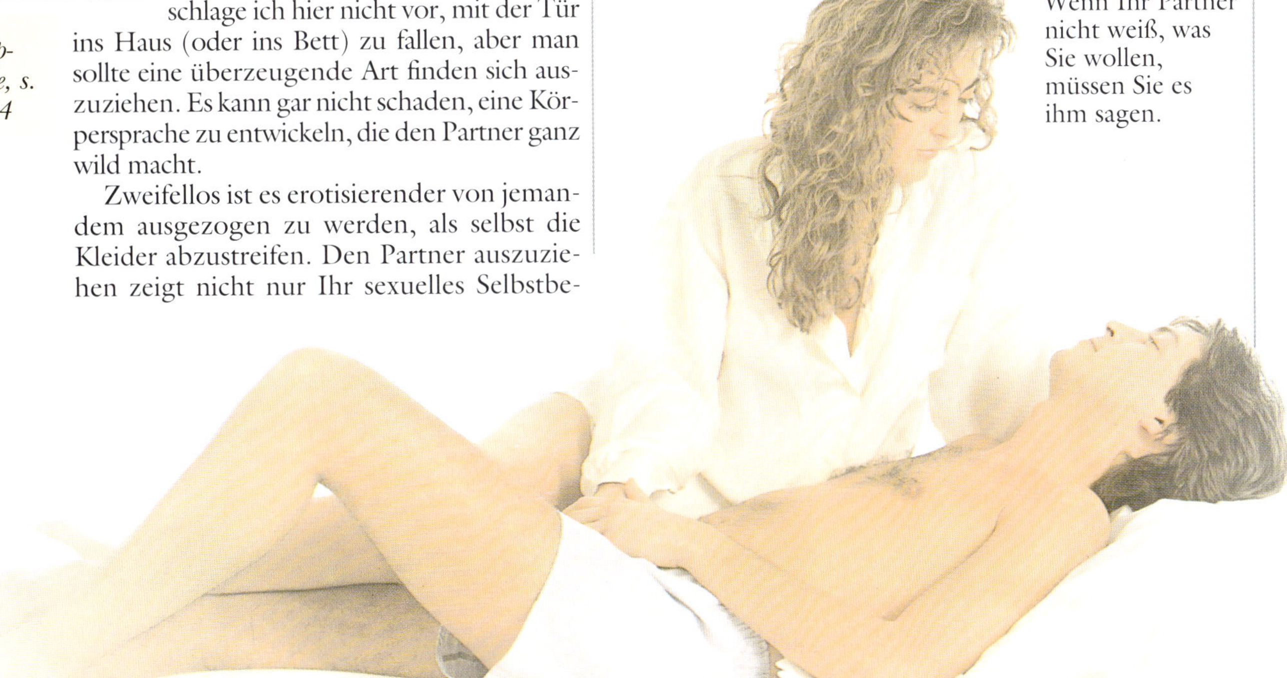

**KOMMUNIKATION** Wenn Ihr Partner nicht weiß, was Sie wollen, müssen Sie es ihm sagen.

# BEIM SEX DIE INITIATIVE ERGREIFEN

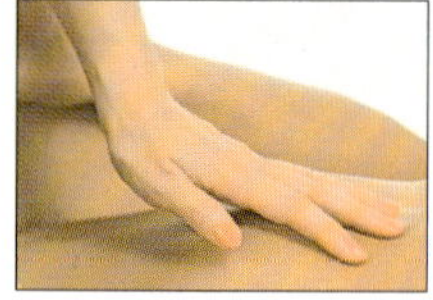

*Viele Männer erwarten von ihren Partnerinnen gar nicht, dass sie aktiv werden. Sie sind so darauf fixiert, selbst die aktive Rolle zu übernehmen, dass sie es schwierig finden, sich zurückzulehnen und Lust zu empfangen. Am besten geht man offen dagegen an, z.B. indem man »Tarzan und Jane« spielt.*

1 **Den ersten Schritt tun** Gleiten Sie spielerisch auf Ihren Partner, streicheln Sie ihn und reiben Sie Ihren Körper sinnlich gegen seinen.

2 **Erregen Sie ihn** Geben Sie ihm keine Chance, dass er Sie von sich herunterzieht, sondern wandern Sie sinnlich seine nackte Brust küssend seinen Körper hinab.

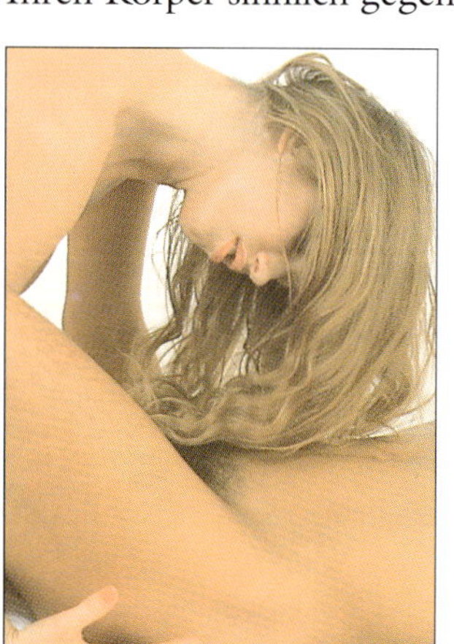

3 **Kitzeln** Wenn Sie lange Haare haben, lassen Sie sie über seine Geschlechtsorgane streifen, und bedecken Sie mit Ihrer Mähne seinen Unterleib und seine Scham.

*Drücken Sie sich in ganzer Länge auf ihn, so dass er das Gefühl hat, dass Sie ihn ganz einhüllen.*

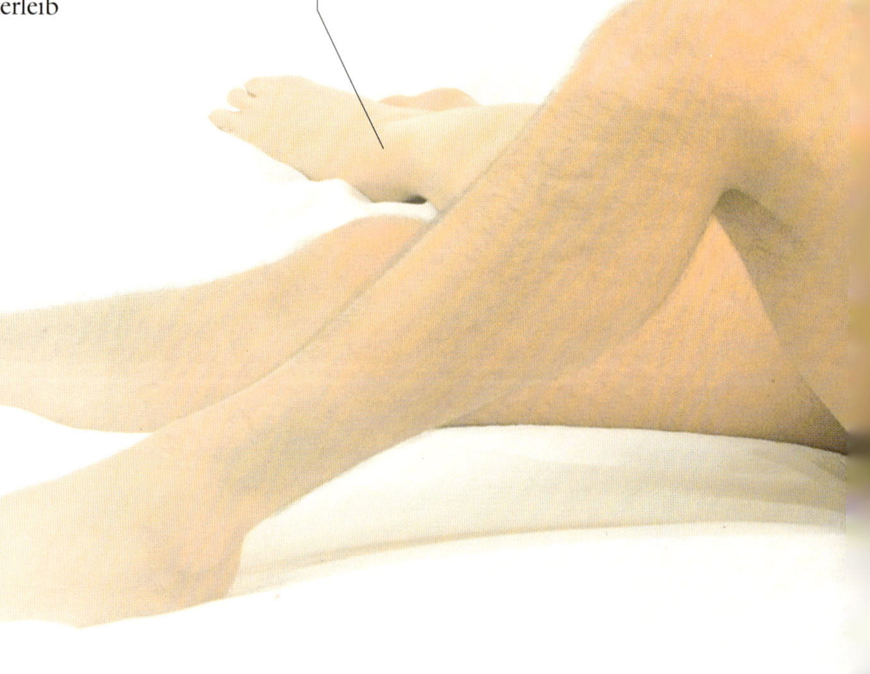

*Greifen Sie um ihn herum, um seine Hoden zu streicheln.*

**5 Zusäzliche Stimulation** Einige Männer lieben es, wenn man ihre Hoden während des Geschlechtsverkehrs drückt und streichelt. Umfassen Sie dafür seinen Penis unten am Schaft. Oder drücken Sie, mit Zeigefinger und Daumen einen Ring bildend, seinen Penis, wenn er in Sie eindringt.

**4 Besteigen Sie ihn** Wenn Sie ihn bis zur Erektion erregt haben, steigen Sie rittlings auf ihn. Sie können sich dabei in jede Ihnen angenehme Position bringen, seitwärts z.B. oder im Schneidersitz. Oder gehen Sie zur Löffel-Stellung über und kuscheln Sie Ihren Po so an ihn heran, dass sein Penis von hinten in Sie eindringt.

*Steigern Sie die erotischen Gefühle und seine Unterwürfigkeit, indem Sie seine verletzlichen und sensiblen Halspartien streicheln.*

*Befriedigen Sie ihn mit der Hand, bis er kurz vor dem Orgasmus steht.*

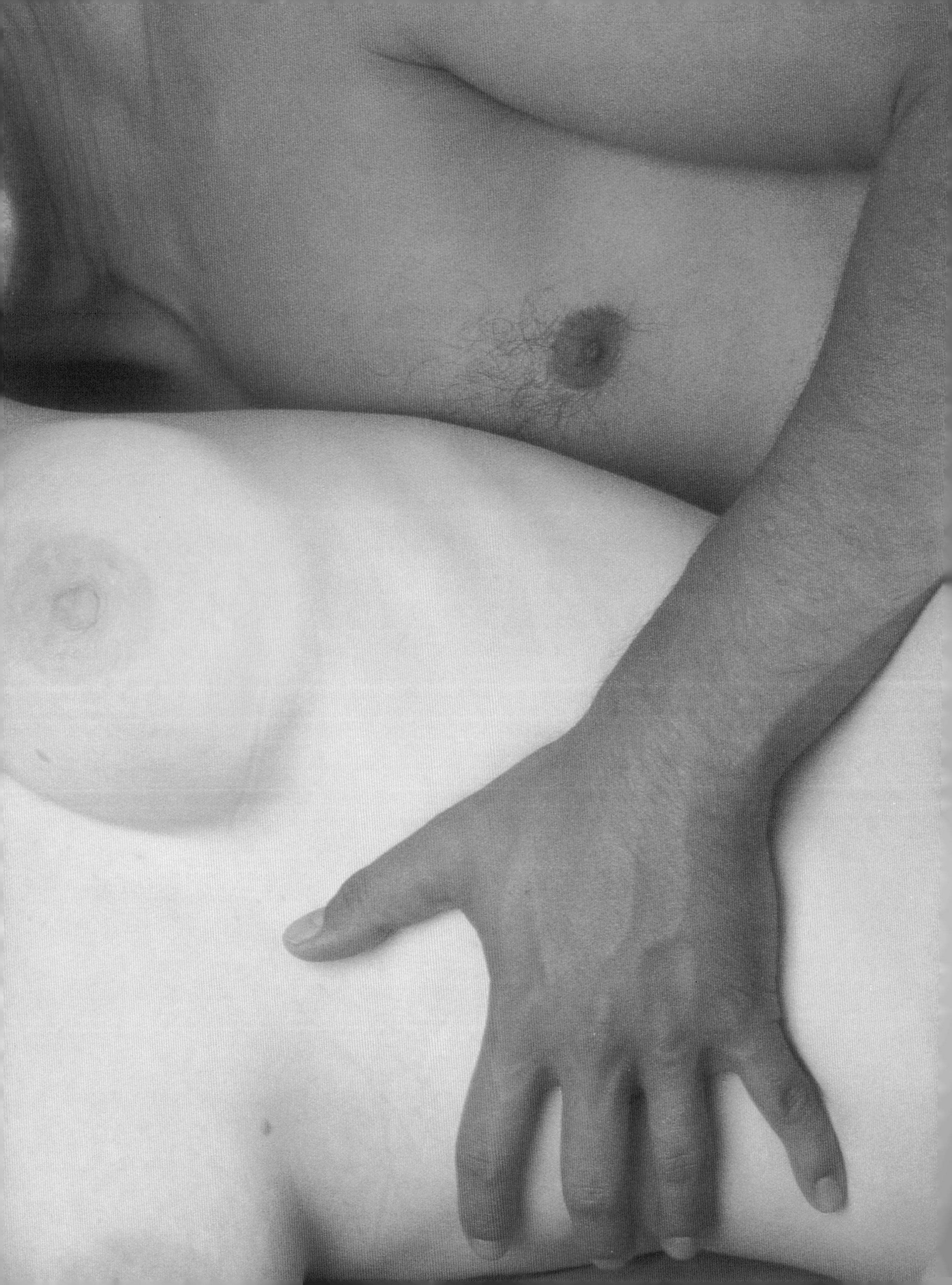

# 7 KAPITEL

# WIE WIRD DER SEX INTIMER UND INNIGER?

*»Es ist sehr schwierig, sich dem Partner zu offenbaren, aber es ist notwendig, damit eine Beziehung wachsen und gedeihen kann.«*

NUR WEIL zwei Menschen miteinander schlafen, heißt das noch lange nicht, dass sie wirklich intim miteinander geworden sind. Echte Intimität und Innigkeit ist eine Qualität, die durch gemeinsam geteilte Gefühle entsteht. Sie erweitern jeden Bereich einer Beziehung und sind hauptsächlich dafür verantwortlich, wenn aus nettem, aber wenig inspirierendem Sex eine ekstatische Erfahrung werden soll.

Um eine tiefe gegenseitige Offenheit herzustellen, müssen wir mutig sein. Viele Menschen haben nämlich Angst davor, ihre innersten Gefühle dem Partner zu offenbaren.

Diese Schwierigkeit mag bei vielen daher rühren, dass sie Angst haben, ihr Innerstes wäre wenig attraktiv. Oder sie haben den Eindruck, dass ein zu starkes Sich öffnen auch gegenüber Menschen, die ihnen ganz nahe stehen, sie auf verschiedene Weise verletzbar und schwach machen könnte.

Es müssen Rahmenbedingungen hergestellt werden, in denen Ihr Partner sich so sicher fühlt, dass er Ihnen Einblick in sein Herz gibt. Wenn er sich sicher fühlt, kann er seine Ängste überwinden und sich öffnen, um innige Gefühle mit Ihnen zu teilen.

# FALLBEISPIEL *Maria & Jakob*

*Maria und Jakob kannten sich zwar noch nicht lange, aber es klappte gut mit ihnen – im Bett wie auch sonst. Irgendwie fanden sie es jedoch schwierig, noch intimer miteinander zu werden und auch die innersten Gefühle und Gedanken dem anderen anzuvertrauen. Beide waren darüber enttäuscht.*

***Name:*** MARIA
***Alter:*** 28
***Familienstand:*** LEDIG
***Beruf:*** FRISEURIN

*Maria stammte aus einer deutsch-italienischen Familie. Ihre Brüder, ihre Schwestern und die meisten Cousinen waren schon verheiratet. Sie aber bevorzugte ein möglichst unabhängiges Leben, besaß ein eigenes Auto und eine eigene Wohnung.*

*»Mir fällt es nicht schwer Männer zu finden«, erzählte sie mir. »Gerade gehe ich mit einem total interessanten Mann aus. Er ist ehrgeizig und schlau, und ich kann viel von ihm lernen. Er gäbe einen wunderbaren Ehemann ab, aber – so wie bei meinen letzten Partnern auch – ich kann nicht wirklich ich sein, wenn ich mit ihm ins Bett gehe.«*

*»Es ist nicht so, dass ich Angst habe, über Sex zu reden oder sexuelle Wünsche zu äußern, aber ich habe nach dem Geschlechtsverkehr immer das Gefühl, dass irgendwas nicht stimmt und ich weit von ihm entfernt bin. Ich bin nicht wirklich entspannt, auch wenn ich einen Orgasmus hatte. Ich schaue ihn an und frage mich, was er wohl denkt. Weil er sich nicht öffnet, öffne ich mich auch nicht. Ich würde es zwar gerne, aber ich weiß nicht wie.«*

***Name:*** JAKOB
***Alter:*** 37
***Familienstand:*** LEDIG
***Beruf:*** SPEDITIONSKAUFMANN

*Jakob war forsch und selbstsicher und ein hervorragender Geschäftsmann; er arbeitete für eine der erfolgreichsten Firmen seiner Branche. Sein beruflicher Lebenslauf war beeindruckend, aber seine Liebesvita war nicht so gut. Er hatte mit einigen Frauen zusammengelebt, wusste aber eigentlich nicht genau, warum diese Beziehungen gescheitert waren.*

*»Ich mag Maria sehr«, sagte er mir. »Und ich weiß, wovon sie spricht. Auch ich würde mich gerne bei und mit jemandem total entspannen, aber ich habe damit meine Schwierigkeiten. Ich will auf jeden Fall heiraten und Kinder haben und ich würde mich niemals scheiden lassen. Meine Eltern ließen sich scheiden, als ich zwölf Jahre alt war, und meine Mutter ist darüber schier verzweifelt.«*

*»Man kann zwar mit jemandem zusammenleben, aber wenn man heiratet, muss das fürs Leben sein. Damit das der Fall ist, muss es wirklich von Anfang an klappen.«*

## THERAPEUTISCHER ANSATZ

Maria und Jakob beklagten beide, dass ihnen eine gewisse Intimität fehle. Der Sex war schön, aber jeder von beiden spürte, dass er ihnen eigentlich mehr geben müsse als nur körperliche Befriedigung, sonst wäre ihre Partnerschaft lediglich eine vorübergehende Geschichte.

Ihre Ängste spitzten sich deshalb zu, weil sie beide einen Partner für eine dauerhafte Beziehung suchten. Da beide gewohnt waren selbstständig ihr Leben zu führen, fühlten sie sich extrem hilflos, denn dies war eine der wenigen Situationen in ihrer beider Leben, mit der sie nicht umzugehen wussten.

### INTIMITÄT FÖRDERN

Intimität wird durch ein romantisches Ambiente und durch die Bereitschaft der Beteiligten gefördert, ihr Innerstes aufzutun und sich ganz zu öffnen. Als engagierte, tatkräftige Menschen hatten Maria und Jakob gelernt, das Leben in Schubladen aufzuteilen. Das eignete sich auch gut, um ein anspruchsvolles Berufsleben effizient zu gestalten, aber es bedeutete für ihr Privatleben, dass sie ihre Gefühle und Erfahrungen schlecht miteinander austauschen konnten.

Da beide auch extrem konkurrenzorientiert arbeiteten, hatten sie schon früh gelernt, nichts, was sie verletzbar machen konnte, zu äußern, da sie Angst haben mussten, dass es gegen sie verwendet werden würde. In den Einzelsitzungen, die ich mit Jakob und Maria hatte, kam heraus, dass es sogar viele Bereiche gab, in denen sie sehr verwundbar waren.

### ÖFFNUNG

Damit sich jeder der beiden dem anderen öffnen und sein verletzliches Inneres zeigen konnte, musste das Paar lernen, wie man »aufmacht«. Ich warnte sie davor, dass es sich für beide sehr riskant anfühlen könnte, da sie dem anderen die weichen und schwachen Stellen ihres Egos präsentieren mussten. Falls dies aber gelingen sollte, würde jeder dem anderen enorm viel Rückendeckung und Schutz geben können.

### RÜCKENDECKUNG

Maria und Jakob lernten, wie man dem anderen durch liebevollen Umgang und zärtliche Berührung Sicherheit und Bestätigung geben kann. Das ermöglicht die Öffnung und die Übermittlung tiefer persönlicher Gefühle und Gedanken. Beide folgten meinen Ratschlägen, konnten ihre Beziehung stärken und vertiefen und den Grundstein für eine Ehe legen.

# *Tipps für die* VERTIEFUNG DER KÖRPERLICHEN INTIMITÄT

*Auf den vorherigen Seiten habe ich Hinweise gegeben, wie Partner sich durch Offenheit Sicherheit und Vertrauen schenken können. Auf diesen Seiten nun schlage ich vor, dass sie »Doktor spielen« und eine Therapiesequenz nutzen, die »sexologische Untersuchung« heißt. Sie zielt darauf ab, dass ein Paar sich stärker mit der Sinnlichkeit der Geschlechtsorgane beschäftigt und auf diese Weise außergewöhnliche Erfahrungen und Entdeckungen macht, die die Partnerschaft stärken werden. Wenn Sie eine Entschuldigung benötigen, um den Einstieg zu erleichtern, geben Sie vor, dass dies ein Spiel ist: Sie sind der Arzt, Ihr Partner ist der Patient. Er liegt im Bett und Sie untersuchen ihn.*

## *Phase* 1 BRUST UND BRUSTWARZEN

Bei der »sexologischen Untersuchung« darf jeder den anderen untersuchen. Auf den folgenden zwei Seiten zeigen wir aber, wie sie ihn untersucht. Beginnen Sie damit herauszufinden, wie seine Brust und seine Brustwarzen auf Berührung und Streicheln reagieren. Fahren Sie sanft über die Brust, streicheln oder drücken Sie leicht den Bereich um die Brustwarze (Warzenhof) herum. Seine Brustwarzen werden hart, wenn sie gut stimulierbar sind. Starke Erregung zeigt sich durch blasse Punkte.

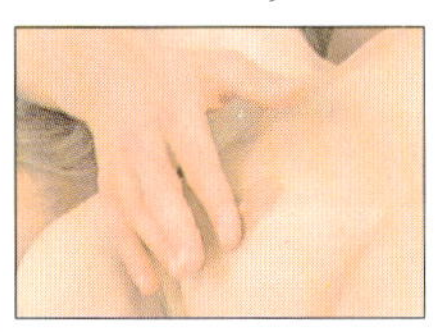

*Sexol. Untersuchung, s. S. 82*

## *Phase* 2 SCHAMHAARBEREICH

Konzentrieren Sie nach dieser Untersuchung Ihre Aufmerksamkeit auf sein Schamhaar. Schauen Sie sich die Fülle und Struktur des Haars genau an, und die Fläche, die es bedeckt. Dichte und Aussehen des Schamhaars sind auch bei Männern sehr unterschiedlich und reichen von eher spärlichem Haarwachstum oberhalb des Penis bis zu umfangreichen Haarflächen, die sich vom Bauchnabel über den Genitalbereich bis zu den Oberschenkeln ziehen können.

Die Fülle des Schamhaars wird manchmal mit der Menge des verfügbaren Sexualhormons Testosteron in Relation gesetzt. Große Mengen Testosteron können gleichzeitig eine große Scham- und Körperbehaarung, aber auch eine Glatzenbildung zur Folge haben.

## *Phase* 3 DER PENIS

Nehmen Sie den Penis Ihres Partners in die Hand und lassen Sie sich zeigen, an welchen Stellen er besonders sensibel ist. Merken Sie sich diese Bereiche und fragen Sie ihn, welche Stimulation ihm dort am liebsten ist. Lassen Sie sich zeigen, wie er sich selbst stimuliert und machen Sie es dann nach. Bedenken Sie, dass es hierbei nicht darum geht, ihn zum Orgasmus zu bringen, sondern nur herauszufinden, wo sein Penis besonders sensibel ist.

**PENISFORM** Betrachten Sie die Form des Penis. Im Gegensatz zu dem, was viele Menschen glauben, ist das Aussehen des Penis genauso individuell wie das des Gesichts. Fragen Sie Ihren Partner, ob er seinen Penis in der Unterhose lieber an einer Seite trägt und ob eine Seite sensibler ist als die andere.

**DIE VORHAUT** Wenn er nicht beschnitten ist, bitten Sie Ihren Partner Ihnen zu zeigen, wie weit er die Vorhaut zurückziehen kann. Ist er beschnitten, schauen Sie sich genau an, wo die Vorhaut begann und betrachten Sie die Narben. Fragen Sie, ob er in diesem Bereich sensibel ist.

**DIE HARNRÖHRE** Betrachten Sie die Eichel. In dem kleinen, kräftig roten Schlitz an der Oberseite endet die Harnröhre, durch die Urin und der Samen austreten. An der Unterseite der Eichel sehen Sie ein Hautbändchen, das Frenulum. Schauen Sie, ob es vernarbt ist, und fragen Sie Ihren Partner, wie sensibel er dort ist.

**DAS PERINEUM** Umfassen Sie den unteren Teil des Penisschaftes und fragen Sie Ihren Partner, ob und was er dabei genau fühlt. Fahren Sie mit Ihren Fingern langsam seine Hoden hinab und von dort weiter nach hinten, bis Sie das Perineum erreichen. Das Perineum ist der Übergang zwischen Hoden (bzw. bei der Frau zwischen Vagina) und Anus. Hier enden zahlreiche Nerven und machen diesen Bereich sehr sensibel für jede Art der Berührung. Lassen Sie Ihre Finger sanft über den Kamm des Perineums gleiten und fragen Sie Ihren Partner, was er dabei empfindet.

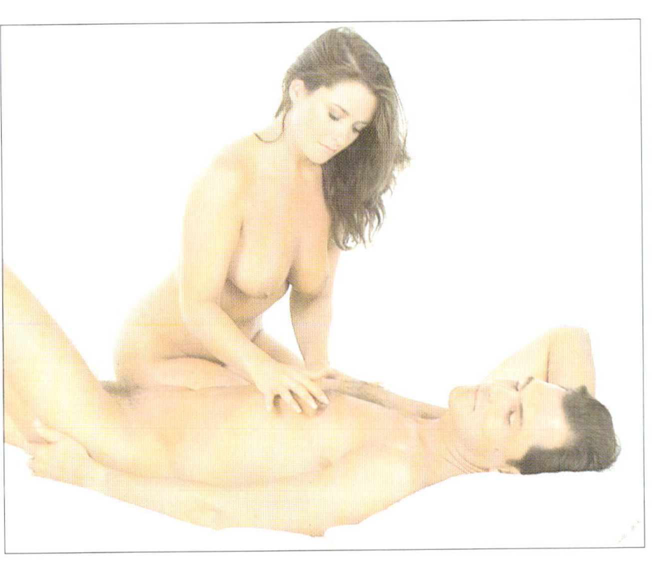

**BRUST UND BRUSTWARZEN** Finden Sie heraus, wie er dort auf Stimulation reagiert. Streicheln Sie den Warzenhof und beobachten Sie, ob sich seine Brustwarzen aufstellen.

## *Phase* DER ANUS

Stellen Sie sich vor, sein Anus wäre eine Uhr, und drücken Sie leicht, aber entschieden zu jeder Stundenmarke. Fragen Sie Ihren Partner, wo er besonders sensibel ist. Merken Sie sich diese Stelle, damit Sie beim Geschlechtsverkehr darauf zurückkommen können.

Zusammen mit der sog. Squeeze-Technik (vgl. S. 59) können Sie mit Ihren Erkenntnissen nun Erektion und Ejakulation steuern.

**ANALREGION** Erkunden Sie die Reaktionen Ihres Partners, wenn Sie seinen Anus im Uhrzeigersinn drücken. Stellen Sie sich den Anusring so vor, dass die Stelle, die dem Penis am nächsten liegt, die 12-Uhr-Marke ist. Die sensibelsten Stellen, die am stärksten auf Druck reagieren, sind wahrscheinlich die 10-Uhr- und 2-Uhr-Marken.

**GENITALE STREICHELEINHEITEN** Ihr Partner soll Ihnen zeigen, wo sein Penis am sensibelsten ist und wie diese Stellen am besten stimuliert werden können. Ziel der Übung ist nicht sein Orgasmus, sondern das Sammeln von Informationen zu seiner Erregbarkeit.

*Berühren Sie sanft die Stellen, an denen Ihr Partner besonders empfindlich ist.*

**STÖRUNGSFREIE ZONE** *Für die »sexologische Untersuchung« benötigen Sie einen Raum, in dem Sie nichts und niemand stört.*

*Fragen Sie ihn nach seinen Eindrücken und teilen Sie ihm mit, was Sie fühlen.*

# DIE SEXOLOGISCHE UNTERSUCHUNG

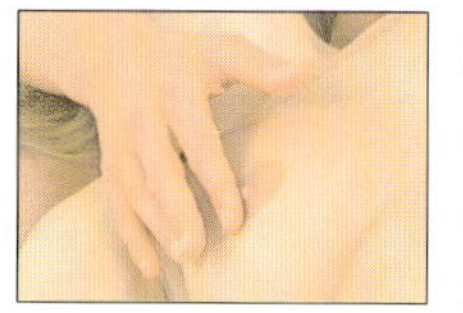

*Die intimen Stellen des anderen zu erkunden, wird bei Ihnen und Ihrem Partner ein neues Bewusstsein für die Sensibilität der Geschlechtsorgane schaffen. Das wird Ihnen helfen, sich zu öffnen und Gefühle leichter miteinander zu teilen. Jeder von Ihnen spielt abwechselnd den »Arzt« und untersucht dabei den Körper des anderen. Fragen Sie, wie Ihr Partner auf Berührung an den sensibelsten Stellen reagiert. Auf dieser Doppelseite zeigen wir Ihnen, wie der Mann seine Partnerin untersucht. (vgl. auch S. 80f.).*

**STÖRUNGEN VERHINDERN** *Stellen Sie sicher, dass Sie ungestört und ganz für sich bleiben. Beginnen Sie dann, Ihre Partnerin sanft in Ihrem Schoß zu wiegen.*

**BRUST UND BRUSTWARZEN** Streicheln und zwicken Sie leicht den Warzenhof um ihre Brustwarzen herum, und beachten Sie, ob die Brustwarzen hart werden oder die Brust leicht anschwillt. Fragen Sie sie, wo und wie sie an welchen Stellen berührt werden möchte. Achten Sie darauf, welche Unterschiede es zwischen Brustwarze und Warzenhof und den beiden Brüsten gibt.

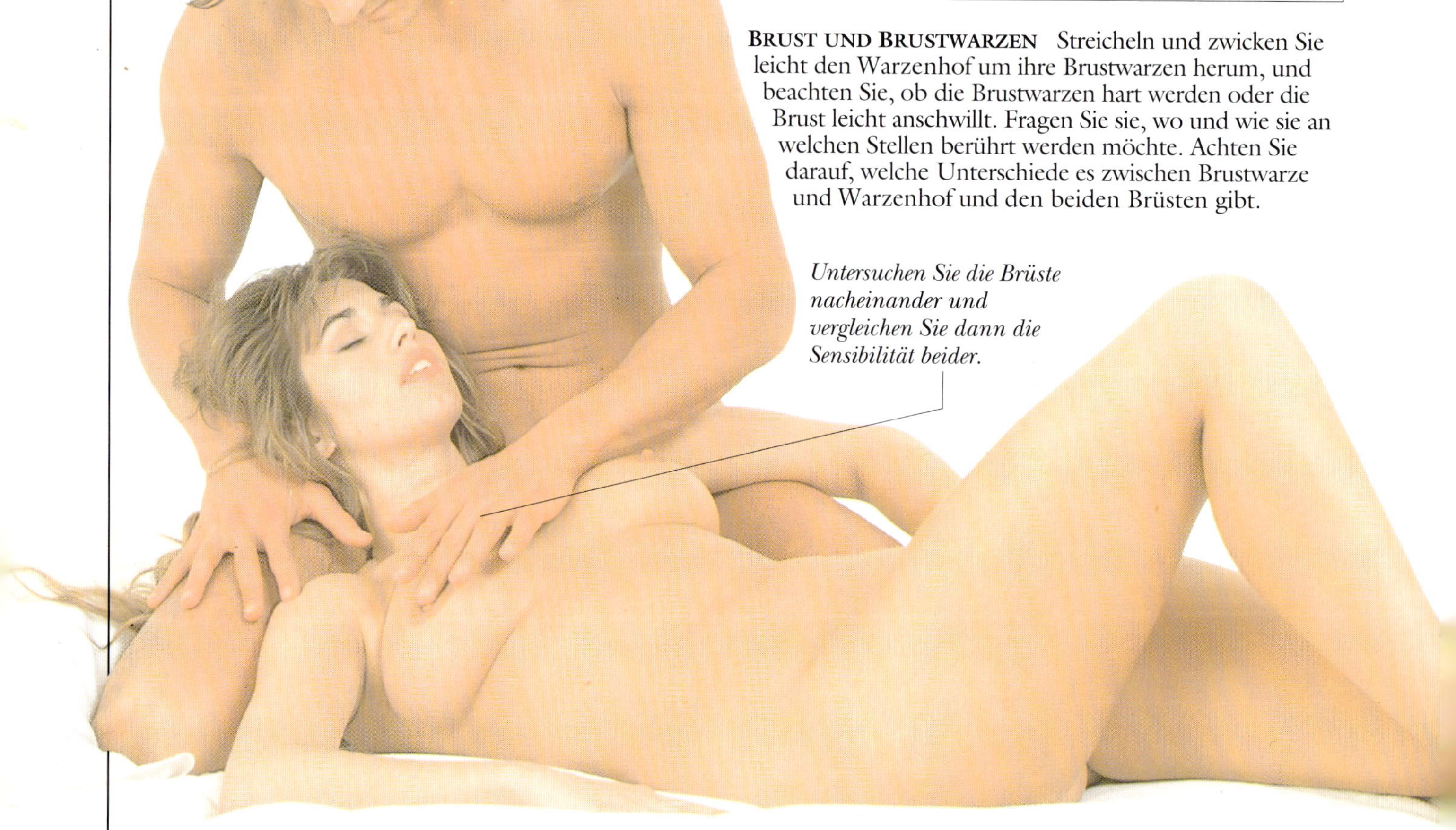

*Untersuchen Sie die Brüste nacheinander und vergleichen Sie dann die Sensibilität beider.*

*Zur Erkundung der sensiblen Stellen in ihrer Vagina dringen Sie mit einem Finger in sie ein und fahren mit ihm die Vaginawände entlang.*

**GENITALUNTERSUCHUNG**
Legen Sie Ihre Finger zärtlich auf die äußeren Schamlippen, dann an die Scheidenöffnung, und führen Sie sie schließlich in die Scheide ein. Berühren Sie den unteren, mittleren und oberen Rand des Steißbeinmuskels, den Sie am Scheidenboden fühlen, wenn die Frau auf dem Rücken liegt. Ihre Partnerin sollte Ihnen sagen, ob es ihr gefallen würde, wenn Ihr Penis sie auf den jeweiligen Punkt treffen würde.

**SEIEN SIE SANFT**
*Zeigt der Gesichtsausdruck Ihres Partners, dass Sie zu jedem Zeitpunkt sanft genug bei Ihrer Untersuchung sind?*

*Bevor Sie Vagina und Anus Ihrer Partnerin untersuchen, sollten Sie Ihre Finger mit einem Gleitmittel bestreichen. Waschen Sie sich anschließend gut die Hände.*

**ANALBEREICH** Erkunden Sie die Reaktionen Ihrer Partnerin, wenn Sie ihren Anus im Uhrzeigersinn drücken. Stellen Sie sich den Anusring so vor, dass die Stelle, die der Vagina am nächsten liegt, die 12-Uhr-Marke ist. Die sensibelsten Stellen, die am stärksten auf Druck reagieren, sind wahrscheinlich die 10-Uhr- und 2-Uhr-Marken. Das Perineum, zwischen Anus und Vagina gelegen, ist reich an Nervenendungen und meistens sehr empfänglich für Stimulation.

**SPIEGELBILDER** Geben Sie Ihrer Partnerin einen Spiegel, mit dem sie ihre Genitalien sehen kann. Zeigen Sie die äußeren und inneren Schamlippen, ziehen Sie sie auf, um Klitoris, Harnröhrenaus- und Scheideneingang zu sehen.

# ORALVERKEHR

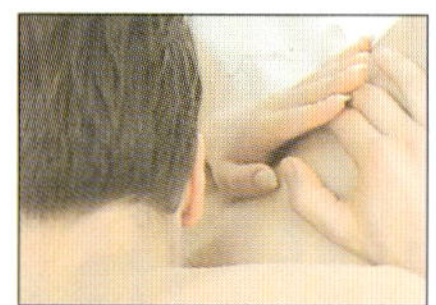

*Im Prinzip gibt es nur zwei Arten von oralem Sex: Lutschen und Saugen am Penis (Fellatio) und Lecken und Saugen an der Vagina (Cunnilingus). Beide Techniken können ekstaseartige Orgasmen hervorrufen. Viele Männer und Frauen finden, dass diese »mündliche« Form sexueller Stimulation ihnen die größte Lust bereitet.*

**FELLATIO** Das Lecken des Penis, als wenn er ein köstliches Eis wäre, ist der Beginn der Fellatio. Nehmen Sie den Penisschaft in eine Hand und lecken Sie dann mit der Zunge vom Penisansatz zur Eichel, zuerst auf der einen, dann auf der anderen Seite. Wenn Sie das ein paar Mal gemacht haben, gehen Sie über zum »Schmetterlingsschlag«.

*Nehmen Sie den Penis zwischen Ihre Lippen und gleiten Sie mit dem Mund langsam nach unten und wieder nach oben. Seien Sie vorsichtig, damit Ihre Zähne den Penis nicht verletzen.*

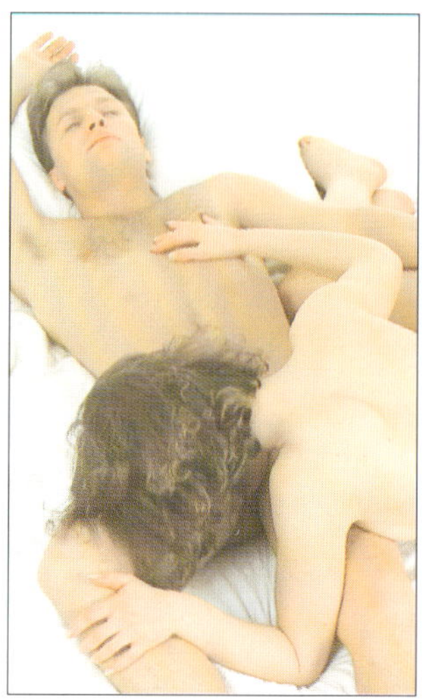

**HANDARBEIT** Wenn Sie bei der Fellatio ein wenig Übung bekommen haben, werden Sie die Hände nicht mehr benötigen, um den Penis zu halten; Sie können sie dann für zusätzliche Liebkosungen einsetzen.

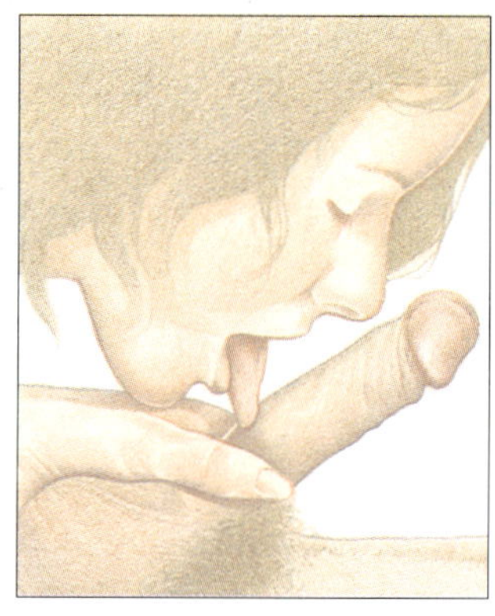

**»SCHMETTERLINGSSCHLAG«** Schnalzen Sie mit der Zunge leicht über die Eichel und an ihrem unteren Rand entlang.

**CUNNILINGUS** Für einen wirklich gefühlvollen Cunnilingus sollte Ihr Kopf zwischen ihren Schenkeln liegen, am besten sogar leicht unterhalb von ihnen, so dass Sie Ihre Zunge nach oben gegen ihre Klitoris fahren lassen können. Nur wenn Sie zwischen ihren Beinen liegen, können Sie Ihre Zunge bequem in ihre Vagina gleiten lassen. Experimentieren Sie ein wenig mit Ihrer Zungenspitze, dann mit dem Zungenrücken. Versuchen Sie die Klitoris von beiden Seiten zu stimulieren, immer von unten beginnend. Bitten Sie Ihre Partnerin, Ihnen mitzuteilen, was ihr am besten gefällt.

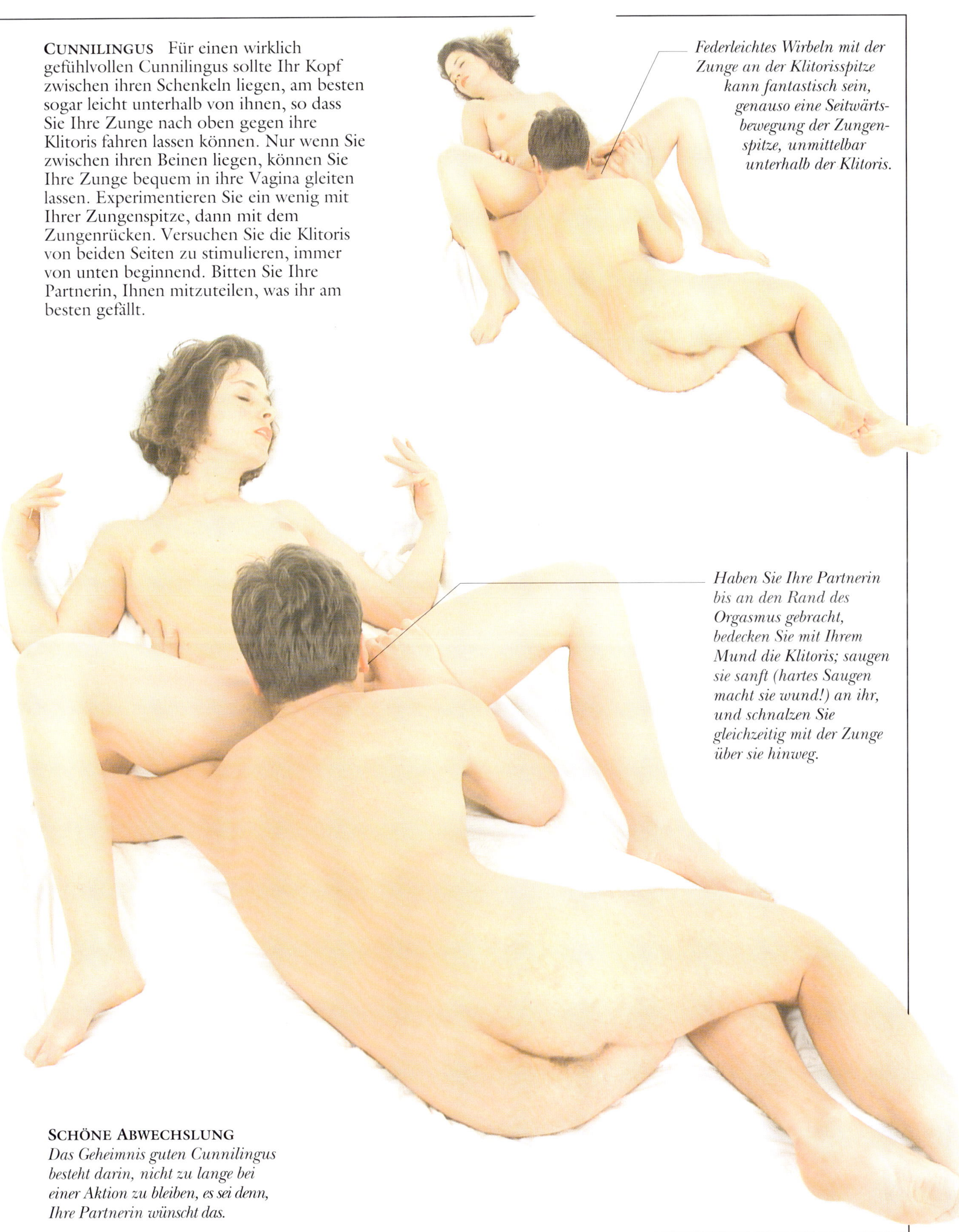

*Federleichtes Wirbeln mit der Zunge an der Klitorisspitze kann fantastisch sein, genauso eine Seitwärtsbewegung der Zungenspitze, unmittelbar unterhalb der Klitoris.*

*Haben Sie Ihre Partnerin bis an den Rand des Orgasmus gebracht, bedecken Sie mit Ihrem Mund die Klitoris; saugen sie sanft (hartes Saugen macht sie wund!) an ihr, und schnalzen Sie gleichzeitig mit der Zunge über sie hinweg.*

**SCHÖNE ABWECHSLUNG**
*Das Geheimnis guten Cunnilingus besteht darin, nicht zu lange bei einer Aktion zu bleiben, es sei denn, Ihre Partnerin wünscht das.*

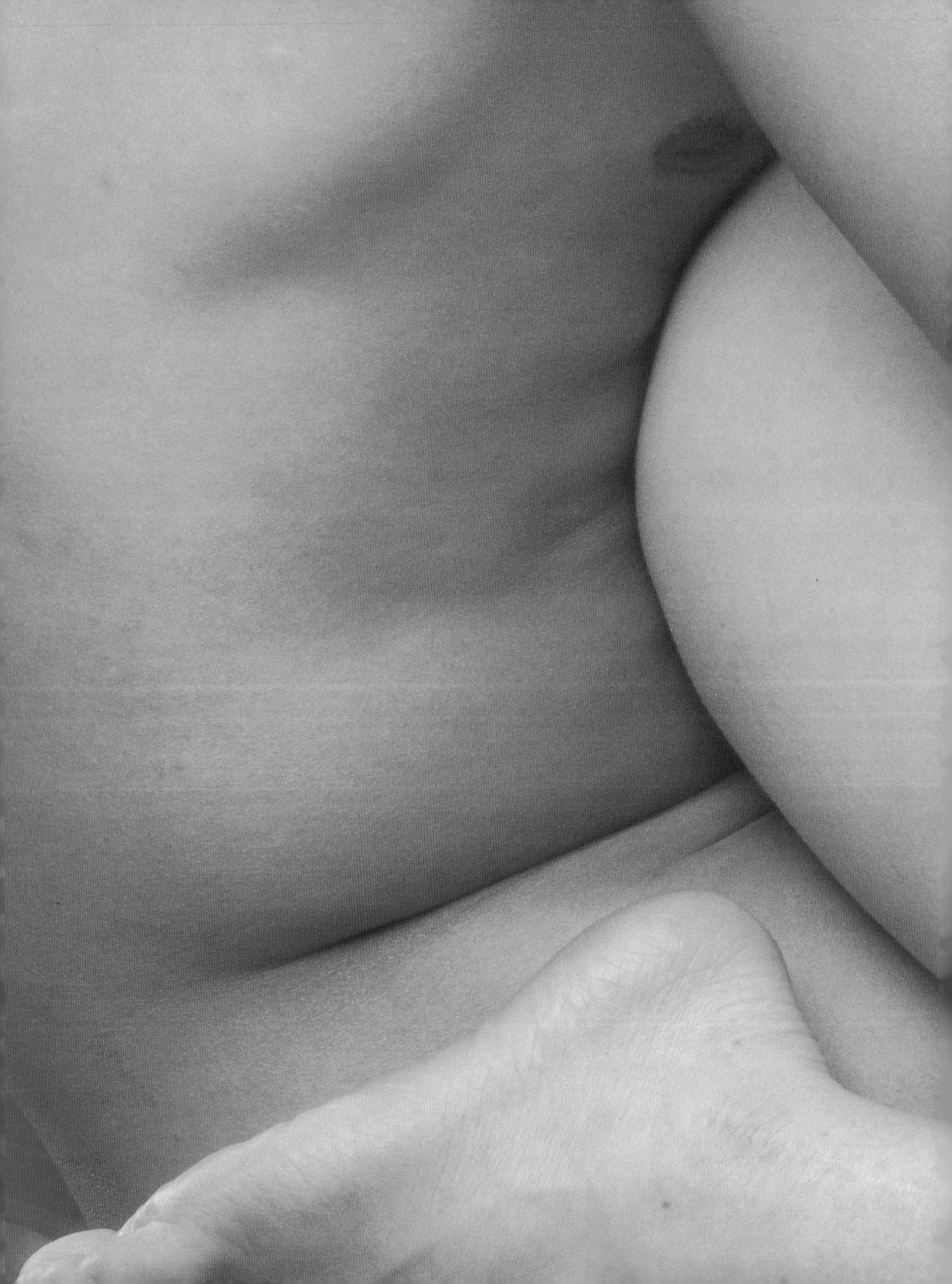

# KAPITEL 8

# WIE KANN ICH MEIN REPERTOIRE ERWEITERN?

*»Wer sich die Zeit nimmt und den Aufwand betreibt, den Partner wirklich gut kennen zu lernen, der bekommt seinen Einsatz durch eine vielfach gesteigerte sexuelle Erfüllung mehrfach zurück.«*

EINIGE MÄNNER und Frauen sind nicht gerade »Sprinter«, wenn es um Sex geht, selbst wenn sie ihn durchaus als für ihr Leben wichtig und als Höhepunkt lustvoller körperlicher Hingabe betrachten.

Diese Menschen haben keine Schwierigkeiten erregt zu werden, wenn sie miteinander schlafen, sondern das Problem, dass sie emotional und mental nicht wirklich bei der Sache sind. Ein Quickie ist für diese Menschen keine Alternative, denn selbst, wenn sie einen Orgasmus dabei haben, fühlen sie sich danach oft unbefriedigt.

Wer fähig ist, das Liebesspiel zu erweitern, und bereit ist, das Begehren durch Körper und Geist auszudrücken, wird elementare sexuelle Erfahrungen machen, die ihn weit über das angestrebte Ziel hinaus bringen werden. Das bedeutet nicht, dass der Geschlechtsverkehr so lange wie möglich dauern soll, sondern dass das gesamte Liebesspiel umfangreicher gestaltet werden sollte.

Sexspiele – eigentlich das Miteinanderspielen im Bett – sind sehr empfehlenswert. Nicht nur, weil sie für beide Partner das Vorspiel zum Geschlechtsverkehr sind, sondern auch, weil sie eine gute Möglichkeit darstellen, den anderen besser kennen zu lernen. Sie fördern einen entspannteren Zugang zum Sex und helfen, gewisse Ängste bei der Umsetzung eigener Wünsche zu überwinden.

# FALLBEISPIEL *Julia*

*Julia hegte die Vermutung, dass in ihrer sexuellen Beziehung zu Robert irgendetwas nicht stimmte. Sie war sich sicher, dass Sex erfüllender sein könnte, aber sie wusste nicht, wie sie herausfinden konnte, was ihr genau fehlte, um wirklich sexuell befriedigt zu sein.*

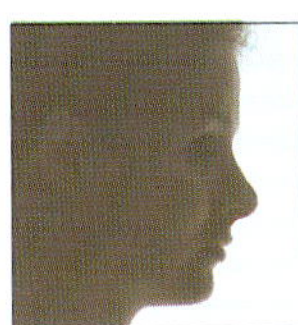

**Name:** JULIA

**Alter:** 34

**Familienstand:** LEDIG

**Beruf:** KOSMETIKERIN

*Julia war früher Fotomodell. Sie besaß immer noch die Fähigkeit, ihr Aussehen chamäleonartig zu verändern. Sie konnte sehr gut Freundschaften aufbauen; aber obwohl sie zufrieden mit ihrer Beziehung zu Robert war, war sie schüchtern und unerfahren, was ihr Sexualleben anging.*

*»Ich fühle mich mit Robert nie so, dass ich mich komplett gehenlassen könnte«, sagte sie. »Am Ende denke ich immer: Da muss es doch mehr geben! Ich verstehe nicht viel vom Sex und halte mich auch raus, wenn es darum geht, im Bett neue Dinge auszuprobieren. Mir fällt es schwer, überhaupt Vorschläge zu machen, obwohl Robert ganz offensichtlich Anregungen braucht, damit ihm Sex Spaß macht.«*

*»Ich glaube, ein Teil dieser Probleme beruht auf Kommunikationsschwierigkeiten. Ich hüte mich sogar davor Robert zu fragen, ob ihn unser Sex befriedigt, da ich Angst vor der Antwort habe. Wenn er sagt, dass es klasse für ihn ist, wird es mir unmöglich sein zu äußern, dass das bei mir nicht der Fall ist. Es würde für ihn den Sex kaputt machen und bedeuten, dass seine sexuelle Aufmerksamkeit nicht sehr weit geht. Wenn er antworten würde, dass Sex langweilig sei, wäre das seltsamerweise einfacher, obwohl ich das dann auf mich beziehen würde. So vermeide ich das Gespräch und versuche es mit mir selbst auszumachen.«*

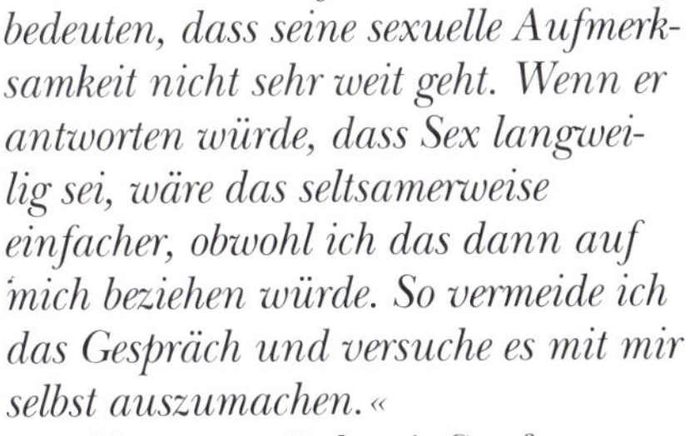

*»Aber was würde mir Spaß machen? Ich weiß es nicht genau! Ich denke, dass wir uns beim Liebesspiel mehr Zeit lassen sollten, stundenlang, tagelang. Einfallsreicher und experimentierfreudiger sein. Aber wie fängt man das an? Ich verstehe nicht viel von Sex und Robert letztlich auch nicht.«*

## THERAPEUTISCHER ANSATZ

Die beste Möglichkeit herauszufinden, was guten Geschlechtsverkehr ausmacht, besteht vielleicht darin, in die Vergangenheit zu dem Punkt zurückzugehen, an dem man zum ersten Mal »mit jemandem ging«. Die alte Vorstellung von Werbung und Flirt, von endlosen Gesprächen, die für Sexualität keinen Platz ließen, mag für einige eine frustrierende Erfahrung gewesen sein. Aber es bewirkte, dass man sich Zeit und Raum ließ, um sich an den Partner zu gewöhnen und seinen Charakter, seine Einstellungen, seine Flexibilität und Reaktionsweisen kennen zu lernen.

### UNSICHERHEIT

Heute verzichten wir auf diese allmähliche Annäherung und haben Sex miteinander, bevor wir unseren Partner wirklich kennen. Das Ergebnis sieht man in unserer Unsicherheit, nach den Dingen zu fragen, die wir uns wünschen, in der Unwissenheit, wie unser Partner auf gewisse sexuelle Wünsche reagieren wird, und im Verlust der Erfahrung, dass sich aus Spontaneität ein wunderbares Liebesspiel entwickeln kann. Genau darum geht es aber.

Ein Sex-Ratgeber kann nur beschreiben, wie Oralverkehr funktioniert, wie man sich gegenseitig mit der Hand befriedigen kann und wie man andere sexuelle Varianten ausführt. Wir benötigen aber eine innere Einstellung dazu, die die Dinge nicht zu kuriosen Versuchen herabstuft, sondern eine Grundhaltung ist, die uns einen natürlichen Zugang ermöglicht und das Liebesspiel mit Freude und emotionaler Bedeutung erfüllt.

### SEXSPIELE

Julias Wunsch, z.B. einen Tag im Bett zu verbringen, ist in diesem Kontext zu verstehen. Ich empfahl ihr, dies in die Tat umzusetzen. Es würde die Erfahrungen des »Miteinandergehens« nachholen und ihr zeigen, wo Möglichkeiten für Sexspiele lägen. Sexspiele sollten nicht mit dem Vorspiel verwechselt werden, weil sie nicht unbedingt auf den Geschlechtsverkehr oder den Orgasmus abzielen.

»Sexspiel« heißt, miteinander im Bett zu albern, zu toben, sich treiben zu lassen. Dieser eher kindliche Zugang ist eine lustvolle Art des Lernens und kann Paaren helfen, eine entspanntere Sinnlichkeit zu entwickeln.

### SEXUELLE UNERFAHRENHEIT

Julias Wahrnehmung, dass sexuelle Unerfahrenheit den Prozess des Kennenlernens erschwert, stimmt. Darum sollte sie sich auch näher mit diesem Thema beschäftigen und ihre Vorlieben erkunden.

# *Tipps für eine gemeinsame sexuelle* ENTDECKUNGSREISE

*Zu den sexuellen Mythen gehört der in Liebesromanen oft formulierte Aberglaube, dass wir alle sexuell identisch funktionieren. Viele Männer erwarten demzufolge von Frauen, dass ihre Brustwarzen sich bei der kleinsten Berührung verhärten und ihre Scheiden die Stöße des Penis herbeisehnen. Andererseits glauben viele Frauen, dass Männer aufgrund ihrer Muskeldecke nur wenig auf Körperberührung reagieren und die männliche Lust nur auf den Penis fixiert ist. Diese Vorstellungen sind falsch und wirklichkeitsfremd, wie unsere Entdeckungsreise zeigen wird.*

Das größte Sexualorgan ist wahrscheinlich unser Hirn. Einige bestreiten das und geben der Haut den Vorrang. Egal, welches Organ bei Ihnen auf Platz 1 steht: Beide besitzen ein großes erotisches Potenzial. Das Hirn ist Thema im Kapitel über die Fantasien (vgl. S. 134–143), aber wenn Sie hier schon wissen wollen, wie weit die erotische Empfänglichkeit des Körpers reicht, dann beteiligen Sie sich am Erstellen einer Körperkarte der Lust. Sie werden dabei die erogenen Zonen entdecken und diese mit Wertigkeiten besetzen, je nachdem, wie welche Stelle auf erotische Reize reagiert. Dabei werden auch der weibliche G-Punkt und die männliche Prostata erforscht.

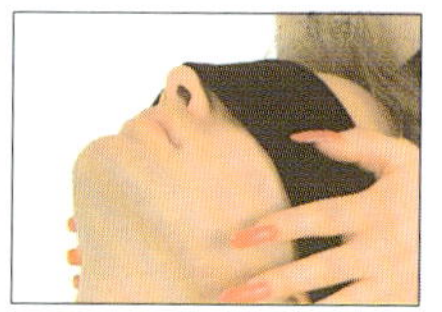

*Fantasien, s. S. 138*

## *Phase* 1 DIE KÖRPERKARTE

Bei dieser Übung sitzt ein Partner nackt auf einem bequemen Stuhl, während der andere zunächst davor steht und später kniet. Aufgabe ist es, eine Körperkarte zu erstellen, die für den ganzen Körper auflistet, an welchen Stellen er sexuell erregbar ist. Hinzu kommt, dass die untersuchte Person sagen muss, welche Noten der Lustempfindung sie bei welchem Reiz vergeben würde. Auf diese Art entsteht eine virtuelle Körperkarte der Lust, die die Höhen und Tiefen sinnlicher Empfindung mit aufführt. Für eine nähere Untersuchung der Intimbereiche sollten sie aber die »sexologische Untersuchung« durchführen.

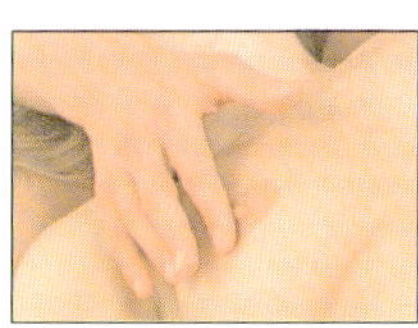

*Sexolog. Untersuchung, s. S. 82*

Wer die Karte zeichnet, streichelt bestimmte Stellen der Haut des Partners. Diese Stellen sollten nicht größer als fünf Quadratzentimeter sein und nur kurz mit einem Finger berührt werden. (vgl. Tabelle auf S. 91).

**PUNKTEWERTUNG** Nach jeder Streicheleinheit bewertet der Untersuchte die empfundene Erotik auf einer Skala von z. B. 1 bis 6. Wenn Berührungen am Unterarm schön, aber nichts Besonderes sind, könnte eine 3 vergeben werden. Wenn eine Berührung am Ellbogen ziemlich belanglos ist, kann dies mit einer 5 bewertet werden, während ein Streicheln auf dem Handrücken überraschend gut ausfällt und die Note 2 erhält. Erregt einen eine Berührung besonders, etwa die der Brustwarze, kann das eine 1 geben. Natürlich können Sie bei besonders tollen Sachen die hier vorgeschlagene Punkteskala verlassen und für außergewöhnlich lustvolle Empfindungen etwa die Note 1+++ vergeben.

## *Phase* 2 DEN G-PUNKT ERREGEN

Der nach dem deutschen Gynäkologen Gräfenberg benannte G-Punkt ist ein kleiner Bereich innerhalb der Scheide. Er befindet sich im vorderen, oberen Teil der Scheidenwand und kann, wenn er richtig stimuliert wird, sogar einen Orgasmus hervorrufen. Gräfenberg glaubte, dass die Sensibilität des G-Punkts mit der Harnröhre zusammenhängt, die an dieser Stelle nah an der Scheidenwand vorbeiläuft. Die amerikanischen Forscher Perry und Whipple siedelten den Punkt weiter oben in der Vagina an, während der israelische Sexologe Hoch der Ansicht ist, dass die gesamte obere Scheideninnenwand aufgrund vieler Nervenendungen besonders erregbar ist.

Wenn Sie den G-Punkt suchen, gehen Sie am besten davon aus, dass er irgendwo zwischen Harnröhrenausgang und Scheidenboden liegt. Forschungen legen die Vermutung nahe, dass nicht alle Frauen einen G-Punkt besitzen.

**DIE KÖRPERKARTE** Das Erstellen der Körperkarte dient dazu, mit Freude für sich und den Partner die erogenen Zonen des anderen zu entdecken. Starten Sie am Kopf und arbeiten Sie sich dann bis zu den Zehen hinunter.

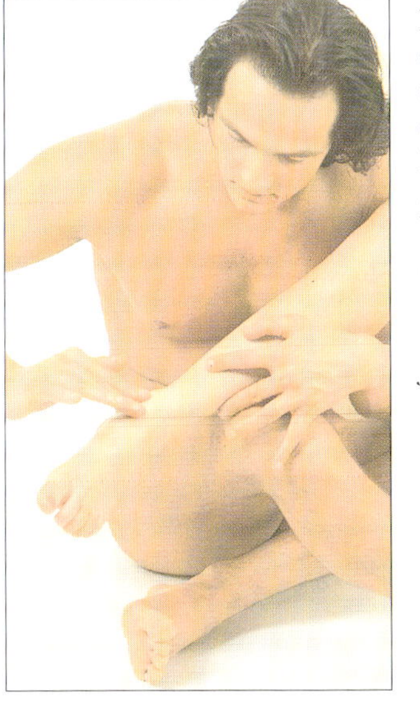

**EROGENE ZONEN** Zu den erogenen Zonen gehören die Lippen und Augenlider, die Ohren, die Schultern, Brust und Brustwarzen und natürlich die Genitalien. Viele Menschen zählen auch ihre Fußsohlen dazu.

## DIE KÖRPERKARTE

Wenn Sie die Körperkarte erstellen, berühren Sie den Körper Ihres Partners überall, damit Sie herausfinden, wo er sexuell erregbar ist und wo nicht. Diese Körperstellen gehören auf jeden Fall zum Untersuchungsbereich:

- Der Kopf, inklusive Kopfhaut und Ohren
- Der Nacken
- Das Gesicht, inklusive Lippen, Nase und Augenlider
- Die Schultern
- Die Brust und die Brustwarzen
- Die Arme, besonders die Innenseiten am Ellbogen
- Die Hände und die Finger, die Füße und die Zehen

Bei der Erstellung der Körperkarte passiert es oft, dass ein Paar an sich überraschenderweise Stellen bemerkt, die eine intensive erotische Empfindung auslösen, die ihnen an dieser Stelle bisher unbekannt war.

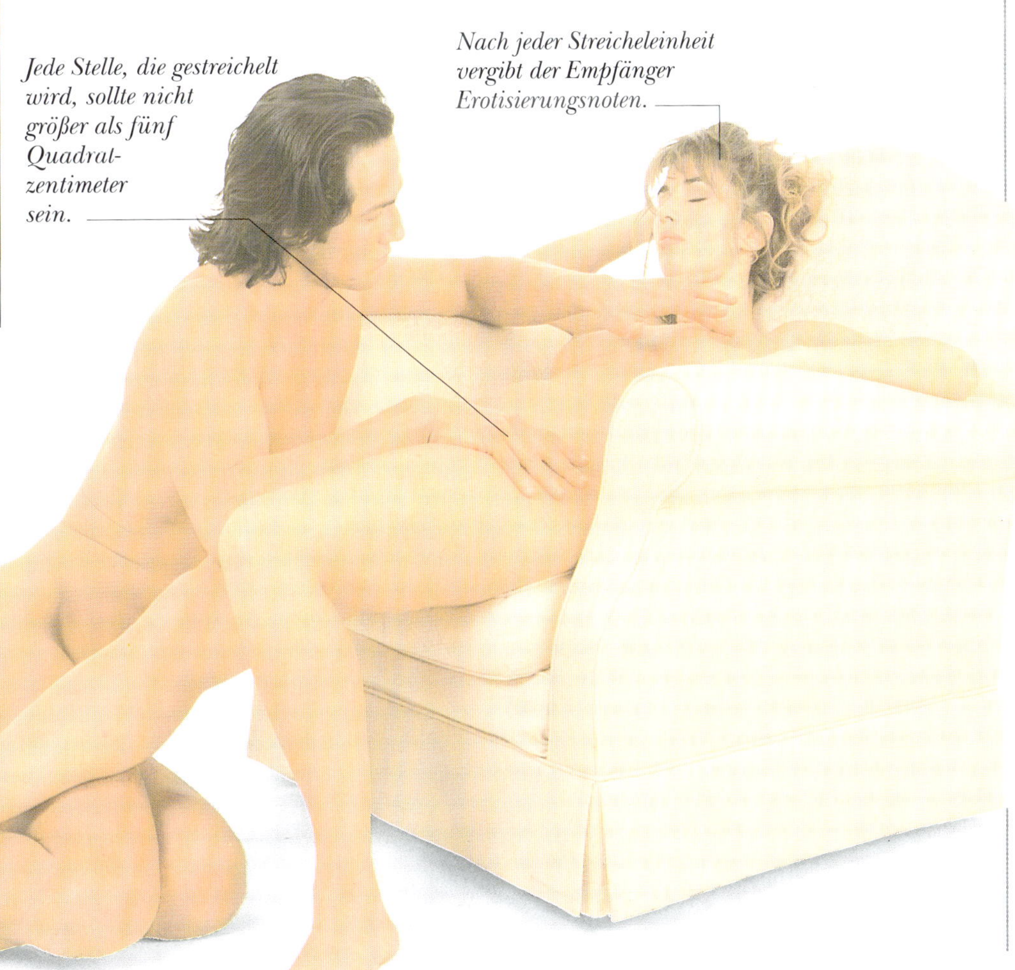

*Jede Stelle, die gestreichelt wird, sollte nicht größer als fünf Quadratzentimeter sein.*

*Nach jeder Streicheleinheit vergibt der Empfänger Erotisierungsnoten.*

**PUNKTEWERTUNG** Wer gestreichelt wird, sollte nach jeder Einheit den Grad der Erotik auf einer Punkteskala von 1 bis 6 bewerten. Die Erstellung der Körperkarte vertieft nicht nur Ihre Kenntnisse von den erogenen Zonen Ihres Partners, sondern auch von Ihren eigenen.

**EJAKULATION** Am G-Punkt kann eine Frau extreme sexuelle Lust empfinden, die einen Orgasmus bewirkt. Einige Frauen berichten sogar von einer Reaktion, die einer Ejakulation ähnelt. Frauen, die bei Perrys und Whipples Labortests mitgemacht hatten, gaben beim Orgasmus nachweislich eine Art Sprühregen aus der Harnröhre ab. Woraus dieses Ejakulat besteht, darüber streiten sich die Forscher. Einige behaupten, es sei Urin, andere (dazu zählen auch Perry und Whipple) sind überzeugt, dass es sich um eine Flüssigkeit handelt, die der männlichen Samenflüssigkeit (allerdings ohne das Sperma) ähnelt.

Wissenschaftler wie Daniel Goldberg, der die Flüssigkeit analysiert hat, bestreiten diese These. Ohnehin reagieren nicht alle Frauen, deren G-Punkt stimulierbar ist, mit einer Ejakulation. Andere Frauen berichten, dass bei Ihnen einer von fünf G-Punkt-Orgasmen mit einer Ejakulation verbunden ist.

**STIMULATION DES G-PUNKTS** Um Ihren G-Punkt zu finden, müssen Sie Ihren Zeigefinger in Ihre Scheide einführen und die Spitze des Zeigefingers an die obere Scheidenwand legen, etwa zwei Drittel der Entfernung vom Scheideneingang bis zur Gebärmutter. Wenn Sie einen G-Punkt haben, werden Sie eine Art Muskelkreuzung ausmachen, eine Anhäufung dünner Muskeln, die einen leichten Widerstand bei sanftem Zeigefingerdruck ausüben.

Legen Sie vorsichtig die Fingerspitze auf diese Stelle. Ist der Druck zu niedrig, spüren Sie nichts, ist er zu hoch, tut es weh. Erhöhen Sie langsam den Druck, bis Sie Lust spüren. Vielleicht bekommen Sie einen Höhepunkt, nur weil Sie auf diese Stelle drücken. Vielleicht aber nutzen sie die entstehende Lust als zusätzliche sexuelle Stimulation.

Den eigenen G-Punkt zu stimulieren ist dann schwierig, wenn Ihre Finger nicht lang genug sind, um diese Stelle zu erreichen. Deshalb ist es vielleicht einfacher und angenehmer, wenn Ihr Partner die Stimulation in die Hand nimmt, da Männer meistens längere Finger haben als Frauen.

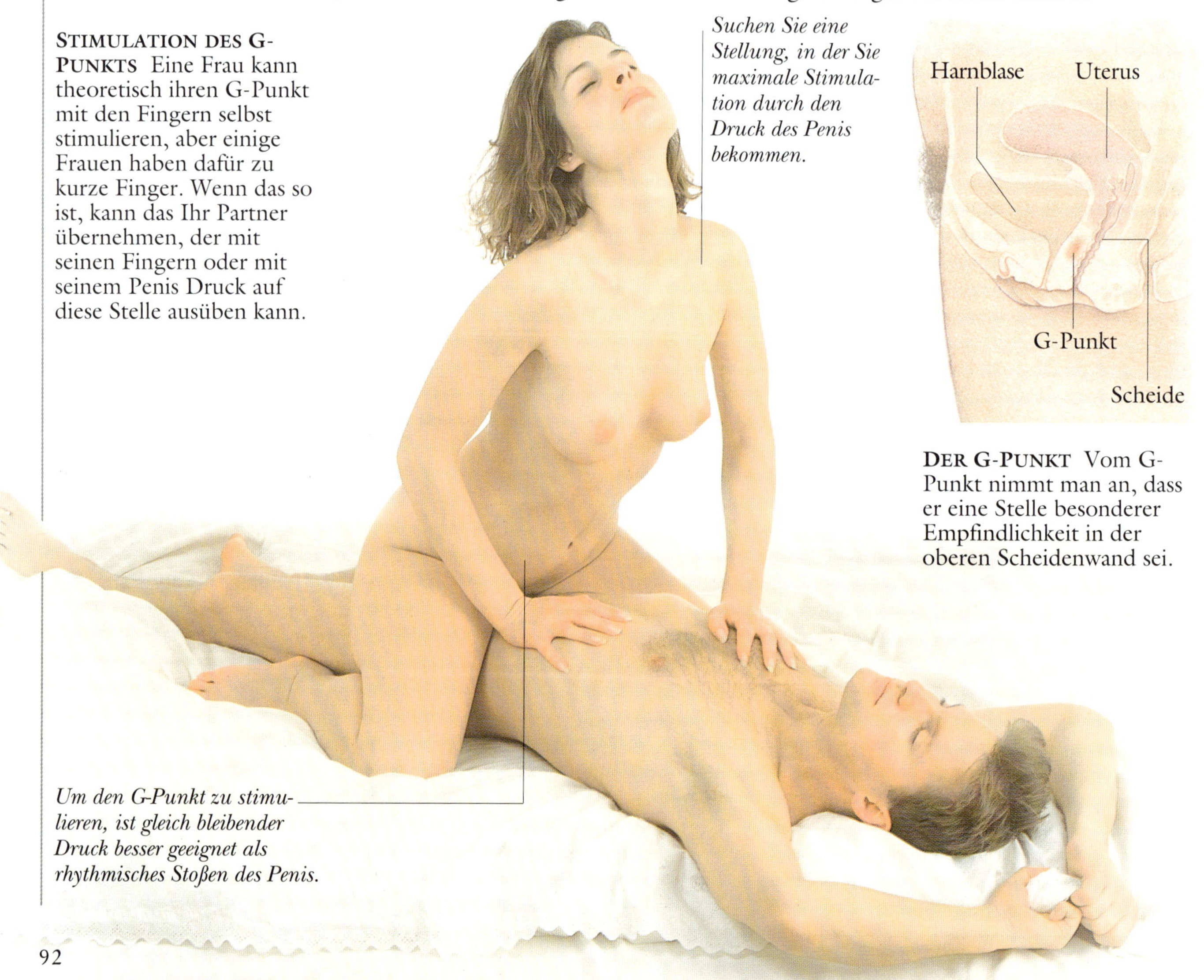


**STIMULATION DES G-PUNKTS** Eine Frau kann theoretisch ihren G-Punkt mit den Fingern selbst stimulieren, aber einige Frauen haben dafür zu kurze Finger. Wenn das so ist, kann das Ihr Partner übernehmen, der mit seinen Fingern oder mit seinem Penis Druck auf diese Stelle ausüben kann.

*Suchen Sie eine Stellung, in der Sie maximale Stimulation durch den Druck des Penis bekommen.*

*Um den G-Punkt zu stimulieren, ist gleich bleibender Druck besser geeignet als rhythmisches Stoßen des Penis.*

**DER G-PUNKT** Vom G-Punkt nimmt man an, dass er eine Stelle besonderer Empfindlichkeit in der oberen Scheidenwand sei.

**STIMULATION DER PARTNER** Um den G-Punkt Ihrer Partnerin zu stimulieren, führen Sie sanft Ihren Zeigefinger in die Scheide ein und suchen Sie nach der schon beschriebenen Stelle in der oberen Scheidenwand. Beginnen Sie zärtlich mit dem Finger zu drücken und fragen Sie, wie sie sich fühlt. Seien Sie vorsichtig, dass Sie nicht zu starken Druck ausüben und ihr weh tun.

Sie können den G-Punkt beim Geschlechtsverkehr auch mit Ihrem Penis stimulieren. Da der G-Punkt aber eigentlich eine intensive, auf eine Stelle begrenzte Stimulation braucht, sind die Stöße mit dem Penis normalerweise nicht der vorteilhafteste Weg. Andauernder Druck mit dem Finger ist eben weit aussichtsreicher.

Beginnen Sie mit der Missionarsstellung und knien Sie sich nach der Penetration hin. Führen Sie die Hände unter ihren Po und heben Sie dann die Hüften Ihrer Partnerin hoch. Wenn Sie sich zurücklehnen, stößt nun Ihr Penis gut gegen die obere Scheidenwand und den G-Punkt. Wenn Sie sich nicht bewegen, können Sie mit ein wenig Geschick Ihrer Partnerin allein dadurch einen Orgasmus bereiten.

## *Phase* STIMULATION DER PROSTATA

Das männliche Gegenstück zum G-Punkt ist die Prostatadrüse. Sie umgibt die Harnröhre am Blasenausgang und bringt bei Stimulation starke Lustgefühle hervor. Eine der Aufgaben der Prostata besteht in der Herstellung der Samenflüssigkeit. Wird die Prostata vor oder während des Geschlechtsverkehrs stimuliert, kann dies den Orgasmus intensivieren.

Ein Mann kann seine Prostata finden und stimulieren, indem er seinen gut eingefetteten Daumen in den Anus einführt und dort in Richtung Penis und Hoden drückt. Dabei fühlt man die Prostata als ein festes, etwa walnussgroßes Gewebe, das bei Berührung hocherregende Gefühle hervorrufen kann. Vielleicht empfinden Sie es als schwierig, Ihre Prostatadrüse zu erreichen, so dass es einfacher für Ihre Partnerin wäre, wenn sie mit einem eingefetteten Finger die sensible Drüse stimuliert.

**STIMULATION DES PARTNERS** Die Prostata zu stimulieren ist nicht so »schmutzig«, wie manche meinen, da der Darm an dieser Stelle meist leer ist. Trotzdem sollten Sie Ihre Hände nachher gut waschen und damit nicht die Scheide berühren. Anderenfalls könnten Sie nämlich Darmbakterien auf die Vagina übertragen.

## *Phase* DEN TAG GEMEINSAM IM BETT VERBRINGEN

Die Erweiterung des Wissens über die sexuellen Reaktionsweisen des anderen geht immer auch einher mit der Entdeckung, wie einzigartig der Körper des anderen ist. Den Tag gemeinsam im Bett zu verbringen ist eine gute Art, dieses Wissen zu erweitern. Man erkundet den Körper des Partners, experimentiert mit verschiedenen Formen der Liebkosung, kuschelt und hat einfach nur viel Freude am anderen.

Dabei wird der Mann auch Gelegenheit finden, z. B. nach ihrem G-Punkt zu suchen und ihn so zu stimulieren, dass sie zum Orgasmus kommt. Oder die Frau versucht herauszufinden, wie sie seine Prostata stimulieren und wie das seine Erregung steigern kann.

Beherzigen Sie den folgenden Sechs-Punkte-Plan.

### SECHS-PUNKTE-PLAN FÜR DIE SEXUELLE ENDECKUNGSREISE

1 Legen Sie sich Seite an Seite ins Bett und streicheln Sie sich gegenseitig mindestens fünfzehn Minuten, ohne die Geschlechtsorgane zu berühren.

2 Massieren Sie sich abwechselnd (vgl. S. 60).

3 Stimulieren Sie die erogenen Zonen Ihres Partners z. B. durch Küsse und leichte Bisse ins Ohr, durch Saugen an den Zehen, durch eine Fußmassage, durch die Stimulation der Brustwarzen oder durch sanfte Massage des Anuseingangs. Er widmet der Suche und der Erregung ihres G-Punkts besondere Aufmerksamkeit; sie leckt und reibt seinen Penis und massiert seine Prostatadrüse.

4 Stimulieren Sie seinen Penis mit Ihrem Körper: Lassen Sie seinen Penis in den Zwischenraum zwischen Achselhöhle und Arm stoßen, zwischen Ihre Brüste (wenn Sie groß genug sind, seinen Penis zu umschließen) oder zwischen Ihre Oberschenkel.

5 Stimulieren Sie ihre Scheide mit Ihrem Körper: Reiben Sie die Scheide mit Ihren Oberschenkeln, Ihrem Ellbogen, Ihrem Penis (allerdings ohne in sie einzudringen) oder sogar mit Ihrer Nase.

6 Schlafen Sie miteinander, aber vermeiden Sie Stellungen, bei denen Sie normalerweise schnell zum Orgasmus kommen. Versuchen Sie stattdessen andere Positionen einzunehmen, z. B. die Scheren- oder Löffelstellung, mit ihren Beinen über seinen Schultern, indem sie rittlings, aber umgedreht auf ihm sitzt.

# SPÄTER LOHN

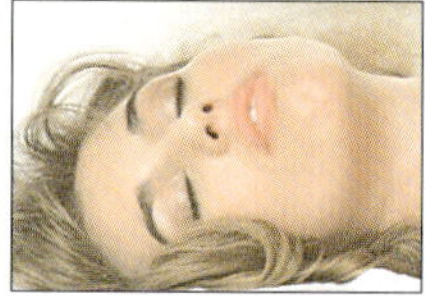

*Da sexuelle Reaktionen eine Sache der Gewöhnung sind, sind ungewöhnliche Stellungen meist auch solche, die wir nicht besonders erregend finden. Die damit verbundene Herauszögerung des Orgasmus kann aber von Vorteil sein, wenn man das Liebesspiel verlängern möchte, besonders, wenn die Ejakulation leicht zu früh geschieht. Die hier gezeigten Stellungen können relativ einfach eingenommen werden und helfen, den Höhepunkt hinauszuzögern. Es sind auch Stellungen darunter, bei denen der G-Punkt besonders stimuliert wird – ein wichtiger Effekt für die Befriedigung mancher Frauen.*

**SCHERENSTELLUNG** Diese Stellung hat ihren Namen von der scherenartigen Position erhalten, die – von oben betrachtet – Kopf und Schultern des Mannes an der Seite seiner Partnerin bilden. In der hier dargestellten Variante liegt sein linkes Bein zwischen ihren Beinen, sein rechtes außen an ihrem linken Bein; er kniet fast, während sie ihr rechtes Bein aufgestellt hat. Die Stellung klappt auch, wenn beide ihre Beine längs nebeneinander legen.

*Sie können sich nach unten beugen und ihren Nacken küssen.*

*Streicheln Sie verführerisch seinen Rücken, einmal ganz sanft, ein anders Mal mit Kraft.*

*Benützen Sie die Schenkel, um mit dem ausgeübten Druck die Gefühle zu verändern.*

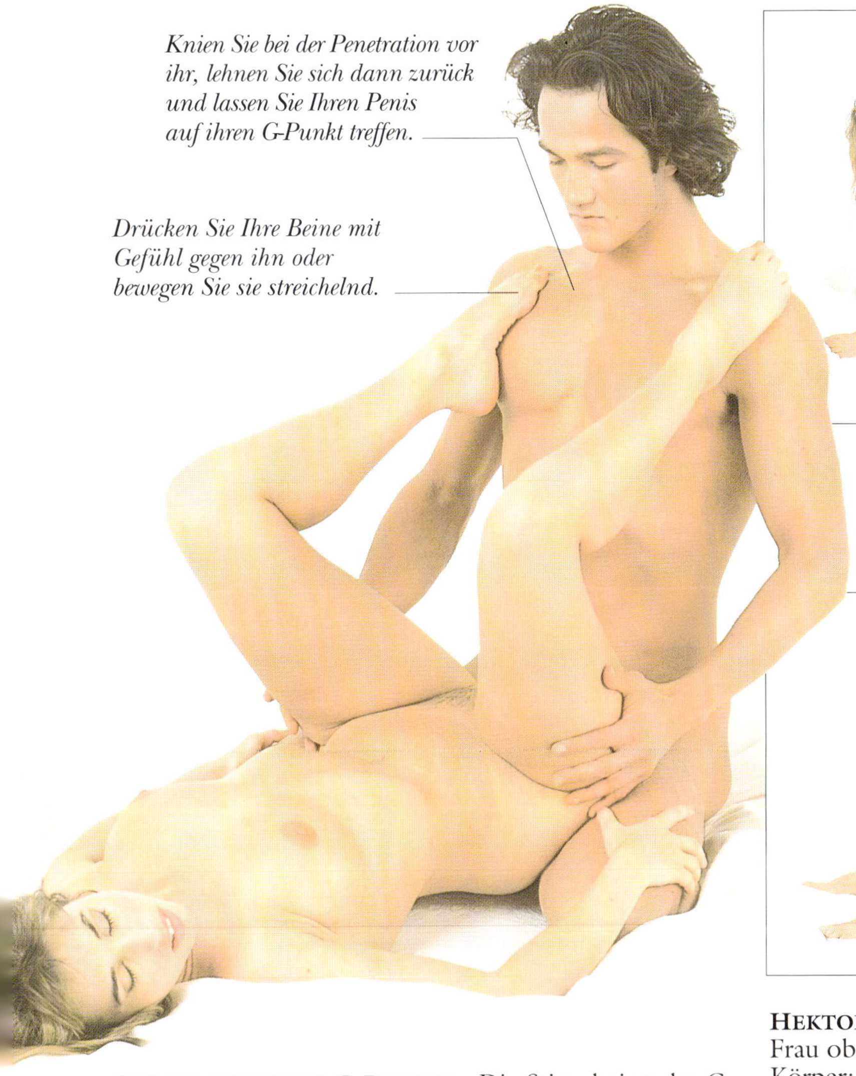

*Knien Sie bei der Penetration vor ihr, lehnen Sie sich dann zurück und lassen Sie Ihren Penis auf ihren G-Punkt treffen.*

*Drücken Sie Ihre Beine mit Gefühl gegen ihn oder bewegen Sie sie streichelnd.*

**STIMULATION DES G-PUNKTS** Die Stimulation des G-Punkts erfordert einen relativ intensiven und auf eine Stelle begrenzten Druck, den der Penis nur schwer bewerkstelligen kann. Aber in dieser Position kann der Mann durch sein Zurücklehnen erreichen, dass sein Penis fest gegen die obere Scheidenwand drückt, wo sich der G-Punkt befindet. Ohne sich zu bewegen kann die Frau dabei sogar durch einfachen Gegendruck zum Orgasmus kommen.

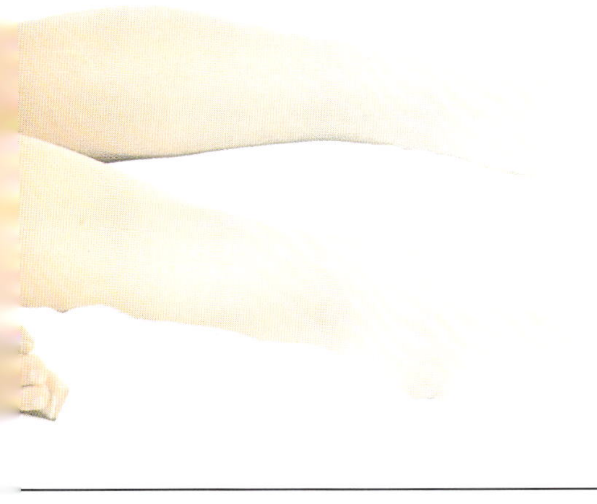

**DIE KUTSCHE DER LÖWIN** Bei dieser Stellung sitzt die Frau zurückgelehnt über seinem Penis, ihre Beine zeigen zu seinen Schultern und sind vielleicht sogar über sie gelegt.

**HEKTORS PFERD** Eine weitere Stellung, bei der die Frau oben ist. Ihre Knie liegen dabei neben seinem Körper; sie lehnt sich an seine angewinkelten Beine. Eine Stellung, bei der er tief in sie eindringen kann.

**VORNE-HINTEN** Auch hier ist die Frau oben. Er liegt auf dem Rücken, seine Knie angewinkelt. Sie sitzt mit gespreizten Beinen über seinem Penis, schaut zu seinen Füßen und lehnt sich nach vorne über seine Knie. Nachteil hierbei: Gegenseitige Masturbation ist schwierig.

# GEGENSEITIGE MANUELLE BEFRIEDIGUNG

*Geschlechtsverkehr ist nicht die einzige Möglichkeit, um Lust und Befriedigung zu erleben. Zärtliche gegenseitige Masturbation kann ebenso dazu beitragen. In den Zeiten, als es noch keine Verhütungsmittel wie die Pille gab, war Petting bis zum Orgasmus eine sichere Möglichkeit, erfüllten Sex ohne Geschlechtsverkehr zu haben. Ein Großteil der sexuellen Stimulation erfolgte durch Einsatz der Hände. Man brauchte eine Weile, bis man die Vorlieben des Partners kannte. Aber gleichzeitig wuchsen Vertrauen und Sensibilität.*

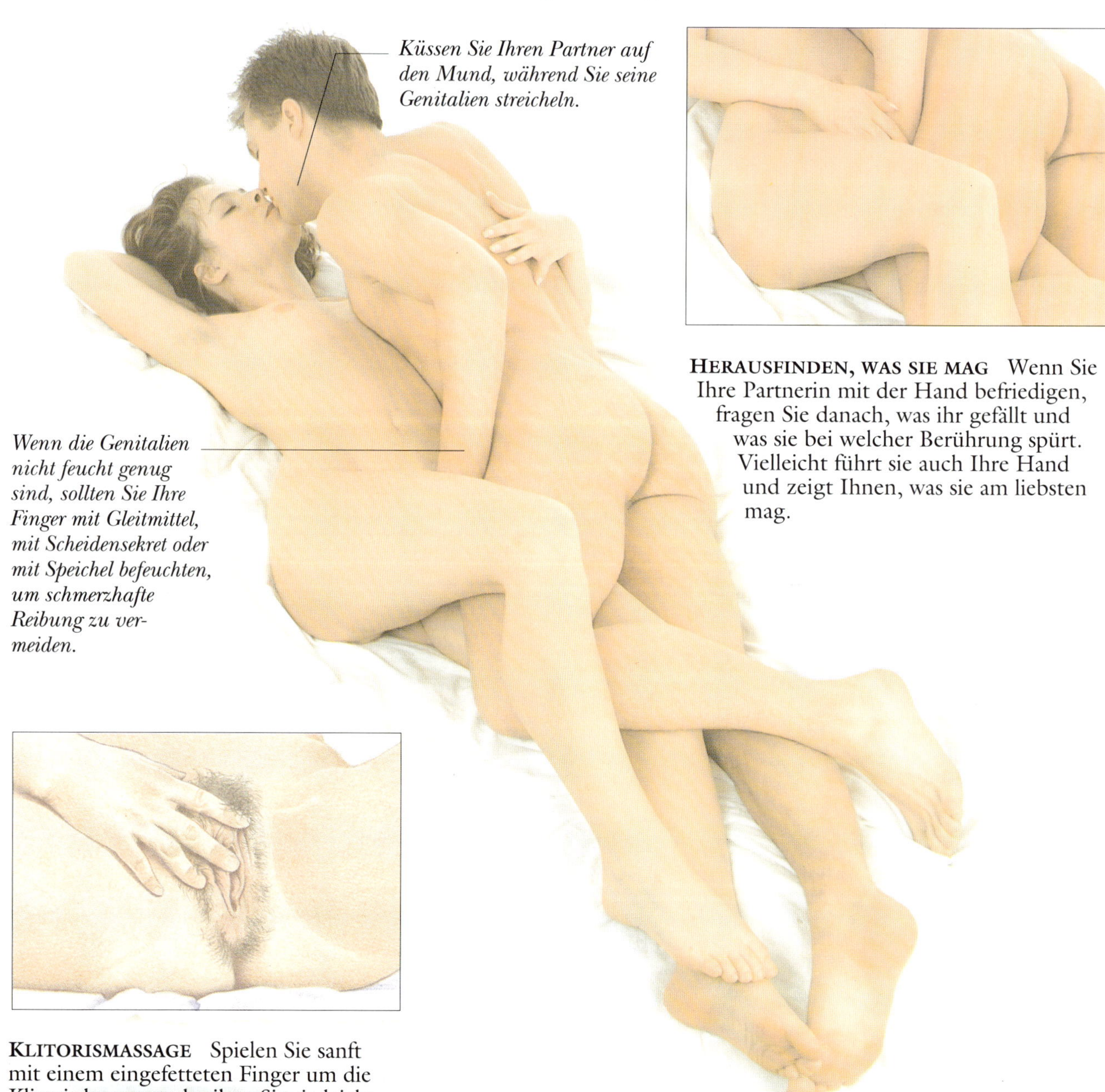

*Küssen Sie Ihren Partner auf den Mund, während Sie seine Genitalien streicheln.*

*Wenn die Genitalien nicht feucht genug sind, sollten Sie Ihre Finger mit Gleitmittel, mit Scheidensekret oder mit Speichel befeuchten, um schmerzhafte Reibung zu vermeiden.*

**HERAUSFINDEN, WAS SIE MAG** Wenn Sie Ihre Partnerin mit der Hand befriedigen, fragen Sie danach, was ihr gefällt und was sie bei welcher Berührung spürt. Vielleicht führt sie auch Ihre Hand und zeigt Ihnen, was sie am liebsten mag.

**KLITORISMASSAGE** Spielen Sie sanft mit einem eingefetteten Finger um die Klitoris herum und reiben Sie sie leicht an ihrem oberen Ende.

*Um zu vermeiden, dass Sie ihm dabei weh tun, sollten Sie Ihre Hand mit Gleitmittel einreiben; auch Speichel ist geeignet.*

*Wenn Sie ihn mit der Hand befriedigen, sollten Sie in einer für Sie angenehmen Stellung sitzen bzw. liegen.*

*Ermöglichen Sie Ihrer Partnerin einen ungehinderten Zugang zu Ihrem Penis.*

**GRUNDLAGEN DER MASTURBATION** Nehmen Sie seinen Penis am unteren Ende des Schafts in die Hand und gleiten Sie mit der Hand nach oben bis über den Ring der Eichel und dann wieder zurück. Wiederholen Sie dies öfter und erhöhen Sie dabei langsam den Druck auf seinen Penis. Der Ring unterhalb der Eichel ist der sensibelste Teil des Penis – er sollte darum bei jeder Bewegung stimuliert werden.

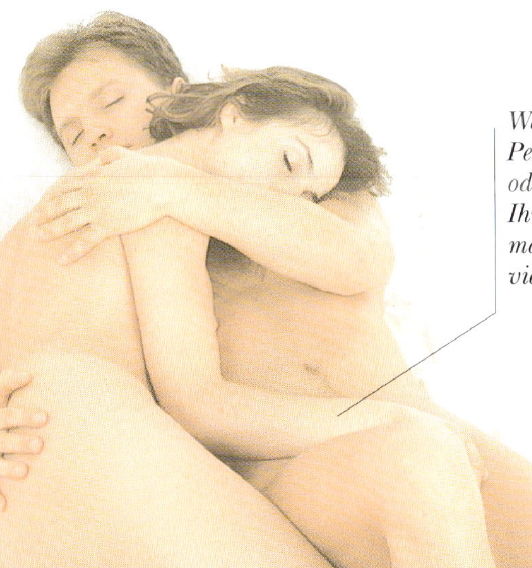

*Wenn Sie Angst haben, den Penis zu stark zu drücken oder zu reiben, fragen Sie Ihren Partner, ob Sie es richtig machen. Ein Penis verträgt viel mehr, als Sie glauben …*

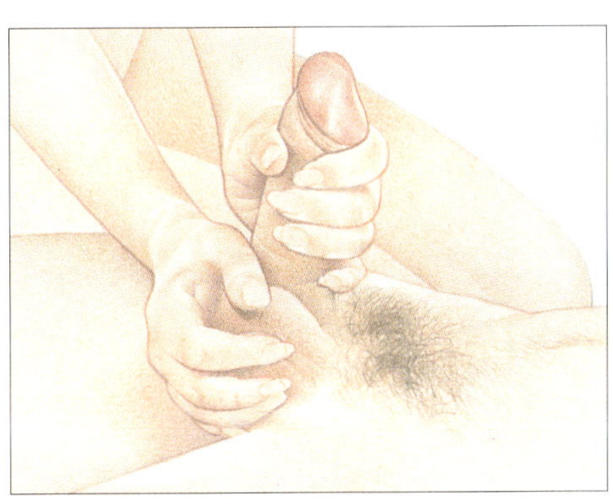

**STIMULATION DER HODEN** Während Sie mit einer Hand die Bewegungen an seinem Penis ausführen, streicheln Sie mit der anderen Hand Hoden und Damm (das Perineum).

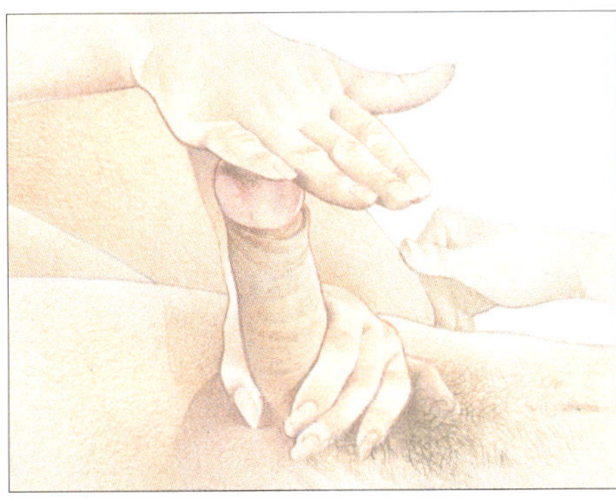

**KREISEN** Während die eine Hand den Penis reibt, können Sie mit der anderen Hand in kreisenden Bewegungen über die Eichel fahren.

# KAPITEL 9

# WIE ERREICHT MAN DEN GIPFEL SEXUELLER EKSTASE?

*»Wie bei den meisten Aktivitäten wird auch beim Geschlechtsverkehr die Lust gesteigert, wenn eine gute Portion Neuartigkeit und ein gewisses Risiko mit im Spiel sind.«*

JE ÄLTER MAN WIRD und je mehr sexuelle Erfahrungen man möglicherweise mit verschiedenen Partnern macht, desto tieferen Einblick gewinnt man in die eigenen sexuellen Eigenheiten und Möglichkeiten. Es ist aber schwer, gleichzeitig eine liebevolle und feste Beziehung zu führen und dabei andauernd die Wonnen des Sex zu genießen, da meist (nicht immer) die Gipfel der Verzückung nur dann erreicht werden, wenn Unsicherheit und Ängstlichkeit mit im Spiel sind.

Viele Paare haben, obwohl ihre sexuelle Beziehung an sich gut funktioniert, das Gefühl, dass irgendetwas schwer Bestimmbares fehlt oder verloren gegangen ist, das ihrer Partnerschaft und ihrer Sexualität gut tun würde.

Indem sie herauszufinden versuchen, was diese besondere »Zutat« sein könnte, geben sie ihrem Sexleben oft neuen Schwung. Es gibt viele Möglichkeiten, wie ein Paar das bewerkstelligen kann; es schließt meist den Versuch ein, etwas Neues beim Sex auszuprobieren und Wege zu beschreiten, die die sexuelle Spannung zwischen den Partnern erhöht.

Was aber bei dem einen Paar funktioniert, muss bei dem anderen nicht klappen. Fantasie und Experimentierfreude sind gefragt, wenn ein Paar wieder dahin kommen will, dass es zwischen den Partnern so richtig funkt.

# FALLBEISPIEL *Gaby*

*Gaby hatte viele sexuelle Erfahrungen gemacht, weil sie früh begonnen hatte, mit Männern zu schlafen. Sie kannte die ekstatischen Freuden, die Sex spenden konnte, wenn die Umstände es zuließen, aber sie wusste nicht, wie sie diese in ihrer Beziehung zu ihrem Verlobten Richard herstellen konnte.*

***Name:*** GABY
***Alter:*** 24
***Familienstand:*** VERLOBT
***Beruf:*** MODEEINKÄUFERIN

*Gaby war eine kleine, energische, etwas mollige Frau mit lockigem Haar. Sie hatte sich gerade im Alter von 21 Jahren mit Richard verlobt. Sie besaß ein eigenes Apartment und arbeitete seit vier Jahren in der Modebranche.*

*»Meine Eltern führen eine Ehe, die ich als ideal empfinde«, sagte sie. »Ich möchte meine Ehe auch so leben. Ich war frühreif und mein Sexleben begann mit 13 Jahren. Bis zu meinem 16. Lebensjahr hatte ich zahlreiche Freunde, aber dann habe ich sehr plötzlich damit aufgehört. Heute denke ich, dass ich damals anfing echte Nähe zu suchen, die ich durch Sex allein nicht herstellen konnte. Für zwei Jahre habe ich dann überhaupt keinen Freund gehabt.«*

*»Dann traf ich diesen Mann. Nach zwei Jahren der Enthaltsamkeit habe ich mich ihm wohl förmlich an den Hals geworfen. Ich war total verliebt, aber er machte sich nichts aus mir, und ich bin schier verzweifelt. Richard hat mich wieder aufgebaut. Er war sehr nett und geduldig mit mir, und ich werde ihm dafür ewig dankbar sein. Er hat mein Selbstvertrauen wieder hergestellt. Wir sind nun seit drei Jahren zusammen und möchten bald heiraten. Meine einzige Sorge ist, wie wir unseren Sex, der eigentlich ganz gut ist, wirklich wundervoll machen können. Das einzige Mal, wo ich den Eindruck hatte, dass ich förmlich explodiere, war mit diesem Kerl, der sich überhaupt nicht für mich interessierte. Verückt war nur, dass mit ihm der Sex eigentlich ganz schrecklich war. Ich möchte gerne in meiner Ehe die Lust an gutem Sex um noch etwas Schöneres erweitern. Wie kann ich das schaffen?«*

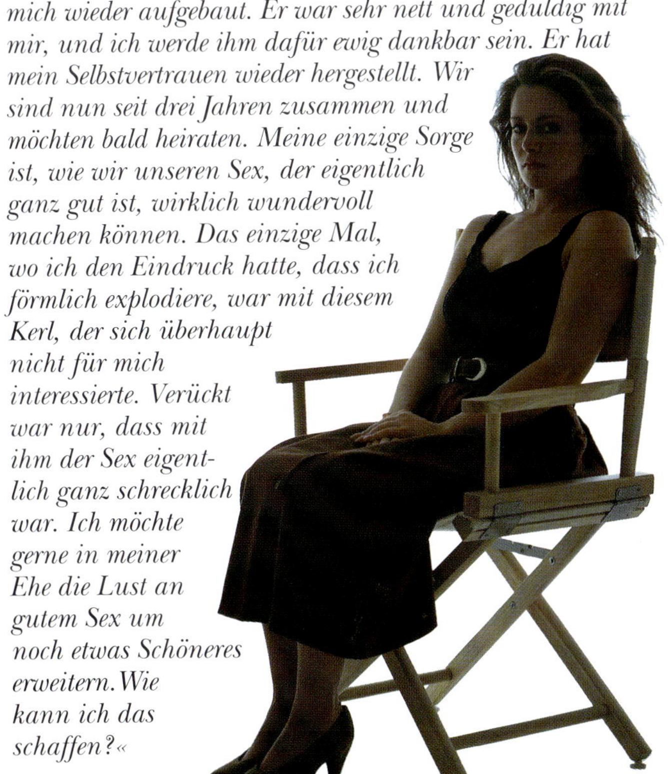

## THERAPEUTISCHER ANSATZ

Zweifellos gibt es besondere Umstände, die die Qualität einer sexuellen Begegnung beeinflussen. Wenn ein kleines Risiko und eine gewisse Beunruhigung vorhanden sind, überschreitet Sex leicht eine gewisse Schwelle und eröffnet zusätzliche Lustquellen. Wenn wir mit großem Verlangen und vielleicht nach einer Zeit der »Dürre« eine Beziehung beginnen, sind unsere Sinne leicht ansprechbar und unser Adrenalinspiegel steigt signifikant. Auch nach einem Streit ist unser Adrenalinspiegel deutlich erhöht. In einer neuen Partnerschaft kann der durch die Neuartigkeit gesteigerte Erregungspegel zu echter sexueller Ekstase führen.

Sicherheit und Vertrautheit bedingen eine andere Form sexuellen Erlebens, das deswegen – und das möchte ich betonen – nicht schlechter ist. Aber um den Gipfel der Lust zu erreichen, benötigt man oft eine außergewöhnliche Situation und andersartige Begleitumstände.

### DER REIZ DES NEUEN

In Gabys Fall sollte man festhalten, dass sie besondere Lust verspürte, nachdem sie zwei Jahre keinen Freund mehr hatte, eine neue Beziehung gerade begann und der neue Freund sich so verhielt, dass ihr Begehren (für diesen tatsächlich charismatischen Mann) sich mit großer Unsicherheit vermischte. Keiner dieser Faktoren spielte bei Richard eine besondere Rolle (und das war letztlich gut so).

### DIE UMGEBUNG VERÄNDERN

Ich versicherte Gaby, dass sich durch die Veränderung von Rahmenbedingungen und Begleitumständen auch das persönliche Empfinden verändern ließe. Gaby erkannte, dass die Neuartigkeit der Situation, eine Portion Verunsicherung und sexuelle Abstinenz genau die Dinge waren, die sie brauchte, um emotionale Kontrolle zu verlieren und dadurch spontane sexuelle Erfüllung zu gewinnen. Fraglich war, wie sie das mit ihrem Verlobten auch dauerhaft leben konnte. Es ist schwer, sich absichtlich unsicher zu fühlen – und nicht unbedingt besonders sinnlich.

### DIE SEXUELLE SPANNUNG ERHÖHEN

Es gibt auch andere Möglichkeiten die sexuelle Spannung zu erhöhen, etwa indem man sich fünfzehn Minuten lang stürmisch küsst. Oder man vertraut dem Partner einen speziellen sexuellen Wunsch an, in der Hoffnung, dass er darauf reagiert. Oder man küsst und beißt in bestimmte Körperteile: die Ohren, den Nacken, die Schultern. Oder man stimuliert die oft auch beim Mann besonders sensiblen Brustwarzen oder das Perineum, dem Damm zwischen Hoden (bzw. Vagina) und Anus.

# *Tipps zur* ÜBERWINDUNG SEXUELLER SCHRANKEN

*Einer der Gründe, warum das Sexualleben vieler Paare langweilig und fade geworden ist, liegt darin, dass ein oder beide Partner sich nicht trauen, dem anderen sexuelle Experimente vorzuschlagen. Wenn Sie oder Ihr Partner z. B. die Missionarsstellung oder die Reiterstellung »mit der Frau oben« als die »natürliche Ordnung der Dinge« begreifen, dagegen aber Oralverkehr, die Stimulation des Anus oder Masturbation während des Geschlechtsverkehrs irgendwie »seltsam« finden, dann kann es wirklich schwer für Sie sein, genau um diese Sachen zu bitten. Anstatt die Dinge zu sehr zu beschleunigen und dem Partner mit neuen Vorschlägen zu bedrängen, sollten Sie die bestehenden sexuellen Muster bedächtig in die Richtung steuern, die Ihnen entgegenkommt.*

## *Phase* 1 LUST DURCH ORALVERKEHR

Wie bei jeder neuen Aktivität, die man ausprobieren möchte, ist auch bei Sexualpraktiken ein langsames und stufenweises Vorgehen richtig. Wenn Sie Lust verspüren, Ihren Liebhaber mit oralem Sex zu verwöhnen, aber nicht sicher sind, ob er das auch mag, erfahren Sie hier ein paar Tipps, wie Sie das herausfinden können.

**ZUNGENFREUDEN** Stellen Sie sicher, dass Ihre beiden Körper sauber sind, bevor Sie Ihren Partner überall küssen und mit der Zunge über seinen Körper fahren. Beginnen Sie mit Mund und Gesicht und arbeiten Sie sich über Nacken und Brustraum nach unten. Vergessen Sie die Armbeuge nicht und lassen Sie sich jeden Zentimeter seiner Haut »schmecken«. Leichtes Beißen fühlt sich an manchen Stellen sehr gut an.

Gehen Sie zu den runden Formen des Pos über und lassen Sie, wenn Sie an den Genitalien vorbeikommen, Ihren heißen Atem über sie streifen, um ihnen schon jetzt eine spätere intensivere Widmung anzudeuten. Lassen Sie nun die Erkundung der Oberschenkel folgen, besonders der Innenseiten, und wandern Sie mit Ihrer Zunge bis zu den hochsensiblen Zehenspitzen weiter.

*Zungenfreuden, s. S. 104*

Ihre Zungenbewegungen werden Ihren Partner schon halb verrückt gemacht haben; gleiten Sie leckend wieder die Beine hinauf über den Bauch und wieder nach unten, um an den Genitalien anzukommen. Eines der erotischsten Gefühle ist es, wenn die Zunge jede Körperstelle berührt hat, nur die Geschlechtsorgane nicht, über die sie wie zufällig hinweggleitet. Dabei sehnen sich die Ge-

*Mit der Zunge ganz über den Körper Ihres Partners zu fahren ist eine schöne Möglichkeit, den Oralverkehr beginnen zu lassen.*

nitalien danach, in den Mund genommen zu werden, so dass die bisherigen Andeutungen nicht mehr ausreichen. Wenn dieses Stadium erreicht ist, schenken Sie den Genitalien dieselbe Beachtung wie dem Rest des Körpers.

**ORALVERKEHR** Was Sie bisher getan haben, nach den ersten unschuldigen Anfängen, diente der Annäherung. Indem Sie Ihren Partner mit der Zärtlichkeit Ihrer Zunge regelrecht überschüttet haben, erscheint das Küssen und Lecken der Genitalien jetzt als natürliche und nahe liegende Erweiterung. Wenn Sie die Bereiche der Geschlechtsorgane von Ihrer Stimulation ausnehmen, »benachteiligen« Sie diese. Aber das ist zunächst genau die Absicht. Ziel ist es nämlich, dass der Wunsch nach Berührung der Geschlechtsorgane mit Mund und Zunge so groß wird, dass Ihr Partner seine Hemmungen schlichtweg vergisst.

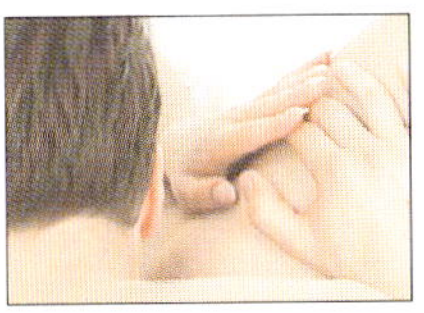

*Oralverkehr, s. S. 84*

Dies ist eine erste Einführung in die Zungenwonnen. Beim nächsten Mal sollten Sie einfach dem Körper ein bisschen weniger, den Genitalien dagegen ein wenig mehr Aufmerksamkeit schenken.

## *Phase* STIMULATION DES ANUS

Genauso, wie Sie Ihren Partner durch ein schrittweises Herantasten für den Oralverkehr und neue sexuelle Erfahrungen öffnen, genauso können Sie diese Vorgehensweise auch für andere Sexualpraktiken einsetzen. Um z. B. die Stimulation des Anus in ihr Sexleben einzuführen, könnten Sie mit dem Streicheln der Genitalien Ihres Partners beginnen. Bewegen Sie sich dann, die Hoden und den Damm liebkosend, langsam von vorne nach hinten. Fahren Sie bei den ersten Malen einfach nur mit den Fingern über den Anus; das wird ihn schon genug auf die kommenden Freuden vorbereiten.

**RIMMING** Als Nächstes sollten Sie die allgemeinen Streichelbewegungen bewusst, aber nur kurz auf die Außenseite des Anus konzentrieren. Später verlängern Sie die Streichelzeit, und entwickeln nach und nach aus der Berührung durch die Finger ein sanftes Kreisen mit der Fingerspitze um den äußeren Anusrand, das sogenannte Rimming.

Sie sollten dabei immer ein Gleitmittel für Ihren Finger und den Anus Ihres Partners verwenden. Wenn Ihr Partner die ersten »Annäherungen« entspannt genießen konnte, können Sie beginnen, Ihre Fingerspitze in den Anus einzuführen und den Muskelring des Anus von innen kreisend massieren. Gefällt auch das, verstärken Sie die kreisenden Bewegungen und versuchen Sie den Anusausgang ein wenig zu dehnen.

Vielen Menschen gefällt die anale Stimulation bis zu diesem Punkt; aber einige lieben es, wenn ihr Partner noch weiter geht. Manche Männer z. B. mögen es, wenn ihre Partnerin ihnen durch den After eine Fingermassage der Prostatadrüse gibt, die am hinteren oberen Ende der Darmwand liegt. Einige Frauen erregt eine gleichzeitige Stimulation im Anus und an der Klitoris.

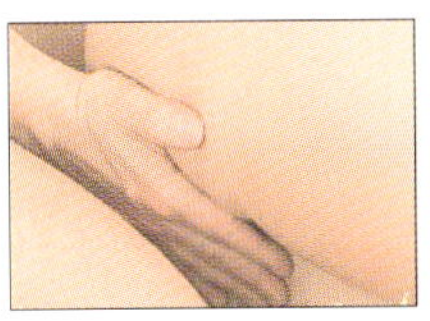

*Anale Stimulation, s. S. 105*

**MIT EINWÄNDEN UMGEHEN** Was geschieht, wenn Ihr Partner zu einem bestimmten Zeitpunkt Einwände äußert? Zunächst muss betont werden, dass jeder zu jeder Zeit das Recht hat, nein zu sagen. Es ist sein Körper und er bestimmt, was damit und daran geschieht. Besprechen Sie gemeinsam, ob er etwas wirklich nicht will, weil es ihm nicht gefällt, oder ob er Angst hat, los- und etwas zuzulassen. Aber bedrängen Sie ihn nicht.

**DIE SITUATION IM GRIFF HABEN** Um jemanden, der Angst hat loszulassen, die Kontrolle über die sexuelle Situation zu geben, müssen Sie einen Schritt zurückgehen. Sprechen Sie über den genauen Grund seiner Ängstlichkeit. Ihr Partner braucht in diesem Moment die Versicherung, dass alles so in Ordnung und ganz natürlich ist. Um Ihnen zu vertrauen, benötigt er die Gewissheit, dass Sie sofort aufhören etwas zu tun, wenn er es sagt, und dass Sie vorsichtig sein werden.

## *Phase* SEINEN HORIZONT ERWEITERN

Wenn Sie erst einmal begonnen haben, mit oralem und analem Sex zu experimentieren, werden Sie auch einen Zugang zu weiteren sexuellen Praktiken gewinnen, indem Sie die Methode des schrittweisen Herantastens beibehalten. Hier warten auf Sie die (später näher beschriebenen) Freuden der gegenseitigen Masturbation ohne oder während des Geschlechtsverkehrs, die Selbststimulation, die Verwendung von Hilfsmitteln und Sexspielzeug oder das spielerische Umsetzen von Fantasien. Denken Sie aber immer daran, dass jede Sexualpraktik nur dann gut für ein Paar ist, wenn beide Partner sie wünschen.

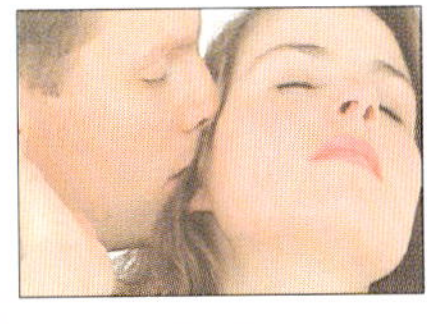

*Fantasien, s. S. 138*

# ZUNGENFREUDEN

*Mit der Zunge über den Körper des anderen zu wandern und ihn überall zu küssen, schenkt nicht nur unvergessliche sinnliche Erfahrungen, sondern kann auch eine Möglichkeit sein herauszufinden, was Oralverkehr dem Sex bieten kann. Bevor man mit den Erkundungen der Zunge anfängt, sollte man sicherstellen, dass der eigene und der Körper des anderen sauber sind. Deshalb eignet sich diese Form der Erotik besonders, wenn man vorher gemeinsam eine warmes und anregendes Bad genommen hat.*

**KOPF UND SCHULTERN** Beginnen Sie mit der Erkundungstour Ihrer Zunge und küssen und lecken Sie seinen Mund und sein Gesicht. Gehen Sie langsam und sinnlich zur Ohrregion über und dann über Hals und Nacken zur Schulter hinunter.

*Lassen Sie sich Zeit und geben Sie den Bewegungen Ihrer Zunge möglichst viel Sinnlichkeit.*

**ARME UND BRUST** Von der Schulter aus fahren Sie küssend und züngelnd an den Armen zu den Handgelenken hinunter und wieder zurück. Dann gehen Sie zu Brust, Brustwarzen und Warzenhof über.

*Neben oralen Liebkosungen sind auch Streicheleinheiten schön.*

*Wenn es Ihnen Spaß macht, können Sie statt sanft zu züngeln auch leicht saugen und beißen.*

**PO UND BEINE** Von der Brust gehen Sie langsam zum Unterleib, zum Po und zu den Innenseiten der Schenkel. Nähern Sie sich den Genitalien, aber berühren Sie sie nicht. Arbeiten Sie sich bis zu den Zehenspitzen vor und wieder zurück. Küssen und lecken Sie jetzt die Geschlechtsorgane. Wenn Sie wollen, können Sie jetzt auch zum Oralverkehr übergehen.

# ANALE STIMULATION

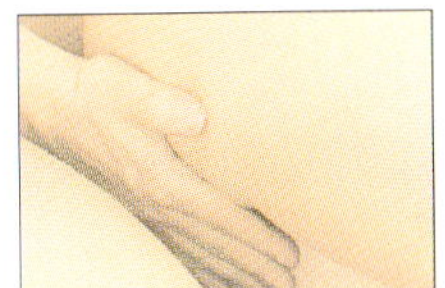

*Die manuelle Stimulation des Anus kann – nicht zuletzt, weil etwas »Verbotenes« mitschwingt – stark erregend sein, jedenfalls solange beide Partner diese Sexualpraktik als angenehm empfinden. Vor und während des Geschlechtsverkehrs kann diese Stimulation für beide sehr luststeigernd sein. Für Frauen ist es besonders erregend, wenn die anale Stimulation mit einer Massage der Klitoris verbunden wird. Bei Männern ist die Lust am größten, wenn sie die Massage der Prostatadrüse mit einschließt (s. S. 93).*

**RIMMING UND PENETRATION** Beim Kreisen am Anusring Ihres Partners sollten Sie immer gut eingefettete Finger haben. Dieses Rimming kann zunächst am äußeren Anus geschehen, ist aber auch sehr angenehm an seiner Innenseite, an der Sie mit Ihren Fingerspitzen entlang fahren können.

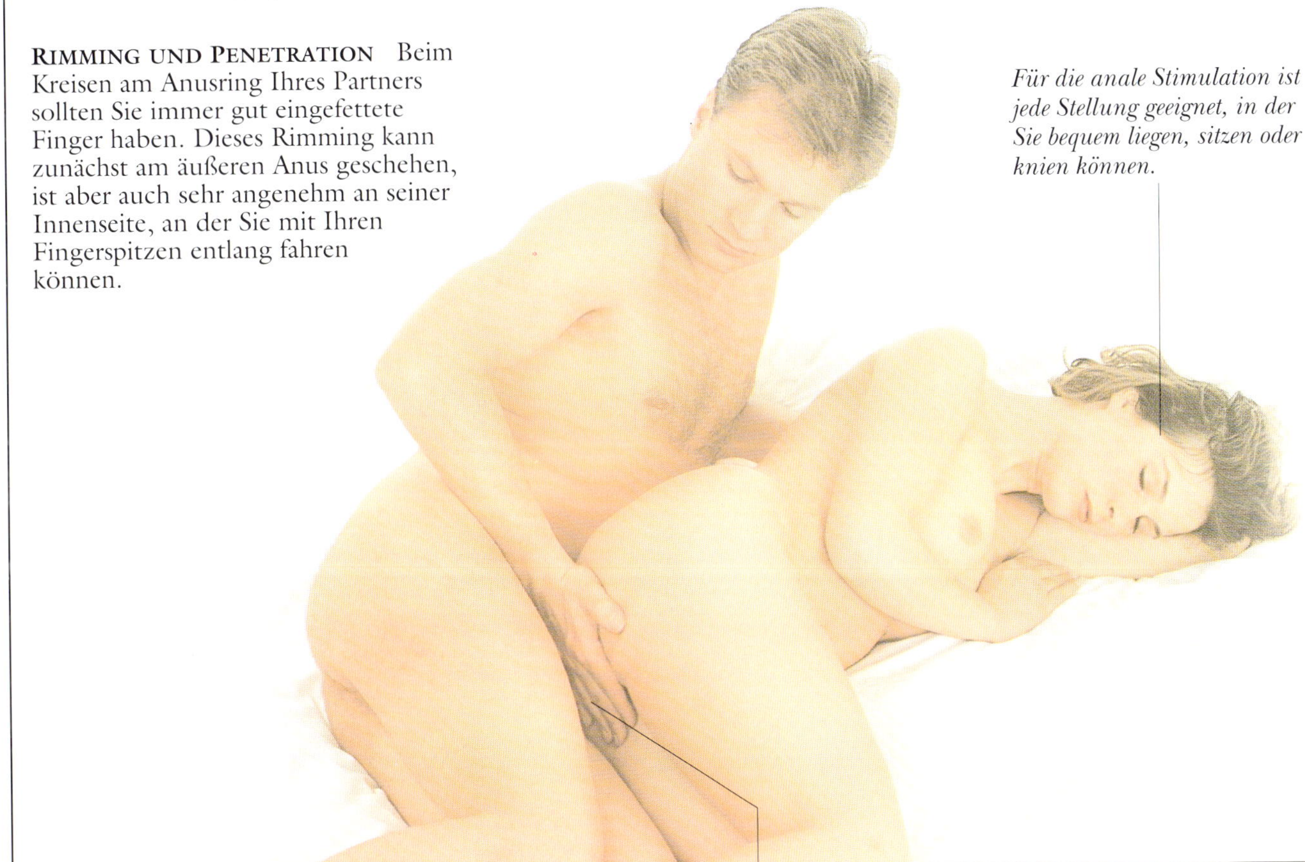

*Für die anale Stimulation ist jede Stellung geeignet, in der Sie bequem liegen, sitzen oder knien können.*

*Ihre Finger sollten sauber und mit einem Gleitmittel oder Speichel befeuchtet sein. Waschen Sie sich danach gründlich die Hände.*

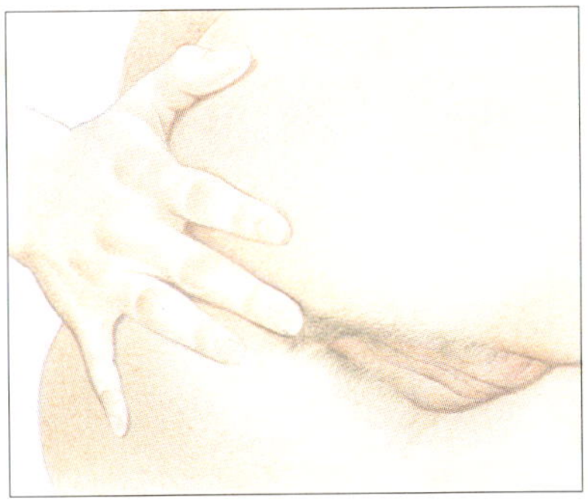

**ZONENZEIGER** Wenn Sie sich den Anus Ihres Partners als Uhr vorstellen und die 12-Uhr-Marke der Vagina (bzw. dem Hoden) am nächsten steht, dann zeigt die Uhr um 10 und um 2 Uhr die Stellen an, die am stärksten erregbar sind.

# MANUELLE BEFRIEDIGUNG BEIM SEX – TEIL 1

*Während des Geschlechtsverkehrs kann eine Frau ihrem Partner zusätzliche Lust bereiten, indem sie ihn streichelt. Besonders angenehm ist es für ihn, wenn sie während des Sexualakts seine Hoden massiert, seinen Penis anfasst und reibt, über den Eichelring fährt, den Rand seines Anus streichelt oder mit Hand und Schamlippen die Eichel stimuliert. Die Frau kann zum Beispiel in der Missionarsstellung ihren Zeigefinger in ihre Vagina einführen, so dass Penis und Eichelring bei seinen Stößen gegen ihren Finger reiben.*

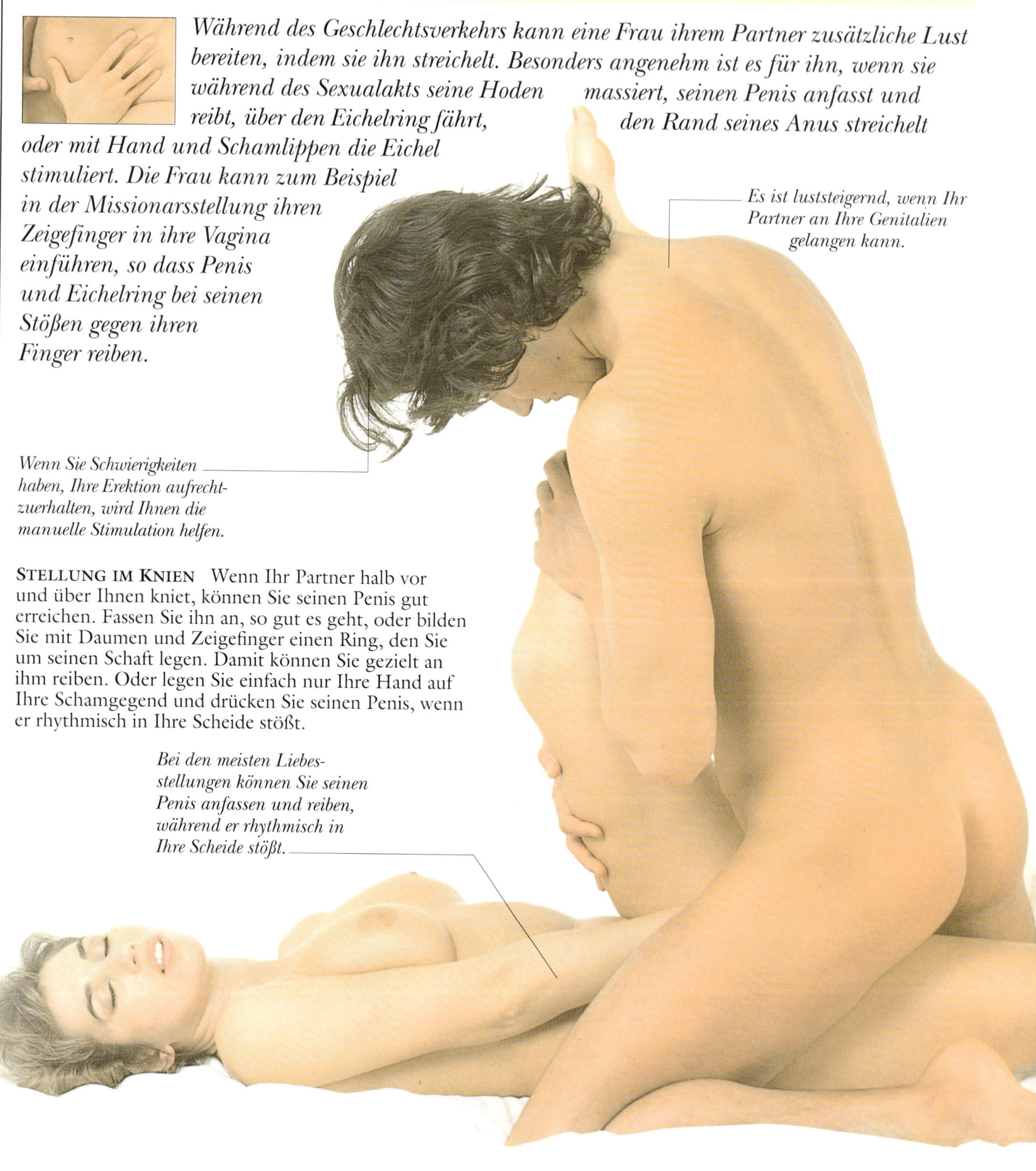

*Es ist luststeigernd, wenn Ihr Partner an Ihre Genitalien gelangen kann.*

*Wenn Sie Schwierigkeiten haben, Ihre Erektion aufrechtzuerhalten, wird Ihnen die manuelle Stimulation helfen.*

**Stellung im Knien** Wenn Ihr Partner halb vor und über Ihnen kniet, können Sie seinen Penis gut erreichen. Fassen Sie ihn an, so gut es geht, oder bilden Sie mit Daumen und Zeigefinger einen Ring, den Sie um seinen Schaft legen. Damit können Sie gezielt an ihm reiben. Oder legen Sie einfach nur Ihre Hand auf Ihre Schamgegend und drücken Sie seinen Penis, wenn er rhythmisch in Ihre Scheide stößt.

*Bei den meisten Liebesstellungen können Sie seinen Penis anfassen und reiben, während er rhythmisch in Ihre Scheide stößt.*

*Schließen Sie die Augen und stellen Sie sich Dinge vor, die Ihre Erregung verstärken.*

*Es ist ein sehr erregendes Gefühl zu spüren, wie der Po gestreichelt und gedrückt wird.*

**EINE HAND FREI HABEN** Wenn er von hinten in Sie eindringt, soll er Sie so abstützen, dass Sie eine Hand frei haben, mit der Sie ihn streicheln können. Der einfachste Weg von Ihrer Hand zu seinen Genitalien ist meistens der, bei dem Sie zwischen Ihren Beinen nach hinten greifen. Sie können natürlich auch um seine Hüften fassen und seinen Po streicheln.

**STREICHELN DER ANALREGION** In der hier dargestellten Stellung hat die Frau keine Schwierigkeit, sich zurückzulehnen und mit ihren Fingerspitzen seinen Anus und sein Perineum (Damm) zu stimulieren.

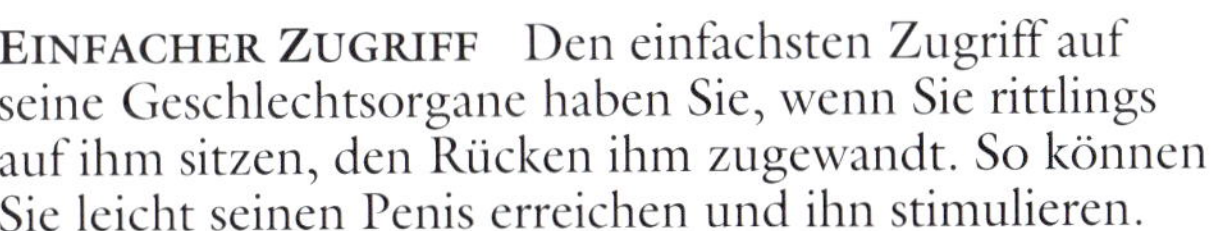

**EINFACHER ZUGRIFF** Den einfachsten Zugriff auf seine Geschlechtsorgane haben Sie, wenn Sie rittlings auf ihm sitzen, den Rücken ihm zugewandt. So können Sie leicht seinen Penis erreichen und ihn stimulieren.

**HODENMASSAGE** Massieren Sie seine Hoden sanft, indem Sie sie von unten in Ihre Hand legen. Das geht am einfachsten, wenn Sie rittlings auf ihm sitzen, ihm den Rücken zuwenden und er seine Beine spreizt.

# MANUELLE BEFRIEDIGUNG BEIM SEX – TEIL 2

*Eine große Errungenschaft der so genannten sexuellen Revolution in den 60er- und 70er-Jahren des letzten Jahrhunderts war die Erkenntnis, wie wertvoll die weibliche Selbstbefriedigung ist. Männer wussten schon immer, wie gut sich das anfühlt, aber nun erkannten auch Frauen, dass es meistens sogar einfacher ist, durch Selbstbefriedigung zum Orgasmus zu gelangen als durch Geschlechtsverkehr. Wenn eine Frau weiß, wie sie befriedigt werden will, sollte sie dies ihrem Liebhaber mitteilen. Fragen Sie also Ihre Partnerin, was ihr besondere Lust bereitet, und stimulieren Sie sie genau so, wie sie es am liebsten hat.*

*Achten Sie darauf, dass Ihre Körper ständig in Kontakt miteinander stehen.*

**KOMFORTABLE STELLUNG** Liebesstellungen, bei denen der Mann von hinten in die Frau eindringt, ermöglichen meist, dass er mit einer Hand die Geschlechtsorgane der Frau erreichen kann. Durch die Penetration von hinten erhält ihre Klitoris nicht die direkte Stimulation durch seinen Penis und sein Schambein, so dass seine Hand dies ausgleichen sollte.

*Die langsame Erkundung der Geschlechtsorgane während des Sex ist sehr erregend.*

*Streicheln und tätscheln Sie ihren Po und ahmen Sie dabei die Bewegungen Ihrer Hand an ihren Genitalien nach.*

*Massieren Sie während des Geschlechtsverkehrs ihre Klitoris mit den Fingern. Das empfindet sie als sehr erregend und kann sie zum Orgasmus bringen.*

**Stimulation der Klitoris** Wenn Sie von hinten eindringen, ist die Klitorismassage besonders wichtig. Jede Frau hat hier jedoch ihre Vorlieben, also klären Sie ab, ob Sie das Richtige tun.

**Keine Scheu vor heissen Blicken** Wenn Sie sehen können, wie Sie Ihre Partnerin befriedigen, und ihre Reaktionen beobachten können, steigert das auch Ihr Verlangen.

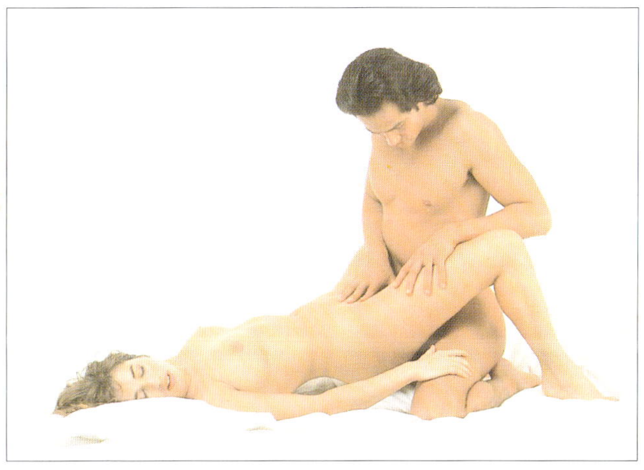

**Erfindungsreichtum** Begrenzen Sie die Stimulation Ihrer Partnerin nicht nur auf ihre Genitalregion. Streicheln Sie auch ihren Bauch, ihre Schenkel und alle Stellen, zu denen Sie Ihre Neugier hintreibt.

**Hände frei haben** Jede Sexstellung, bei der Sie auf dem Rücken liegen und Ihre Partnerin auf Ihnen liegt, lässt Ihnen freie Hände. Mit ihnen können Sie Ihre Partnerin überall berühren, stimulieren, mit ihren Brüsten spielen und ihre Brustwarzen erregen.

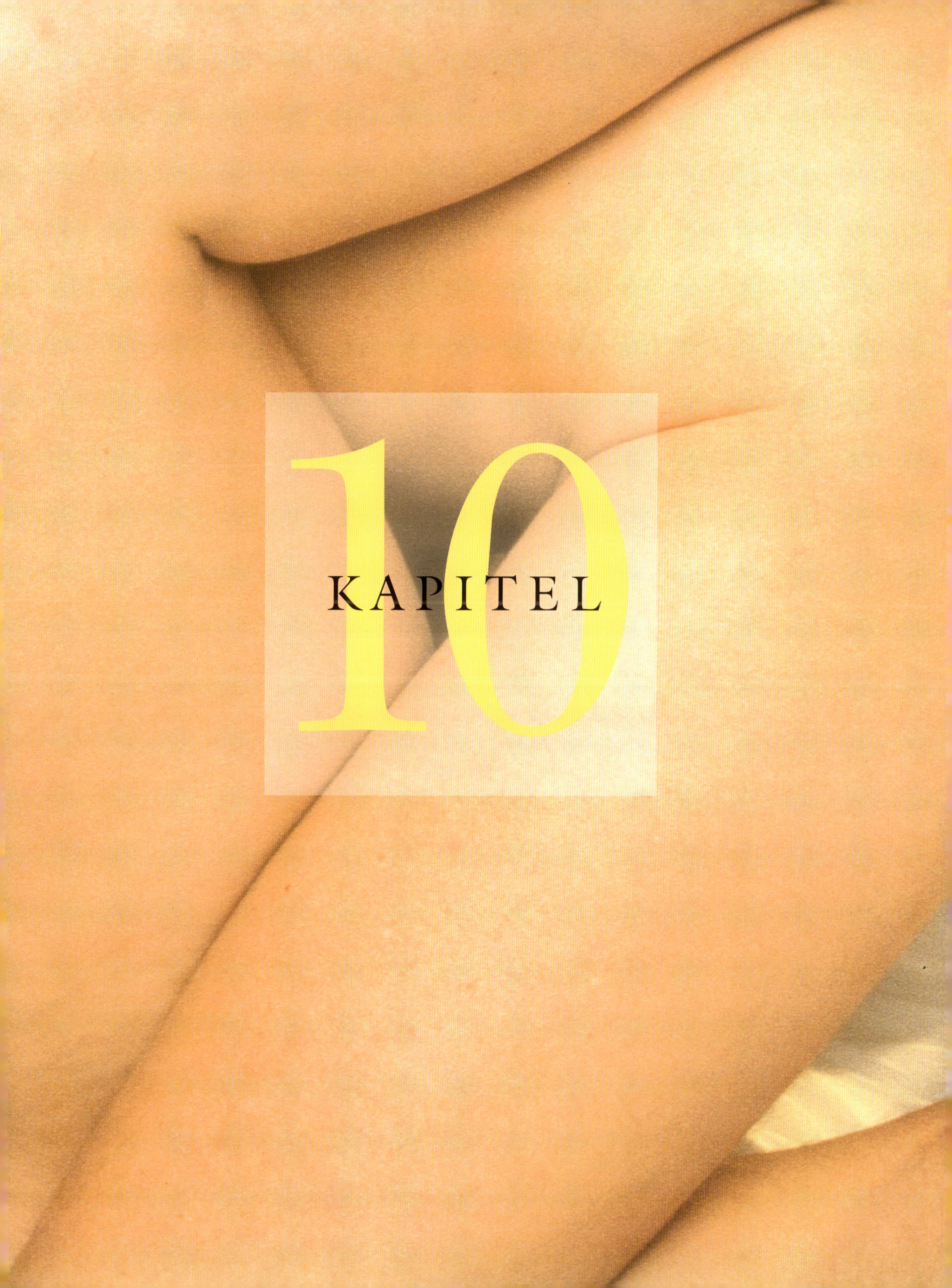

# KAPITEL 10

# WIE KANN MAN MEHR ABWECHSLUNG IN DAS LIEBESSPIEL BRINGEN?

*»Wir halten oft darum an bestimmten sexuellen Verhaltensmustern fest, weil wir glauben, einen Orgasmus haben zu müssen, wenn wir miteinander schlafen, weil sonst irgendetwas nicht stimmt. Haben wir erst eine Routine gefunden, die funktioniert, klammern wir uns schnell daran fest.«*

EINE FASZINIERENDE Erkenntnis zu sexuellen Verhaltensmustern gelang Mitarbeitern des»Institute for the Advanced Study of Human Sexuality« in San Francisco, die zwei Filme miteinander verglichen hatten.

Eine Studentenpaar war beim Sex gefilmt worden. Es waren echte Personen, die wirklich miteinander in ihrer Wohnung geschlafen hatten und nichts vor der Kamera darzustellen hatten. Nach Fertigstellung wurde dem Paar der Film gezeigt, so dass sie ihn als aussagekräftige Wiedergabe ihrer Liebes- und Verhaltensmuster betrachten konnten. Und sie verhielten sich auch dementsprechend. Der Film diente lange Zeit als Teil eines Lernprogramms über die menschliche Sexualität.

Zwanzig Jahre später hatten die Filmproduzenten die Idee, zu dem Paar, das inzwischen verheiratet war, zurückzukehren und sie erneut dabei zu filmen, wie sie miteinander schliefen. Dabei stellte man faszinierenderweise fest, dass das Paar nach zwei Jahrzehnten immer noch die gleichen Liebes- und Verhaltensmuster an den Tag legte.

Ein Mensch kann sich schnell an gewisse Dinge gewöhnen – und einem Liebespaar geht es nicht anders. Das gilt für die sexuellen Gewohnheiten genauso wie für alle anderen Dinge auch.

# FALLBEISPIEL *Bennie & Ellie*

*Bennie und Ellie waren ein typisches Paar. Ihr Sex verlief im immergleichen Trott, weil sie eine angenehme Routine gefunden hatten, die es ihnen schwer machte, etwas anderes auszuprobieren. Um Bennie und Ellie zu helfen, mussten nur die Gesetzmäßigkeiten des Ablaufs verändert werden.*

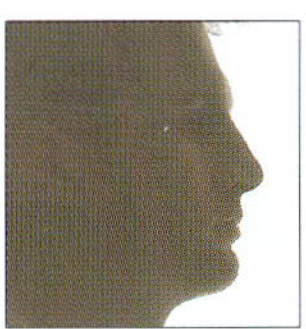

***Name:*** BENNIE
***Alter:*** 26
***Familienstand:*** LEDIG
***Beruf:*** BILDREDAKTEUR

*Bennie war eine dünne, sprunghafte Person. Er war ein wenig verspannt, aber lustig und charismatisch. Er war seit zwei Jahren mit seiner jetzigen Freundin zusammen. Das Paar verbrachte viel Zeit zusammen, meistens bei ihm zu Hause.*

*»Ich würde gerne mit Ellie zusammenleben«, sagte er, »aber sie weigert sich bei mir einzuziehen, solange ich bei meinen Eltern wohne. Ich kann es mir nicht leisten auszuziehen. Sie bleibt manchmal das Wochenende über bei mir, aber meine Eltern sind immer irgendwie in der Nähe.«*

*»Wir haben uns an der Universität kennen gelernt; damals hatte ich noch eine Studentenbude. Da hatten wir, glaube ich, auch den besten Sex. Jetzt müssen wir uns immer beeilen und wir haben eine Routine des schnellen Sex entwickelt, weil wir fertig sein müssen, bevor meine Eltern nebenan schlafen gehen.«*

*»Wir machen es immer auf dieselbe Art. Ich weiß, dass guten Sex mehr ausmacht, aber wie kommen wir aus der Gewohnheit raus? Als ich einmal versuchte, etwas anderes auszuprobieren, schob sie meine Hand fort und wir kehrten zur alten Routine zurück.«*

***Name:*** ELLIE
***Alter:*** 24
***Familienstand:*** LEDIG
***Beruf:*** HANDELSVERTRETERIN

*Ellie war ein wenig blass und nervös; sie sah jünger aus, als sie war. Ihr Blick kreiste unruhig im Raum umher, als ob sie jeden Moment mit einer Gefahr rechne.*

*»Es klappt bei mir einfach nicht, wenn wir anders miteinander schlafen«, sagte sie mir. »Ich frage mich immer: ›Wann beginnt er endlich meine Klitoris zu streicheln, damit ich kommen kann?‹ Ich weiß, dass ich ungeduldig bin. Aber ich habe lange gebraucht um herauszufinden, wie ich überhaupt einen Orgasmus bekommen kann, und ich habe einfach Angst, dass nichts geschieht.«*

*»Bennies Eltern schüchtern mich enorm ein, weil sie so nah an allem dran sind. Außerdem deprimiert es mich, dass er mich immer kritisiert. Er sagt zwar, dass das nicht so ist, aber für mich hört es sich so an, als ob ich ihn langweile.«*

## THERAPEUTISCHER ANSATZ

Die primären Sexregeln lauten: Sex muss sicher sein, sollte keine zeitliche Begrenzung haben und in privater Atmosphäre geschehen. Die sekundären Regeln, die man oft erst begreift, wenn man schon älter ist, heißen: Auch guter Sex muss nicht im Orgasmus enden, auch ohne Geschlechtsverkehr kann man einen Orgasmus haben und auch ein durch Masturbation erzielter Orgasmus kann eine wunderbare gemeinsame Erfahrung sein.

### VERÄNDERUNGEN BEGINNEN IM KOPF

Die sekundären Regeln sind keine Entschuldigungen für schlechte Liebhaber. Sie sind das Ergebnis der Veränderungen unserer Ansichten, die wertvolle Varianten für »wilde« Männer und »unersättliche« Frauen liefern. Was für Veränderungen sind das? Mit der Zeit entwickeln wir feste Vorstellungen vom Sex, die nur schwer veränderbar sind, weil wir sie als feststehende Tatsachen begreifen. Aber eines der wichtigsten Attribute des Menschen ist es, die Fähigkeit zu besitzen, seine Meinungen zu ändern. Ohne diese Fähigkeit würde er sich schon früh in seiner eigenen Denkweise gefangen setzen. Letztlich gilt das für Sex genauso wie z. B. für Essgewohnheiten.

Die vielleicht am schwersten zu verstehende Regel ist die, dass Sex nicht immer im Orgasmus enden muss. Für viele ist allein die Vorstellung davon abwegig. Aber die Annahme dieser Regel erweitert die eigenen sexuellen Möglichkeiten und öffnet uns auf emotionaler Ebene für vielfältigste Reaktionen unseres Partners. Verschwindet der Orgasmus als Schlussakt des Sex, ergibt sich eine endlose Zahl von reizvollen sexuellen Alternativen.

### ABLÄUFE VERÄNDERN

Da Bennie seinem Vater ohnehin Miete zahlte und Ellie Geld für Ihre Wohngemeinschaft ausgab, errechneten sich beide, dass eine gemeinsame Wohnung sie nicht viel mehr kostete. Bennie zog von zu Hause aus und zusammen mit Ellie in ein preiswertes, aber nettes Apartment.

Sofort verschwanden die Zwänge, unter denen die beiden gelitten hatten. Sie mussten nicht mehr schnell und leise miteinander schlafen und nicht mehr immer nur im Schlafzimmer. Sex in der Küche war zwar unbequem, aber eine schöne Abwechslung. Ellie suchte gelegentlich Stellungen, die ihr keinen Orgasmus garantierten und Bennie bestimmte zu Beginn ihres Liebesspiels manchmal, dass Geschlechtsverkehr dieses Mal verboten und nur Masturbation oder Oralsex erlaubt sei. Die sexuelle Langeweile verschwand auf der Stelle.

# *Tipps zur* VERÄNDERUNG FESTER VORSTELLUNGEN VON SEX

*Seit Jahrhunderten kämpfen wir gegen feste Vorstellungen vom Geschlechtsverkehr. Die Vertreibung aus dem Paradies beendet für Adam und Eva den unbefangenen Umgang mit ihren Körpern: »Und sie sahen, dass sie nackt waren«. Möglicherweise glaubten die Höhlenbewohner, dass Sex mit einer Kopfnuss anzufangen hätte. Es ist faszinierend sich vorzustellen, wie die Herausbildung von Sexpraktiken funktioniert haben könnte. Zweifellos wird die Frage der Fortpflanzung früher eine entscheidende Rolle gespielt haben. Heute müssen wir aufpassen, dass das Liebesspiel keine langweilige Routine wird und nicht durch engstirnige Vorstellungen davon, was erlaubt und was verboten ist, behindert wird.*

Der Geschlechtsverkehr ist natürlich nicht die einzige Möglichkeit, Spaß am Sex zu haben. So gibt es z. B. Frauen, die durch Fantasien zum Orgasmus gelangen können, und Menschen, die so genannte feuchte Träume haben. Und es gibt eine ganze Bandbreite gebräuchlicher Sexpraktiken wie Selbstbefriedigung, gegenseitige Masturbation oder Oralverkehr.

Einige Leute betrachten auch Fantasien als sexuelle Erfahrungen. Der frühere US-Präsident Jimmy Carter gab z. B. zu, dass er im Kopf Ehebruch begehe. Er fand, dass moralisch betrachtet kein Unterschied zwischen der Vorstellung und dem tatsächlichen Akt bestehe.

**VERÄNDERUNGEN** Feste Ansichten ändert man am besten nach und nach und nicht plötzlich und dramatisch.

## *Phase* 1 SPIESSIGEN ANSICHTEN ENTGEGENTRETEN

Sexualvorstellungen ändern sich mit den Jahren. Seit den 80er-Jahren des letzten Jahrhunderts verstärkt sich vielerorts die achtbare, aber lustfeindliche Ansicht, dass Sex nur dann in Ordnung ist, wenn man sich dabei anschaut. Fantasien, Verkleidungen oder andere Sexstellungen werden grundsätzlich abgelehnt.

Obwohl z. B das *Kamasutra* um 1970 sehr im Trend war, schauen heute viele Menschen gelangweilt Seite um Seite des indischen Liebesbuches an, in dem Frauen fast schwebend schlangengleiche Penisse in unvorstellbaren Stellungen in sich aufnehmen.

Sich für den Sex zu verkleiden erscheint allenfalls als Relikt der 60er- und 70er-Jahre des letzten Jahrhunderts. Dafür sind neue Aspekte aufgetaucht: Sex solle, damit er »echt« sei, tiefere Bedeutung haben, gefühlvoll und »ehrlich« sein; Frauen sollten sich nicht mit Make-up schminken (ganz zu schweigen vom Rouge auf den Brustwarzen). Männer sollten Frauen primär als Menschen betrachten, nicht als Sexualpartner (Frauen gehen so ja auch mit Männern um, nicht wahr?); und Sexfantasien, die jemand anderen als den eigenen Partner beinhalten, sind darum nicht angesagt, weil sie zeigen, dass wir in Wirklichkeit nicht beziehungsfähig sind.

**SPIESSIGKEIT (ZER)STÖRT** Diese neuen Formen des Puritanismus gefährden letztlich eine Beziehung, weil sie übersehen, dass Sex variationsreich sein muss, um nicht langweilig zu werden.

Die prüden Theorien übersehen auch die Tatsache, dass eine veränderte Sexstellung auch zu anderen, nicht besseren oder schlechteren, sondern zusätzlichen Empfindungen führt. Sie unterschlagen, dass hinter dem Sichverkleiden der Wunsch nach einem kurzen Rollenwechsel sichtbar wird; dass Rouge auf den Brustwarzen dem Partner gezielte erotische Signale gibt; dass eine Frau, die sich beim Sex einen Schauspieler vorstellt, ihre Beziehung mit Inhalten bereichert, die die Partnerschaft stärken und die sexuelle Lust steigern.

Natürlich ist jede Übertreibung Ausdruck eines Ungleichgewichts. Aber ein Gleichgewicht gibt es immer nur, wenn mehrere Möglichkeiten in der Waagschale liegen können.

## *Phase* 2 VERÄNDERUNGEN NACH UND NACH UMSETZEN

Es ist sehr schwierig, aufgrund besserer Einsichten seine neuen Vorstellungen sofort und schlagartig umzusetzen. Viel einfacher ist es dagegen, wenn man nach und nach kleinere Veränderungen vornimmt, z. B.:

- Wenn Sie beim Sex immer oben oder unten liegen, wechseln Sie doch einfach mal.
- Wenn Sie Ihren Partner immer mit der rechten Hand streicheln, nehmen Sie doch auch einmal die linke.
- Benützen Sie bei der gegenseitigen Befriedigung auch einmal die andere Hand.
- Wenn Sie Ihren Höhepunkt immer nach bestimmten Abläufen haben, verlängern Sie diese jedes Mal ein wenig.

Solche Veränderungen sind einfach, führen aber zu neuen Varianten und lassen Sie aus der festen Routine ausbrechen. Sie ebnen damit den Weg zu größeren Veränderungen und schenken Ihnen beiden Vertrauen zu experimentieren.

## *Phase* 3 EXPERIMENTIEREN SIE BEIM LIEBESSPIEL

Benützen Sie Ihre Kreativität und experimentieren Sie von Zeit zu Zeit gezielt bei Ihrem Liebesspiel. Vielleicht wollen Sie und Ihr Partner die Gewohnheit abschaffen, immer nur bei Nacht und im Bett miteinander zu schlafen. Versuchen Sie es einfach einmal tagsüber und an ganz anderen Orten. Natürlich können Sie auch die Sexstellung selbst verändern, egal ob das nun im Bett ist oder ganz woanders.

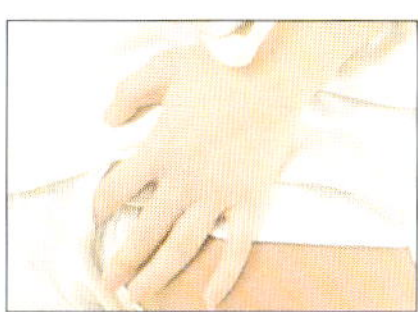

*Spontaner Sex, s. S. 116*

**NACKTSEIN** Ein weit verbreitetes Vorurteil über Sex ist, dass man ihn nur nackt praktizieren könne und man sich möglichst schnell ausziehen sollte. Spielen Sie mit dem Nacktsein und behalten Sie beim nächsten Mal ein paar Kleidungsstücke absichtlich an.

Dadurch erweitern Sie die Erotik Ihres Schlafzimmers und vertiefen die Gefühle zu Ihrem Partner. Versuchen Sie Ihre Kleidung gezielt für ein Sex-Szenario einzusetzen. Ich will Ihnen keinen außergewöhlichen »Fummel« vorschlagen oder Ihnen raten ein Vermögen auszugeben, um sich komplett neu einzukleiden. Aber werfen Sie in Zukunft beim Einkauf einen Blick auf die erotischen Möglichkeiten, die bestimmte Kleidungsstücke bieten.

## MIT ÄNGSTEN UMGEHEN

Die Umsetzung neuer Sexualpraktiken ist oft mit gewissen Ängsten verbunden. Aber Sie können Ihrem Gefühlsleben aufhelfen, wenn Sie offen mit Ihrem Partner über Ihre Ängste reden. Wenn Sie damit Schwierigkeiten haben, stellen Sie sich die folgenden Fragen:

- Bespreche ich normalerweise meine sexuellen Unsicherheiten mit meinem Partner? Wenn die Antwort »nein« ist, fragen Sie sich:
- Was hindert mich daran, meine Ängste zuzugeben?
- Habe ich Angst, meinen Partner zu verunsichern und damit meine Vorbehalte noch zu erhöhen?
- Glaube ich, dass mein Partner mich dafür kritisieren und kein Verständnis zeigen wird?
- Befürchte ich, dass mein Partner mich weniger mag, wenn ich eigene Schwächen zugebe?
- Macht mich das weniger attraktiv und liebenswert?
- Würde mein Eingeständnis die Beziehung so belasten, dass sie daran zerbrechen könnte?
- Beziehen sich meine Ängste auf ähnliche Reaktionen meines Partners bei früheren Gelegenheiten oder eher auf Erfahrungen in meiner Jugend?

Wenn Sie diese Fragen überdenken, werden Sie herausfinden, was Sie von einem offenen Gespräch mit Ihrem Partner zurückhält. Die Erfahrung, dass unsere Ängste vom Partner verständnisvoll aufgenommen und akzeptiert werden, bereichert jede Beziehung enorm. Ängste zuzulassen ist auch in unserem sonstigen Leben immer befreiend – warum sollte das in sexuellen Dingen anders sein?

# STELLUNGEN FÜR SPONTANEN SEX

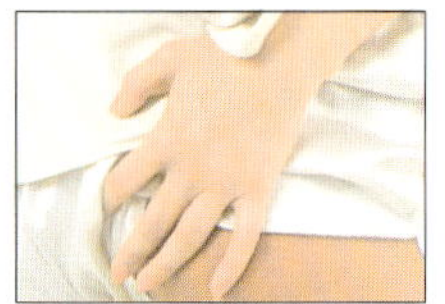

*Schneller Sex kann Ihre sexuellen Möglichkeiten erweitern. Der gelegentliche »Quicky« zu Hause, unterwegs oder bei der Arbeit kann unglaublich erregend sein. Nur weil er sich zwischen eine Besprechung am Vormittag und einen Termin am Nachmittag zwängt, heißt es noch lange nicht, dass er nicht eine therapeutische Wirkung entfalten kann. Quicky-Stellungen sind praktisch für Männer, die eher früh ejakulieren.*

**ANPASSUNG AN DEN ORT** Spontaner Sex bedeutet oft, dass man die vorhandenen Möbel für sich nutzen muss. Mit ein wenig Erfindungsreichtum können Sie den Quicky auch auf einem Drehstuhl praktizieren – wenn er denn feste Füße hat. Vielleicht ist er ja auch in seiner Höhe verstellbar. Stühle mit Rollen sind nicht besonders geeignet; mit Rädern umzugehen ist meist die Mühe nicht wert.

**SICH ABSTÜTZEN**
*Stützen Sie sich auf den Armstützen des Bürostuhls ab, um halbwegs bequem in einer guten Position zu liegen.*

*Lehnen Sie sich zurück und spreizen Sie die Beine, wenn Ihr Partner vor Ihnen kniet.*

*Beim spontanen Sex werden Sie nur selten die Möglichkeit haben, sich ganz auszuziehen. Halb nackt zu sein, kann aber auch sehr erotisch sein.*

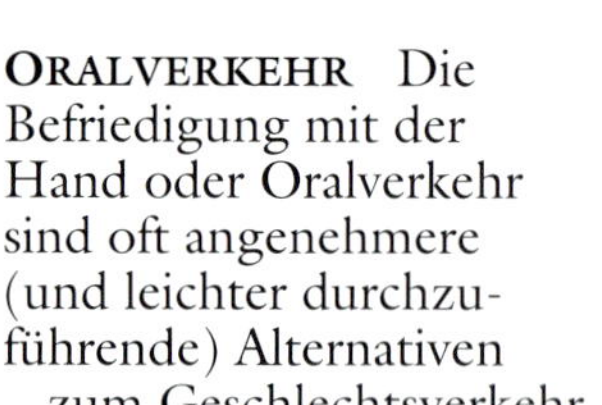

**ORALVERKEHR** Die Befriedigung mit der Hand oder Oralverkehr sind oft angenehmere (und leichter durchzuführende) Alternativen zum Geschlechtsverkehr.

**BEQUEME STELLUNGEN** Von hinten in sie einzudringen (oben) ist meistens die schnellste und bequemste Stellung für spontanen Sex. Man muss sich dafür nur minimal ausziehen, es ist einfach durchzuführen und kann für beide sehr schön sein. Sex im Stehen, bei dem man sich anschauen kann (rechts), ist dann die beste Möglichkeit, wenn Sie an einem Ort mit wenig Privatsphäre sind. Es klappt am besten, wenn beide Partner ungefähr gleich groß sind und keiner wesentlich schwerer ist als der andere.

**BEFRIEDIGUNG MIT DER HAND** Wenn die Zeit für den Sex sehr begrenzt ist, sollten Sie Ihre Finger zur Hilfe nehmen, um dem Partner ein Maximum an Stimulation zu geben.

# DAS BETT IST NICHT ALLES

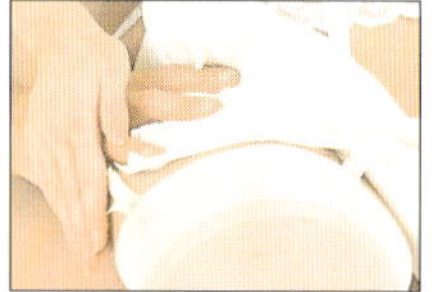

*Frisch verliebte Paare denken meist nicht darüber nach, wo sie miteinander schlafen. Feste Muster setzen sich im Laufe der Beziehung unbewusst durch und plötzlich ist der Sex auf das Schlafzimmer beschränkt. Aber Abwechslung ist ratsam, um eine Beziehung auch langfristig spannend zu halten.*

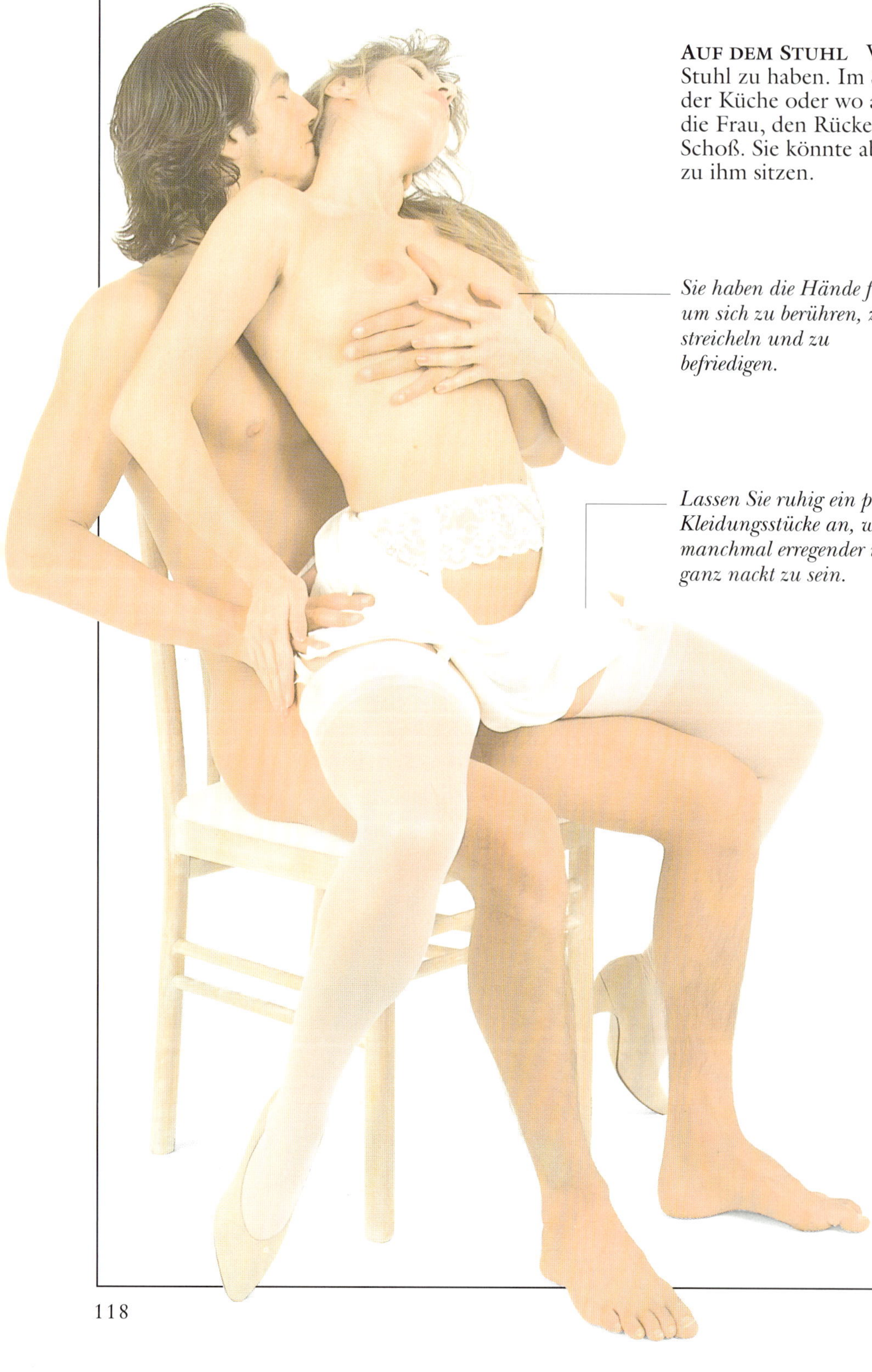

**AUF DEM STUHL** Versuchen Sie einmal, Sex auf einem Stuhl zu haben. Im Schlaf-, Wohn- oder Esszimmer, in der Küche oder wo auch immer. Auf diesem Bild sitzt die Frau, den Rücken ihm zugewandt, auf seinem Schoß. Sie könnte aber auch rittlings mit dem Gesicht zu ihm sitzen.

*Sie haben die Hände frei, um sich zu berühren, zu streicheln und zu befriedigen.*

*Lassen Sie ruhig ein paar Kleidungsstücke an, weil dies manchmal erregender ist, als ganz nackt zu sein.*

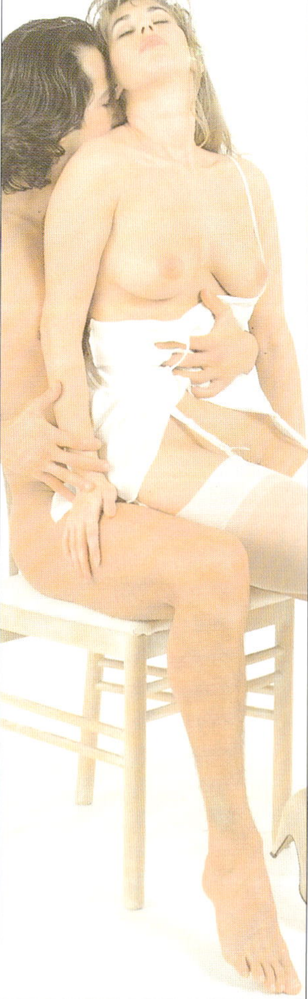

**VARIANTE** Statt breitbeinig auf ihm zu sitzen, hat sie die Beine geschlossen und drückt ihn so fester.

**Auf dem Boden** Schieben Sie die Möbel beiseite und schlafen Sie auf dem Boden miteinander. Die harte Oberfläche ist eine spannende Abwechslung zur Federung des Bettes. Wenn genug Platz vorhanden ist, können Sie auch viele verschiedene Stellungen ausprobieren.

*Drücken Sie Ihren Partner nicht gegen raue Oberflächen.*

**Sex auf einem Sessel** Ein großer Armsessel gibt Ihnen vielfältige Stellungsmöglichkeiten. Sie können z. B. beide knien, oder er kann auf dem Sessel sitzen und sie auf seinen Schoß nehmen.

*Das Schließen der Augen lässt einen die Empfindungen tiefer genießen; aber die Bewegungen des Partners zu beobachten hat auch seine Reize.*

*Nutzen Sie den festen Untergrund des Bodens, um sich gegen ihn zu stemmen.*

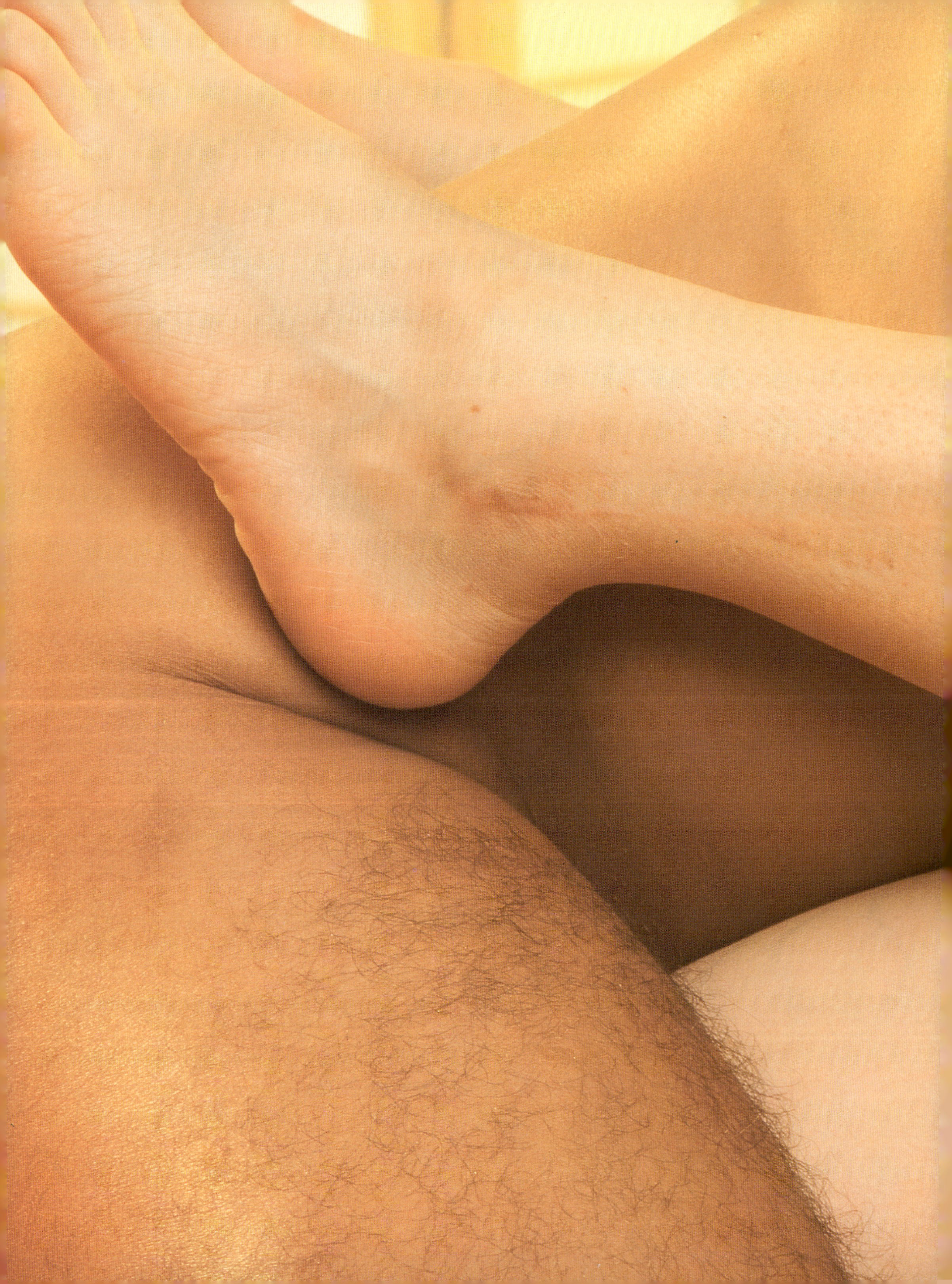

# 11 KAPITEL

# WAS KANN ICH GEGEN NACH-LASSENDES INTERESSE TUN?

*»Das Nachlassen spontanen Begehrens kann durch die Stimulation der Vorstellungkraft ausgeglichen werden.«*

EIN HAUPTGRUND für das Ende lang bestehender Beziehungen ist sexuelle Langeweile. Hier spielt das Alter in körperlicher Hinsicht eine Rolle. Das sexuelle Verlangen und die Häufigkeit des Geschlechtsverkehrs verändern sich mit zunehmendem Alter, ein Umstand, den Paare nicht vorhersehen, wenn sie noch relativ jung sind.

Paare Ende dreißig, Anfang vierzig bemerken nicht immer die feinen Veränderungen, die sich in ihrer Gesundheit und ihrem Hormonhaushalt einstellen. Sie verlieren immer stärker das Gefühl für erotische Berührung. Um es klar zu sagen: Sie benötigen eine stärkere Stimulation, um den Sex als genauso lustvoll zu empfinden wie früher.

Da Alterserscheinungen natürlich nicht grundsätzlich vermieden (sondern im besten Falle nur verzögert) werden können, müssen wir uns mit ihnen arrangieren, indem wir Haltungen und Strategien entwickeln, die uns davor schützen, den Spaß und die Lust am Sex zu verlieren.

# FALLBEISPIEL *Julian & Angelika*

*Julian war ein »Workaholic«, der abends und am Wochenende viele Überstunden machte. Zeitmangel in Verbindung mit Alter, Stress und Müdigkeit taten ein Übriges, um sein sexuelles Begehren zu verringern. Seine Ehe mit Angelika wurde dadurch ernsthaft gefährdet.*

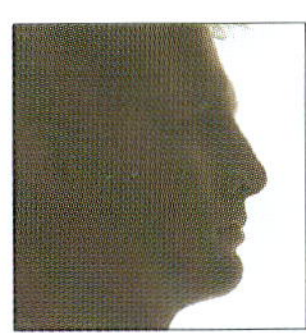

***Name:*** JULIAN
***Alter:*** 40
***Familienstand:*** ERNEUT VERHEIRATET
***Beruf:*** ARCHITEKT

*Trotz zunehmender Geheimratsecken und leichtem Übergewicht war Julian immer noch ein gut aussehender Mann, der Energie und Dynamik ausstrahlte.*

*»Angelika ist meine zweite Frau. Wir haben zusammen zwei Kinder, fünf und drei Jahre alt, und leben in einem idyllischen Haus mit allem Komfort, den man sich wünschen kann. Wenn ich nach Hause komme, möchte ich von dem ganzen Stress aus dem Büro abschalten und mich an und mit meiner Familie freuen. Dazu gehört der Sex mit meiner Frau, auch wenn ich gerade nicht besonders an Sex interessiert bin.«*

*»Ich verstehe das auch nicht genau, denn Angelika ist immer noch eine fantastisch aussehende Frau. Von ihrer Seite ist da auch kein nachlassendes Interesse zu spüren. Alles klappt ganz wunderbar, wenn ich erst mal bei der Sache bin. Aber es fällt mir schwer, überhaupt loszulegen. Ich habe Angst vor den Folgen; eine zweite Scheidung stehe ich nicht durch.«*

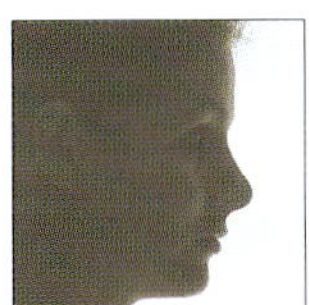

***Name:*** ANGELIKA
***Alter:*** 36
***Familienstand:*** VERHEIRATET
***Beruf:*** HAUSFRAU

*Angelika war eine traumhaft schöne Blondine mit großen blauen Augen und der Figur eines Models. Sie war eine natürlich wirkende und liebenswerte Frau, die ihren Mann und ihre Kinder liebte.*

*»Ich habe mich ständig gefragt, was zwischen mir und Julian falsch läuft, und habe den Eindruck, dass es der Stress ist. Julians Arbeit fordert ihn total, und sie hängt ihm auch noch nach, wenn er behauptet, gerade abzuschalten. Dabei habe ich auch eine Menge Stress. Wir haben zwar eine gute Kinderfrau, aber die Kinder sind in diesem Alter so anstrengend; zur Zeit besonders, weil der Jüngste nicht schläft. Einen Großteil der Zeit laufe ich wie ein Zombie durch die Gegend.«*

*»Mir ist klar, dass das auf der anderen Seite bedeutet, dass für Sex nicht mehr viel Energie vorhanden ist, aber ich kann daran nichts ändern. Ich versuche, die Woche über Kraft für das Wochenende zu sparen, aber dann will Julian nichts davon wissen.«*

## THERAPEUTISCHER ANSATZ

Angelikas Bemerkung, dass Julian gestresster sei, als er zugab, war ein wichtiger Hinweis. Stress kann den Testosteronspiegel senken, der das Begehren steuert, so dass Julian tatsächlich körperlich beeinträchtigt war.

### DRUCK VON ALLEN SEITEN

Aber auch ohne die Auswirkungen von Stress benötigen Männer mit zunehmendem Alter stärkere sexuelle Reize. Ohne sie würde es für den Mann immer schwieriger werden, tiefe erotische Gefühle zu entwickeln, so dass er immer weniger Interesse hat, überhaupt damit zu beginnen. Angelikas außergewöhnliche Schönheit war genug Stimulation in den letzten sechs Jahren, aber jetzt benötigte er mehr als das.

Angelika wiederum kämpfte mit der Müdigkeit, die alle Frauen mit Kindern kennen. Wenn man permanent erschöpft ist, ist es natürlich am Ende des Tages schwer, die große Verführerin zu spielen. Dabei ist Angelika noch in der angenehmen Situation, eine Kinderfrau zu haben. Es war sehr vernünftig von ihr, der Kinderfrau am Ende der Woche zwei Nächte die Kinder zu überlassen, um Kraft für das Wochenende zu schöpfen. Dies ermöglichte ihr überhaupt erst, die Energie für sexuelle Interessen zu tanken. Aber sie musste auch die Erfahrung machen, dass ein neu erwachtes Interesse des einen Partners nicht notwendigerweise das des anderen nach sich zieht.

### KOPF UND KÖRPER ERREGEN

Julian musste sich darüber klar werden, welche Konsequenzen seine enorme Arbeitsbeanspruchung mit sich brachte. Er musste es schaffen, wirklich zur Ruhe zu kommen. Mit Angelika zusammen sollte er herausfinden, welche seiner sinnlichen und erotischen Wünsche sie in ihr Liebesspiel einbauen könnten.

Teil der Sexualberatung war der Hinweis an Angelika, dass sie Julian zur Abwechslung mit der Hand befriedigen müsse. Bisher hatte sie das noch gar nicht gemacht; und es zeigte sich, dass es eine der stärksten und lustvollsten Erfahrungen war, die Julian jemals genossen hatte. Auch wenn diese Aussicht nicht ausreichte, um das spontane Verlangen früherer Jahre wieder zu erwecken, so führte es doch dazu, dass die beiden begierig darauf waren, sich jede Woche die Zeit für sinnliche und erotische Erfahrungen zu nehmen.

# *Tipps für die* ERREGUNG DURCH VORSTELLUNGSKRAFT

*Eine der am schwierigsten zu erwerbenden Fähigkeiten beim Liebesspiel ist es, Vorstellungen beim Partner auszulösen, die allein und ohne Berührung ausreichen, um ihn zum Orgasmus zu bringen. In dem Maße, in dem Sie seinem Körper Ihre Aufmerksamkeit schenken, erzählen Sie Ihrem Partner eine Geschichte, bei der Ihre Finger (oder jeder beliebige andere Körperteil) das Gesagte nachspielen und ihn damit in eine Erwartungshaltung versetzen, die ihn vor Lust und Vorfreude verrückt werden lässt.*

## *Phase* 1 GRENZEN ZIEHEN

Das Erfolgsgeheimnis besteht darin, dass Sie die umfassende Kontrolle über Handlung und Handlungsverlauf haben, egal, welche Reaktionen Ihr Partner zeigen wird. Es ist allerdings sehr wichtig, dass Ihnen – noch bevor Sie mit Ihrem Szenario beginnen – vollkommen klar ist, was für Ihren Partner und für Sie an Aktionen akzeptabel ist und was nicht. Wenn Sie das nicht sicher wissen, müssen Sie es vorher herausfinden.

**SPIELREGELN** Ein Paar, das seine Lust an einer milden Form des Bondage fand, stellte eindeutige Spielregeln auf. Wenn einer von Ihnen »Stopp!«, »Nein!«, »Ich kann das nicht länger ertragen!« oder etwas Ähnliches schrie, so würden sie davon keine Notiz nehmen.

Wenn aber einer der Partner ein vorher vereinbartes Kodewort aussprach, bedeutete das, dass der andere sofort mit allen Aktivitäten aufhören musste. Sie hielten sich an diese Vereinbarung und es funktionierte.

**VERTRAUEN** Es funktionierte natürlich, weil sich das Paar gegenseitig vollkommen vertraute. Wenn Sie sich komplett in die Hand eines anderen begeben und ihm erlauben, mit Ihrem Körper alles zu machen, was er will, müssen Sie zu der anderen Person ein besonderes Vertrauensverhältnis aufgebaut haben.

Manche Experten sehen hierin sogar die höchstmögliche Form des Vertrauens – eine Ansicht, die ziemlich abweicht von dem schmuddeligen Image, das auch den milden Sadomaso-Beziehungen anhaftet.

## *Phase* 2 EIN FANTASIEVOLLES SZENARIO ENTWICKELN

Einige Leute wollen ein solches Szenario im Voraus entwickeln. Ein Mann schrieb sogar Merkzettel, auf denen z. B. »Scharfe Gegenstände wie Schere oder Rasierklinge an auffälligen Orten ablegen« stand. Allein schon beim Lesen werden die Prämissen solcher Arrangements deutlich. Was kommt einem dabei in den Sinn? Argwohn? Besorgnis? Angst? Gleichviel, die Gefühle werden angestachelt – und genau darum geht es. Darin liegt die Kraft der Fantasie.

Entsprechendes erreichen Sie, wenn Sie Ihren Treffpunkt so raffiniert schmücken, dass er Ihrem »Besucher« versteckte Botschaften zeigt. Welche, bleibt Ihnen selbst überlassen.

**ERREGUNG** Eine andere Möglichkeit der Erregung besteht darin, im Bett bestimmte Dinge anzukündigen, dann aber eine Weile lang gar nichts zu tun. Allein schon das Warten auf ein Ereignis kann außerordentlich erregend wirken. Der Mann, der die Merkzettel schrieb, ließ seine Partnerin über eine Stunde im Nebenraum auf ihn warten. Als er zurückkam, war sie stark verärgert, aber erregt – sexuell wie emotional.

**BEFEHLE ERTEILEN** Manche erregt es stark, wenn man ihnen in erotischen Situationen Befehle erteilt. So kann es zum Beispiel sehr erregend sein, wenn der »Meister« befiehlt, die Beine breit zu machen. Dieser Umstand, auf Gedeih und Verderb ausgeliefert zu sein und Befehle ausführen zu müssen, ist für manche erotisch ungemein anregend.

**Lassen Sie sich Zeit** Wenn Sie ein Neuling auf dem Gebiet der Fantasie- und Sexspiele sind, sollten Sie sich mit der Umsetzung Ihrer Ideen Zeit lassen. Wenn Sie oder Ihr Partner irgendwann eine Grenze erreichen, so müssen Sie diese sofort respektieren. Das heißt nicht, dass Sie diese Grenze nicht im gegenseitigen Einverständnis thematisieren können, aber wenn einer sagt: »Hier ist meine Grenze«, dann muss das befolgt werden, sonst verschwindet das Vertrauen und man zerstört die Beziehung.

## *Phase* SEXSPIELE

Die Variationsmöglichkeiten sexueller Spiele werden nur durch Ihre Neigungen und Ihre Vorstellungskraft begrenzt. Wenn Sie gemeinsam passende Szenarios entwickeln können, kann dies Anlass für ausgiebige Sexspiele geben. Es ist gar nicht immer erforderlich, sich großartig zu verkleiden. Aber Hilfsmittel wie Stricke oder Augenbinden können den Spielen einen realistischeren Anstrich geben und dadurch leichter umzusetzen sein. Sie helfen, den inszenierten Traum weiter auszumalen.

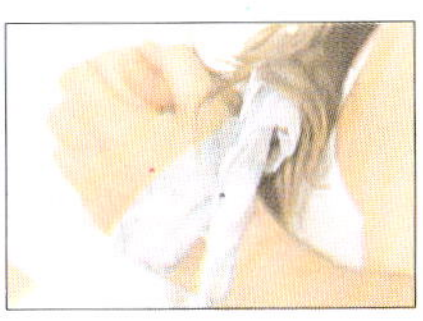

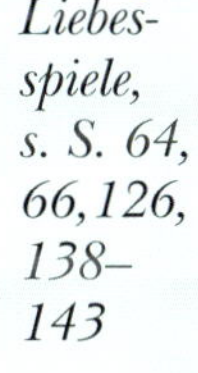

*Liebesspiele, s. S. 64, 66, 126, 138–143*

Sie sollten sich nicht an ein Szenario gebunden fühlen. Wenn es sich zu etwas anderem entwickelt, lassen Sie sich lieber mitreißen. Man kann nie wissen, auf welch erotische Pfade Sie das führen wird.

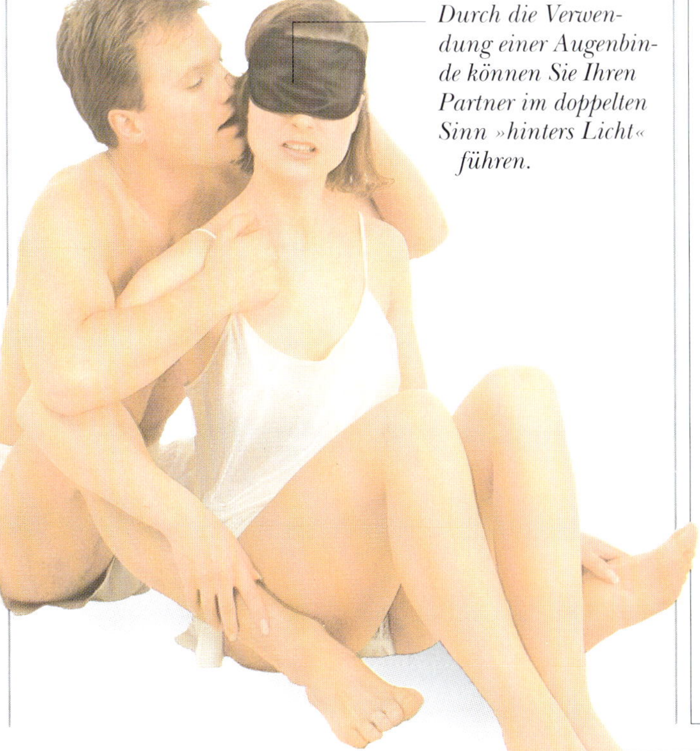

*Durch die Verwendung einer Augenbinde können Sie Ihren Partner im doppelten Sinn »hinters Licht« führen.*

## Vorschläge für Sexspiele

Hier einige Vorschläge für Sexspiele und für Rahmenhandlungen, aus denen Sie Ihre Spiele durch eigene Ergänzungen ableiten können:

- Stimmen Sie der Bedingung zu, alles, was Ihr Partner Ihnen befiehlt, auszuführen.

- Verabreden Sie, abwechselnd (z. B. jede zweite Nacht) alles Lustvolle mit dem Partner anzustellen, mit Ausnahme des Geschlechtsverkehrs.

- Versuchen Sie Rollenspiele: Verstellen Sie sich so, als wäre sie eine schüchterne, unerfahrene Jungfrau, während er den gewieften Verführer spielt.

- Geben Sie vor, ein unerfahrener Junge zu sein, während sie eine verführerische erfahrene Frau ist.

- Setzen Sie dem Verhalten des anderen Grenzen und bestrafen Sie ihn für ungezogenes Benehmen. Eine Strafe könnten leichte Schläge mit einer Klatsche sein. Das Spiel ist lustvoller, wenn der andere die gesteckten Grenzen gar nicht einhalten kann.

- Binden Sie Ihren Partner mit Seidenbändern am Bett fest und kitzeln Sie ihn bis zum Höhepunkt.

- Legen Sie Ihrem Partner eine Augenbinde um und erklären Sie ihm, dass er Ihnen absolut gehorchen muss. Sagen Sie ihm, dass er nun ein Sexsklave ist, der Ihnen und jemand anderem gehorchen muss. Als Sexsklave weiß er aber nicht, wem er gerade untertan ist. Natürlich gibt es nicht wirklich eine andere Person, aber der Schlüssel zum Erfolg dieses Spiels besteht darin, dem Partner diesen Eindruck zu vermitteln. Darum müssen Sie entweder Ihre Stimme verstellen oder sie erst gar nicht gebrauchen, sondern sich entsprechend anders auch in sexueller Hinsicht verhalten. Sexspielzeug wie Vibratoren, Dildos oder Analvibratoren – alles, was sicher ist – kann in dieses Spiel eingebaut werden, solange Sie sanft und vorsichtig damit umgehen und Sie sicher sind, dass Ihr Partner nichts gegen deren Einsatz hat.

- Eine weitere Möglichkeit des Blindekuh-Spiels besteht darin, den Partner mit dem Kopf nach unten am Bett oder auf einem bequemen Stuhl festzubinden. Sie erzählen ihm, dass Sie zum Essen ein paar ihm unbekannte Freunde eingeladen haben, die im Raum nebenan zusammenkommen werden, und die im Verlauf des Abends mit Ihrem Partner Sex haben werden. Wenn Sie hinterher verkleidet den Raum betreten, können Sie dann am überzeugendsten die Rolle eines Fremden übernehmen, wenn Sie einen Schal um Ihren Mund wickeln, der Ihre Stimme fremd erscheinen lässt.

# LIEBESSPIELE MIT PFIFF

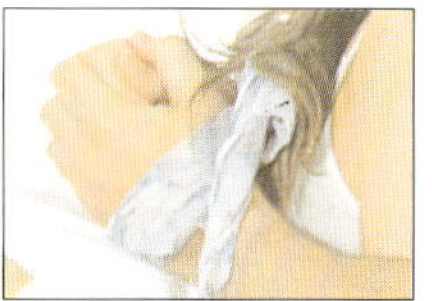

*Wenn die sexuelle Spannung abgeflacht ist und die Partner das Bedürfnis haben, ihr altes Begehren zu erneuern, dann ist oft der Gebrauch von eher ungewöhnlichen Sexpraktiken notwendig. Das symbolische Ausleben von Aggression bei einer milden Bondage etwa gefällt vielen Männern und Frauen, wenn sie sich erst einmal eingestehen können, dass Sie es mögen, andere zu dominieren bzw. von anderen dominiert zu werden. Wie die meisten natürlichen Triebe wird auch die sexuelle Lust durch (moderate) Beschränkung verstärkt. Gibt es aber Anzeichen dafür, dass Ihr Partner etwas nicht mag, hören Sie sofort damit auf.*

**UNTERWERFUNG ANDEUTEN** Sie können einen Schal oder eine Krawatte benutzen, um Ihren Partner sanft zu sich heranzuziehen. Sie zeigen damit, dass Sie mehr Zuwendung wollen.

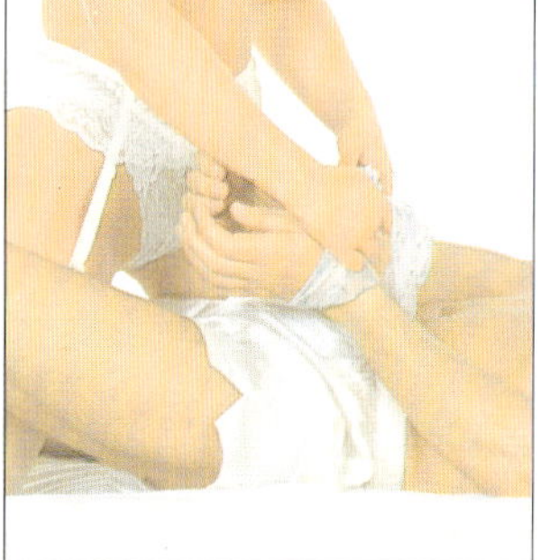

**GEBUNDENE HÄNDE** Benutzen Sie Schale, Bänder, Strumpfhosen oder Ähnliches, um die Hände Ihres Partners sanft zusammenzubinden. Auch an den Fußknöcheln, den Ellbogen oder den Zehen kann eine Druckfessel sexuell stark stimulieren.

**VERFÜHREN SIE IHN** Ist Ihr Partner festgebunden, küssen und kitzeln Sie ihn nach Ihrem Willen am ganzen Körper. Ihr Partner sollte nicht wissen, wann oder wie Sie etwas machen. Das wird seine Spannung und seine Empfindungen ins Unermessliche steigern.

**BETONEN SIE IHRE ÜBERLEGENHEIT** Zwingen Sie Ihren Partner Positionen einzunehmen, die ihm zeigen, wie machtlos er Ihren Annäherungen ausgeliefert ist.

*Fördern Sie die Reaktionen Ihres Partners, indem Sie ihm sagen, wie wild Sie das macht.*

*Gleiten Sie unter seine Arme und pressen Sie Ihren Körper vielsagend gegen seinen.*

*Wenn Sie unsicher sind, ob Sie es mögen, unterworfen zu sein, lassen Sie die Füße frei, damit Sie immer das Gefühl haben, fliehen zu können.*

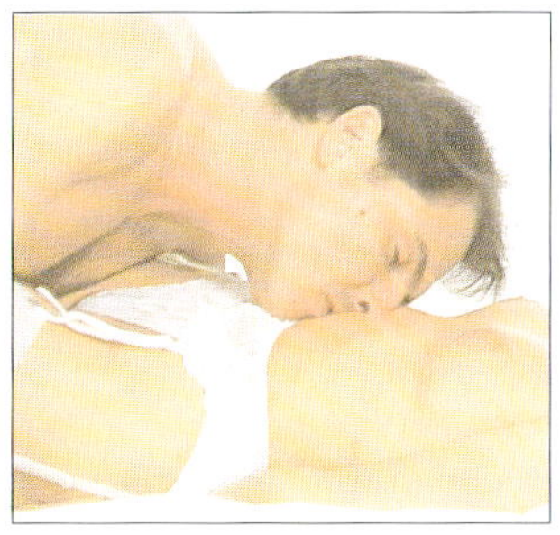

**Seien Sie sanft und liebevoll** Seien Sie immer zärtlich zu Ihrem Partner. Es geht darum, sich Freude zu schenken, nicht, sich Angst zu machen oder Schmerz zuzufügen.

*Tun Sie so, als kämpften Sie gegen Ihre Fesseln an; das kann für Ihren Partner sehr erregend sein.*

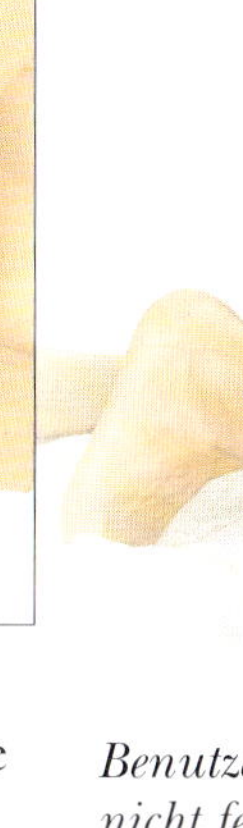

**Sich Abwechseln** Vorab vereinbarte Signale oder die einfache Mitteilung »Jetzt bin ich dran!« müssen sofort befolgt werden. Wenn es beiden Spaß macht, muss man das auch nicht befolgen.

*Benutzen Sie Körperteile, die nicht festgebunden sind, um Ihren Partner damit zu ärgern und anzustacheln.*

**Keine Ernsthaftigkeit** Eine gewisse Lockerheit und Leichtigkeit zeigt Ihrem Partner, dass Sie Spaß an der ganzen Sache haben. Sie können solche Spiele nur dann ausleben, wenn Sie und Ihr Partner sich wirklich sehr nahe stehen.

**Erfahrungen erörtern** Wenn Sie neue Leidenschaften entdeckt und beide den Eindruck haben, dass die Praktiken wertvoll sind, sollten Sie überlegen, wie es weitergeht. Empfindet dagegen einer der Partner das Ganze als wenig ergiebig, sollten Sie dieses Spiel aus Ihrem Repertoire streichen.

*Äußern Sie Ihre Gefühle, so dass Sie sich beide wohlfühlen.*

# GEBEN SIE IHM EINE SINNLICHE MASSAGE

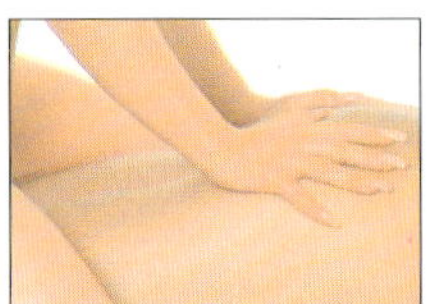

*Eine Massage kann der Beginn der Entspannung sein; verändert sich aber die Art der Berührung von einem festen Handgriff zu einem feinen Streichen, vom Bearbeiten des ganzen Körpers zur verführerischen Liebkosung der Genitalien, so wird aus der Entspannung Erregung (zu den elementaren Handgriffen vgl. S. 60–63).*

**BEINE UND RÜCKEN** Ihr Partner liegt auf dem Bauch und Sie sitzen rittlings auf seinen Beinen. Benutzen Sie warmes Massageöl, um seine Haut und Ihre Hände schlüpfrig und empfindsam zu machen. Lehnen Sie sich zurück und beginnen Sie bei seinen Fußsohlen, Knöcheln und Waden. Arbeiten Sie sich dann nach oben vor.

*Führen Sie alle elementaren Massagegriffe aus; zuerst fest, dann mit nachlassendem, am Ende nur mit leichtem Druck der Fingerspitzen.*

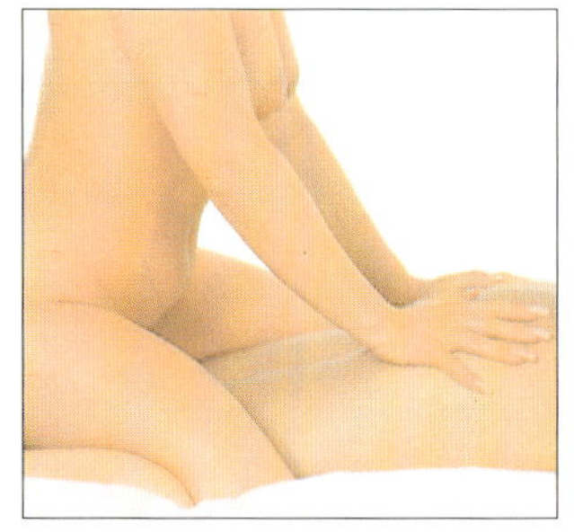

**UNTERER RÜCKEN** Üben Sie einen erotisierenden Druck aus und fahren Sie mit Ihren Händen langsam von den Schenkeln über den Po zur Hüfte hinauf.

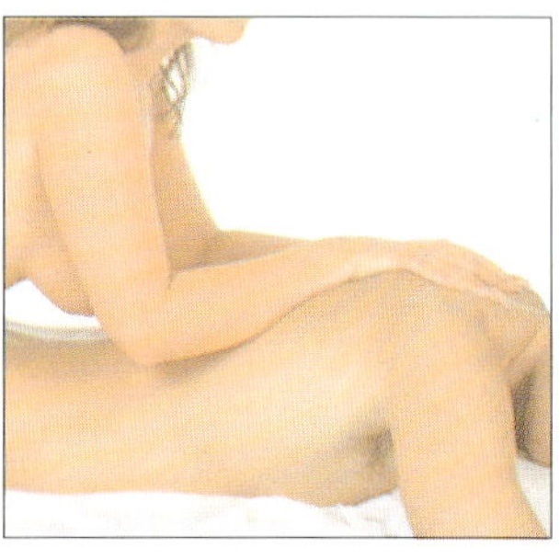

**OBERER RÜCKEN** Schenken Sie Ihre Aufmerksamkeit der Muskelpartie zwischen Schulterblättern und Nacken.

*Wenn Ihr Bett zu weich ist, legen Sie das Bettzeug oder gefaltete Handtücher auf den Boden und geben Sie ihm hier die Massage.*

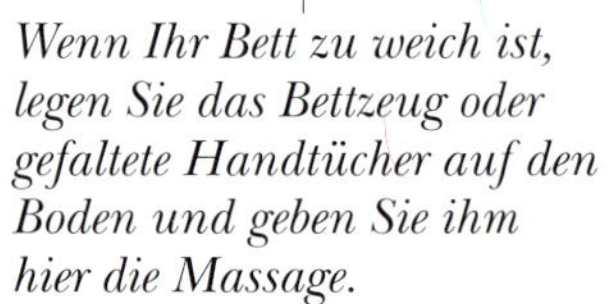

**KÖRPERKONTAKT** Wenn Sie mit der Massage von Rücken und Schultern fertig sind, legen Sie sich auf ihn und schieben Sie Ihren Körper langsam und mit Gefühl von einer Seite zur anderen. Spannen Sie Ihre Schenkel über seinen an und fahren Sie mit Ihren Brüsten leicht über seinen Rücken.

**FRONTALMASSAGE** Bitten Sie Ihren Partner nun, sich auf seinen Rücken zu drehen, und benützen Sie auch hier wieder viel Öl, um Brust und Bauch zu massieren. Massieren Sie auch ganz leicht seine Brustwarzen, aber vermeiden Sie die Berührung seiner Geschlechtsorgane.

*Sie vertiefen die angenehmen Gefühle, wenn Sie seitlich an seiner Brust und seinen Unterarmen entlangstreichen.*

**ERREGUNGSSPITZEN** Machen Sie Ihren Partner ganz wild, indem Sie zunächst mit Ihren Fingerspitzen über seine Brust fahren. Dann umkreisen Sie die Brustwarzen und tippen an ihre Spitzen. Wenn Sie langes Haar haben, lassen Sie es verführerisch über ihn fallen.

*Streicheln Sie sein Gesicht und ziehen Sie mit Ihren Fingerspitzen die Linien seiner Lippen, Augen, Wangen und Ohren nach.*

*Wenn Sie über ihn gleiten, spannen Sie Ihre Oberschenkelmuskeln an, damit Sie ihm nicht zu schwer werden.*

*Jedes »zufällige« Hinwegstreifen über seine Genitalien gibt ihm eine hochgradig verführerische Empfindung.*

*Lassen Sie Ihre Brustwarzen verführerisch über seine nackte Haut gleiten.*

**KÖRPERKICK** Beenden Sie Ihre Massage mit einer Ganzkörper-Liebkosung. Stützen Sie sich auf Ihre Hände und Knie und beugen Sie sich immer tiefer über den Körper Ihres Partners, bis Sie ihn gerade berühren. Gleiten Sie einmal von oben nach unten über seinen Körper und lassen Sie dabei Ihre Hände an seinem Bauch, seiner Brust und an seinen Armen entlangfahren.

# GEBEN SIE IHR EINE SINNLICHE MASSAGE

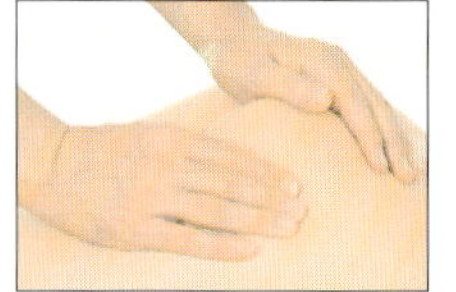

*Der Partnerin eine sinnliche Massage zu geben, verstärkt das Band der Liebe zwischen Ihnen und schenkt beiden eine herrliche erotische Erfahrung. Machen Sie es sich in einem angenehm temperierten Raum schön, in dem Sie ungestört sein können. Sollte Ihr Bett zu weich sein, legen Sie die Matratze, ein Oberbett oder gefaltete Handtücher auf den Boden und massieren Sie dort (zu den elementaren Handgriffen vgl. S. 60–63).*

**AM PO BEGINNEN** Im Pobereich enden viele Nerven, die diese Region besonders empfänglich für Berührung machen. Reiben Sie Ihre Hände und ihre Haut mit warmem Massageöl ein und streichen Sie leicht über die zarte Haut des Hinterns.

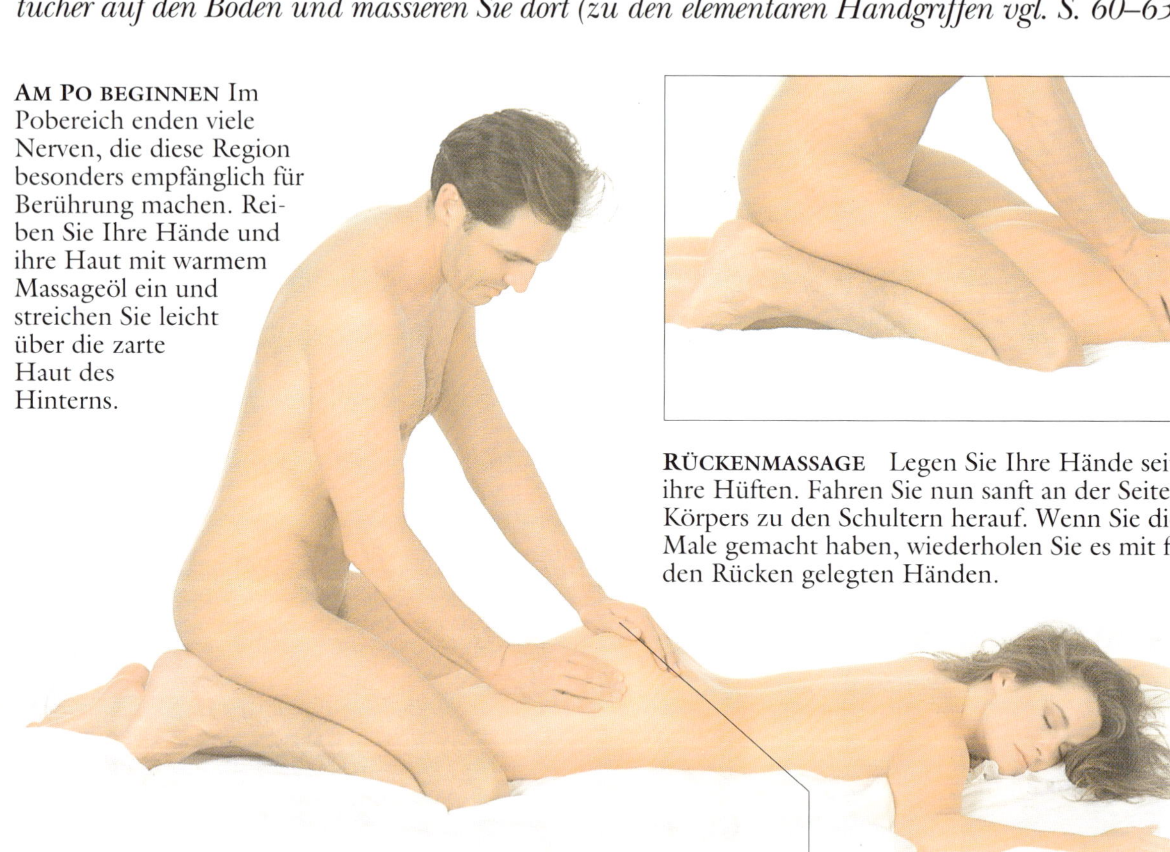

**RÜCKENMASSAGE** Legen Sie Ihre Hände seitlich an ihre Hüften. Fahren Sie nun sanft an der Seite ihres Körpers zu den Schultern herauf. Wenn Sie dies einige Male gemacht haben, wiederholen Sie es mit flach auf den Rücken gelegten Händen.

*Führen Sie alle elementaren Massagegriffe aus, zuerst mit starkem, dann mit immer leichter werdenden Druck; am Ende nur noch mit den Fingerspitzen, die über die Haut gleiten.*

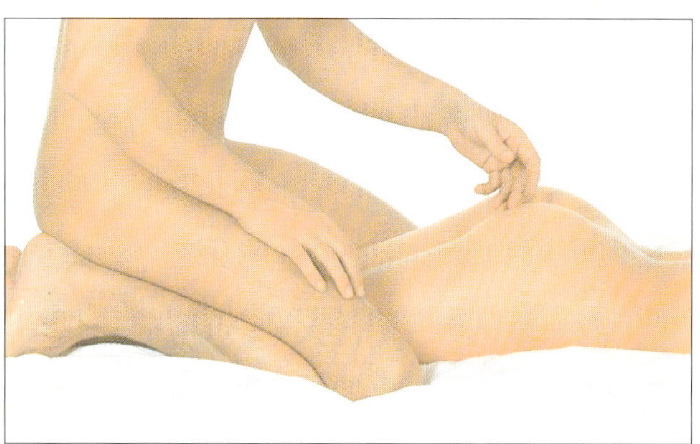

**INNENSEITEN DER SCHENKEL** Fahren Sie mit den gut eingeölten Fingern abwechselnd an den Innenseiten der Schenkel vom Knie zum Po hinauf. Bei der Abwärtsbewegung üben Sie nur noch minimalen Druck aus.

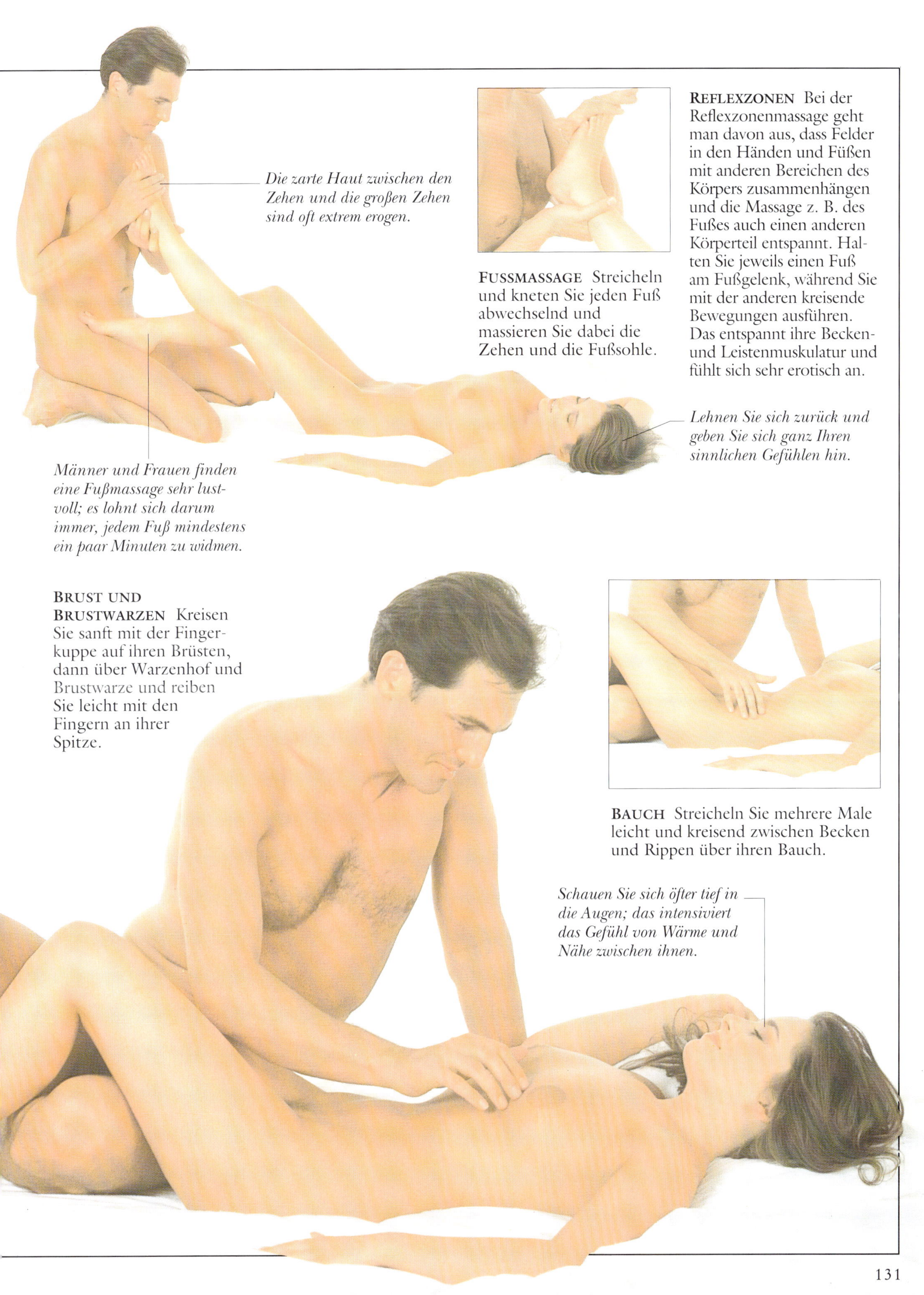

*Die zarte Haut zwischen den Zehen und die großen Zehen sind oft extrem erogen.*

**FUSSMASSAGE** Streicheln und kneten Sie jeden Fuß abwechselnd und massieren Sie dabei die Zehen und die Fußsohle.

**REFLEXZONEN** Bei der Reflexzonenmassage geht man davon aus, dass Felder in den Händen und Füßen mit anderen Bereichen des Körpers zusammenhängen und die Massage z. B. des Fußes auch einen anderen Körperteil entspannt. Halten Sie jeweils einen Fuß am Fußgelenk, während Sie mit der anderen kreisende Bewegungen ausführen. Das entspannt ihre Becken- und Leistenmuskulatur und fühlt sich sehr erotisch an.

*Lehnen Sie sich zurück und geben Sie sich ganz Ihren sinnlichen Gefühlen hin.*

*Männer und Frauen finden eine Fußmassage sehr lustvoll; es lohnt sich darum immer, jedem Fuß mindestens ein paar Minuten zu widmen.*

**BRUST UND BRUSTWARZEN** Kreisen Sie sanft mit der Fingerkuppe auf ihren Brüsten, dann über Warzenhof und Brustwarze und reiben Sie leicht mit den Fingern an ihrer Spitze.

**BAUCH** Streicheln Sie mehrere Male leicht und kreisend zwischen Becken und Rippen über ihren Bauch.

*Schauen Sie sich öfter tief in die Augen; das intensiviert das Gefühl von Wärme und Nähe zwischen ihnen.*

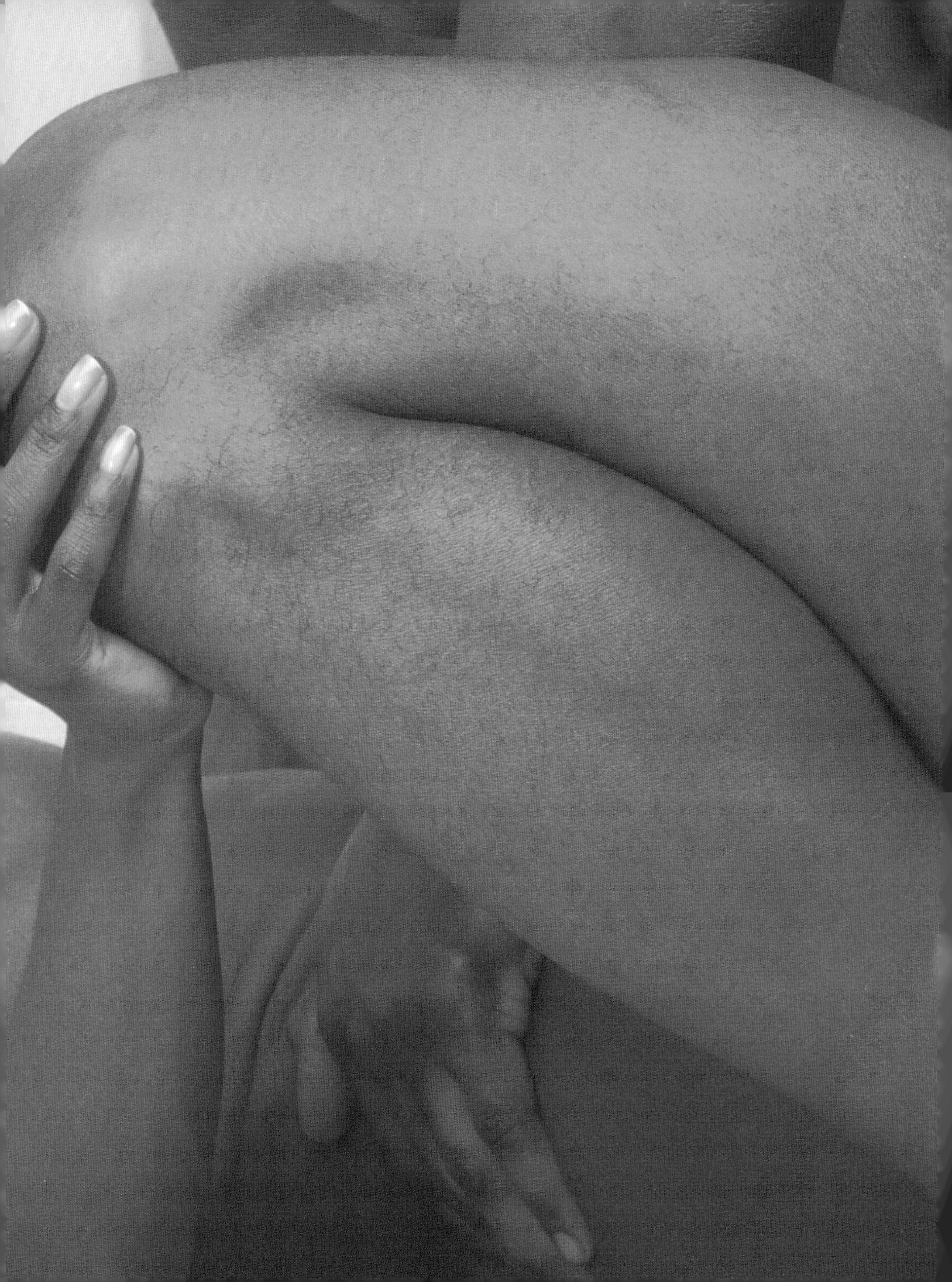

# KAPITEL 12

# WIE KÖNNEN WIR UNSERE INNERSTEN FANTASIEN AUSLEBEN?

*»Nicht jeder hat sexuelle Fantasien, aber viele von denen, die sie nicht haben, können sie erlernen.«*

SEXUELLE FANTASIEN werden von manchen Therapeuten als Eheretter und Erotikförderer betrachtet. Andere sehen in ihnen eine Flucht aus der Wirklichkeit, die wenig wünschenswert ist. Letztgenannte Ansicht übersieht die Tatsache, dass der umsichtige Umgang mit Fantasien von großem Wert sein kann. Er verhilft z. B. bestimmten Frauen, einen Orgasmus zu haben, die auf andere Weise noch niemals einen erlebt haben.

Die Umsetzung von Fantasien ermöglicht es Paaren, ihre Vorstellungen und Tagträume zu erforschen. Das Liebesspiel wird dadurch zu einem sexuellen Abenteuer, das Kopf, Körper und Emotionen gleichermaßen anspricht.

Es scheint eine Verbindung zu geben zwischen dem Sexualtrieb eines Individuums und der Wahrscheinlichkeit sexuelle Fantasien auszuleben. Menschen mit starkem Sexualtrieb setzen offensichtlich stärker auch ihre sexuellen Fantasien um als solche mit schwächerem Sexualtrieb.

Andersherum gilt für Menschen, die in ihrer Kindheit ihre sexuellen Gefühle unterdrücken mussten und deren Schuldgefühle sie hinderten, ihrem Sexualtrieb nachzukommen, dass sie seltener sexuelle Fantasien haben.

Glücklicherweise können wir alle lernen, diese Hemmungen zu überwinden und die erotischen Möglichkeiten unserer Fantasie zu nutzen.

# FALLSTUDIE *Ruth & Niklas*

*Ruth und Niklas betrachteten beide sexuelle Fantasien als Bereicherung einer Beziehung und wollten sie darum in ihr Liebesleben integrieren. Ihr Problem bestand darin, dass keiner von ihnen wusste, wie er seinen geheimen Wunsch dem anderen mitteilen sollte.*

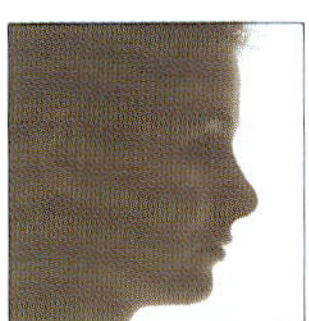

*Name:* RUTH
*Alter:* 27
*Familienstand:* GESCHIEDEN
*Beruf:* BADEMEISTERIN

*Ruth war eine schöne, aber unentschlossene Frau, die halbtags im städtischen Schwimmbad arbeitete. Sie hatte einen zweijährigen Sohn und überlegte, ob und wie sie an einer Weiterbildung teilnehmen sollte, die ihre Zukunftsaussichten verbessern würde.*

*»Ich war acht Jahre mit einem Mann verheiratet, der mich nicht erregen konnte«, erzählte sie mir. »Seine sexuellen Vorlieben passten nicht zu meiner Vorstellung von Erotik und die Ehe ging kaputt. Danach hatte ich zwei kurze Affären, bevor ich dann Niklas kennen lernte.«*

*»Niklas ist einfallsreich und ein sehr guter Liebhaber. Er gibt wunderbaren oralen Sex. Ihm gelingt es besser als irgendeinem Mann zuvor, mich näher an den Orgasmus heranzubringen, aber auch mit ihm hatte ich bisher keinen. Ich weiß durch Selbstbefriedigung und meine Fantasien, dass ich durchaus einen Orgasmus haben kann. Ich glaube auch, dass Niklas und ich beim Sex auf dem richtigen Weg sind, wenn wir Fantasien ausleben könnten. Ich weiß aber nicht, wie ich das anstellen soll. Soll ich ihn fragen? Wie kann er wissen, was ich meine? Gibt es denn tatsächlich eine Möglichkeit, ihn in meine Fantasien zu holen, oder rede ich mir da etwas ein?«*

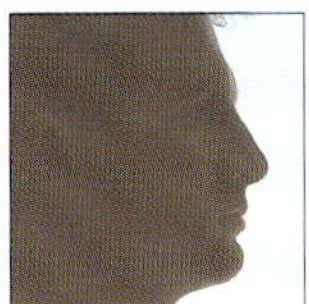

*Name:* NIKLAS
*Alter:* 30
*Familienstand:* LEDIG
*Beruf:* ILLUSTRATOR

*Niklas war ein kleiner, dunkelhaariger Mann, der als Illustrator fantasievolle Bilder von Rittern und Drachen malte, von Kriegerinnen, die gegen Zwerge und Trolle fechten. Seine Arbeiten waren als Titelbilder von Sciencefiction-Büchern und -Kalendern stark gefragt.*

*»Ruth ist eine der attraktivsten Frauen, die ich kennen gelernt habe. Aber Sie muss sexuell sozusagen noch wachgeküsst werden. Ich glaube, sie braucht dafür ein erotisch-romantisches Szenario. Es würde mir viel Spaß machen, ein Spiel umzusetzen, bei dem sie von einem brutalen Wächter gefesselt wurde und mir ganz zu Willen sein müsste. Es könnte für uns beide ganz klasse sein, aber ich habe Angst, eine gewisse Grenze zu überschreiten. Was soll ich tun?«*

## THERAPEUTISCHER ANSATZ

Im Einzelgespräch mit Ruth und Niklas wurde schnell klar, dass beide einen Weg suchten, Ihre Fantasien in ihre sexuellen Aktivitäten mit einzubringen. Der einzige Grund, warum sie sich dabei zurückgehalten hatten, lag darin, dass keiner von ihnen das Thema zuerst ansprechen wollte. Als sie begannen, offen über ihre Wünsche zu reden, konnten sie ihre Fantasien auch ausleben; Ruth erlebte dadurch oft und viel leichter einen Höhepunkt.

Die Schwierigkeiten in der Kommunikation können manchmal die größte Hemmschwelle bei der Äußerung eines besonderen sexuellen Wunschs sein. Ironischerweise hegen manchmal beide Partner den gleichen Wunsch. Nach etwas zu fragen, was nicht alltäglich ist, ist ohnehin schwierig; um dabei erfolgreich zu sein, muss man ein Risiko eingehen und gleichzeitig Rückendeckung erhalten.

### UNAUSGESPROCHENE SIGNALE

Man muss dafür aber auch die unausgesprochenen Signale des Partners verstehen lernen. Ein Grund für Missverständnisse liegt darin, dass der eigene Wunsch nach einer bestimmten Praktik so groß ist, dass man ihn in den anderen hineinprojiziert. Man muss also darüber reden und Dinge zu einem guten Zeitpunkt ansprechen und nicht, indem sie mit Schnürstiefeln und Peitsche über ihn herfallen. Fragen Sie solche Dinge lieber, wenn Sie es sich beide gut gehen lassen, wenn sie z. B. im Sommer im Gras liegen oder bei einer schönen Autofahrt.

### FRAGEN STELLEN

Wenn Sie Fragen stellen, sollten Sie keine Vorwürfe oder Unterstellungen machen. Sagen Sie nicht: »Du machst den Eindruck, als bräuchtest Du im Bett ein paar Schläge«, sondern formulieren Sie es indirekt. »Würde es dir gefallen, wenn ich dir beim nächsten Sex leichte Schläge gebe? Was denkst du darüber?« Sie können Ihre Unsicherheit, wie Ihr Partner eine so sensible Frage aufnimmt, auch aussprechen. »Es gibt da etwas Sexuelles, über das ich mit dir reden möchte, aber mir fällt das sehr schwer. Ich habe Angst, du könntest einen falschen Eindruck von mir bekommen.«

Die meisten Partner möchten, wenn sie das hören, natürlich wissen, worum es geht, und werden Ihnen Sicherheit vermitteln. Daran können Sie anschließen und sagen: »Es ist nur eine Frage, die nichts daran ändert, was wir gerne im Bett miteinander tun. Aber ...« Sie können mit Ihrer Frage das Risiko, etwas zuerst anzusprechen, nicht umgehen. Aber wenn Sie diesen Schritt nicht wagen, werden Sie in Ihrem Liebesleben niemals Fortschritte machen.

# *Tipps für den Einsatz* SEXUELLER FANTASIEN

*Sexuelle Fantasien gehören zu denjenigen Facetten des Sexuallebens, die noch kaum durch psychologische Tests messbar gemacht werden können. Wir wissen, dass zwar nicht alle Menschen sexuelle Fantasien entwickeln, aber die meisten von ihnen durchaus bereit und fähig sind, diese zu erlernen. Diese Tipps sollen Ihnen helfen, eigene Fantasien durch mentale und physische Stimulation auszubauen und diese Fantasien zur Verbesserung des Liebeslebens einzusetzen.*

Dr. Glenn Wilson, einer der wenigen mutigen Psychologen, die sexuelle Fantasien untersucht haben, sieht eine direkte Verbindung zwischen ihnen und dem Sexualtrieb. Je stärker der Sexualtrieb einer Person, desto wahrscheinlicher ist es, dass sie Sexfantasien hat. Diese Erkenntnis passt zusammen mit dem, was Dr. John Bancroft von der Edinburgh University herausgefunden hat. Er stellte fest, dass der Testosteron-Spiegel bei Frauen umso höher ist, je stärker sie sexuelle Fantasien entwickeln. Ein hoher Testosteron-Spiegel hängt wahrscheinlich auch mit einem stärkeren Sexualtrieb zusammen.

**ERZIEHUNG** Die Erziehung spielt eine große Rolle dabei, wie ein Mensch seinen Sexualtrieb lebt. Wenn ein Mensch schon früh dazu gebracht wurde, seine sexuellen Gefühle zu verleugnen, kann sein Sexualtrieb durch die entstehenden Schuldgefühle eingeschränkt sein. Schuldgefühle machen Fantasien kaputt. Aber wir können diese Hemmungen überwinden und erotische Bilder entstehen lassen.

## *Phase* 1 MENTALE STIMULATION

Nehmen Sie sich für diese ersten beiden Phasen mindestens eineinhalb Stunden Zeit und meiden Sie Störungen. Legen Sie sich nach einem entspannenden Bad nackt in Ihr Bett und machen Sie es sich gemütlich.

**EROTICA** Wenn es Ihnen schwer fallen sollte, eigene Sexfantasien zu entwickeln, sollten Sie erotische Publikationen zur Anregung hinzuziehen. Nancy Fridays Buch *Der versteckte Garten* spricht vor allem Frauen an, während Männer Magazine wie *Penthouse* und *Playboy* vorziehen. Einige der besseren Sexmagazine bieten für Männer und Frauen erotisch ansprechende Bilder und Geschichten. Vielleicht suchen Sie auch nach den Sexszenen in Ihren Lieblingsromanen.

Vielleicht sprechen Sie ja auch die illustrierten Fantasien auf den nächsten Seiten an. Eine ist für Männer geschrieben, die andere ist gezielt angelegt, um Frauen zu erregen, die dritte soll beiden dienen.

## *Phase* 2 KÖRPERLICHE STIMULATION

Während Sie das erotische Buch oder Magazin lesen, sollten Sie auf die Zeichen der Erregung Ihres Körpers achten. Wenn Sie ein bestimmter Teil Ihres Lesestoffs besonders anspricht, konzentrieren Sie Ihre Gedanken darauf. Streicheln Sie dabei gleichzeitig Ihre Geschlechtsorgane, die Klitoris oder den Penis. Versuchen Sie die besten Szenen während ihrer Erregung vor Augen zu behalten.

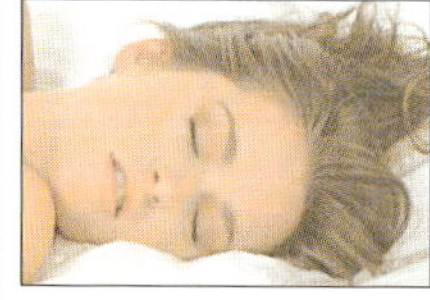

*Selbstbefriedigung, s.S.226*

**WENDEPUNKT** Einige Frauen können so zwar schnell erregt werden, aber dann erreichen Sie einen Punkt, den sie als »Wendepunkt« beschreiben, weil danach ihre Erregung abflaut. Der Weg seiner Überwindung verläuft über die Fokussierung auf die besonders erregenden Teile der Fantasie. Jedesmal, wenn Ihr Geist abschweifen will, bestehen Sie darauf, dass er zurückkommt. Viele Frauen empfinden dies als eine wirkungsvolle Möglichkeit, die Abflachung der Erregung zu verhindern. Auch Männer können mit dieser Methode einen tief empfundenen Orgasmus herbeiführen.

Andere Möglichkeiten, die Abflachung der Erregung zu verhindern, bestehen darin, dass Ihr Partner Ihnen Fantasien zuflüstert, wenn Sie sich dem Orgasmus nähern, oder indem Sie sich einen erotischen Film anschauen.

# *Phase* FANTASIEN BEIM SEX UMSETZEN

Tausende benutzen heimlich Fantasien, um beim Sex einen Höhepunkt zu erreichen. Die meisten würden das niemals zugeben, weil sie Angst haben, die Beziehung zu gefährden oder die Fantasie, die sie nicht dem »Licht der Wahrheit« aussetzen möchten. Sehr wenige Menschen haben den Mut, ihre Fantasien vor ihrem Partner zuzugeben oder gar vorzuschlagen, sie gemeinsam umzusetzen.

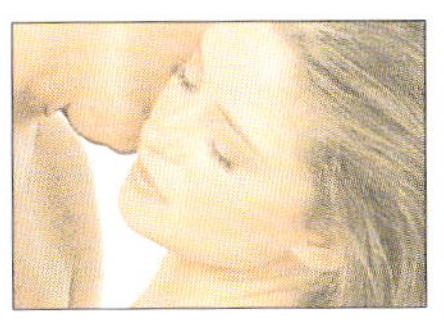

*Unschuld spielen, s.S. 142*

**FANTASIEN VERLIEREN** Es muss gesagt werden, dass der Verlust einer Fantasie, die man dem Partner mitgeteilt hat, nicht bedeutet, dass man nie wieder erregt werden kann. Die meisten Menschen sind fähig, eine alte Fantasie durch eine neue zu ersetzen, eine bestehende Fantasie zu erweitern und von einer Fantasie zu einer anderen zu wechseln.

**FANTASIEN AUSLEBEN** Hören Sie sich einmal an, was Moni und Roger zum Übergang von der Vorstellung zur Wirklichkeit sagen:

»Schon am Anfang unserer Beziehung wurde deutlich, dass wir beide das gleiche Interesse an sexy Unterwäsche hatten. Ich liebe es, sie zu tragen, er liebt es, mich in ihr zu sehen und sie mir auszuziehen. Wenn ich die Wäsche kaufte und in den Umkleideabteilen ausprobierte, sehnte ich mich nach Rogers Anwesenheit. Als ich ihm das erzählte, entwickelte er daraus sofort eine Fantasie. Ich konnte sie regelrecht vor mir sehen, sicherlich auch, weil ich ja den gleichen Traum hatte. Wir wollten beide diese Fantasie in Echt ausprobieren. Wir wollten eine Situation herstellen, in der ich meine Beine, in hauchdünnen Strumpfhosen oder Strapsen, zwischen den Vorhängen durchscheinen lassen konnte, denn er sollte mich ja durch den leicht aufgezogenen Vorhang in meiner zarten Wäsche sehen, die fast nichts bedeckte. Wir hatten zwar versucht, das auch zu Hause nachzustellen, aber es hatte nicht funktioniert.

Nachdem wir die Idee mehrmals flüchtig angesprochen hatten, machte ich einen Termin mit ihm aus: »Sei am Mittwoch um 11 Uhr am Kaufhaus XY.« Ich wusste, dass dieses Kaufhaus in der Wochenmitte um diese Zeit eher schlecht besucht sein würde.

Die Etage war bis auf die Verkäuferin völlig leer und auch sie zeigte kein Interesse an dem, was wir machten. Ich begann die Wäsche vor seinen Augen anzuprobieren. Irgendwann war es mir unmöglich, sie selbst wieder auszuziehen, und ich brauchte in der Umkleidekabine seine Hilfe. Wir liebten uns im Stehen und waren sehr erregt von der Möglichkeit gesehen zu werden. Glücklicherweise bemerkte uns aber niemand; es ist immer noch eine der sinnlichsten Erfahrungen meines Lebens. Auch das Nachspielen zu Hause war wunderbar.

Etwas riskiert zu haben, was wir uns kurz vorher nur vorgestellt hatten, erleichterte uns das Ausleben weiterer Fantasien, weil schon diese uns so viel gegeben hatten. Einmal verkleidete ich ihn als Krankenschwester und führte ihn in die Geheimnisse von Medizin und Biologie ein. Ein anderes Mal band er mich am Bett fest und stimulierte mich stundenlang, bevor ich zum Höhepunkt gelangen durfte. Wir machen das nicht ständig, aber zu besonderen Gelegenheiten. Es fühlt sich fantastisch an und stärkt unsere Beziehung enorm.«

**EROTISCHE ANREGUNGEN**
Wenn es Ihnen schwer fällt, eigene Sexfantasien zu entwickeln, finden Sie in erotischen Büchern und Zeitschriften sicherlich Anregung.

*In den besseren erotischen Büchern werden Sie Anregungen finden, die Männer und Frauen ansprechen.*

# SEINE FANTASIEN SPIELEN

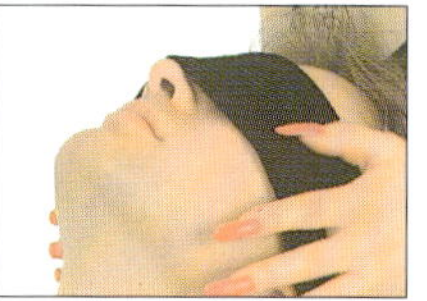

*Der sexuelle Horizont wird am einfachsten durch den Einsatz von Fantasien erweitert, die den Sex oder die Selbstbefriedigung begleiten. Ohne gleich den Partner zu wechseln, können Sie eine Fülle erregender Aktivitäten – wenn auch teilweise nur im Kopf – ausleben. Bestrafung und Bondage gehören zu den üblichen männlichen Fantasien, wie die große Anzahl von Angeboten in den entsprechenden Rubriken der Zeitungen zeigt. Vorausgesetzt, dass beide Partner diese Praktiken erleben möchten, können Bestrafung und Bondage hocherotische und lustvolle Spiele sein.*

*Leder oder Latex, kombiniert mit Spitzenwäsche, helfen bei der Herstellung der richtigen Atmosphäre.*

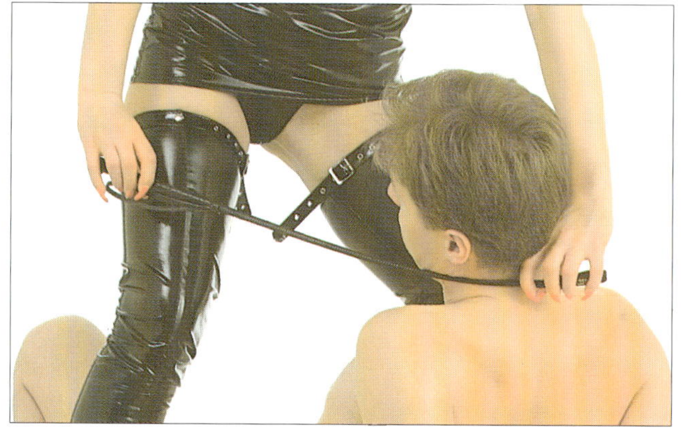

**ZEIGEN, WO'S LANG GEHT** Mit den entsprechenden Stiefeln und einer Reitpeitsche werden Sie ihm schon klar machen, dass er sich danebenbenommen hat und darum bestraft werden muss. Sie bestimmen, wo es lang geht, und er muss tun, was Sie befehlen – egal, was es ist.

*Das Gefühl der Hilflosigkeit und Verletzbarkeit wird noch durch seine Nacktheit verstärkt.*

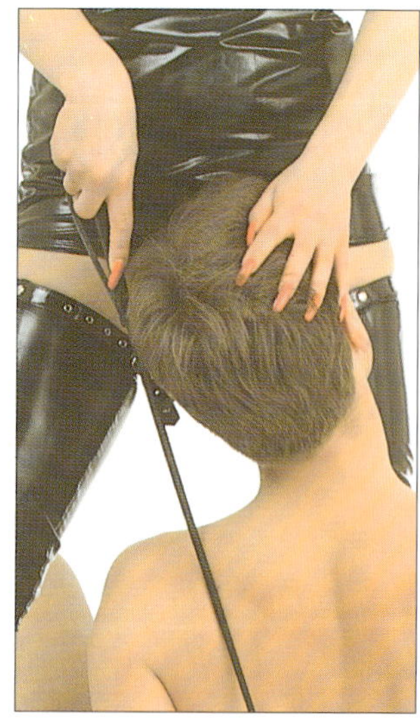

**BESTRAFUNG** Befehlen Sie ihm sich hinzusetzen; drücken Sie das harte Leder der Reitpeitsche gegen seine nackte Haut; so weiß er, was nun folgen wird.

**AUGENBINDE** Steigern Sie Ihre Macht über ihn, indem er sich hinknien und eine Augenbinde anlegen muss. So kommt er sich noch verletzlicher vor und kann nicht sehen, was als Nächstes auf ihn zukommt.

*Benutzen Sie abwechselnd die Vor- und Rückhand, um jede seiner Pobacken mit der Reitpeitsche zu bearbeiten.*

**KEIN SCHMERZ!** *Auch wenn Ihre Schläge zu spüren sind, sie dürfen auf keinen Fall ernsthaft schmerzen.*

**DIE HÄNDE FESTBINDEN** Drücken Sie ihn nach vorne, so dass seine Stirn den Boden berührt. So zwingen Sie ihn, eine unterwürfige Haltung einzunehmen. Ziehen Sie seine Hände hinter seinen Rücken und binden Sie sie mit einem Seil locker, aber sicher zusammen. Jetzt ist er nackt, trägt eine Augenbinde, ist festgebunden und vollkommen in Ihrer Hand.

*Binden Sie die Schnur nur locker um die Gelenke, damit sie ihm nicht wehtut.*

**STRAFE MUSS SEIN** Unfähig, sich zu wehren, ist das Winseln um Gnade das Einzige, was er tun kann, wenn Sie seinen nackten Po mit der Reitpeitsche schlagen. Vielleicht geben Sie irgendwann seinen Bitten nach und hören auf, ihn zu schlagen. Aber nur unter der Bedingung, dass er sie danach wild und leidenschaftlich liebt.

*Trotz des Schmerzes und der Demütigung wird diese Erfahrung hochgradig erregend für ihn sein.*

# IHRE FANTASIEN SPIELEN

*Um ohne größere Anstrengungen und ohne die Beziehung zu gefährden Abwechslung in Ihr Sexleben zu bringen, sollten Sie Ihren Partner mit unbekannten sexuellen Verhaltensweisen überraschen. Frauen benutzen zur Steigerung Ihrer Leidenschaft gerne die Fantasie von einem geheimen Liebhaber, dem sie hilflos ausgeliefert sind. Dabei bemerkt der Partner oft, dass das Spiel auch ihn erregt.*

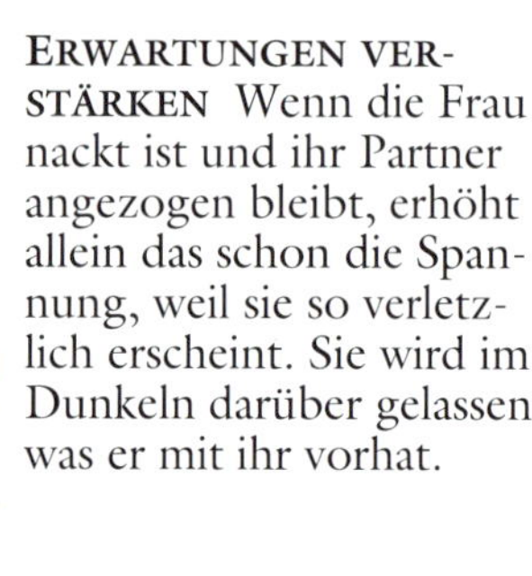

**ERWARTUNGEN VERSTÄRKEN** Wenn die Frau nackt ist und ihr Partner angezogen bleibt, erhöht allein das schon die Spannung, weil sie so verletzlich erscheint. Sie wird im Dunkeln darüber gelassen, was er mit ihr vorhat.

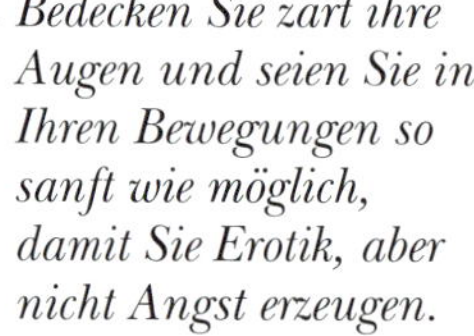

*Bedecken Sie zart ihre Augen und seien Sie in Ihren Bewegungen so sanft wie möglich, damit Sie Erotik, aber nicht Angst erzeugen.*

*Rauer Stoff auf weicher Haut weckt eine Fülle von Empfindungen.*

**VERFÜHRUNG** Sprechen Sie mit leiser Stimme und erzählen Sie ihr, was Sie mit ihr machen werden und was sie für Sie tun muss. Kontrollieren Sie aufkeimende Albernheit.

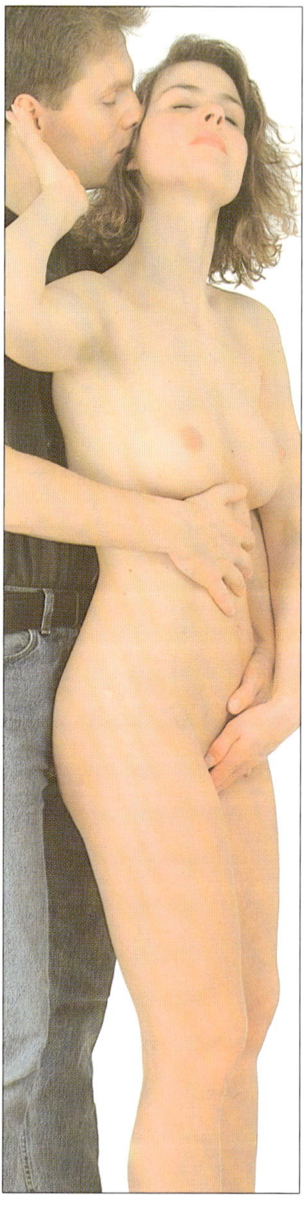

**ERMUTIGUNG** Wenn Sie auf Ihre Vorschläge eingeht, machen Sie langsamer, entfernen Sie die Augenbinde und beginnen Sie, ihren Körper zu streicheln.

*Halten Sie sie fest, aber sachte, und manövrieren Sie sie in eine unterwürfige Position.*

**Zärtlichkeit** Versichern Sie ihr, dass dies nur ein Spiel ist, und bedecken Sie sie dort mit Küssen, wo sie am verletzlichsten ist. Flüstern Sie in ihr Ohr, wie erregt Sie sind und wie sehr Sie sie begehren.

*Ihre Verführungskünste spornen ihre Fantasien an und machen sie noch empfänglicher für Ihr Spiel.*

*Verteilen Sie Küsse mit sexuellen Andeutungen, die ihre Erwartungen anstacheln.*

**Die Spannung erhöhen** Gerade in dem Moment, wo Sie vor Verlangen schmilzt, zeigen Sie ihr erneut, dass sie sich in Ihrer Gewalt befindet und auch gegen ihren Willen das tun muss, was Sie ihr befehlen.

*Zeigen Sie mit Ihren Händen unter ihren, dass Sie die Kontrolle haben und bestimmen, wie es weitergeht.*

**Machen Sie Ihre Versprechungen wahr** Wenn Sie bemerken, dass Sie alles mit ihr tun können, lassen Sie sich mit dem Vorspiel besonders viel Zeit, bevor Sie zum Geschlechtsverkehr übergehen. Sie muss Ihnen sagen, was sie will, aber Sie erzählen ihr weiterhin, was Sie tun werden – und dann tun Sie es.

# DIE UNSCHULD SPIELEN

*Nicht nur die Beherrschung verschiedenster Sexualpraktiken stimuliert sexuell, auch das Fehlen von Erfahrung kann sehr erregend sein. Frauen träumen oft von sexuell geschickten Partnern oder von der Einweihung eines jungen Mannes in die Künste des Sex. Männer stellen sich manchmal aggressive Partnerinnen vor, von deren Gnade sie abhängen; sie sehen sich aber meist selbst in der Rolle des Erfahrenen. Die Erinnerung ans erste Mal eignet sich gut, um sexuelle Gefühle zu schärfen.*

*Widersetzen Sie sich zunächst ein wenig den Avancen Ihres Partners und benehmen Sie sich abweisend.*

*Tragen Sie weiße, angenehm anzufassende Wäsche, die Ihre »Jungfräulichkeit« unterstreicht.*

**DEM PARTNER DIE FÜHRUNG ÜBERLASSEN** Tun Sie so, als sei dies Ihr erstes sexuelles Erlebnis. Einfache Gesten der Lust sind erlaubt, aber mehr auch nicht.

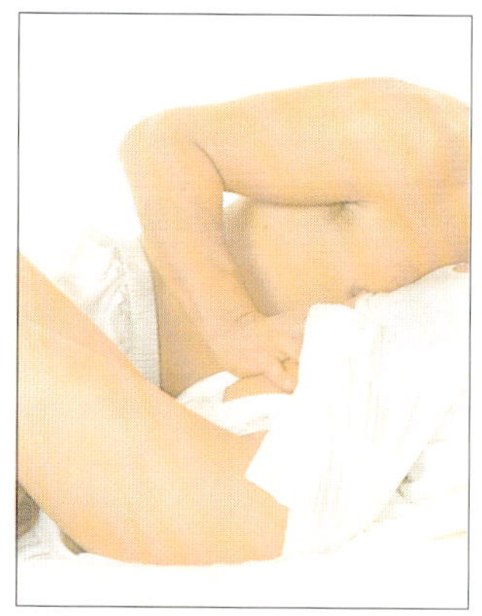

**ZEIT LASSEN** Alle Gesten sollten langsam, leidenschaftlich und lasziv sein. Je langsamer die Bewegung, desto erregender wird sie sein. Ihr Körper will entdeckt werden wie ein unbekanntes Territorium.

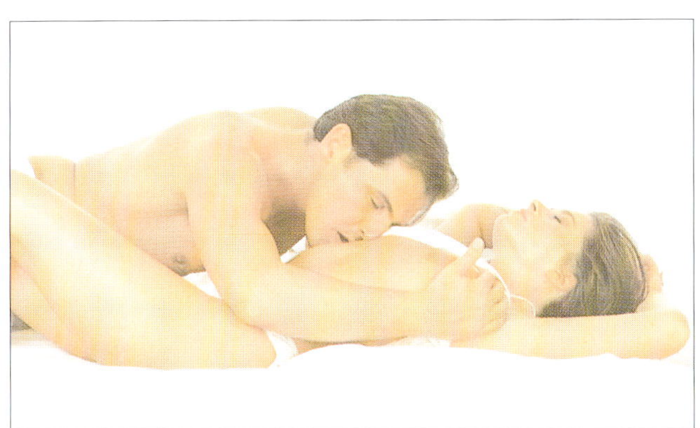

**Vielseitigkeit beim Streicheln** Lassen Sie Hand und Mund ihren Körper nachzeichnen; achten Sie auf ihre Reaktionen, die Ihnen vermitteln, dass sie es genießt.

*Ziehen Sie ihr die Kleidung aus als wäre sie ein kleines Kind.*

**Entkleiden mit Gefühl** Beim Ausziehen sollten Sie ihre Kleider nicht einfach wegwerfen, sondern mit viel Sinnlichkeit abstreifen.

**Eins nach dem Anderen** Beeilen Sie sich nicht damit, Ihre Partnerin bis auf die Haut auszuziehen. Entblättern Sie sie nach und nach und mit vielen Zärtlichkeiten dazwischen.

**Den Partner bestärken** Sagen Sie Ihrer Partnerin, wenn Sie miteinander schlafen, wie schön es für sie sein wird und wie sehr gut ihr diese Erfahrung tun wird. Denken Sie nicht daran, dass Sie mit ihr schon zum hundertsten Mal schlafen: Dies ist das allererste Mal.

*In der Missionarsstellung kann sie sich unter Sie kuscheln.*

*Bringen Sie ihren Körper in die für Sie beste Position.*

*Drücken Sie Ihre Beine gegen ihre, so dass sie sich ganz von Ihnen umgeben fühlt.*

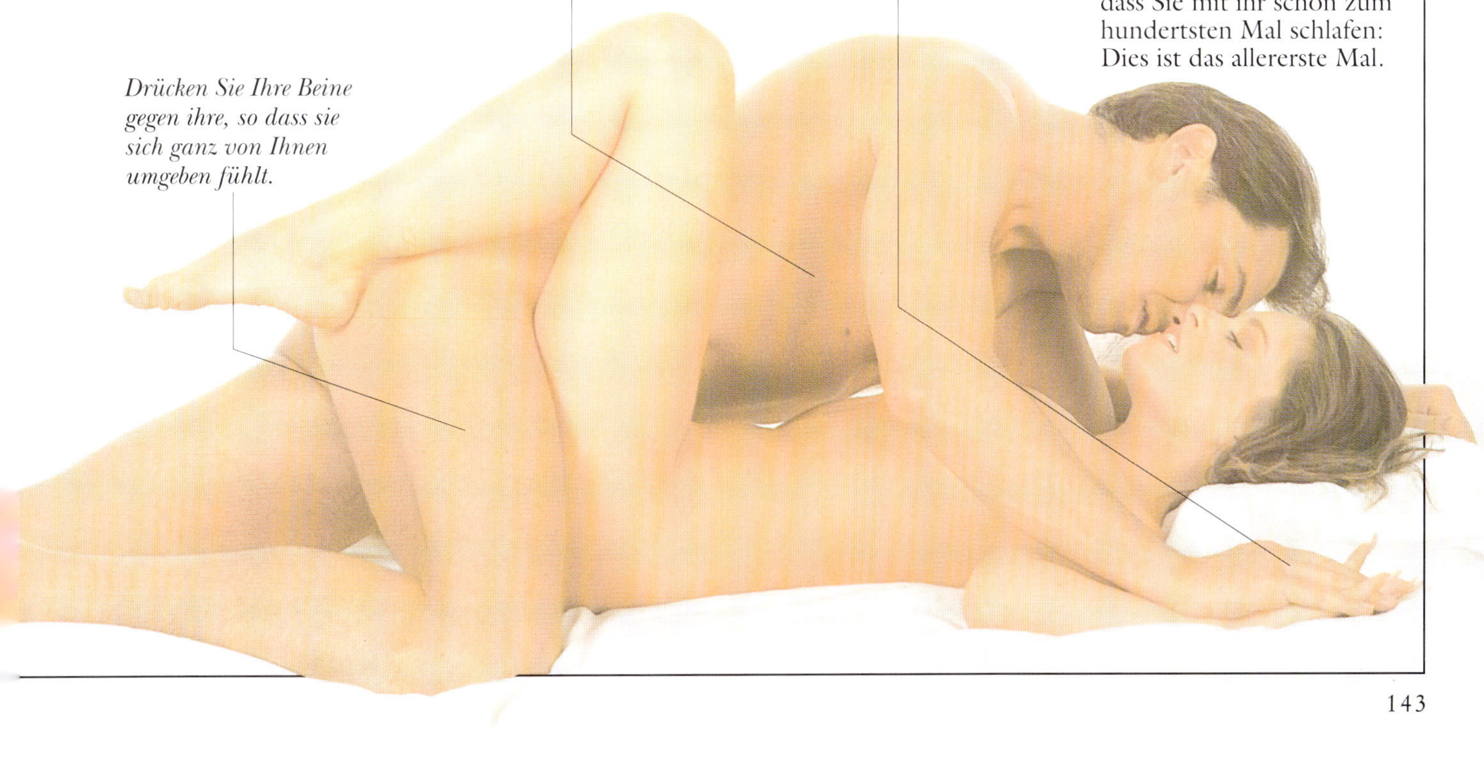

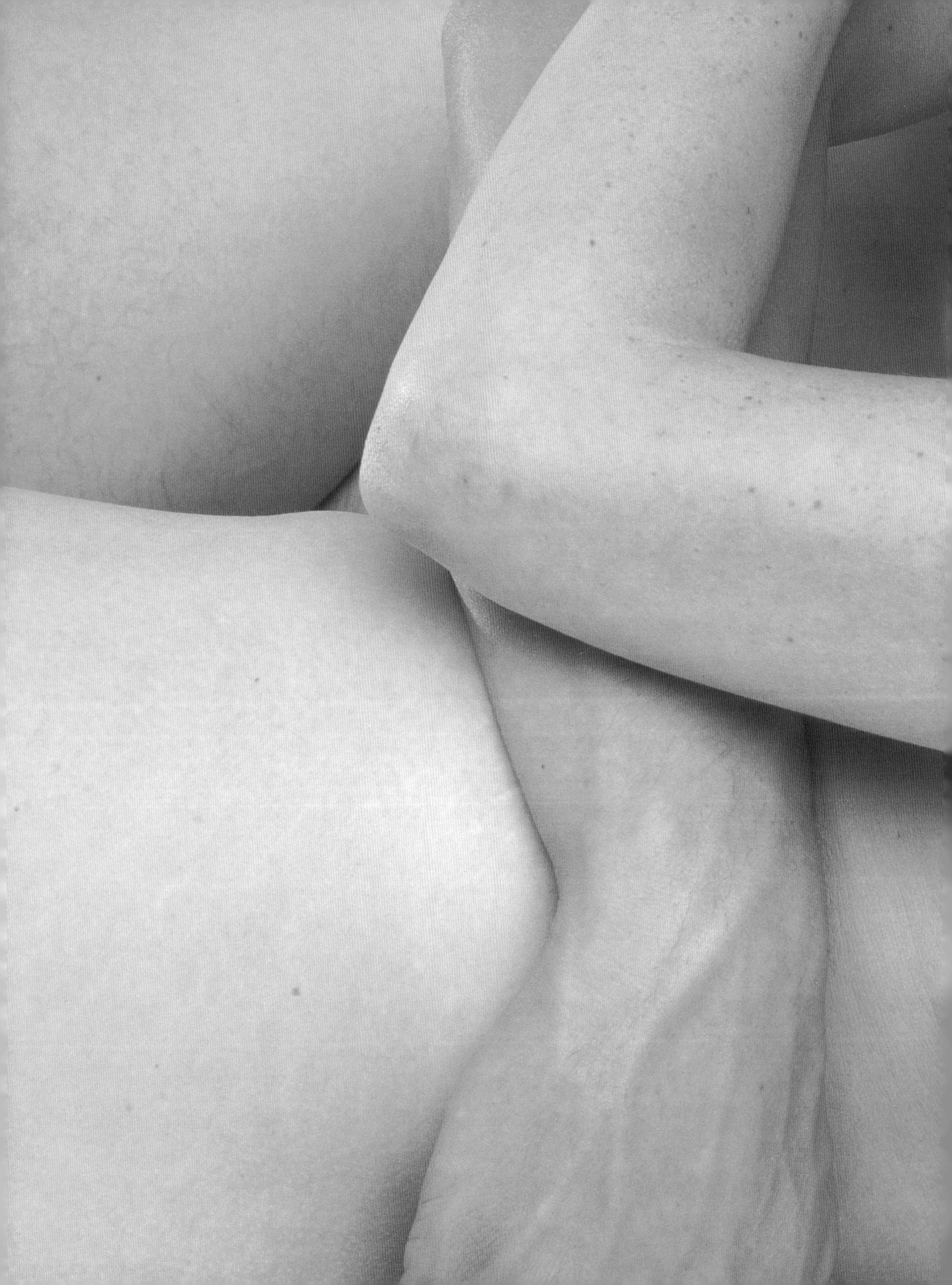

# KAPITEL 13

# MUSS ICH MIT EINEM NEUEN PARTNER SAFER SEX PRAKTI~ ZIEREN?

*»Aids zwingt uns, unsere sexuellen Praktiken zu ändern. Promiskuität gefährdet nicht nur uns selbst, sondern durch uns auch viele andere.«*

SEXUELL übertragbare Krankheiten breiten sich aus, allen voran Herpes und Aids. Nur wenn Sie sicher sind, dass Sie und Ihr Partner »jungfräulich« sind, können Sie das Risiko ungeschützten Geschlechtsverkehrs eingehen. Wenn Sie es nicht riskieren möchten, mit dem HI-Virus infiziert zu werden (der Aids verursacht), so müssen Sie vielleicht Ihr bisheriges Verhalten ändern. Sie müssen davon ausgehen, dass Sie mit dem Menschen, den Sie gerade erst kennen gelernt haben, nicht mehr sofort schlafen können. Gehen Sie lieber zu den Praktiken über, die in früheren Zeiten »heftiges Petting« genannt wurden. Es ist zwar nicht Geschlechtsverkehr, aber die gegenseitige Befriedigung mit der Hand kann zu bemerkenswert schönen sexuellen Erfahrungen führen.

Wenn Sie oder Ihr Partner intravenös Drogen gespritzt und dabei Nadeln von anderen benutzt haben, sollten Sie in jedem Fall Safer Sex praktizieren.

Natürlich gibt es recht zuverlässige Aidstests, aber auch diese können ganz frische HIV-Infektionen noch nicht nachweisen.

Um das Infektionsrisiko zu minimieren, sollten Sie darum ein Kondom verwenden oder andere sichere Methoden praktizieren. Wie man mit der Gefahr umgehen kann, ist natürlich eine Angelegenheit, die man gemeinsam besprechen muss.

# FALLBEISPIEL *Andreas*

*Andreas hatte zahlreiche sexuelle Erfahrungen hinter sich und ging lieber mit vielen verschiedenen Frauen aus, als eine feste Bindung einzugehen. Eine seiner früheren Partnerinnen war HIV-positiv getestet worden. Zwar war Andreas' Test negativ, aber diese Erfahrung vergällte ihm die Freude am Sex.*

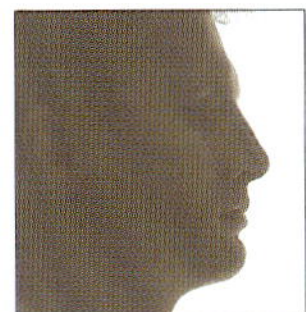

***Name:*** ANDREAS
***Alter:*** 36
***Familienstand:*** LEDIG
***Beruf:*** INGENIEUR

*»Es gibt nichts Vergleichbares, das die Sicht auf das eigene Leben so verändert, wie die Vorstellung Aids zu haben«, erzählte Andreas. »Bis dahin habe ich mit vielen verschiedenen Frauen Sex gehabt und irgendwelche Konsequenzen meines Sexualverhaltens waren mir egal. Um ehrlich zu sein, glaubte ich nicht, dass ich HIV bekommen könnte, bis ich von einem Krankenhaus angerufen wurde, das einen HIV-Fall zurückverfolgte. Man teilte mir mit, dass eine Frau, mit der ich vor Monaten eine kurze Affäre hatte, HIV-infiziert war. Sie empfahlen mir, an einem Test teilzunehmen, den ich auch sofort machte. Die Tage zwischen diesem Anruf und dem Vorliegen der Ergebnisse gehören zu den schlimmsten meines Lebens. Ich war mir sicher, Aids zu haben. Ich hatte sowieso schon einige Geschlechtskrankheiten gehabt und war überzeugt, nun auch HIV-positiv zu sein. Ich war es nicht. Ich wartete nochmals drei Monate und ließ dann einen zweiten Test machen, um absolut sicher zu gehen. Gott sei Dank war ich wirklich o. k.«*

*»Aber seitdem habe ich mich nicht mehr getraut, mit irgendwem ins Bett zu gehen. Ich habe Angst. Ich will auf keinen Fall zu meinem alten Verhalten zurückkehren, denn vielleicht werde ich kein zweites Mal so viel Glück haben. Überhaupt keinen Sex mehr zu haben, kann ja nicht die Alternative sein. Aber ich weiß nicht, wie ich mich verändern soll. Ich will eigentlich keine Kondome benutzen, denn ich finde sie wirklich fürchterlich. Sie fühlen sich schrecklich an und ich ertrage den Geruch nicht.«*

*»Ich kann gut nachvollziehen, warum Leute heute einen festen Partner haben. Mein Problem ist aber, dass mir eine Frau immer weniger gefällt, je besser ich sie kennen lerne. Ich wünschte, es wäre anders, aber was soll ich dagegen tun?«*

*»Meine Mutter wäre glücklich, wenn ich heiraten würde, und, um die Wahrheit zu sagen, ich wäre es, glaube ich, auch. Und ich wäre gerne Vater. Es gibt also auch andere Argumente, um »vernünftig« zu werden. Ein Haus mit jemandem zu teilen anstatt an Aids zu erkranken, scheint ein guter Tausch zu sein.«*

*»Aber ich lebe nun schon so lange alleine und habe mich daran gewöhnt. Ich schätze meine Privatsphäre, aber natürlich auch meine Gesundheit. Ich weiß, dass es nicht einfach wird, aber wie kann ich sicheren Sex haben?«*

## THERAPEUTISCHER ANSATZ

Ich empfahl Andreas, sich mit dem Gebrauch von Kondomen anzufreunden und Sex auch ohne Geschlechtsverkehr schätzen zu lernen. Da diese Ratschläge bedeuten, dass man sich intensiver mit seinem Partner auseinander setzt, strebte Andreas auch eine langfristige Beziehung an.

### INTIMITÄT UND SAFER SEX

Wenn die Hitze Ihrer Leidenschaft Sie alles vergessen lässt und Sie nur noch an Geschlechtsverkehr denken, sollten Sie über Ihre sexuelle Gesundheit nachdenken. Ein HIV-Test wäre keine besonders feinfühlige Einstiegsmöglichkeit, da Sie ja auch Ihren Partner fragen müssen, wie es mit seiner Gesundheit aussieht. Besser wäre es, diese Frage zunächst zu umgehen und ein Gespräch zu beginnen, das die eigene sexuelle Geschichte zum Thema hat. Die eigene Öffnung und Mitteilung ist immer die sinnvollste Möglichkeit, um eine schwierige Unterhaltung einzuleiten. Ich riet Andreas, seiner nächsten Partnerin seine unangenehmen jüngsten Erfahrungen zu erzählen. Dies würde auch erklären, warum er sie nach ihren Einstellungen fragen würde. Seine Partnerin würde das sicherlich verstehen und positiv aufnehmen.

### SICHERE MÖGLICHKEITEN

Sex ohne Geschlechtsverkehr oder mit einem Kondom sollten wirklich als Möglichkeiten erwogen werden (vgl. gegenseitige manuelle Befriedigung, S. 96f.; zum Gebrauch eines Kondoms, vgl. S. 152f.). Viele Menschen haben eine Aversion gegen den Geruch von Kondomen, aber man sollte sich klar machen, dass dies eine erlernte Reaktionsweise ist, die geändert werden kann. Viele verbinden sogar mit dem Geruch eine erotische Vorstellung, da er immer mit Lust und Leidenschaft einhergeht.

Manchmal ist das Anlegen des Kondoms eine störende Angelegenheit. Darin spiegelt sich aber oft eine fehlende Vertrautheit eines Paares, gerade am Anfang einer Beziehung. Ein wenig Bereitschaft, über Ansichten und Gefühle zu reden, hilft entschieden, das Überstreifen des Kondoms einfacher und akzeptabler zu machen.

Gerade ältere Männer haben den Eindruck, dass sie durch das Kondom weniger fühlen und schwerer zu stimulieren sind. Das geht manchmal sogar so weit, dass sie Schwierigkeiten haben, zum Orgasmus zu kommen. In diesem Fall muss man mit verschiedenen Kondomtypen experimentieren, um das Kondom zu finden, mit dem man am meisten spürt.

# *Tipps für* SAFER SEX

*»Safer Sex« ist ein allgemein gebräuchlicher Begriff für alle Sexualpraktiken, die geeignet sind, um eine Infektion mit dem HI-Virus (und der damit verbundenen Krankheit Aids) zu minimieren. Dabei wird besonders darauf geachtet, keine Körperflüssigkeit auszutauschen, denn dies ist die übliche Art, sich mit der Krankheit anzustecken. Aber abgesehen von hohem HIV-Schutz sind die Praktiken des Safer Sex auch geeignet, die meisten anderen sexuell übertragbaren Krankheiten zu vermeiden bzw. nicht weiterzugeben. Dazu gehören Gonorrhö (»Tripper«), Syphilis, die Infektion mit Chlamydien und der Genitalherpes.*

## *Phase* 1 HIV UND AIDS VERSTEHEN

HIV, »**h**uman **i**mmunodeficiency **v**irus« (menschlicher Immuninsuffizienz-Virus), zerstört die Fähigkeit des Körpers, gegen Infektionen zu kämpfen. Nach Eindringen des Virus vermehrt er sich in den weißen Blutkörperchen, die eine entscheidende Rolle im körpereigenen Abwehrsystems spielen.

**AIDS**, »acquired immune deficiency syndrome« (erworbenes Immuninsuffizienz-Syndrom), nennt man die Krankheit, wenn die Schädigung des Immunsystems so weit fortgeschritten ist, dass die weißen Blutkörperchen nicht mehr gegen Infektionen kämpfen können. Das schwächt den Körper so stark, dass normalerweise wenig problematische Erkrankungen wie eine Grippe, aber auch schwere Krankheiten wie Krebs, tödlich enden. Der Zeitraum zwischen der HIV-Infektion und dem Ausbruch von Aids kann sehr lange sein, so dass Menschen mit einer Infektion oft nicht wissen, dass sie HIV haben und übertragen können.

**AUSBREITUNG DER INFEKTION** Zuerst sollte man sich klar machen, dass HIV-Infektionen und Aids nicht nur unter Homosexuellen und Drogenabhängigen vorkommen. Es stimmt zwar, dass besonders die schwule Szene davon betroffen ist, aber überall in der Welt breitet sich die Infektion auch unter Heterosexuellen rasant aus. Wir sind alle gefährdet.

**HIV-ÜBERTRAGUNG** Im Normalfall wird HIV durch den Austausch von Körperflüssigkeit von einer Person auf die andere übertragen, also durch den Samen, die Vaginalsekrete

**SAFER SEX IST AUFFREGEND** Gegenseitige Masturbation und das Teilen von Fantasien sind nur einige der sicheren Sexualpraktiken.

*Streicheln Sie die Genitalien Ihres Partners; das ist sicher und sehr erregend.*

oder über das Blut. Ein infizierter (HIV-positiver) Mann kann den Virus an seine Sexualpartner – Mann oder Frau – weitergeben, weil z.B. sein Samen den Virus in großer Zahl enthält. Eine Frau mit dem HI-Virus überträgt ihn auf ihre Sexpartner, weil die Viren in den Vaginalsekreten vorkommen.

Da der Virus sich nicht nur in Samen und Vaginalsekreten befindet, sondern auch im Blut der angesteckten Person, können infizierte Drogenabhängige den Virus relativ leicht über gebrauchte Injektionsnadeln auf bis dahin gesunde Freunde übertragen. Es sind auch Fälle bekannt geworden, bei denen Bluter durch infizierte Blutkonserven, die sie bei der Bluttransfusion erhalten haben, angesteckt wurden. Eine HIV-positive Mutter kann die Infektion auch an ihr Baby weitergeben, obwohl schon viele infizierte Mütter gesunde Kinder zur Welt bringen konnten.

**Ein Kontakt reicht** Dass die Infektion sehr schnell von einer Person zur anderen übertragen wird, zeigt auch die große Anzahl der Menschen, die von einem einzigen ungeschützten Sexualkontakt mit einer infizierten Person angesteckt wurden.

So ist beispielsweise der Fall einer Frau sehr gut dokumentiert, die bei einem einzigen Sexualkontakt mit einem Drogenabhängigen infiziert wurde. Ihr war unbekannt, dass Ihr Liebhaber ein Heroinabhängiger war, der wiederum durch den gemeinsamen Gebrauch der Fixerutensilien mit dem HI-Virus angesteckt worden war.

In zahlreichen Fällen sind verheiratete Frauen durch Ihren Ehemann mit HIV infiziert worden. Ihre Männer hatten den Virus bei hetero- oder homosexuellen Affären oder ungeschütztem Sex mit infizierten Prostituierten bekommen.

## Risiken für eine HIV-Infektion

### Hohes Risiko:

- Vaginaler Geschlechtsverkehr ohne Kondom
- Analer Geschlechtsverkehr ohne Kondom
- Fellatio, besonders bis zum Orgasmus
- Praktiken, die – absichtlich oder aus Versehen – Wunden mit Blutaustritt bewirken können
- Gemeinsame Benutzung von Hilfsmitteln wie Vibratoren; Einführen von Fingern in den Anus

### Geringes Risiko:

- Vaginaler Geschlechtsverkehr mit Kondom
- Bisse oder Kratzwunden, die die Haut verletzen
- Oraler Kontakt mit dem Anus
- Sexuelle Praktiken, die mit Urin zu tun haben
- Menschen, die regelmäßig Bluttransfusionen erhalten
- Zungenküsse, wenn einer der Partner Zahnfleischbluten oder offene Mundwunden hat
- Cunnilingus mit Gummischutz
- Fellatio mit Kondom

### Kein Risiko:

- Trockene Küsse
- Zungenküsse, wenn keiner der Partner Zahnfleischbluten oder offene Mundwunden hat
- Stimulation der Geschlechtsorgane mit den Händen
- Selbstbefriedigung
- Stiche von Blut saugenden Insekten
- Klobrillen
- Schwimmbäder
- Benutzung fremder Bettwäsche oder Handtücher
- Herunterschlucken fremden Speichels (vorausgesetzt, der Speichel stammt nicht von jemandem, der Wunden im Mund hatte)
- Niesen
- Wangenküsse
- Hände schütteln, Umarmen, Knuddeln
- Trinkgläser oder Besteck gemeinsam benutzen
- Blutspenden (in den Industrienationen werden bei der Blutspende nur neue oder sterilisierte Nadeln verwendet)

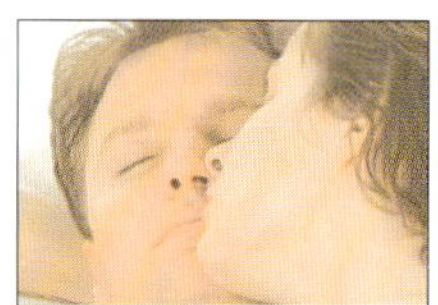

*Sinnliche Kondome s. S. 152*

**KONDOME** Kondome sind der einfachste Weg Safer Sex zu praktizieren, weil Sie eine Schranke aufbauen, die einen Kontakt mit der Körperflüssigkeit verhindert. Cremes und Gleitmittel, die das Sperma abtöten, helfen zusätzlich, denn sie hemmen die Aktivität des Virus. Durch diese einfachen Möglichkeiten kann die Gefahr einer HIV-Infektion oder die Ansteckung mit anderen sexuell übertragbaren Krankheiten minimiert werden.

## *Phase* 2 UM SAFER SEX BITTEN

Die erfolgreichste Möglichkeit, Aids zu vermeiden, ist die sexuelle Enthaltsamkeit – nicht sehr wahrscheinlich bei Lesern dieses Buches. Darum ist der sorgsame Gebrauch von Kondomen und Spermiziden und der Einsatz von Sexualpraktiken, die eine lustvolle Alternative zum Geschlechtsverkehr sind, sehr empfehlenswert.

Wenn man einen Partner hat, den man gut kennt, fällt der Vorschlag, Kondome zu benutzen oder Sex ohne Koitus zu praktizieren, nicht so schwer. Dieses Thema aber bei jemandem anzuschneiden, den man erst kurz kennt, kann eine peinliche Angelegenheit sein.

**EINSTELLUNGEN** Diese Peinlichkeit wird oft noch durch die unterschiedlichen Ansichten verstärkt, die Menschen gegenüber HIV, Aids und Safer Sex vertreten. So sind z.B. viele Menschen irrtümlicherweise der Ansicht, dass Aids kein Problem von Heterosexuellen sei, und lehnen darum Vorsichtsmaßnahmen ab. Andere wiederum verstehen zwar die Gefahr, die von HIV ausgeht, meinen sie aber vernachlässigen zu können. Oder sie empfinden es als zu schwierig, ihrem Partner die Verwendung eines Kondoms vorzuschlagen, oder glauben einfach nicht, dass die betreffende Person sich mit dem Virus hat anstecken können.

Auf der anderen Seite gibt es überängstliche Menschen, die nicht einfach nur vorsichtig sind, sondern eine ständige Infektionsangst mit sich herumtragen. Selbst wenn Sie wissen, dass eine Ansteckung höchst unwahrscheinlich ist, können sie sich erst wieder entspannen, wenn der Bluttest nachgewiesen hat, dass sie HIV-negativ sind.

**RICHTIG FRAGEN** Den meisten fällt es ohnehin schwer, überhaupt über Sex zu reden, ganz zu schweigen von der schwierigen Frage, ob der Partner Aids hat. Trotzdem muss das heikle Aidsthema gerade in neu entstandenen Beziehungen angesprochen werden.

Im Abschnitt über sexuelle Selbstbestimmung (vgl. S. 72f.) wurde thematisiert, dass man Herausforderungen am besten in kleinen Schritten angeht. Ganz ähnlich verhält es sich hier. In einer neuen Beziehung sollten Sie zuerst mit der einfachsten Fragestellung beginnen. Erinnern Sie sich daran, dass die eigene Öffnung eine Herangehensweise ist, die dabei gut hilft.

**KÖRPERFLÜSSIGKEIT**
*Wenn Sie an den Händen Wunden haben, sollten Sie bei der Masturbation den Kontakt mit Sperma oder Vaginalsekreten vermeiden.*

**SEX OHNE PENETRATION**
Den Partner mit der Hand zu befriedigen ist eine lustvolle Alternative zum Geschlechtsverkehr.

Versuchen Sie ein Gespräch etwa so einzuleiten: »Ich bin ein wenig unsicher, dir diese Frage zu stellen, aber es ist für mich sehr wichtig.« »Was denkst du eigentlich über Safer Sex?« »Ich weiß zwar, dass manche glauben, Frauen oder Jugendliche sollten keine Kondome bei sich tragen, aber ich finde, dass das sehr wichtig ist. Du auch?« »Ich habe mich oft gefragt, ob ich einen Aidstest machen sollte. Hast du darüber auch schon nachgedacht?« »Einige Leute finden, dass ich übervorsichtig bin, aber ich fühle mich beim Sex nur sicher, wenn Kondome verwendet werden. Wie denkst du darüber?«

**NEIN SAGEN** Es kann durchaus sein, dass am Ende dieses schwierigen Gesprächs die Ablehnung Ihres Partners steht, Kondome zu benutzen bzw. Safer Sex zu praktizieren. Sie könnten z. B. so darauf reagieren: »Ich mag dich sehr und ich würde sehr gerne mit dir schlafen, aber mir sind Safer-Sex-Praktiken so wichtig, dass ich dann lieber ganz auf Sex mit dir verzichte. Wir sollten einfach gute Freunde bleiben.«

**ALTERNATIVEN ZUM GESCHLECHTSVERKEHR** Wenn gerade keine Kondome zur Hand sind oder einer von Ihnen deren Gebrauch verabscheut, sollten Sie auf Geschlechtsverkehr verzichten. Das heißt natürlich nicht, dass Sie sich von sexuellen Freuden überhaupt verabschieden. Es gibt herrliche Alternativen zum Geschlechtsverkehr.

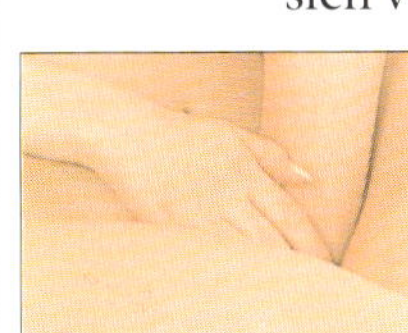

*Manuelle Befriedigung, s. S. 96*

**FANTASIE UND MASTURBATION** Sie und Ihr Partner könnten sich z.B. abwechselnd ihre sexuellen Träume erzählen, während Sie sich beide dabei selbst befriedigen. Oder Sie befriedigen sich mit der Hand gegenseitig, oder sie benutzen beide einen (eigenen) Vibrator. Oder Sie reiben einfach Ihre Körper aneinander und imitieren dabei die Bewegungen beim Geschlechtsverkehr.

**ORALVERKEHR** Da Oralverkehr ein recht hohes Infektionsrisiko bedeutet, sollten Sie ihn so lange vermeiden, bis Sie sicher sind, dass Ihr Partner HIV-negativ ist, oder den Kontakt mit Körperflüssigkeiten vermeiden. Dies geht eigentlich nur, wenn Sie bei der Fellatio ein Kondom oder beim Cunnilingus einen Gummischutz verwenden.

Die Körper- und Genitalmassage sind eine weitere Alternative. Auch hierbei müssen Sie dann vorsichtig sein, mit Körperflüssigkeiten des Partners in Berührung zu kommen, wenn Sie an den Händen Wunden haben.

## HIV/AIDS-FRAGEN

**F:** Stimmt es, dass nur Homosexuelle Aids haben?

**A:** Ganz und gar nicht. Diese Ansicht entstand, weil die ersten Aidsfälle (zu Beginn der 80er-Jahre des letzten Jahrhunderts) unter Homosexuellen auftraten. Zwar sind in den westlichen Industrieländern immer noch die meisten Aidskranken Homosexuelle, aber z. B. in Afrika überwiegen die Heterosexuellen. Da Homosexuelle inzwischen meist einen verantwortungsvolleren Umgang an den Tag legen, sind die Zuwachsraten von Aids unter Homosexuellen niedriger als unter Heterosexuellen.

**F:** Wenn mein Partner und ich noch nie Sex hatten, keine Bluter oder Heroinabhängige sind, müssen wir doch keine Kondome benutzen, oder?

**A:** Es gibt noch andere, allerdings extrem seltene Möglichkeiten, HIV zu bekommen, z.B. über schlecht sterilisiertes Zahnarzt- oder Operationsbesteck, oder wenn Blut einer infizierten Person in die offene Wunde eines gesunden Menschen kommt, z.B. bei Sportarten mit engem Körperkontakt.

Wie gesagt sind dies sehr seltene Fälle und Sie werden wahrscheinlich nichts beim Geschlechtsverkehr ohne Kondome riskieren. Das gilt, solange Sie sich beide monogam verhalten, also keine Sexualkontakte mit anderen Menschen haben. Das Problem entsteht erst, wenn einer den anderen betrügt, der andere aber glaubt, er sei treu. Es gibt mehr als einen tragischen Fall, dass eine Frau, die in ihrem ganzen Leben nur mit einem Mann, nämlich ihrem Ehemann, geschlafen hat, eines Tages entdeckt, dass sie Aids hat.

**F:** Können Lesbierinnen Aids bekommen?

**A:** Es ist zwar möglich, dass der HI-Virus auch von einer Frau auf eine andere übertragen wird, aber das ist extrem selten. Wir wissen nur von wenigen Fällen.

**F:** Ich habe gehört, dass der HI-Virus eigentlich ein sehr schwacher Virus ist, den man an sich nur schwer bekommen kann. Stimmt das?

**A:** Ja. Der Virus stirbt außerhalb des Körpers sehr schnell. Aus diesem Grund kann er auch nicht durch das Schütteln der Hände oder über Klobrillen übertragen werden.

**F:** Stimmt es, dass Frauen HIV leichter bekommen als Männer?

**A:** Man weiß nicht genau, ob dies so ist. Da aber allgemein wesentlich mehr Männer infiziert sind als Frauen, bedeutet das auch, dass Frauen ein höheres Infektionsrisiko haben. Es ist wahrscheinlicher, dass eine Frau einen infizierten Mann trifft als umgekehrt.

# DAS SINNLICHE KONDOM

*Das Kondom ist nicht nur ein sehr wirkungsvolles Verhütungsmittel, es ist auch ein Schutz vor sexuell übertragbaren Krankheiten wie Syphilis, Gonorrhö, Chlamydien und HIV. Ein Kondom richtig anzulegen kann also manchmal über Gesundheit und Krankheit entscheiden. Einige Paare vermeiden trotzdem den Gebrauch von Kondomen, weil Sie den Eindruck haben, dass das Überstreifen des Kondoms unromantisch und unerotisch sei. Mit den folgenden einfachen Regeln kann der banale Vorgang des Über-den-Penis-Streifens zu einer tief erotischen Erfahrung werden.*

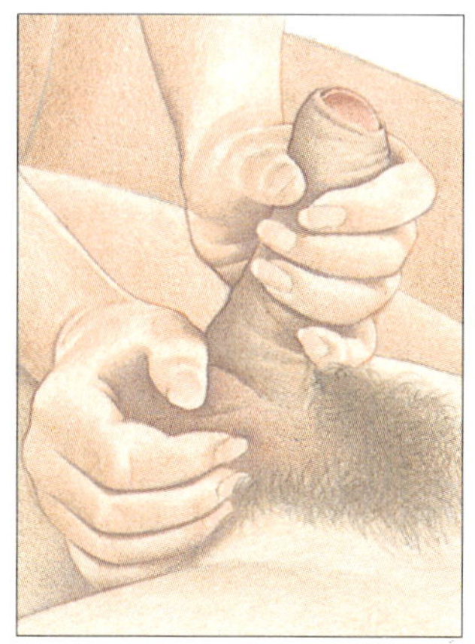

**GENITALMASSAGE** Um das Anlegen des Kondoms zu einer möglichst erotischen Erfahrung zu machen, sollten Sie Ihrem Partner zu Beginn eine kurze, aber sinnliche Genitalmassage geben.

**WAHL DES KONDOMS**
*Generell gilt: Vermeiden Sie unbekannte Marken und prüfen Sie das Verfallsdatum auf der Packung. Lassen Sie die besonders geformten Kondome mit Noppen und Klitoriskitzlern links liegen; sie mögen Gefühle verstärken, sind aber nicht sicher, da sie den Penis nicht eng umschließen und darum Spermien aus dem Kondom in die Scheide fließen können.*

*Wenn Sie das Kondom über den Penis streifen, sollten Sie langsame und möglichst sinnliche Bewegungen dabei durchführen.*

*Machen Sie das Überstreifen des Kondoms zu einem Teil des Vorspiels; warten Sie nicht, bis die Leidenschaft übermächtig wird.*

**BEFRIEDIGEN SIE IHN**
Gehen Sie nach der Massage zur manuellen Befriedigung über. Das wird das Kondom in die perfekte Lage bringen.

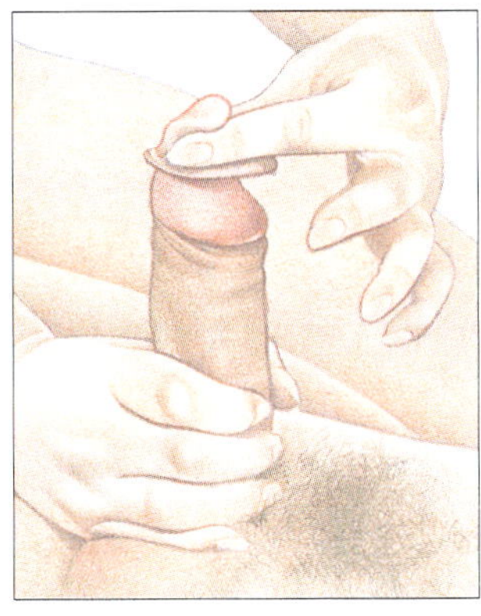

**LUFT RAUS LASSEN** Drücken Sie sanft die Spitze des Kondoms zusammen, damit keine Luftblase entsteht, sonst könnte das Kondom beim Geschlechtsverkehr platzen.

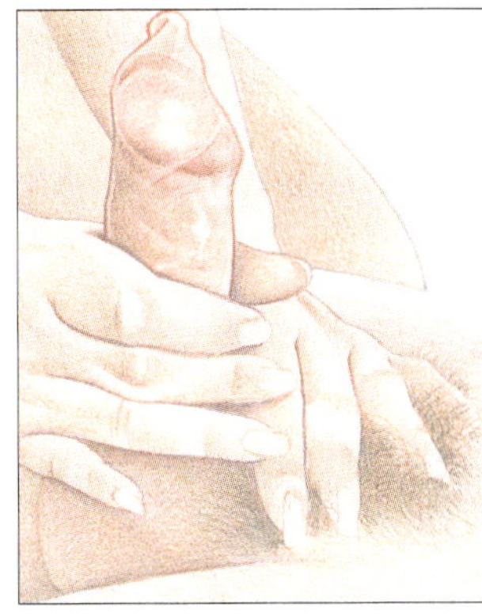

**KONDOM ANLEGEN** Setzen Sie es mit einer Hand auf die Penisspitze und rollen Sie es mit der anderen herunter. Die Vorhaut müssen Sie ggf. vorher zurückschieben.

**ABSTREIFEN** Nach seinem Höhepunkt sollte er sich aus der Scheide zurückziehen, bevor seine Erektion vollständig verschwunden ist. Damit das Kondom gut anliegend bleibt, und um zu verhindern, dass Spermien austreten, sollte er mit Daumen und Zeigefinger den Rand des Kondoms fest gegen den Penisschaft drücken.

**KONDOME GEBRAUCHEN** Kondome sollten verwendet werden, um oralen Sex sicher zu machen (oben) und um einen Schutz beim Geschlechtsverkehr zu haben (unten). Für den Oralverkehr sind auch Kondome mit Geschmack im Handel erhältlich, die Fellatio für sie attraktiver machen.

*Gut möglich, dass Ihre Erektion durch den Gebrauch eines Kondoms länger anhält, weil sich die Ejakulation verzögert.*

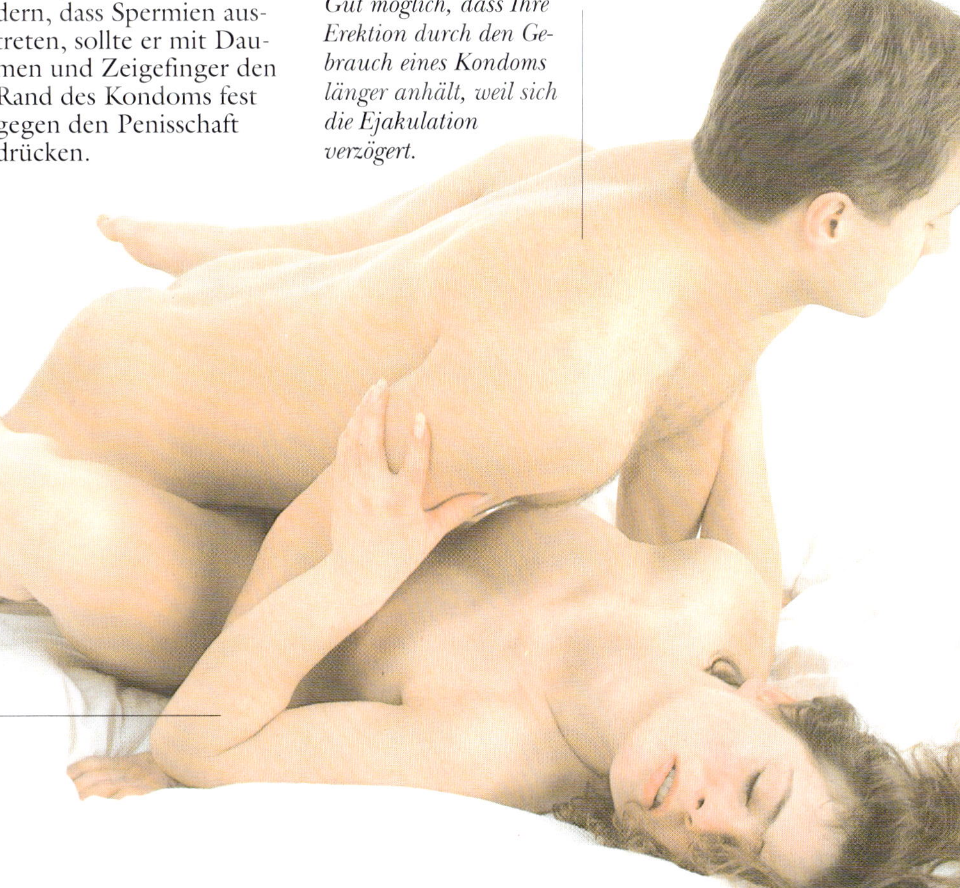

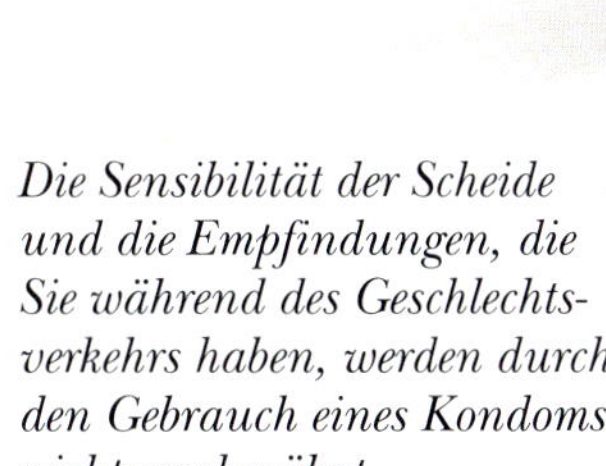

*Die Sensibilität der Scheide und die Empfindungen, die Sie während des Geschlechtsverkehrs haben, werden durch den Gebrauch eines Kondoms nicht geschmälert.*

# KAPITEL 14

# WIE KÖNNEN SCHWANGERE GUTEN SEX HABEN?

*»Wenn eine Frau schwanger ist, muss das Paar seine Vorstellungen über den Ablauf des Liebesspiels ändern.«*

JUNGE PAARE, die Intimität oft mit Sex gleichsetzen, empfinden die Schwangerschaft manchmal als etwas, das sie auseinander bringt. Das Baby steht ihnen im wörtlichen Sinn im Weg. Die Veränderungen der Körperformen und des Körperumfangs einer Schwangeren und ihre Müdigkeit verändern die Art des sexuellen Umgangs. Was eigentlich eine schöne Erweiterung liebevoller Gefühle sein sollte, wird manchmal zu einer Pflichterfüllung oder endet im emotionalen und körperlichen Rückzug. Kein Wunder, dass Sex während der Schwangerschaft gelegentlich ein Grund für Ängste werden kann.

An sich ist Geschlechtsverkehr in den ersten Monaten einer Schwangerschaft kein Problem. Etwa ab dem dritten Monat kann das Paar sich genötigt sehen, aufgrund der Veränderungen im Körper der Frau andere Sexstellungen einzunehmen.

Wenn der Geschlechtsverkehr schwer durchzuführen oder riskant wird, z. B. im neunten Monat, kann man u. a. auf die Möglichkeiten gegenseitiger manueller Befriedigung ausweichen, um ein sinnliches Liebesleben zu führen.

# FALLBEISPIEL *Julia & Jörg*

*Als Julia schwanger wurde, veränderten sich auch ihre sexuellen Bedürfnisse. Sie empfand die Befriedigung mit der Hand lustvoller als den Geschlechtsverkehr, den sie schließlich gar nicht mehr mochte. Aber sie teilte dies ihrem Partner Jörg nicht mit, der sich ungeliebt und zurückgewiesen fühlte.*

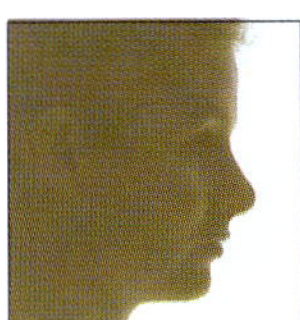

***Name:*** JULIA
***Alter:*** 32
***Familienstand:*** VERHEIRATET
***Beruf:*** HAUSFRAU

*Julia war eine kleine, etwas mollige Frau mit rundem Gesicht, die viel jünger aussah, als sie war. Sie hatte ihren Job als Telefonistin aufgegeben und war im sechsten Monat schwanger. Sie hatte ihr Zuhause als perfektes Nest für die Ankunft des neuen Erdenbürgers eingerichtet.*

*»Ich habe mir dieses Baby mehr gewünscht als irgendetwas anderes«, sagte sie. »Jörg gegenüber empfinde ich immer noch das Gleiche, aber er ist nicht mehr glücklich. Ihm gefällt unser Sexleben nicht mehr und das überschattet das, was eigentlich eine Idylle sein könnte. Ich habe ihm oft gesagt, wie viel er mir bedeutet, aber er ist trotzdem ganz außer sich vor Angst. Er denkt nur noch an Sex, viel mehr als vor der Schwangerschaft, aber das liegt daran, dass in ihm einiges im Argen liegt. Doch er registriert auch nicht wirklich, dass sich mein Körper verändert hat und darum mein Begehren auch. Natürlich brauche ich Zärtlichkeit und Nähe, aber eigentlich keinen Sex.«*

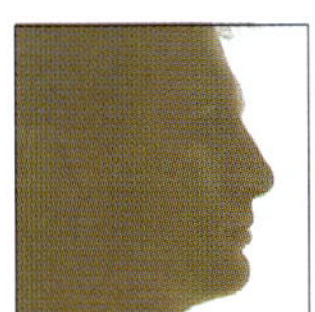

***Name:*** JÖRG
***Alter:*** 32
***Familienstand:*** VERHEIRATET
***Beruf:*** LEHRER

*Jörg war ein nervöser, eher zierlich gebauter Mann, der ein Einzelkind war. Als er sechs war, verließ sein Vater die Familie. Als Jugendlicher hatte er mit Problemen wie mangelndem Selbstvertrauen und Depressionen zu kämpfen. Emotional war er total auf Julia fixiert. Es brauchte nicht viel, um ihn stark zu verunsichern.*

*»Seit Julia schwanger ist, hat sie sich total verändert«, beschwerte er sich. »Sie macht den Eindruck, als würde sie mich nicht mehr wie früher lieben, und das macht mich immer unglücklicher. Um nur einiges zu erwähnen: Am Anfang ihrer Schwangerschaft war sie ständig erschöpft. Dann schien das besser zu werden, aber sie hatte den Spaß am Sex verloren. Mein Leben gerät dabei ganz aus den Fugen. Julia ist der Mittelpunkt meines Lebens und ich würde verzweifeln, wenn sie mich nicht mehr liebt. Ich liebe sie wirklich und ich würde ihr das gerne viel stärker zeigen.«*

## THERAPEUTISCHER ANSATZ

Die Ankunft eines Babys kann bedauerlicherweise sehr kindische Ängste in uns wecken. Jörg hatte genau damit zu kämpfen. Das Kind schien jetzt schon ein Rivale zu sein; und so kämpfte das »Kind« Jörg mit allen Mitteln, um die Aufmerksamkeit der Mutter zu ergattern. Wenn jemand wie Jörg eine schwierige und bedrohte Kindheit hatte (Jörg war eine Zeit lang sogar im Kinderheim gewesen), ist die Gefahr besonders groß, so zu reagieren. So stand Jörgs kindliche Sehnsucht im Gegensatz zu Julias Perfektionsdrang, der wiederum eine ebenso unrealistische Haltung war.

### ZEICHEN DER LIEBE

Hinzu kam, dass Jörg der Ansicht war (die er mit vielen teilt), dass Geschlechtsverkehr und Liebe mehr oder weniger identisch sind. Ohne Sex fühlte er sich von Julia nicht geliebt. Vielleicht liegt der Grund, dass viele Männer nicht fähig sind, Empfindungen der Liebe zu zeigen, in ihrer schwierigen Kindheit. Da sie Gefühlsäußerungen als unmännlich empfinden, meinen sie, ihre Nähe nur im Bett angemessen ausdrücken zu können.

Durch ihre Kindheit benachteiligte Männer wie Jörg benötigen in emotionaler Hinsicht eine Partnerin, die ihr eigenes Verhalten versteht. Sie brauchen gleichzeitig viel Unterstützung und Toleranz. Für diese Männer ist es wichtig, dass sie ihre Ansichten über »Liebesbeweise« verändern und lernen, welche Zeichen wirkliche Liebe ausdrücken. Jörgs Sexbedürfnis entsprang unmittelbar seinen Ängsten. Je weniger »passierte«, desto weniger fühlte er sich geliebt.

### BESTÄRKUNG

Ich empfahl Julia Geduld, Verständnis und eine andere Art von Zuneigung für Jörg auszudrücken, so als wenn er ein unglückliches Kind wäre. Das würde ihm helfen, seine Ängste zu überwinden und die Tatsache einzusehen, dass auch Julia emotionale und verständnisvolle Unterstützung durch ihren Partner brauchte.

### SEX IN DER SCHWANGERSCHAFT

Auch im Sexualleben des Paares galt es ein paar Dinge zu verändern, damit es für Julia lustvoller und damit auch für Jörg angenehmer würde. Es wurde vereinbart, dass Jörg Julia nicht drängen dürfe, mit ihm Sex zu haben. Beide sollten mehr Aufmerksamkeit auf Sexualpraktiken wie gegenseitige manuelle Befriedigung und Oralverkehr legen; so könnte Julia wieder Orgasmen haben.

# *Tipps*
# SCHWANGER UND SEXY

*Einige Frauen erleben während der Schwangerschaft eine intensivere Sexualität. Aber auch wer diese Erfahrung nicht macht, kann lernen, die Veränderungen, die der Körper erfährt, als sinnliche Veränderungen zu begreifen. Vorausgesetzt, es gibt keine medizinischen Bedenken, ist gegen Geschlechtsverkehr während der Schwangerschaft nichts einzuwenden. Er kann nicht nur genauso lustvoll sein wie sonst auch, sondern kann auch das Paar durch das Bedürfnis der Frau nach mehr Innigkeit enger aneinander binden. Es ist hilfreich zu wissen, welche physiologischen und hormonellen Veränderungen die Frau in ihrer Schwangerschaft erfährt und welche Sexpraktiken in dieser Zeit die besten sind.*

## *Phase* 1 PHYSIOLOGISCHE VERÄNDERUNGEN VERSTEHEN

Parallel zur Entwicklung des Babys durchlebt die Frau eine Zeit starker physiologischer Veränderungen. Das zeigt sich zuerst an den Brüsten. Ihre Größe nimmt in den ersten drei Monaten um 25 Prozent zu, ein Ergebnis des Gewebe- und Drüsenwachstums. Auch die Brustwarzen werden größer. Für einige Frauen ist das schmerzhaft, ihr Busen fühlt sich wund an und feste Berührungen sind unangenehm. Diese Schmerzempfindlichkeit nimmt jedoch mit dem Wachstums des Fötus ab.

Bis zur Geburt haben die Brüste um ein Drittel ihrer ursprünglichen Größe vor der Schwangerschaft zugenommen. Manchmal ist der Busen für vorsichtige Berührung wesentlich sensibler und erregbarer als früher.

**SEXUELLE SPANNUNG** Ab dem vierten Monat verändern sich auch die anderen Geschlechtsorgane und bauen eine Spannung auf, die einige Frauen als lustvoll empfinden. Die Sexologen Masters und Johnson nehmen an, dass durch die Anstrengung des Körpers, das Gewicht des Babys zu halten, die Körpermuskeln insgesamt angespannt sind und dass damit auch die sexuelle Spannung steigt. Das wäre auch eine Erklärung dafür, dass mit Herannahen der Geburt viele Frauen unruhiger werden und Schlafschwierigkeiten haben. Für eine Schwangere kann darum der Sex so entspannend sein, dass sie gut schlafen kann.

Die erhöhte Reizbarkeit kann dazu führen, dass Frauen, die sonst Schwierigkeiten haben, einen Orgasmus zu bekommen, nun die Erfahrung multipler Orgasmen machen.

Aufgrund der Wassereinlagerungen in das Gewebe vergrößern sich auch die Geschlechtsorgane und die Scheide gibt mehr Sekretstoffe ab. Schwangere haben so manchmal den Eindruck, in einem permanenten Zustand der Erregung zu sein. Während die Genitalien nichtschwangerer Frauen nach dem Sex abschwellen, bleiben sie bei Schwangeren groß.

**KONTRAKTIONEN DER SCHEIDE** Je weiter die Schwangerschaft fortgeschritten ist, desto stärker sind die Genitalien angeschwollen. Die Schwellung kann aber gleichzeitig auch die Stärke der Scheidenkontraktionen beim Orgasmus verringern. Möglicherweise sind darum gegen Ende der Schwangerschaft die Orgasmen nicht mehr so intensiv, da sich die Scheide weniger stark zusammenziehen kann. Die Muskelkontraktionen werden dafür stärker in der Gebärmutter gefühlt.

## *Phase*  HORMONELLE VERÄNDERUNGEN

Während der Schwangerschaft laufen massive hormonelle Veränderungen im Körper der Frau ab. Große Mengen des weiblichen Sexualhormons Östriol (das wichtigste Östrogen während der Schwangerschaft) und Progesteron werden produziert. Östrogene werden allgemein mit Wohlbefinden in Verbindung gebracht, während Progesteron mit Übelkeit und den typischen prämenstruellen Beschwerden in Zusammenhang steht.

**SEXUALTRIEB** Der Testosteronspiegel im Blut fällt während der Schwangerschaft leicht ab. Einige Sexologen gehen davon aus, dass die Menge des frei verfügbaren Testosterons für den

Sexualtrieb verantwortlich ist. Wenn das stimmt, haben Frauen ein vermindertes sexuelles Interesse und reagieren weniger auf sexuelle Reize. Auch wenn z. B. Masters und Johnson dem widersprechen, belegt doch eine Anzahl von Studien, dass das sexuelle Verlangen abnimmt.

Wahrscheinlich beeinflusst der veränderte Hormonspiegel zusammen mit den veränderten Gefühlserfahrungen die Stimmung der Frau so individuell, dass man nie weiß, wie das Liebesleben in der Schwangerschaft verlaufen wird.

## *Phase* VORSICHTSMASSNAHMEN FÜR SCHWANGERE

Wenn der Arzt nichts anderes empfiehlt, spricht nichts gegen Sex und Geschlechtsverkehr bis zum Ende des achten Schwangerschaftsmonats. In jüngster Zeit kamen Zweifel auf, ob auch im neunten Monat Sex noch unproblematisch sei. Es gibt Vermutungen, dass die Samenflüssigkeit die Wehentätigkeit anregt. Es gibt aber keinen Grund, warum nicht die Befriedigung mit der Hand weiter praktiziert werden sollte. Der weibliche Orgasmus führt zu Kontraktionen, die die Gebärmutter für die kommenden schweren Wehen vorbereiten.

**BLUTUNGEN** Wenn es nach oder bei dem Geschlechtsverkehr zu Blutungen bei der Frau kommt, sollte Sie sofort den Arzt verständigen. Er wird Ihnen möglicherweise empfehlen, in nächster Zeit nicht miteinander zu schlafen. Außerdem empfehlen Ärzte Frauen, die Frühgeburten oder Abgänge hatten, gerade in den ansonsten eher unproblematischen ersten Monaten auf den Geschlechtsverkehr zu verzichten.

## *Phase* SEXSTELLUNGEN IN DER SCHWANGERSCHAFT

Zu Beginn der Schwangerschaft, wenn der Bauch noch nicht zu stark gewachsen ist, kann die Frau angenehmen und sicheren Geschlechtsverkehr in jeder Stellung haben, die ihr und ihrem Partner zusagt.

Mit zunehmender Schwangerschaft, wenn der Busen empfindlich geworden ist und der Bauch dicker wird, werden die Stellungen, bei denen der Mann auf der Frau liegt, immer unangenehmer. Ab diesem Zeitpunkt, der wahrscheinlich bald nach dem vierten Monat erreicht wird (manchmal aber auch schon früher), ist es für das Paar besser, eine Stellung zu wählen, bei der er von hinten in sie eindringt (so ist ihr Bauch auch nicht im Weg) oder sie beim Geschlechtsverkehr oben ist.

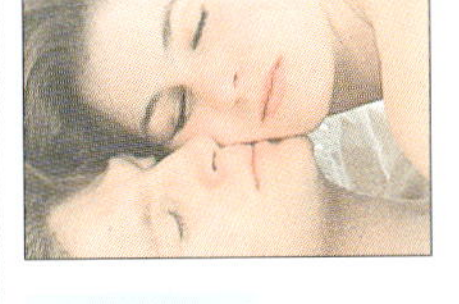

*Frau ist oben, s. S. 162*

Für die Frau sind die Stellungen am bequemsten, bei denen sie auf ihm liegt (ihre Beine entweder zwischen oder links und rechts neben seinen) oder rittlings mit angezogenen Knien auf ihm sitzt.

## WAS IST IN DER SCHWANGERSCHAFT GEFRAGT?

### GEFRAGT

- Er sollte zärtlich, romantisch, geduldig und verständnisvoll sein.
- Wenn die Frau das Baby stillen will, sollte er helfen, ihre Brustwarzen darauf vorzubereiten. Beim Geschlechtsverkehr kann er die Brustwarzen durch feste Berührung und orale Stimulation »abhärten«.
- Beim Sex sollte er sie anders streicheln als früher. Der Bauch mit dem Baby mag väterliches Streicheln auch an den Stellen, wo das Baby die Mutter tritt.
- Er sollte beim Sex sein Gewicht nicht auf ihre Brust und ihren Bauch legen.
- Er sollte sie nicht zum Sex oder zu bestimmten Praktiken drängen. Vielmehr sollten beide nach neuen sinnlichen Berührungen suchen.
- Lassen Sie sich Zeit beim Sex während der Schwangerschaft. Experimentieren Sie!
- Benutzen Sie viele Kissen, damit sie sich besser abstützen kann.

### NICHT GEFRAGT

- Er sollte nicht erwarten, dass sich ihr sexuelles Verlangen nicht ändert. Wenn das Baby im Bauch aktiv ist, die Hormone sich umstellen oder sie einfach nicht in Stimmung ist, muss er damit leben.
- Sie sollte nicht glauben, dass sie frigide ist, wenn sie einmal keinen Orgasmus hat.
- Gleichzeitige Orgasmen sind selten.
- Benutzen Sie keinen Vibrator.

# MISSIONARSSTELLUNGEN

*Viele Paare finden Stellungen, bei denen der Mann oben liegt, sehr erotisch. Vielleicht liegt das daran, dass die Frau, um sich so dominieren zu lassen, sehr viel Vertrauen in ihren Partner mitbringen muss, der wiederum diese Stellung als den Gipfel seiner Manneskraft betrachten könnte.*

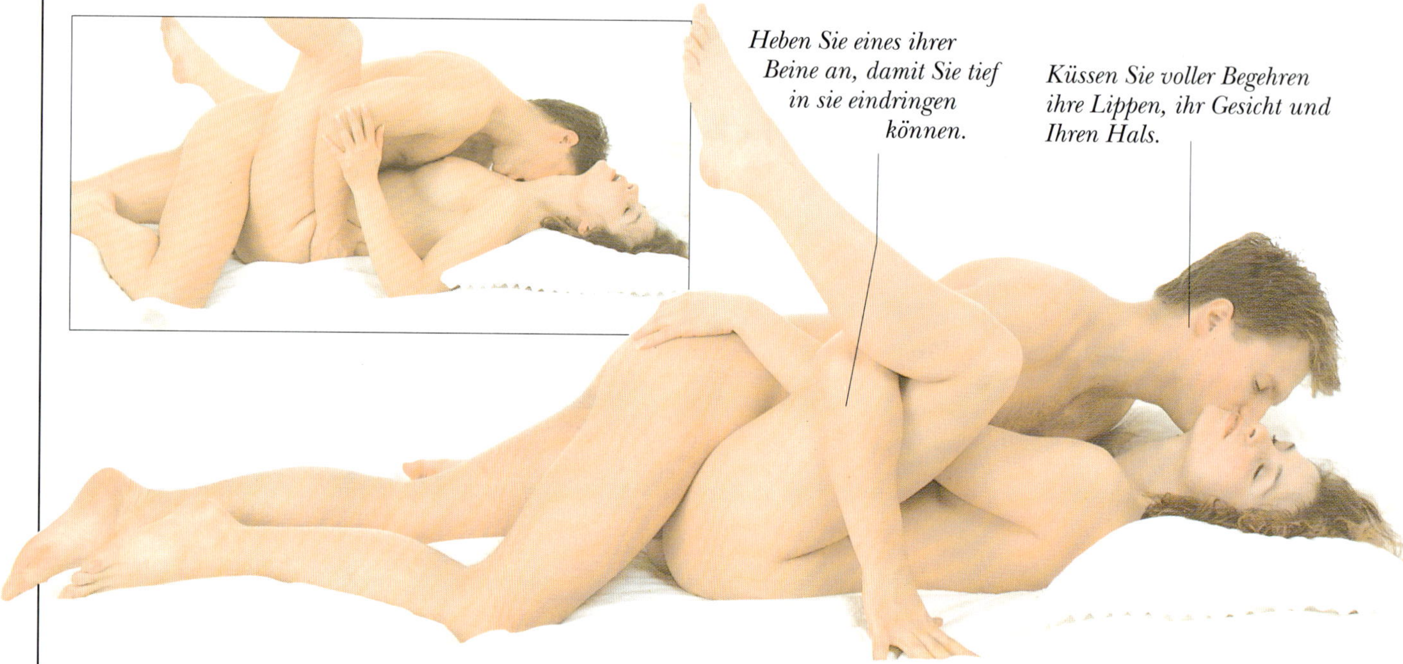

*Heben Sie eines ihrer Beine an, damit Sie tief in sie eindringen können.*

*Küssen Sie voller Begehren ihre Lippen, ihr Gesicht und Ihren Hals.*

**VERSCHIEDENE GEFÜHLE** Die meisten Varianten der Missionarsstellung basieren auf einer Veränderung der Beinposition der Frau. Entweder sind eines oder beide Beine zu ihrer Brust hin angezogen, oder sie legt sie um seine Hüfte oder über seine Schultern. Diese Veränderungen der Beinposition setzen voraus, dass die Frau recht gelenkig ist. Durch ihr gekipptes Becken ändert sich der Winkel, in dem sein Penis in ihre Scheide dringt. Das variiert die Empfindungen und erlaubt ihm tiefer einzudringen.

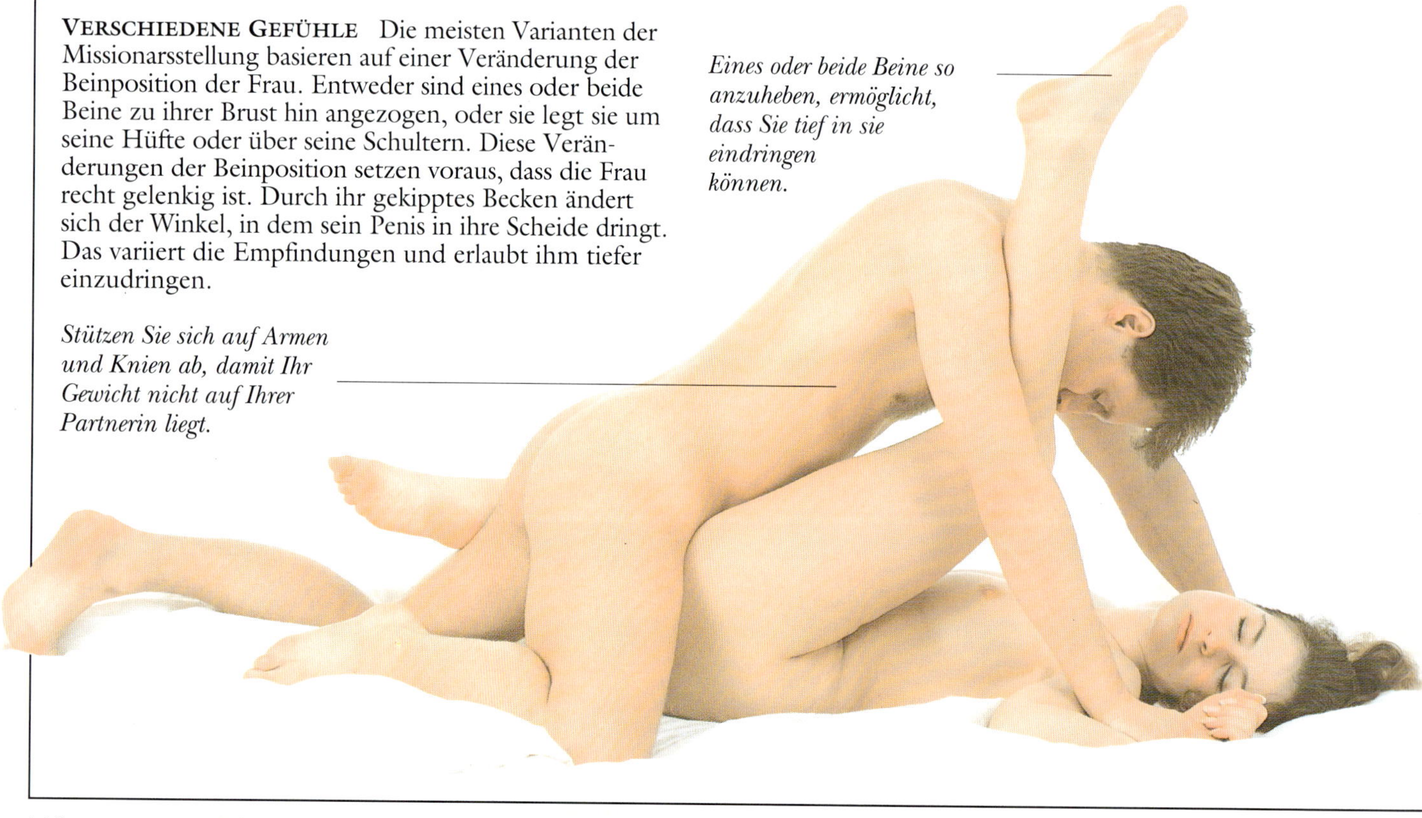

*Eines oder beide Beine so anzuheben, ermöglicht, dass Sie tief in sie eindringen können.*

*Stützen Sie sich auf Armen und Knien ab, damit Ihr Gewicht nicht auf Ihrer Partnerin liegt.*

**TIEFE PENETRATION**
Wenn die Frau auf dem Rücken liegt, ihre Knie zur Brust zieht und ihre Füße neben seinem Kopf liegen, kann der Mann auf diese Weise tief in sie eindringen. Das Paar sollte aber in dieser Stellung, die nur für eine gelenkige Frau ohne Rückenprobleme ratsam ist, vorsichtig sein, da der Mann ihr durch seine tiefen Stöße leicht weh tun kann.

*Umarmen Sie ihn, soweit es geht, und steigern Sie damit das innige Gefühl, das zwischen Ihnen entsteht.*

*Stützen Sie sich auf einem Arm ab und benutzen Sie den anderen, um ihre Beine zu halten und die jeweiligen Empfindungen zu ändern.*

**KÜSSE** Da es in dieser Stellung schwierig ist, sich auf den Mund zu küssen, kann Ihr Partner Ihre Füße küssen.

**DIE MISSIONARSSTELLUNG** Guter Sex wirkt auf vielfältige Weise. Zum einen durch engen Körperkontakt, besonders zwischen den Genitalien. Zum anderen dadurch, dass die Partner ihre Zuneigung zeigen, während sie miteinander schlafen. Ein großer Vorteil der Missionarsstellung liegt darin, dass sie Körperkontakt und Gefühlsausdruck auf ideale Weise miteinander verbindet.

*Heben Sie Ihre Beine hoch und machen Sie sie ganz breit, damit er tief in Sie eindringen kann.*

*Drücken Sie sich so hoch, dass Sie zwischen ihren Körpern nach unten schauen können und sehen, wie Sie sich bewegen.*

**ZEIGEN SIE IHRE ZUNEIGUNG** Stellungen mit Blickkontakt wie diese – egal, ob der Mann oder die Frau oben liegt – ermöglichen, dass Sie Ihre Zuneigung von Ihren Gesichtern ablesen können. Allerdings sind die Möglichkeiten der manuellen Stimulation und Befriedigung begrenzt.

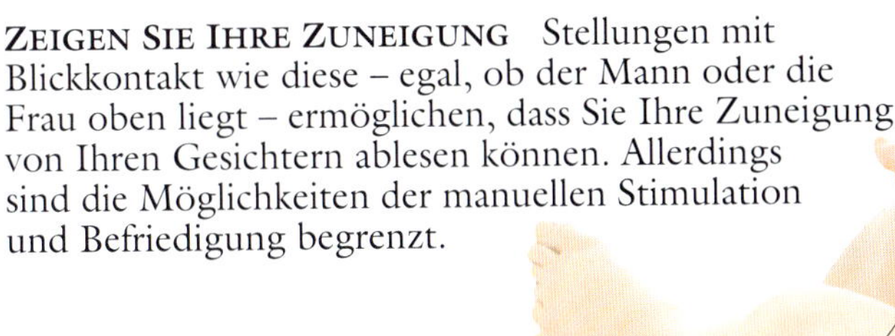

**KISSEN** Der Einsatz von Kissen, die Sie unter die Hüfte Ihrer Partnerin schieben, ermöglicht auch ein tiefes Eindringen.

# REITERSTELLUNGEN FÜR SIE

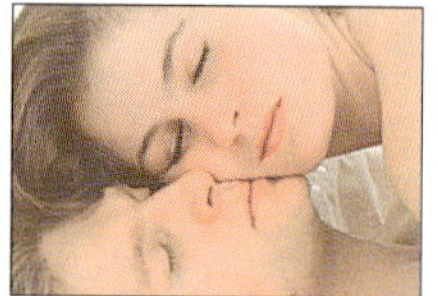

*Ton und Tempo des Geschlechtsverkehrs verändern sich, wenn die Frau die Kontrolle übernimmt. Sie kann nicht nur besser bestimmen, wie ihre Stimulation an den entscheidenden Stellen abläuft, auch ihr Partner erfährt dadurch neue Lust. Eine Frau kann einen Mann zum Wahnsinn treiben, wenn sie kurz vor seinem Orgasmus mit ihren Bewegungen innehält, seinen Penis nur noch bis zur Eichel in sich eindringen lässt und alles Weitere dann verschiebt. Am einfachsten gelingt das, wenn die Frau oben liegt. Diese Stellung erlaubt ihr auch den für sie besten Winkel zu finden, mit dem ihre Klitoris, die bei der Missionarsstellung zu kurz gekommen ist, stimuliert wird.*

**DIE POSITION VERÄNDERN**
Wenn Sie auf ihm in einer halb knienden Position sitzen, können Sie leicht Ihre Stellung verändern. Sie können sich z. B. nach vorne lehnen und Ihren Körper gegen den Ihres Partners drücken, oder Sie setzen sich halb oder ganz aufrecht auf ihn.

*Wenn Sie oben sind, können Sie ihn zusätzlich stimulieren, indem Sie Ihre Brustwarzen leicht über seine Brust streifen lassen.*

*Pressen Sie Ihre angewinkelten Beine gegen seine Schenkel und verändern Sie so Ihre Empfindungen.*

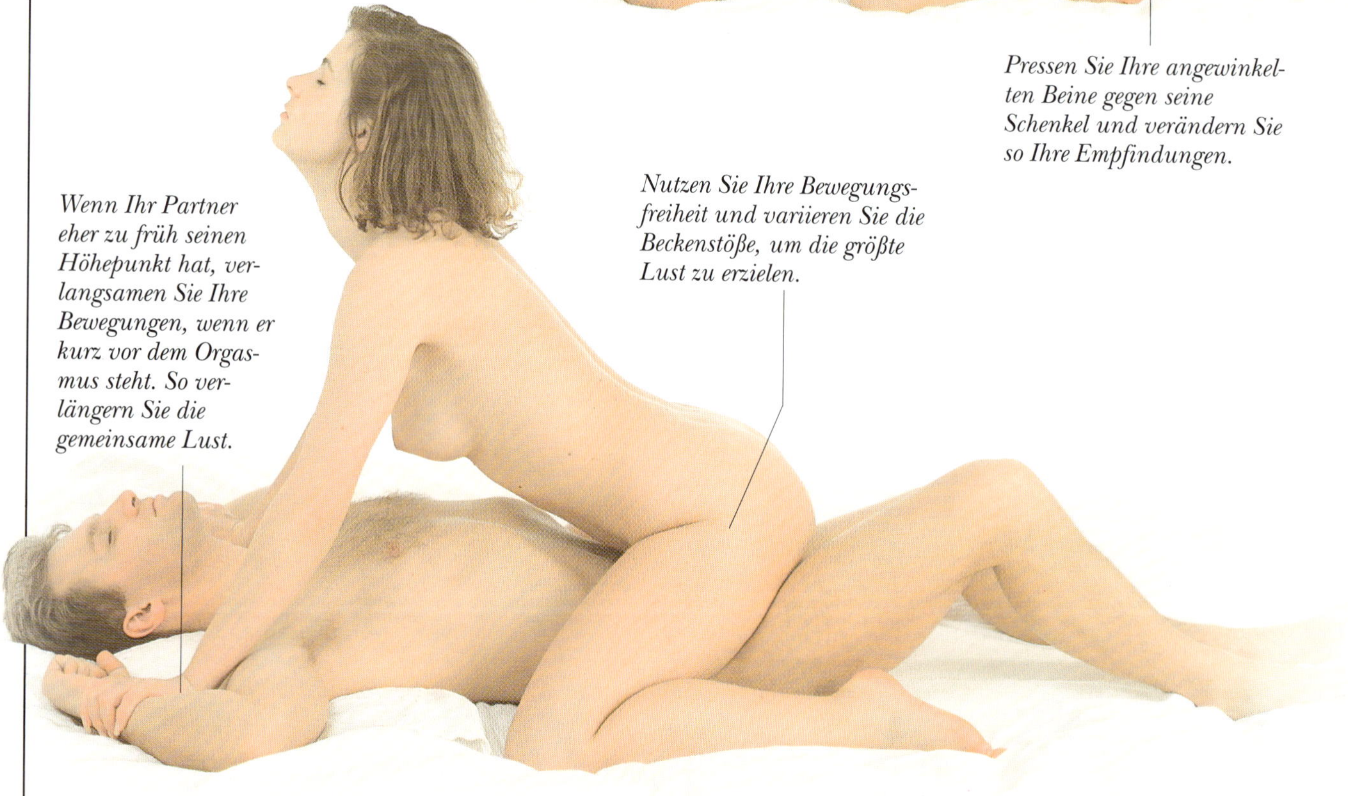

*Wenn Ihr Partner eher zu früh seinen Höhepunkt hat, verlangsamen Sie Ihre Bewegungen, wenn er kurz vor dem Orgasmus steht. So verlängern Sie die gemeinsame Lust.*

*Nutzen Sie Ihre Bewegungsfreiheit und variieren Sie die Beckenstöße, um die größte Lust zu erzielen.*

**OBEN LIEGEN** Diese Stellung ist für beide bequem und lustvoll. Sie können Ihre Beine auf seine legen, seitlich neben seine oder dazwischen. Letzteres ist für ihn am reizvollsten, da Sie dann seinen Penis eng umschlungen halten.

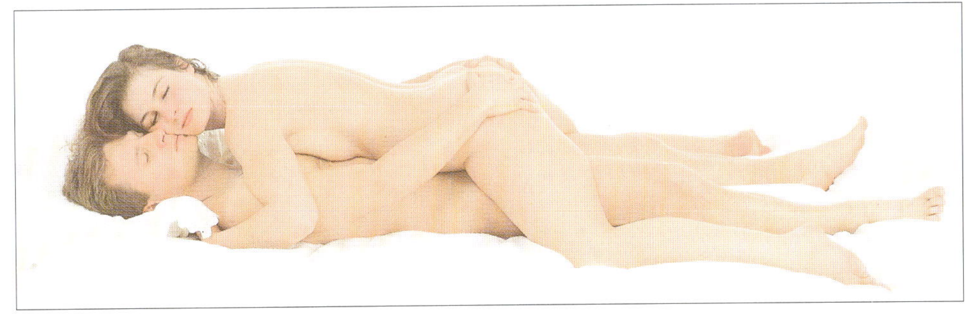

*Wenn er seine Hände an Ihre Hüften oder Ihren Po hält, kann er die Tiefe seiner Penetration verändern.*

**DIE FROSCHSTELLUNG** Bei dieser Stellung liegen die Beine der Frau auf denen des Mannes. Diese Stellung ist zwar nicht sehr romantisch, aber sehr lustvoll. Wie alle Reiterstellungen der Frau hat auch diese den Vorteil, dass sie den Mann von dem Druck befreit, besondere Betriebsamkeit an den Tag zu legen, und ihn vielmehr das Liebesspiel entspannt genießen lässt.

*Sie werden sich auf den Armen abstützen müssen, so dass er noch gut in Sie eindringen kann.*

*In dieser Stellung kann Ihr Partner gut Ihre Brust und Ihre Klitoris erreichen und diese mit seiner Hand stimulieren.*

**PENETRATION VON HINTEN** Für diese Stellung muss Ihr Partner zunächst auf dem Rücken liegen. Dann setzen Sie sich rittlings auf ihn, mit dem Gesicht zu seinen Füßen. Führen Sie den Penis in Ihre Scheide ein. Sie können sich zurücklehnen oder so sitzen bleiben, oder Ihr Partner kann sich aufrichten, so dass Sie in seinem Schoß sitzen.

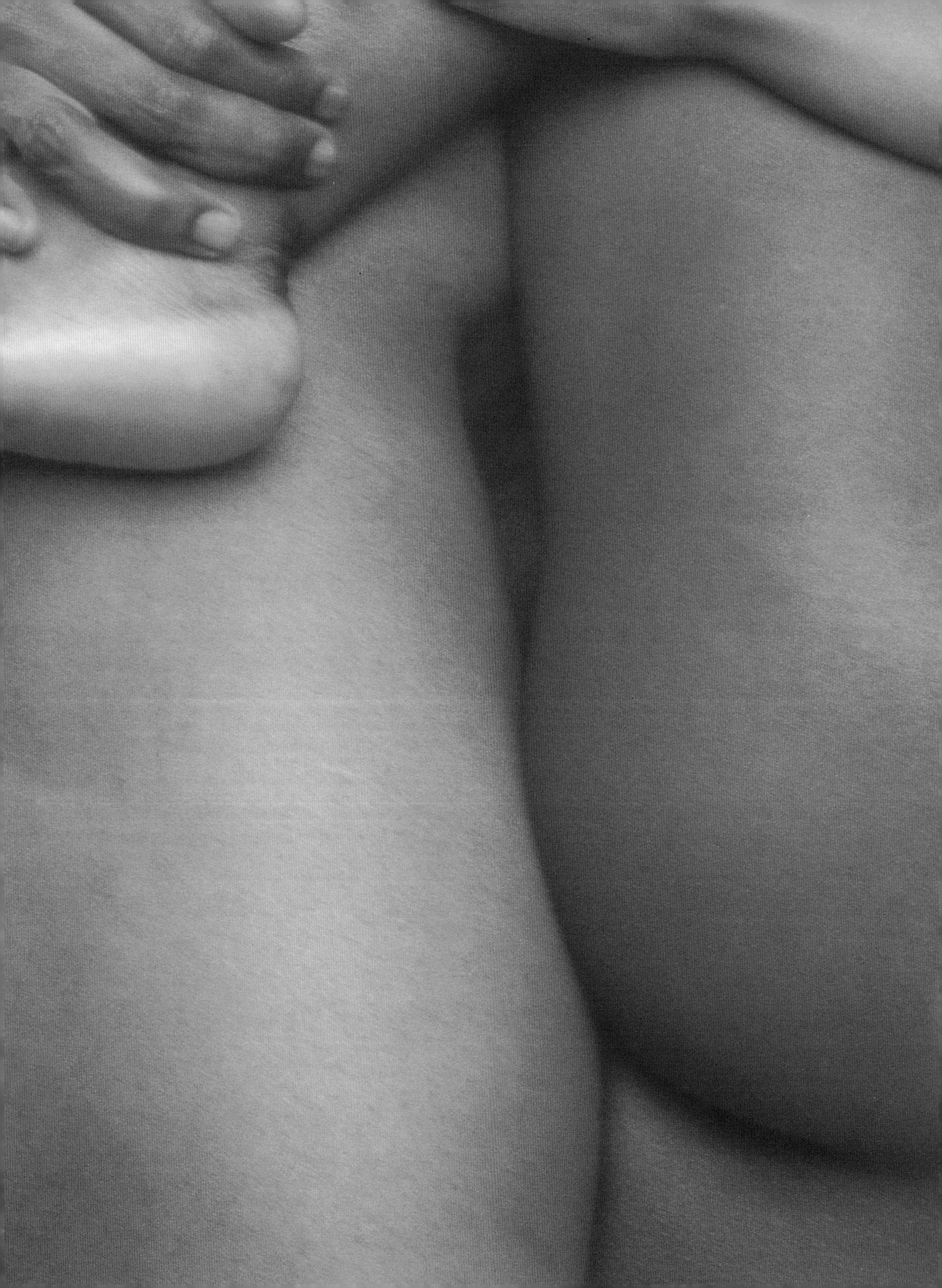

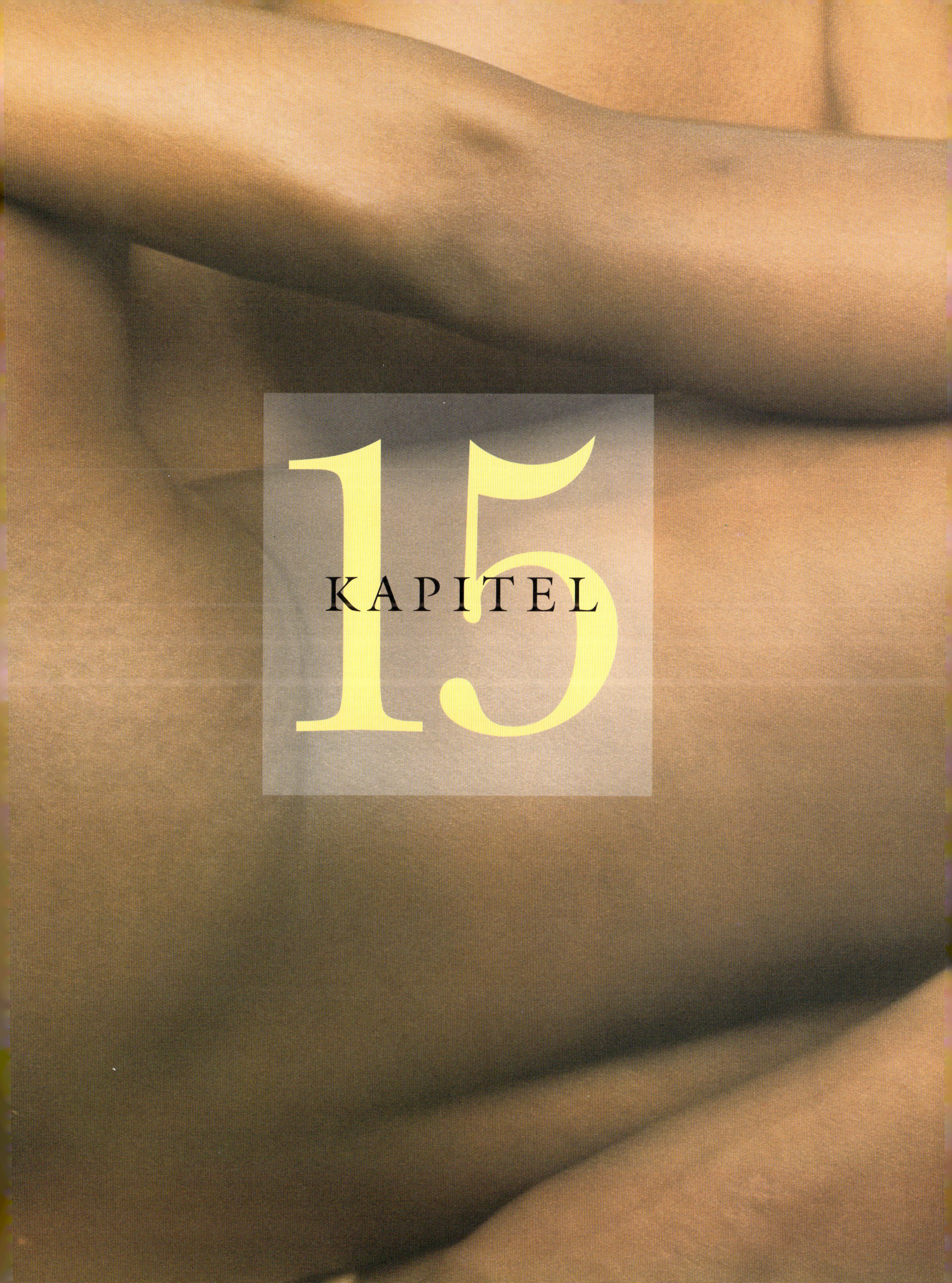

# 15 KAPITEL

# WIE BEKOMME ICH INTENSIVERE ORGASMEN?

*»Das Gefühl von Wärme, Sicherheit und Nähe ist ein wesentliches Element, um eine Atmosphäre sexuellen Glücks aufzubauen.«*

GLÜCKSGEFÜHLE lassen sich nicht erzwingen, weder in sexueller noch sonstiger Hinsicht. Wenn das Glück alltäglich werden würde, wäre es nichts Wertvolles mehr, weil man fest mit ihm rechnen könnte. Gleichzeitig würde damit auch die wunderbare Freude schwächer, die nur dann entsteht, wenn wir vom Glück überrascht werden.

Außergewöhnliche sexuelle Erfahrungen hängen zweifellos vom Zusammentreffen mehrerer Faktoren ab; einer davon ist das Überraschungsmoment. Es selbst kann nicht geplant werden, aber andere Faktoren können bewusst beeinflusst und hergestellt werden.

Dazu gehört auch eine Atmosphäre der Entspannung und der Sicherheit, die meistens relativ einfach erzeugt werden kann. Die wichtigsten »Zutaten« sexueller Gelassenheit sind: die körperliche und emotionale Entspannung; das Gespür, mit dem anderen eine harmonische Einheit bilden zu können; das Gefühl von Wärme und Behaglichkeit; Zärtlichkeit; der Wille und die Fähigkeit, sich Zeit für den Geschlechtsverkehr zu nehmen.

# FALLBEISPIEL *Heidi & Fabian*

*Heidi und Fabian hatten unabhängig voneinander manchmal ungewöhnlich tiefe und starke Gefühle beim Orgasmus erlebt. Irgendwie schien das immer nur zufällig zu klappen. Beide wollten herausfinden, wie sie so intensive und befriedigende Gefühle öfter erzielen könnten.*

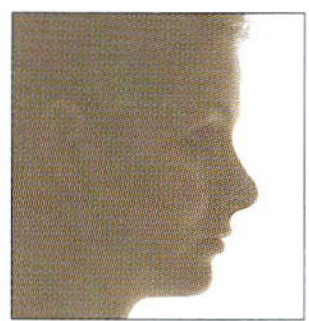

***Name:*** HEIDI
***Alter:*** 33
***Familienstand:*** LEDIG
***Beruf:*** WERBETEXTERIN

*Heidi hatte gerade ihre zweite längere Beziehung. Sie war eine agile, wild aussehende Frau mit kurzem Lockenhaar und extrem teuren Kleidern, die aber auf den ersten Blick so aussahen, als seien sie vom Flohmarkt.*

*»Fabian und ich sind seit drei Jahren sehr ernsthaft zusammen. Wir haben die gleichen Ansichten über das Leben und, auch wenn sich das etwas kitschig anhört, zumal seine spirituellen Seiten. Damit meine ich, dass wir die gleichen Werte vertreten und dass wir von unserem gemeinsamen Leben auch etwas Spirituelles erwarten.«*

*»Das bringt mich auf das Thema Sex. Den besten Sex hatte ich, wenn ich zutiefst entspannt war und ich mich gleichzeitig auf das Entstehen sexueller Empfindungen konzentrieren konnte. Mein Kopf ist total ausgeschaltet, wenn ich einen Höhepunkt habe; ein Orgasmus scheint irgendwo ganz tief aus meinem Inneren hervorzubrechen. Es ist ein wunderbares Erlebnis, auch wenn es sehr selten und nur zufällig geschieht. Ginge es nicht auch öfter?«*

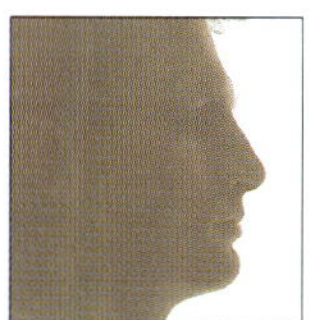

***Name:*** FABIAN
***Alter:*** 30
***Familienstand:*** LEDIG
***Beruf:*** FEINMECHANIKER

*Fabian war früher Marineoffizier und besaß jetzt eine Firma für Navigationsinstrumente von Schiffen. Er konnte mit 18-Jährigen genauso gut umgehen wie mit 80-Jährigen.*

*»Als ich Heidi kennen lernte, fühlte ich sofort, wie natürlich und locker sie ist. Sie war mir gegenüber total offen, trotz der Unterschiede, was ihr und mein Gehalt und den sozialen Status betrifft. Sie ist leitende Angestellte in ihrer Firma und sehr erfolgreich. Aber es gibt keine Konkurrenz zwischen uns.«*

*»Ich weiß, was sie mit einem tiefen Orgasmusgefühl meint, denn ich habe es auch schon erfahren. Ich persönlich bezweifle, ob man es absichtlich herbeiführen kann. Mir ist es immer nur nach einer langen, ruhigen Aufbauzeit gelungen. Wenn wir lange im Bett geredet und uns dabei gestreichelt haben und dann eins zum anderen gekommen ist. Das ist herrlich, aber eben zufällig.«*

## THERAPEUTISCHER ANSATZ

Bei meinem Gespräch mit Heidi und Fabian betonte ich, dass es kein Patentrezept für ihre Frage gäbe. Wenn der Sex ungewöhnlich gut klappt, verschmelzen tiefe Gefühle und Ergriffenheit zu einem herrlichen Orgasmus. Man kann zwar Überraschungen nicht planen, aber man kann gewisse Zutaten nehmen, um das Liebesspiel tiefer und entspannter zu machen.

Empfindungen können durch vielerlei Techniken hervorgerufen werden. So können Erwartungen, leichte Angst, Wut und Begehren bewusst erzeugt werden. Darum ist es sinnvoll, die Einzelaspekte besonders starker sexueller Entspannung zu identifizieren. Sie werden sich von einem Paar zum anderen unterscheiden, aber Heidi und Fabian sind hier für viele typisch. Die beiden setzten sich hin und machten eine Liste der Aktionen und Emotionen, die ihnen besonders wichtig waren:

- Zeit ohne Ende
- Wärme
- die Bequemlichkeit ihres Doppelbettes
- gedämpftes Licht
- gegenseitiges Streicheln bei Gesprächen
- Aufmerksamkeit für die Stimmung des anderen (es fällt schwer, sich auf Erotik einzulassen, wenn man wütend oder verängstigt wegen anderer Dinge ist)
- die Fähigkeit, erogene Zonen richtig zu stimulieren.

### SCHLÜSSELASPEKTE

Die zwei letzten Punkte sind die wichtigsten. Darin eingeschlossen war die Bereitschaft, sich offen und schutzlos dem anderen auszuliefern. Das setzt ein tiefes Vertrauen und ein fast telepathisches Verständnis der Gefühle des anderen voraus. Jeder konnte dem Partner in die Augen schauen und sah dort sein schönstes Gespür gespiegelt. Wenn der Orgasmus kam, konnten sich beide aus dem Alltagsbewusstsein ausklinken und sich dem Aufruhr der Gefühle unkontrolliert hingeben.

### SICH ZEIT LASSEN

Heide und Fabian pflichteten mir bei, dass der Schlüssel zu dieser Erfahrung die Zeit ist, die Bereitschaft, sich gegenseitig Zeit zu lassen und zu geben, damit man sich entspannen und die Bedürfnisse nach Nähe ausleben könne. Sie beschlossen, gewisse Zeiträume am Morgen oder Nachmittag eines Wochenendes offen zu halten, sich bewusst Zeit füreinander zu nehmen und jegliche Störungen abzustellen. Sie würden einfach nur Zeit miteinander verbringen und sehen, was passiert.

# *Tipps für die* STEIGERUNG SEXUELLER EMPFINDUNGEN

*Zwischen Ihnen und Ihrem Partner können die sexuellen Empfindungen vertieft werden, indem Sie den anderen in ein Meer der Lust tauchen, ohne dass Sie erwarten, das Gleiche zurückzubekommen. Dieses uneigennützige Schenken von Lust schließt Berührung und Massage mit ein, ebenso auch Geschlechtsverkehr, der aber eher auf die Befriedigung Ihres Partners als auf Ihre eigene zielt.*

## *Phase* 1 LUST SCHENKEN

Die große Bedeutung, die heute dem Orgasmus zugeschrieben wird, verdeckt, dass es wunderbare und befriedigende Sexerfahrungen geben kann, auch wenn man nicht unmittelbar auf das Erreichen des Höhepunktes aus ist. Zu sehen, wie der geliebte Partner sich in der Lust entfaltet wie eine Blume, sich entspannt und sich in der Wonne Ihrer Berührungen aalt, lohnt sich immer. Als der, der schenkt, spüren Sie, wie erotisch es sein kann, zu lieben, zu umsorgen und zu verwöhnen.

**Berührung ohne Hintergedanken** In Ihrer Rolle als uneigennütziger Spender der Lust küssen und streicheln Sie zuerst den nackten Körper Ihres Partners so, wie er es besonders mag. Alles, was Sie tun, soll ausschließlich der Lust Ihres Partners dienen, der gar nichts tun soll, außer sich einfach nur zurückzulehnen und die sinnlichen Freuden zu genießen.

**Massage** Küssen und streicheln Sie ihn für etwa fünfzehn Minuten. Dann halten Sie inne und tauschen die Rollen. Jetzt erhalten Sie von Ihrem Partner die lustvollen Berührungen. Danach können Sie z.B. zur »dreihändigen Massage« übergehen, die mit den grundlegenden Massagegriffen (vgl. S. 60ff.) beginnt, dann immer erotischer wird, bis sie eine stark sinnliche Kombination aus Massage und Geschlechtsverkehr geworden ist.

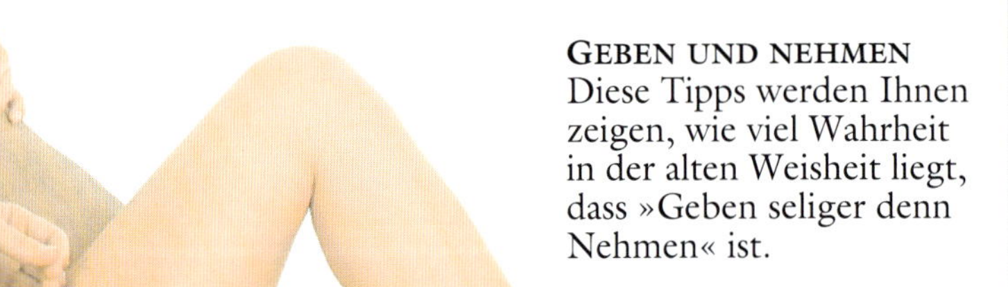

**Geben und Nehmen** Diese Tipps werden Ihnen zeigen, wie viel Wahrheit in der alten Weisheit liegt, dass »Geben seliger denn Nehmen« ist.

## *Phase* 2 LUST EMPFANGEN

Der Empfänger der Lust saugt gleichsam die Liebe, die sorgenden Gefühle und die Streicheleinheiten des anderen wie ein Schwamm in sich auf. Er entspannt sich total, weil er weiß, dass nichts von ihm erwartet wird. Eine solche gezielte Übung des Lustspendens regt die Fantasie des Beschenkten an, der in seinem Kopf Möglichkeiten entwickelt, wie er als Spender agieren könnte.

**Ekstase** Was genau bekommt der empfangende Partner bei diesem liebevollen und erwartungsfreien Sex? Er wird Empfindungen tiefer Liebe und Gelassenheit erfahren, gekoppelt mit einer erhöhten Sinnlichkeit. Mit dem tiefen Sinn für inneren Frieden, den das Lustempfangen hervorruft, entwickelt sich auch ein Gespür für die feinen Nuancen von Liebe und Empfindung, die wiederum in eine große Glückswelle übergehen kann.

So kann sich z.B. eine wenig spektakuläre Berührung zu einem großen, prickelnden Gefühl der Sinnlichkeit ausweiten. Auf diese Weise erfährt man die Streicheleinheiten des Partners nicht nur als eine lokal begrenzte Reaktion der Genitalien, sondern als eine Verzückung des Geistes.

**Passivität** Für die Fähigkeit zu geben braucht man einen Partner, der fähig ist zu nehmen. Einige Menschen finden es ausgesprochen schwierig, sich einfach zurückzulehnen und Lust zu empfangen. Gerade Männer glauben, dass ihre Rolle das »Machen« ist, und können nicht passiv sein. Auch einige Frauen haben sich so sehr daran gewöhnt Zärtlichkeiten zu geben, dass sie sich beim Empfangen nicht entspannen können.

Sie können Ihre eigenen Vorlieben leicht herausfinden, wenn Sie sich z. B. nach einer gegenseitigen Massage fragen, ob es für Sie einfacher ist, Lust zu empfangen oder zu geben. Eine ehrliche Antwort auf diese Frage wird Ihnen sagen, ob es Ihnen leichter fällt, passiv oder aktiv zu sein.

**Selbstliebe** Wenn Ihnen das Empfangen von Lust Probleme bereitet, sollten Sie lernen, wie wichtig es ist, sich selbst lieben zu können. Ein gesunder Egoismus bedeutet, dass es völlig in Ordnung ist, Lust zu empfinden und nach eigener Erfüllung zu streben. Der Orgasmus ist letztlich eine hochgradig selbstbezogene Empfindung.

## *Phase* 3 EROTISCHE MASSAGE

Eine sinnliche, erotische Massage ist ein sehr guter Weg, um Lust zu geben. Je besser Sie den Körper Ihres Partners kennen (z.B. durch die »sexologische Untersuchung«), desto erotischer kann Ihre Massage ausfallen. Zu Beginn der Massage sollten Sie die grundlegenden Massagegriffe wie das Kreisen, Schwimmen und Kneten ausführen.

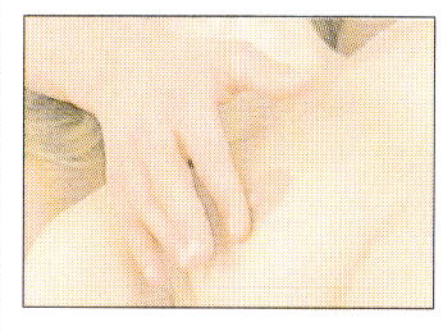

*Sexol. Unters., s. S. 82*

**Druckvarianten** Führen Sie jede Grifftechnik dreimal aus. Üben Sie am Anfang starken Druck aus, lassen Sie dann ein wenig nach und drücken Sie am Ende nur noch ganz leicht mit Ihren Fingerspitzen. Für eine Entspannung bearbeiten Sie mit starkem Druck die Muskelpartien Ihres Partners. Das hilft

### Abschalten und den Alltag vergessen

Um sich auf sich selbst zu konzentrieren und mit gesundem Egoismus zu entspannen, muss man abschalten und den Alltag vergessen können. Ein paar Tipps:

- Sprechen Sie mit Ihrem Partner darüber, wie wichtig es für Sie ist, eine Stunde für sich selbst zu haben.
- Besprechen Sie Ihr Bedürfnis nach Alleinsein mit allen ihren Mitbewohnern.
- Schließen Sie die Tür zu Ihrem Zimmer ab.
- Hängen Sie ein Schild »Bitte nicht stören!« auf.
- Planen Sie ihre täglichen Aktivitäten so, dass Sie eine Stunde für sich freimachen können.
- Schaffen Sie sich zu Hause einen Ort, der warm, einladend und sinnlich ist.
- Praktizieren Sie regelmäßig Techniken der Selbstbefriedigung (vgl. S. 226ff.) und ziehen Sie sich mindestens einmal wöchentlich für eine Stunde zurück, um nur das zu tun, was Sie tun möchten.

Es kann überraschend schwer sein, diese Stunde aus den normalen Alltagsverpflichtungen herauszuschälen. Eher früher als später werden Sie bemerken, dass Sie sogar mehr als nur eine Stunde für sich benötigen. Dieser Wunsch markiert die Einsicht, dass Sie einen Anspruch auf Erfüllung haben. Sich selbst zu lieben ist die Voraussetzung und der Weg, um Sinnlichkeit zu erfahren und zu schenken.

ihm seine Verspannungen abzubauen, sowohl auf körperlicher wie auf geistiger Ebene. Dadurch wird man auch empfänglicher für die zunehmend sinnlicheren Streicheleinheiten beim Rest der Massage.

**RÜCKENMASSAGE** Massieren Sie so den ganzen Körper, zuerst, indem Ihr Partner mit dem Gesicht nach unten auf der Unterlage liegt. Beginnen Sie bei Hals und Schultern und massieren Sie dann an jedem Arm bis zu den Fingerspitzen hinab.

Bearbeiten Sie dann den Rücken und gehen Sie über den Po seine Beine hinunter bis zu den Knöcheln. Massieren Sie noch nicht die Füße, weil das einfacher ist, wenn Ihr Partner auf dem Rücken liegt.

**FRONTMASSAGE** Ihr Partner dreht sich nun auf den Rücken. Sie massieren auch hier zuerst Hals und Schultern, dann die Arme, dann die Brust und den Unterleib. Wenn Sie sich den Geschlechtsorganen nähern, streifen Sie wie zufällig mit dem Handrücken (oder einem anderen Körperteil, der gerade in der Nähe ist) über sie hinweg. Gerade in dem Moment, wenn Ihr Partner meint, Sie würden seine Genitalien massieren, wenden Sie sich ab. Er wird das als besonders starke Erregung empfinden.

**SCHENKEL UND FÜSSE** Wenn Sie bei den Beinen angelangt sind, massieren Sie beide abwechselnd. Nehmen Sie sich vor allem der Innenseiten der Schenkel an, die besonders erogen sind. Bei den Füßen können Sie jeden einzeln massieren und Fuß- und Schenkelmassage gleichzeitig durchführen.

Eine weitere angenehme Fußbehandlung ist es, wenn Sie mit der einen Hand den Fuß Ihres Partners am Knöchel festhalten und mit der anderen den Fuß langsam drehen. Man spürt das ganze Bein bis zum Becken und die Leistenmuskeln hinauf. Kurioserweise fühlt sich das insgesamt sehr erotisch an.

**FINGERNÄGEL BENUTZEN** Wenn Sie die Massage eine Stufe »heißer« machen wollen, versuchen Sie es mit liebevollen Strichen, die Sie mit dem Fingernagel über den Körper ziehen. Bevor Sie damit anfangen, sollten Sie prüfen, ob ein Nagel eingerissen ist oder spitz endet. Lassen Sie nur die Nägel mit der Haut in Verbindung kommen, und bewegen Sie sie für verschiedene Gefühlsregungen unterschiedlich. Kreisen Sie zuerst, dann fahren Sie von oben nach unten, von links nach rechts und verändern Sie die Länge der Fingernagelspur.

**EROTISCHE HILFLOSIGKEIT** Zu keinem Zeitpunkt der Massage darf Ihr Partner die Stellung seines Körpers selbst verändern. Wenn z.B. der Arm bewegt werden muss, damit Sie ihn massieren können, dann müssen Sie das selber tun. Ein Teil der Massageerotik beruht darauf, dass die Person, die massiert wird, sich unter ihren Griffen hilflos fühlt.

## *Phase* 4 DIE DREIHÄNDIGE MASSAGE

Eine fortgeschrittene Art, sinnliche Lust zu schenken, liegt darin, mit dem Partner nur zu seinem Vergnügen zu schlafen. Eine sehr spezielle Variante davon ist die sog. »dreihändige Massage« (nach einer Bezeichnung des amerikanischen Massagelehrers Ray Stubbs, der sehr viel Zeit auf die Entwicklung dieser Technik verwandte).

Er empfahl allen, die einen tiefen Orgasmus empfinden wollten, die Kombination einer entspannenden sinnlichen Massage mit den sanften Berührungen beim Geschlechtsverkehr. Einmal steht der Mann im Mittelpunkt, ein anderes Mal die Frau. Die Massage sollte sich nicht ab einem bestimmten Zeitpunkt am anderen umgekehrt wiederholen, weil das beide abhält, wirklich abzuschalten. Das aber ist Voraussetzung für diese tiefe sinnliche Erfahrung. Im Folgenden ist dargestellt, wie ein Mann einer Frau eine dreihändige Massage gibt. Im Prinzip verhält es sich ganz ähnlich, wenn die Frau dem Mann diese Massage gibt; alles beginnt mit den grundlegenden Massagegriffen und endet im Geschlechtsverkehr.

*Siehe hierzu auch S. 172*

**DIE MASSAGE VORBEREITEN** Bereiten Sie diese Massage wie jede andere vor. Massieren Sie Ihren Partner ungefähr fünfzehn Minuten am Körper, bevor Sie sich seinen Genitalien zuwenden. Beeilen Sie sich nicht. Streicheln Sie langsam und zielen Sie nicht auf den Orgasmus. Nach der Massage mit zwei Händen gehen Sie nun zu der mit drei Händen über, die mit einer einfachen Rückenmassage beginnt.

**RÜCKENMASSAGE** Geben Sie Ihrer Partnerin, die auf dem Bauch liegt, eine entspannende Rückenmassage. Benutzen Sie dabei viel Massageöl. Setzen Sie sich beim Streicheln auf sie, aber stützen Sie Ihr Gewicht auf Ihren Knien und Unterschenkeln ab. Damit Sie selbst auch während der Massage »schlüpfrig« sind, sollten Sie Ihren Unterkörper, Ihre Genitalien, Po und Schenkel auch einölen.

Ohne die sinnliche Massage ihres Körpers zu unterbrechen, gleitet Ihr eingeölter Unterleib über ihre Schenkel und ihren Po vorwärts und rückwärts. Ihre Geschlechtsorgane, die über ihren Körper gleiten, ergänzen dabei Ihre Massagebewegungen. Versuchen Sie das möglichst gefühlvoll und fließend zu machen, so als würden Sie zusammen tanzen.

**PENETRATION** Fahren Sie so fort und lassen Sie dann den Penis zwischen ihre leicht geöffneten Beine gleiten und seinen Weg zu ihrer Vagina suchen. Dringen Sie bedachtsam in ihre Scheide ein, denn je langsamer Sie sind, desto erotischer ist die Penetration. Wenn Ihre Hand und Ihr Penis gleichzeitig massieren und berühren, verschmelzen alle Bewegungen ineinander. Bitten Sie dann Ihre Partnerin, sich auf den Rücken zu drehen. Wenn Sie fühlen, dass es der richtige Zeitpunkt ist, heben Sie ihre Knie bis zu ihrem Kinn. Gleichzeitig kann Ihr Penis wieder sanft und langsam in sie eindringen.

Bewegen Sie Ihr Becken rhythmisch und langsam, so dass Ihr Penis verführerisch in sie gleitet. Gleichzeitig streicheln Ihre Hände jeden erreichbaren Zentimeter ihres Körpers. Wenn sie Ihre Stöße erwidert, erinnern Sie sie daran, dass sie keine aktive Rolle einnehmen, sondern entspannen und (im metaphorischen Sinn) im Bett »versinken« soll. Je besser sie entspannt, desto tiefer werden ihre Empfindungen sein. Vergessen Sie nicht, dass Sie nicht den Orgasmus anstreben.

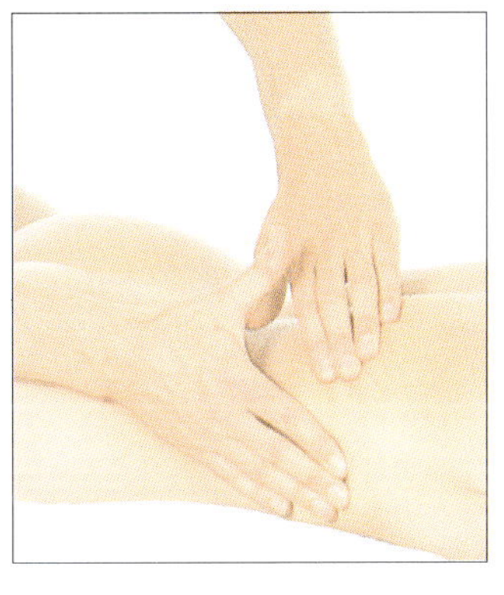

**KÖRPERMASSAGE** Die erste Stufe der dreihändigen Massage bearbeitet den Rücken. Lassen Sie sich etwa fünfzehn Minuten Zeit, um Ihren Partner langsam und sinnlich zu streicheln. Benützen Sie viel warmes Massage- oder Babyöl. Beginnen Sie mit den Griffen des Kreisens, Schwimmens und Gleitens und enden Sie mit dem Federflug.

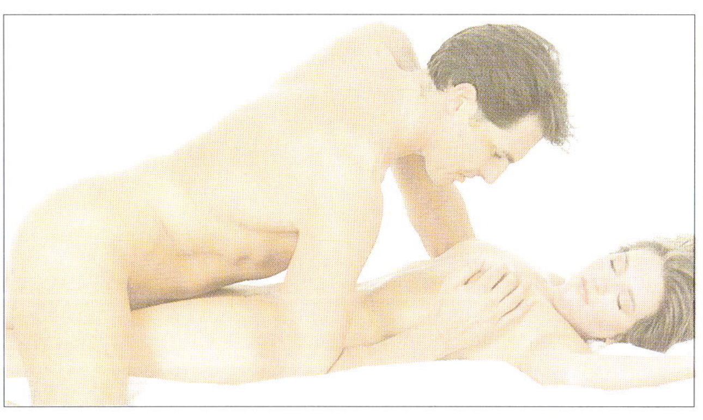

**PENETRATION** Lassen Sie Ihren Unterleib in Vor- und Rückwärtsbewegungen massierend über Ihren Po und Ihre Schenkel gleiten. Wenn Ihr Penis in ihre Scheide eingedrungen ist, bewegen Sie sich in ihr im gleichen Rhythmus, mit dem Sie ihren Körper massieren. Das gilt auch, wenn sie sich umgedreht hat.

**GESCHLECHTSVERKEHR** Wenn Sie merken, dass der richtige Zeitpunkt für den Geschlechtsverkehr gekommen ist, dringen Sie sanft in sie ein. Gleichzeitig können Sie ihre Knie zu ihrer Brust hochheben und dann mit rhythmischen Beckenbewegungen den Penis in sie gleiten lassen. Benutzen Sie gleichzeitig die Hände, um jeden erreichbaren Zentimeter ihres nackten Körpers zu streicheln.

*Je langsamer Ihre Bewegungen sind, desto erotisierender wird das Gefühl für sie sein.*

*Sie soll sich entspannen und der Versuchung widerstehen, sich zu bewegen.*

# DIE DREIHÄNDIGE MASSAGE

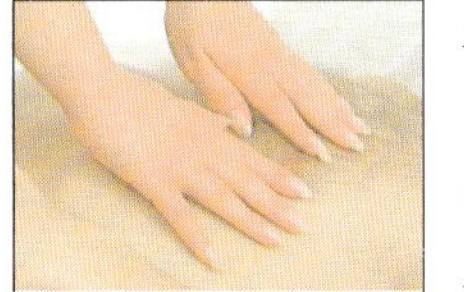

*Die dreihändige Massage, ein Trainingskonzept des Massagelehrers Ray Stubbs, ist eine Kombination von feinfühliger Handmassage und gleichzeitigem Genitalkontakt (zu den Details für die Massage einer Frau s. S. 170f.). Auf dieser Doppelseite werfen wir einen Blick auf die Sexmassage, die eine Frau ihrem Partner gibt. Da es gerade an ihm ist, zu »empfangen«, soll er vollkommen passiv bleiben.*

**IM REITERSITZ** Ihr Partner liegt auf dem Rücken und Sie hocken rittlings auf ihm. Beginnen Sie seine Brust zu massieren und danach seine Arme und Schultern. Lehnen Sie sich zurück, um seine Oberschenkel und möglichst viel Bein zu massieren.

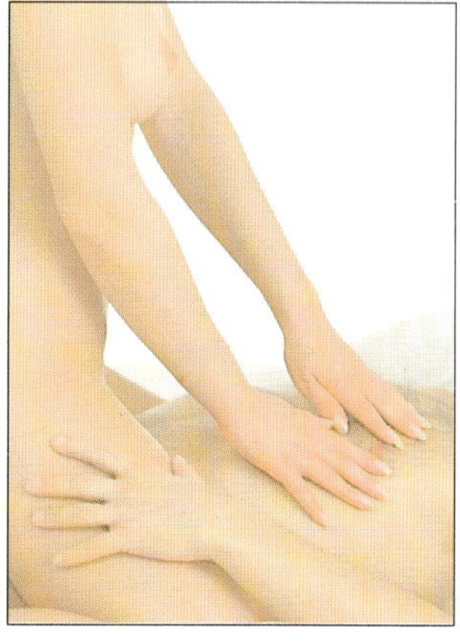

**BERÜHRUNG VARIIEREN** Zu Beginn der Massage benutzen Sie am besten die Handflächen und -ballen. Nach einer Weile können Sie die Technik wechseln und mehr mit den Fingern kneten.

*Ölen Sie Ihre Hände, Genitalien, Schenkel und Ihren Unterleib vor und – falls nötig – noch während der Massage gut ein, damit alles an Ihnen gut »flutscht«.*

**SINNLICHE BEWEGUNGEN MIT DEM KÖRPER** Nachdem Sie ihn 15 Minuten massiert haben, streifen Sie mit Ihren Brüsten und Ihren Brustwarzen über seine Brust, von oben nach unten und von einer Seite zur anderen.

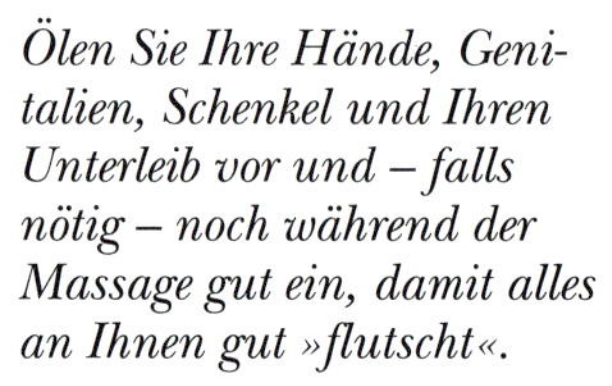

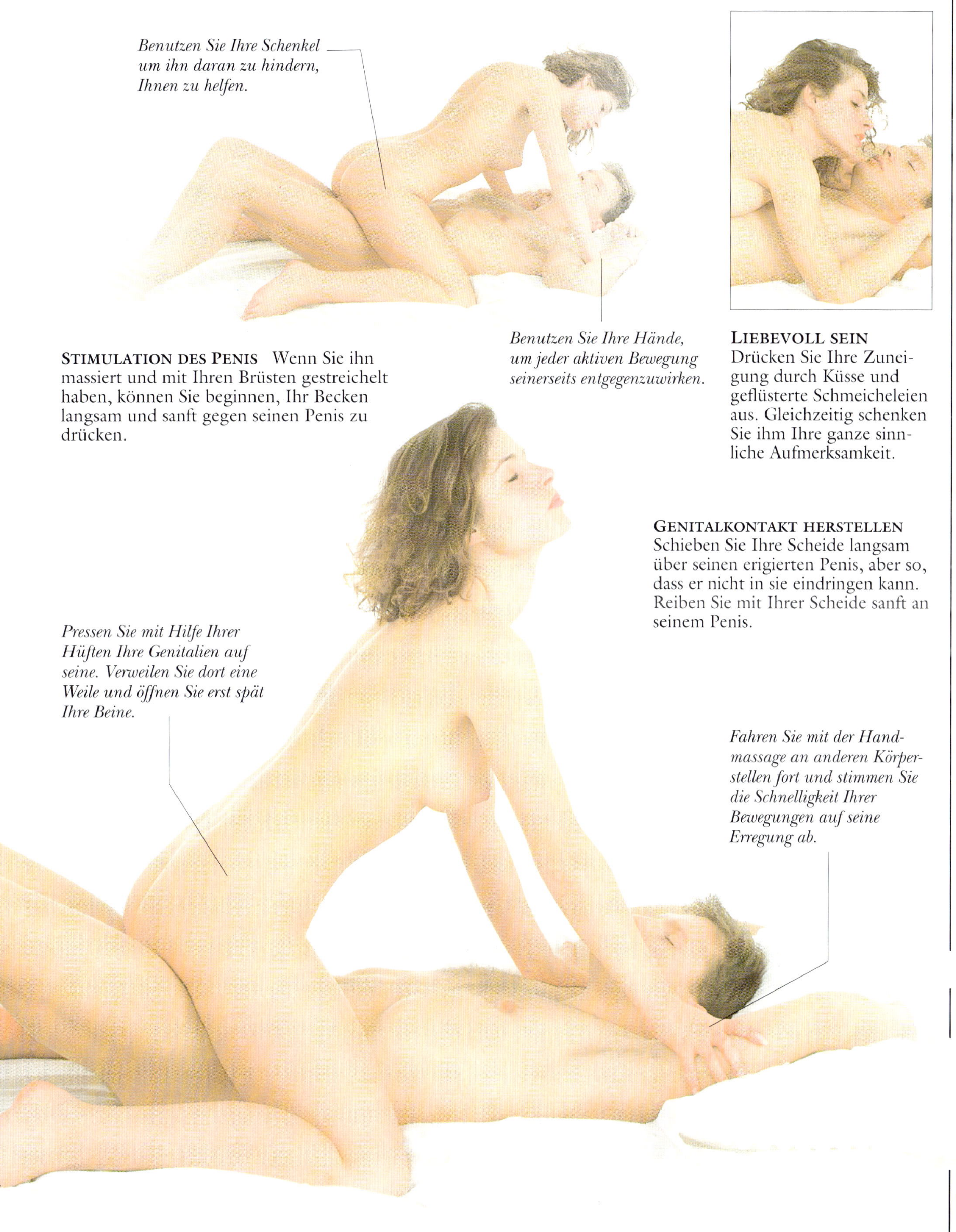

*Benutzen Sie Ihre Schenkel um ihn daran zu hindern, Ihnen zu helfen.*

*Benutzen Sie Ihre Hände, um jeder aktiven Bewegung seinerseits entgegenzuwirken.*

**Stimulation des Penis** Wenn Sie ihn massiert und mit Ihren Brüsten gestreichelt haben, können Sie beginnen, Ihr Becken langsam und sanft gegen seinen Penis zu drücken.

**Liebevoll sein**
Drücken Sie Ihre Zuneigung durch Küsse und geflüsterte Schmeicheleien aus. Gleichzeitig schenken Sie ihm Ihre ganze sinnliche Aufmerksamkeit.

**Genitalkontakt herstellen**
Schieben Sie Ihre Scheide langsam über seinen erigierten Penis, aber so, dass er nicht in sie eindringen kann. Reiben Sie mit Ihrer Scheide sanft an seinem Penis.

*Pressen Sie mit Hilfe Ihrer Hüften Ihre Genitalien auf seine. Verweilen Sie dort eine Weile und öffnen Sie erst spät Ihre Beine.*

*Fahren Sie mit der Handmassage an anderen Körperstellen fort und stimmen Sie die Schnelligkeit Ihrer Bewegungen auf seine Erregung ab.*

# SEX AUF EINEM STUHL

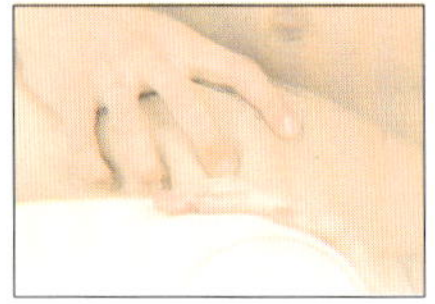

*Selbst etwas mit so viel Lustpozential wie Sex kann langweilig werden. Wenn Sie zur Abwechslung Sex einmal nicht im Bett, sondern auf einem Stuhl erleben wollen, können Sie viele neue Stellungen ausprobieren. Da man bei einigen Varianten die Hände frei behält, kann man sie für weitere Liebkosungen einsetzen.*

**KNIEND UND VON HINTEN** Bei dieser einfachen Variante der »Sex-von-hinten-Stellung« kniet die Frau auf der Sitzfläche und hält sich an der Stuhllehne fest, wenn der Mann von hinten in sie eindringt. Diese Stellung ermöglicht es ihm, ihre Brüste zu streicheln und ihre Klitoris stimulierend zu massieren.

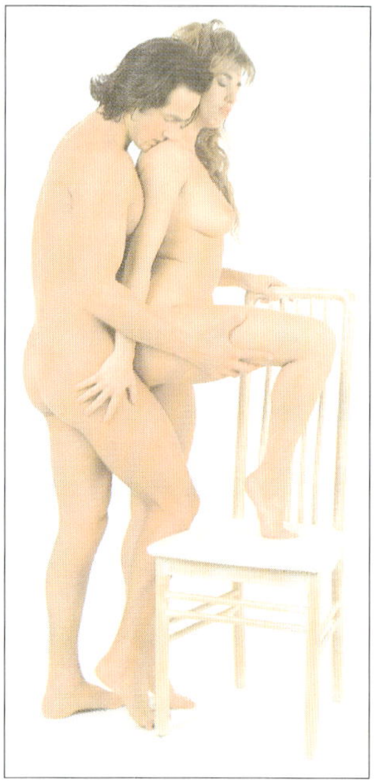

*Führen Sie ihre Hüften sanft an Ihre heran.*

*Stützen Sie sich an der Lehne ab, um den Stößen Ihres Partners entgegenzukommen.*

**SEX IM STEHEN** Wenn sie einen Fuß auf den Stuhl stellt und sich ein wenig nach vorn lehnt, kann er einfacher von hinten in sie eindringen.

**DIE SCHUBKARRE** Diese eher akrobatische Übung erfordert Gelenkigkeit, ist aber gar nicht so schwierig. Sie liegt mit den Oberarmen auf der Sitzfläche, dann hebt er sie hoch und sie schlingt ihre Beine um seine Hüften.

**Über der Armlehne** Wenn er in sie eingedrungen ist, kann sie ihre Beine schließen und dadurch den Druck auf seinen Penis erhöhen. Oder sie lässt ein Bein am Boden, während sie das andere so weit zwischen seine Beine schiebt, wie es geht.

*Genießen Sie die unterschiedlichen Gefühle, die entstehen, wenn sie die Position ihrer Beine auch nur geringfügig verändert.*

**Mit Blickkontakt** In dieser Stellung hat die Frau Ihre Beine über die Sessellehne geschwungen.

*Bringen Sie sich in eine Position, die Ihnen erlaubt, ohne Anstrengung in sie einzudringen.*

*Zu beobachten, wie Ihr Penis in sie eindringt und Ihre gemeinsame Befriedigung verläuft, kann sehr erregend sein.*

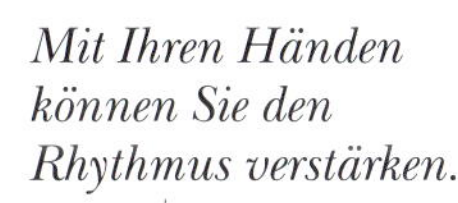

*Mit Ihren Händen können Sie den Rhythmus verstärken.*

**Auf dem Schoss** Die Frau sitzt auf dem Schoß Ihres Partners, fast schon seitlich zu ihm gewandt.

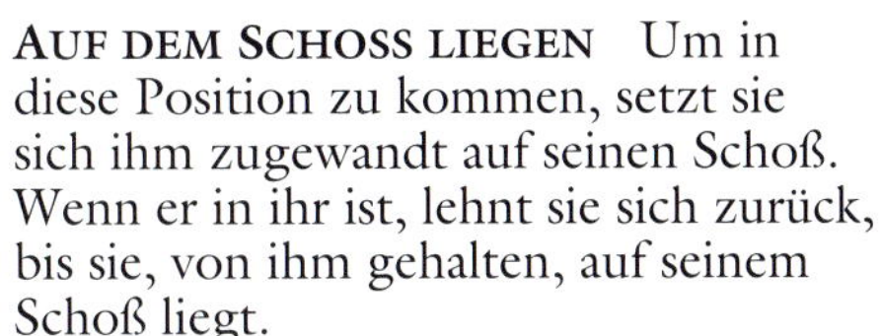

**Auf dem Schoss liegen** Um in diese Position zu kommen, setzt sie sich ihm zugewandt auf seinen Schoß. Wenn er in ihr ist, lehnt sie sich zurück, bis sie, von ihm gehalten, auf seinem Schoß liegt.

# KAPITEL 16

# WIE FINDEN WIR ZEIT FÜR UNSERE LIEBE?

*»Wenn Ihnen Ihre Beziehung wichtig ist, müssen Sie und Ihr Partner sicherstellen, dass genug Zeit da ist, um sie auch wirklich auszuleben.«*

ES SPIELT KEINE ROLLE, wie sehr Sie in jemanden verliebt sind, wenn Sie keine Zeit füreinander haben. Die Beziehung wird einfach nicht klappen. Wenn Sie sich einreden sollten, dass Sie es schon irgendwie hinkriegen mit den seltenen Treffen und den raren Sexgelegenheiten, machen Sie sich etwas vor. Vielleicht übersteht es Ihre Beziehung sogar, aber nur zu einem sehr hohen Preis. Ihr Selbstwertgefühl und Ihre Zufriedenheit werden darunter leiden.

Ihre Partnerschaft wird sich nicht weiterentwickeln oder die Beziehung – wenn sie nicht scheitert – nur noch »pro forma« bestehen, wenn Sie sich nicht Zeit füreinander nehmen. Damit eine Affäre die Chance hat, eine Liebesbeziehung zu werden, müssen beide Partner genug Zeit haben, um sich kennen und lieben zu lernen. Wenn dafür nicht genügend Zeit zur Verfügung steht, stagniert die Beziehung und Sie und Ihr Partner werden sich mehr und mehr voneinander entfernen.

Dazu gehört natürlich auch, dass Sie ausreichend Zeit haben, um miteinander zu schlafen, damit Ihre Beziehung auch in sexueller Hinsicht nicht nachlässt.

# FALLBEISPIEL *Elisabeth*

*Nach einer langen und zunehmend unglücklich verlaufenen Beziehung, in der ihr Partner sehr dominierend war, traf Elisabeth Paul. Das gab ihrem Leben neuen Schwung. Es dauerte aber nicht lange, bis bestimmte »Sachzwänge« die Beziehung immer mehr beeinträchtigten. Paul verbrachte nur noch wenig Zeit mit Elisabeth; und sie begann ernsthaft, sich nach einem neuen Partner umzuschauen.*

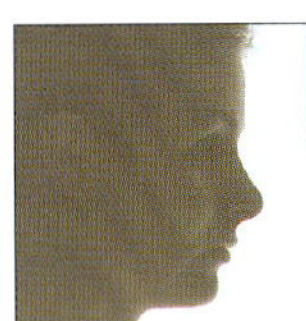

***Name:*** ELISABETH
***Alter:*** 45
***Familienstand:*** LEDIG
***Beruf:*** BÜROLEITERIN

*Elisabeth, die zehn Jahre jünger aussah, als sie war, hatte sich vor gar nicht langer Zeit verliebt.*

*»Nach der Öde einer vierjährigen Beziehung mit jemandem, dem es nicht viel auszumachen schien, ob ich lebe oder tot bin, war die Bewunderung und Zuneigung, die mir mein neuer Liebhaber Paul entgegenbrachte, einfach wunderbar. Ihm war es zu verdanken, dass ich regelrecht aufblühte. Ich sehe besser aus und fühle mich umwerfend, fast wie ein Teenager. Unsere Liebe hat meine frühere Sexualität wieder entfacht – und noch viel mehr. Mit 45 weiß ich natürlich viel mehr über Sex als mit 25. Und ich glaube, dass ich auch besser im Bett bin. Im Idealfall würde ich gerne ganze Tage nur im Bett verbringen.«*

*»Und das ist auch tatsächlich passiert. Wir lagen einen ganzen Vormittag im Bett und liebten uns. Es war herrlich. Es war genau das, wovon ich immer geträumt habe. Auch an einigen Abenden nahmen wir uns das vor. Wir gingen sofort, nachdem wir uns getroffen hatten, ins Bett und taten genau das, was wir tun wollten. Es war klasse.«*

*»Aber dann begannen in seiner Firma die Schwierigkeiten und er machte sich wegen des Geldes viel Sorgen. Um sich über Wasser zu halten, fing er an, zahlreiche Überstunden zu machen. Er hört um halb neun oder halb zehn auf zu arbeiten, auch an den Wochenenden. Wenn er nicht arbeitet, verbringt er seine Zeit mit den Kindern. Wenn wir jetzt miteinander schlafen, geschieht es kurz vorm Einschlafen. Es ist immer noch schön, aber er ist so müde und erschöpft, dass er sofort einschläft, wenn er seinen Orgasmus hatte. Auch wenn ich selbst einen Orgasmus hatte, fühle ich mich doch betrogen. Man hat mich auch betrogen — um die Zeit mit ihm.«*

*»Es bringt ja auch nichts, wenn ich mich nur beschwere. Paul steht schon genug unter Druck, um sein Geld verdienen; da möchte ich ihn nicht auch noch unter Druck setzen. Er kann ja auch nichts an der Situation ändern.«*

*»Die Sexualität erfüllt mich gerade ganz. Ich habe einen früheren Freund getroffen, mit dem die Versuchung ins Bett zu gehen, sehr groß ist. Noch empfinde ich die Liebe zu Paul als etwas sehr Besonderes. Aber ich habe die letzten vier Jahre weggeworfen, weil ich meinte, treu sein zu müssen. Das Leben ist zu kurz, und ich habe keine Lust mehr, mich aufzuopfern.«*

## THERAPEUTISCHER ANSATZ

Egal, wie stark jemand unter Druck steht, es ist immer falsch, ihm diesen Druck abnehmen zu wollen. Die Beziehung würde nur dann nicht stagnieren, wenn Elisabeth und Paul mehr Zeit füreinander fänden und Elisabeth den Eindruck hätte, dass Paul ihr zuliebe ein paar Dinge ändern könnte. Beziehungen können alle Schwierigkeiten überstehen, aber wenn sie stagnieren, werden sie schwächer und zerbrechen schließlich.

### ERKLÄRUNGEN ABGEBEN

Ich empfahl Elisabeth, dass sie, noch bevor sie sexuell und verbal eine Hemmung gegenüber Paul aufbauen würde, ihm erklären sollte, dass sie sich Sorgen machte. Sie sollte ihre Worte mit Bedacht wählen, um Missverständnisse zu vermeiden und keinen Streit hervorzurufen. Es half Elisabeth zu erkennen, dass ihre Bedürfnisse genauso wichtig waren wie seine. Sie konnte ihre Gefühle erklären, indem sie Formulierungen benutzte wie: »Ich bin unglücklich über ...«, anstatt ihm Vorwürfe über das, was er tut und nicht tut, zu machen. Sie bat ihn konstruktive Vorschläge zu machen, wie sie in ihrer Beziehung etwas verändern könnten, und brachte eigene Vorschläge in die Diskussion ein.

### GEMEINSAME ZEITEN EINPLANEN

Diese Veränderungen könnten dazu führen, dass im Terminkalender mehrere Tage im Monat fest für die Beziehung eingeplant werden. Diese Verabredungen für den Abend sollten lieber früher als später beginnen und gelegentlich durch eine Verabredung für ein ganzes Wochenende ergänzt werden. Selbstverständlich müsste man diese Termine mit den Erfordernissen von Pauls Geschäften abstimmen, aber allein die Auseinandersetzung darüber würde dazu führen, dass Elisabeth mehr Zeit als vorher mit Paul verbringen könnte.

### BELOHNUNG FÜR AUSZEITEN

So, wie Elisabeth Angst hatte, Paul unter zusätzlichen Druck zu setzen, sollte Paul sich vergegenwärtigen, dass er die Beziehung gefährdete, wenn er seine Prioritäten nicht neu verteilte. Wenn er weiterhin besorgt sei über die zusätzliche Zeit, die ihm der Sex »wegnehmen« würde, könnte ihm ein Belohnungssystem in Aussicht gestellt werden. Die »dreihändige Massage« (vgl. S. 172f. ) oder ein bestimmtes Liebesszenario (vgl. S. 42ff.) würden z. B. so reicht belohnt, dass er das Zeitopfer nicht mehr als schmerzlich empfinden würde.

# *Tipps für die* INNIGKEIT NACH DEM ORGASMUS

*Dem Ende des Geschlechtsverkehrs widmet man meist nur geringe Beachtung. Einige Menschen liegen wie Fremde nebeneinander, nachdem sie einen Orgasmus hatten. Andere wiederum schlafen sofort ein. Sehr wenige verstehen, dass jede gute Erfahrung einen Anfang, eine Mitte und ein gutes Ende braucht. Nimmt man dem Geschlechtsverkehr seinen Abschluss, so ist er unvollständig und unbefriedigend. Wer gelernt hat, wie man sich auch nach dem Sexualakt noch nah sein kann, hat sein Spektrum sexueller Erfahrungen erweitert. Eine Frau drückte das so aus: »Zu den schönsten Momenten beim Geschlechtsverkehr gehören für mich die friedvollen Minuten nach dem Orgasmus, wenn man sich erschöpft in den Armen liegt, sich tief in die Augen schaut, dem anderen liebevolle Worte ins Ohr flüstert und ganz von der gegenseitigen Liebe erfüllt ist.«*

## *Phase* 1 DAS BEDÜRFNIS »WIEDER ZU LANDEN«

Ebenso wie es nötig ist, sich Zeit für den Sex zu nehmen, so ist es auch notwendig, eine Viertelstunde zu haben, um nach dem großen Feuerwerk wieder zu Atem zu kommen. Der Orgasmus bringt für Frauen nicht immer die gleiche Befreiung wie für Männer. Einige Frauen können noch weitere Orgasmen erleben, andere haben aufgrund unzureichender Stimulation nur einen schwachen Orgasmus gehabt. Anders ausgedrückt heißt das: Eine Frau braucht ein vielschichtigeres Ende des Geschlechtsverkehrs, wenn dieser ihr nicht die gleiche Entspannung gewährt wie ihrem Partner.

Bei einer Psychotherapie lernt man, dass die meisten Ereignisse einen Anfang, eine Mitte und ein Ende haben. Das mag trivial erscheinen. Therapeuten weisen auf diese Tatsache darum so gerne hin, weil die Art, in der Menschen mit Enden umgehen, anzeigt, wie sie grundsätzlich mit Beziehungen umgehen. Zu den Aufgaben, die Patienten in einer Therapie lösen sollen, gehört es, etwas richtig zum Ab-

**DANACH** Nach der Liebe hilft es beiden, sich einfach nur anzuschauen und zusammen zu atmen, um sich nah und erfüllt zu fühlen.

schluss zu bringen. Letztlich gilt dieses Prinzip für alle Bereiche unseres Lebens, egal wie groß oder klein dieser Bereich sein mag. Der Sex macht da keine Ausnahme.

**MEDITATIONSTECHNIKEN** Wer dem Sex ein liebevolles, »spirituelles« Ende geben möchte, muss lernen, anders »abzuschließen«. Der amerikanische Massagelehrer Ray Stubbs lehrt, wie man durch Meditationstechniken die Erfahrungen beim Geschlechtsverkehr vertiefen kann. Er ist einer der wenigen westlichen Therapeuten, die die Körperberührung mit der Berührung des Geistes zu verbinden suchen. »Den Geist zur Ruhe kommen zu lassen und den Körper zu entspannen, sind Wege zu einem tieferen sexuellen Ausdruck«, schreibt er. »Durch Bewusstseinserweiterung spüren wir Wogen der Lust durch unseren Körper ziehen. Wir berühren den anderen nicht nur mit unseren Lippen, Genitalien und Händen, sondern auch mit unserem Herzen.«

Stubbs schlägt zwei einfache Meditationstechniken vor und empfiehlt dabei, nur die Technik zu verwenden, die wirklich Erfolg zeigt, und keine Übungen auszuführen, die nicht den gewünschten Erfolg bringen.

## *Phase* 2 ZUSAMMEN ATMEN

In dieser Phase liegen Sie in den Armen Ihres Partners, kuscheln sich aneinander und atmen beide gleichzeitig ein und aus.

Dieses gemeinsame Atmen erscheint Ihnen vielleicht ein wenig künstlich, wenn Sie es zum ersten Mal probieren. Andere Paare finden es eine sehr schwere Übung für den Anfang. Aus zwei Gründen kann ich das gut nachvollziehen: Erstens ist es nicht die natürliche Art, nebeneinander zu liegen und gemeinsam ein- und auszuatmen. Zweitens kann das Atemvolumen des einen sehr verschieden von dem des anderen sein. Ein Paar kann gezwungen sein zu lernen, wie man einen gemeinsamen Atmenrhythmus findet.

**MISCHEN UND VERSCHMELZEN** Wenn Sie sich an ein bestimmtes Atemmuster gewöhnt haben, wird es Ihnen schnell ganz natürlich und einfach vorkommen. Dann passiert eine Art Vermischung und Verschmelzung, und Sie können den Atem des Partners nicht mehr von Ihrem eigenen unterscheiden. Dann verliert man leicht das Gefühl für die Zeit. Man ist zu einer Einheit verschmolzen.

Die einzige Voraussetzung für diese Übung besteht darin, dass Sie liegend ohne Schwierigkeiten atmen können und Ihr Körper bequem und entspannt auf der Unterlage liegt (besonders gut geeignet ist die Löffelstellung). Wenn das gemeinsame Atmen so entspannend ist, dass sie nach dem Sex nicht mehr wach bleiben können, versuchen Sie die Übung vorher auszuführen. Gemeinsames Atmen beruhigt den Geist, so dass die Nuancen der Sinnlichkeit mehr Raum erlangen.

## *Phase* 3 BLICK NACH INNEN

Das Schauen ohne gezieltes Blicken ist eine der grundlegenden Meditationstechniken. Es wird oft als eine Methode benutzt, um den Geist und den Blick nach innen zu wenden. Üben Sie dieses Nach-innen-Blicken nach dem Geschlechtsverkehr und schauen Sie dabei bewusst Ihrem Partner in die Augen. Schauen Sie sich sanft und ohne Absicht an. Versuchen Sie nicht mit Bewusstsein in die Augen des Partners zu schauen, sondern lassen Sie Ihren Blick durch die Augen hindurch gehen.

Auf diese Weise können Sie eins werden. Am Anfang ist es vielleicht schwer, dabei nicht zu lachen oder herumzualbern, aber auch wenn das geschieht, beruhigen Sie sich wieder und schauen Sie ohne Fokus in die Ferne. Konzentrieren Sie Ihre Gedanken auf die Intimität und die Innigkeit der Situation.

Vielleicht fällt Ihnen nach einer Weile auf, dass das Gesicht Ihres Partners die Kontur verliert. Lassen Sie sich dadurch nicht irritieren, sondern ignorieren Sie es. Versuchen Sie wieder die innere Ruhe zu erlangen, die Sie vorher empfunden haben.

**ATMEN UND SCHAUEN** Beide Übungen können auch lohnend miteinander verbunden werden. Sie werden bemerken, dass diese Übungen Sie nach dem Geschlechtsverkehr wieder näher zusammen führen. Manche Paare finden sogar, dass der »Blick nach innen« vor dem Geschlechtsverkehr sie gleichzeitig entspannt und erregt.

Da jeder unterschiedliche Erfahrungen mit den verschiedenen Meditationsübungen macht, kann man schwer voraussagen, ob sich bei Ihnen ein Erfolg einstellen wird. Für viele Menschen ist Ruhe und Entspannung die Voraussetzung für tiefe Gedanken und Wünsche, die ihnen auf andere Weise gar nicht zu Bewusstsein gekommen wären.

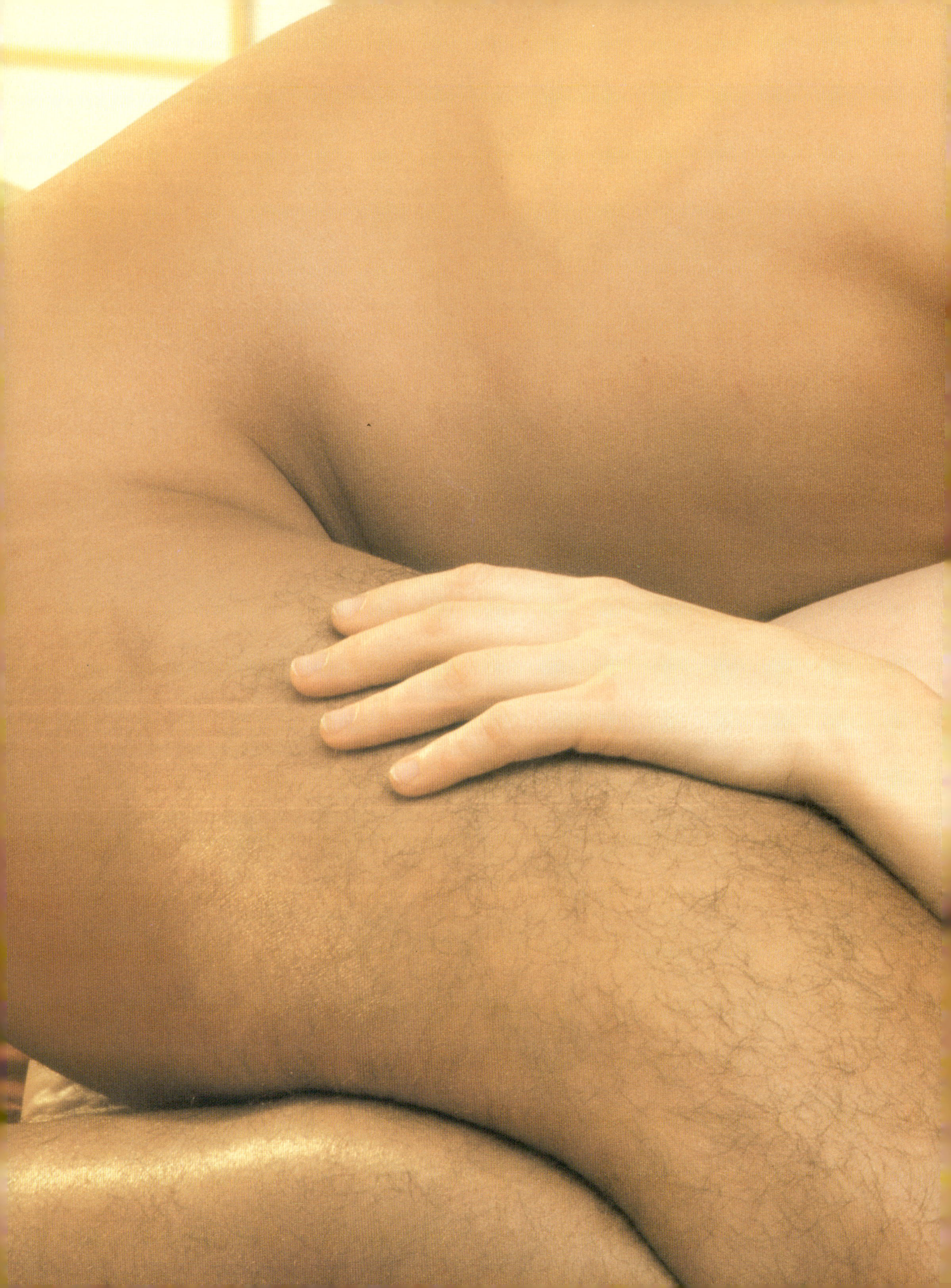

# KAPITEL 17

# DIE SEXUELLE BATTERIE NEU AUFLADEN

*»Jeder von uns verfügt nur über eine begrenzte Menge an sexueller Energie. Wenn einmal ein bestimmter Punkt erreicht ist, können wir nur noch sehr begrenzt sexuellen Aktivitäten nachgehen. Erst wenn wir unserem Körper die Möglichkeit zur Erholung gegeben haben, sind wir wieder einsatzfähig.«*

DAS AMERIKANISCHE MODEL VIVA verfasste in den 70er-Jahren des letzten Jahrhunderts eine berühmt gewordene Geschichte. Sie hätte, erinnerte sie sich, ein Experiment gemacht, bei dem sie drei Tage ununterbrochen Sex gehabt hätte. Am dritten Tag, beschwerte sie sich, hätte sie keinen Orgasmus mehr haben können.

Ihre Beschreibung war eine etwas übertriebene Version dessen, was uns allen passieren kann, wenn wir ohne Unterbrechung Sex haben. Der Kopf interveniert früher oder später und zwingt uns dazu, uns auszuruhen, um den Körper vor einem »Tod durch Orgasmus« zu bewahren.

Einige junge Paare aber erwarten von ihrem Körper, dass er wie eine Maschine funktioniert, und beobachten das Abnehmen der Höhepunkte mit Bestürzung oder – in einigen Fällen – mit Angst. Ein Bedauern ist natürlich nachzuvollziehen, aber eine Verringerung der Orgasmushäufigkeit ist vollkommen normal und nichts, worüber man sich Sorgen machen müsste.

# FALLBEISPIEL *Stefan & Linda*

*Stefan und Lindas Beziehung begann in sexueller Hinsicht spektakulär, aber nach ein paar Monaten zeigten sich erste Anzeichen für ein Problem. Stefan fand, dass er nicht mehr so einfach zum Orgasmus kam, und Linda verlor zunehmend das Interesse und langweilte sich.*

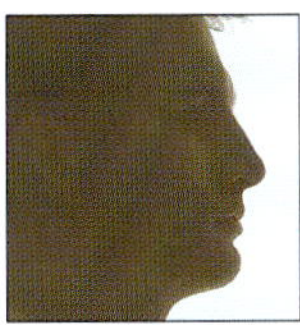

***Name:*** STEFAN
***Alter:*** 19
***Familienstand:*** LEDIG
***Beruf:*** STUDENT

*Für Stefan war dies die erste sexuelle Beziehung. Er war von Natur aus ein wenig ängstlich und geizig; wenn er etwas haben wollte, strebte er fast mit Besessenheit danach.*

*»Ganz am Anfang haben wir ständig miteinander geschlafen«, erzählte er. »Es war fantastisch. Ich konnte immer wieder einen Orgasmus haben. Am ersten gemeinsamen Wochenende habe ich sechzehnmal einen Höhepunkt gehabt und am Montag konnte ich fast nicht mehr gehen. Linda war genauso besessen wie ich. Wir sind jetzt sieben Monate zusammen, aber es ist nicht mehr so gut wie am Anfang. Sie mag nicht mehr so häufig Geschlechtsverkehr wie früher und beschwert sich, dass es ihr weh tut.«*

*»Und ich komme nicht mehr so häufig wie früher; mehr als dreimal hintereinander ist schwierig geworden. Es kann doch nicht sein, dass mein Körper schon schlapp macht!«*

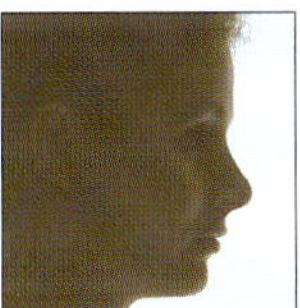

***Name:*** LINDA
***Alter:*** 18
***Familienstand:*** LEDIG
***Beruf:*** STUDENTIN

*Auch für Linda war dies die erste sexuelle Beziehung. Sie war ein blasses, dünnes Mädchen, die, wenn Stefan nicht dabei war, verägert über ihn sprach. War er aber im Raum, verhielt sie sich still.*

*»Stefan möchte ständig mit mir schlafen«, beschwerte sie sich. »Wir machen nichts zusammen, außer ins Bett zu gehen. Und um ehrlich zu sein, langweile ich mich inzwischen. Er fragt mich niemals, ob ich überhaupt Sex haben will, sondern fällt einfach über mich her. Ich liebe Sex, aber mir tut es inzwischen weh, wenn wir Geschlechtsverkehr haben. Das liegt daran, dass ich nicht wirklich erregt und darum auch nicht feucht bin. Wenn Stefan stundenlang Sex haben will, ist das für mich schmerzhaft. Hinzu kommt, dass er immer länger bis zum Orgasmus braucht. Gestern nacht hat er sich eine Stunde abgerackert, bevor er gekommen ist. Ich war entsetzt. Ich weiß nicht mehr, was ich tun soll.«*

## THERAPEUTISCHER ANSATZ

Wenn man Sex entdeckt, will man meist »ganz viel« davon haben und bekommt zudem oft viel mehr Orgasmen als jemals später wieder. Vielleicht ist dafür die reine Neuheit oder der aufgestaute Sexualtrieb verantwortlich. Vielleicht ist es auch einfach die Tatsache, dass die meisten Menschen in jungen Jahren Sex entdecken und dass junge Leute einen starken Sexualtrieb haben.

Teenager mit sechzehn Orgasmen an einem Wochenende und zu Beginn ihrer Beziehung sind vermutlich gar keine Seltenheit. Ungewöhnlich wäre es, wenn diese Häufigkeit als Durchschnittswert gehalten werden könnte. Der Kopf hat natürliche Mechanismen, um den Körper zu seinem Wohl »herunterzufahren«. Wenn z. B. Sex süchtig machen würde, würden wir Gefahr laufen, uns zu Tode zu lieben. Der Kopf dreht darum zu einem bestimmten Zeitpunkt »den Saft ab«, eine Art sexueller Sicherung, die Orgasmen so lange verhindert, bis der Körper seine sexuellen Energien wieder aufgetankt hat.

### ENERGIE AUFLADEN

Man kann sich den Körper als eine gigantische Batterie vorstellen, die auch in sexueller Hinsicht bei Überlastung streikt. Das Wiederaufladen ist einfach: Man wartet eine Weile und verhält sich sexuell abstinent. Viele junge Leute betrachten ihren Körper als eine Maschine und verstehen nicht, dass diese sich weigert, automatisch weiterzuarbeiten, wenn ein bestimmter Wunsch erfüllt werden soll. Unser Körper besitzt ein sensibles Gehirn, und Sex ist nicht einfach nur die Lust auf einen Orgasmus. Sex hat auch mit Erotik und Fantasie zu tun.

### EMPFÄNGLICHKEIT

Der Kopf spielt eine große Rolle, wenn es darum geht, wie empfänglich man auf das Vorspiel des Partners reagiert. Wenn man den Partner wegen seiner rüpelhaften und unsensiblen Methoden, die nur die eigene Lust suchen, nicht mehr mag, verwundert es nicht, wenn man abschaltet. Lindas sexuelle Wünsche und Gefühle wurden mit Füßen getreten. Wenn es überhaupt noch eine Hoffnung für die beiden gab, dann musste Stefan erkennen, dass Linda ein Individuum war und nicht ein Spielzeug seiner Lust.

### SINNLICHKEIT ERFORSCHEN

Das junge Paar entschloss sich, andere Formen der Sinnlichkeit kennen zu lernen, z. B. die Massage (vgl. S. 128ff.) und taoistische Methoden (vgl. S. 186f.). Stefan konnte seltenere, aber intensivere Orgasmen erleben; und Linda hatte wieder Lust, überhaupt mit ihm zu schlafen.

# *Tipps für* PSYCHE, SEX UND GESUNDHEIT

*Die Vorstellung vom »Aufladen der sexuellen Batterie« ist nicht neu. Schon vor Tausenden von Jahren glaubten die Taoisten Chinas, dass Energie durch den Körper strömt. Sie machten die Beobachtung, dass die Körperenergie aufgebraucht, aber auch aufgeladen werden könnte. Genauso wie der Körper Meridianpunkte hat, die durch Akupunktur stimuliert werden können, um eine gesunde Energiebalance wiederherzustellen, so könne man auch die Geschlechtsorgane laden und entladen. Die taoistischen Philosophen nahmen an, dass ebenso wie Füße und Hände auch Penis und Vagina Reflexzonen sind, die bei der richtigen Massage Energieströme freisetzen können, die anderen Körperteilen zugute kommen.*

## *Phase* 1 ENERGIE BEREITSTELLEN

Die Wissenschaft konnte bisher weder eindeutig nachweisen, dass es Meridianpunkte gibt, noch erklären, warum sie bei der Akupunktur eingesetzt werden können. Dass sie funktionieren, zeigen u. a. Filme, in denen chinesische Patienten ohne Betäubungsmittel, aber unter den Händen eines Akupunkteurs schmerzfrei operiert werden.

**ENERGIESTRAHLUNG** Neben der Akupunktur und ihrem Nachweis von Energieströmen versucht auch die so genannte Kirlian-Fotografie Energiestrahlungen des Körpers aufzuzeigen. Die Kirlian-Fotografie wird mit einer Apparatur erzeugt, die bei hoher Voltzahl Fotografien z. B. von der Hand erstellt. Auf dem Bild sind Energiepfeile zu sehen, die wie kleine Flammen über das Bild verteilt sind. Berührt eine Person mit weniger Energie die Hand einer anderen, zeigt sich auf dem Bild eine Abschwächung der Flammen; es sieht so aus, als ob allein durch den Hautkontakt sich die Energie erschöpft.

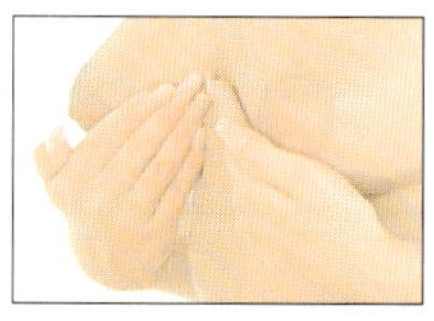

*Hirsch-Übung, s. S. 188*

**ENERGIEPUNKTE** Im Schlaf wird Energie geladen. Die Taoisten sagen, dass – ähnlich wie bei Akupunktur – dies auch bei bestimmten Sexualpraktiken geschieht, die Energiepunkte auf Penis und Vagina stimulieren. Die Hirsch-Übung arbeitet daraufhin. Sie spricht bestimmte Drüsen im Körper an, die sexuelle Funktionen steuern. Die Drüsen werden ins Gleichgewicht gebracht, was gesundheitsfördernd wirkt. Das wiederum stärkt die sexuelle Gesundheit und Energie.

## *Phase* 2 DIE NEUNER-SETS

Die meisten Menschen kennen die Fußreflexzonenmassage. Deren Anhänger gehen davon aus, dass die Stimulation von Nervenenden im Fuß damit zusammenhängende Organe ebenfalls stimuliert. Wie schon erwähnt, scheint es entsprechende Nervenenden auch im Penis und in der Scheide zu geben. Das Neuner-Set ist eine Taoistische Übung, die genau die genitalen Reflexzonen und die damit verbundenen Organe anspricht.

Diese Organe – die »Sieben Drüsen« – sind die Zirbeldrüse, die Hirnanhangdrüse, die Schilddrüse, der Thymus, die Bauchspeicheldrüse, die Adrenalindrüsen und die Sexualdrüsen Prostata und Hoden beim Mann bzw. die Eierstöcke bei der Frau.

**GENITALMASSAGE** Regulärer und normaler Geschlechtsverkehr massiert den Penis und die Scheide nicht gleichmäßig, da die Scheidenlappen und die unregelmäße Form des Penis dies schwierig machen. Die Neuner-Sets – ein Set entspricht 90 Stößen – versucht dies auszugleichen. Die meisten Männer finden es sehr schwer, das ganze Neuner-Set durchzuspielen, ohne zu ejakulieren. Taoistische Lehrer bekräftigen ihre Schüler darin, nicht aufzugeben, wenn das passiert, da auch jeder einzelne Übungsteil schon für die Organe gut ist. Wer weitermacht und sein eigenes Tempo findet, hat es leichter, ein komplettes Neuner-Set durchzuführen. Ernsthafte Schüler sollten sogar noch mehr versuchen. Die taoistische Technik der »Injakulation« kann zusammen mit den Neuner-Sets umgesetzt werden, weil beides gut tut und den Sex verlängert.

## *Phase* INJAKULATION

Alle Männer wissen, wie man ejakuliert. Was aber »injakulieren« bedeutet, weiß man nur, wenn man taoistische Sexpraktiken erlernt. Ein Akupunkturpunkt auf dem Perineum, dem Damm zwischen Anus und Hodensack, ist der so genannte Jen-Mo-Punkt. Wird dieser Punkt gedrückt, dreht sich der Samenausstoß um und ergießt sich in die Blutbahn. Der Mann hat trotzdem ganz besondere Lustgefühle, weil der Druck den Orgasmus verlangsamt, dafür aber bis zu fünf Minuten verlängert.

Obwohl der Mann einen Orgasmus hat, behält er seine Erektion oder kann sie leicht wiederherstellen. So kann er den Geschlechtsverkehr erheblich verlängern. Da der Mann seine Lebenssäfte nicht verliert, so der taoistische Gedanke, behält er auch seine Energien.

Den Jen-Mo-Punkt zu drücken ist einfach. Pressen Sie einfach im richtigen Moment auf diese Stelle, so dass der Samen nicht aus der Prostata durch die Harnröhre gelangt. Vielleicht üben Sie dies zunächst allein. Der Druck auf den Jen-Mo-Punkt sollte nicht zu stark und nicht zu sanft sein. Drücken Sie zu nahe am Anus, funktioniert es nicht. Drücken Sie zu nah am Hodensack, gelangt der Samen nicht in die Blutbahn, sondern in die Blase und verursacht Schlieren im Urin. Wenn Sie Prostatabeschwerden haben, sollten Sie die Injakulation nicht ausprobieren.

## DIE NEUNER-SETS

Um die Neuner-Sets umzusetzen, müssen Sie zunächst eine bequeme Stellung für den Geschlechtsverkehr gefunden haben. Für jedes der neun Sets muss der Mann eine Reihe von 90 tiefen und flachen Bewegungen ausführen.

**1** Er dringt neun Mal nur mit der Eichel in die Scheide ein und zieht den Penis dann wieder heraus. Beim zehnten Mal dringt er einmal ganz in sie ein.

**2** Danach folgen acht der flachen Stöße (nur mit der Eichel) und zwei der tiefen Stöße (mit dem ganzen Penis).

**3** Dann kommen sieben flache und drei tiefe Stöße.

**4** Sechs flache und vier tiefe Stöße.

**5** Fünf flache und fünf tiefe Stöße.

**6** Vier flache und sechs tiefe Stöße.

**7** Drei flache und sieben tiefe Stöße.

**8** Zwei flache und acht tiefe Stöße.

**9** Am Ende führt er nur einen flachen Stoß aus und lässt dann neun tiefe Stöße folgen.

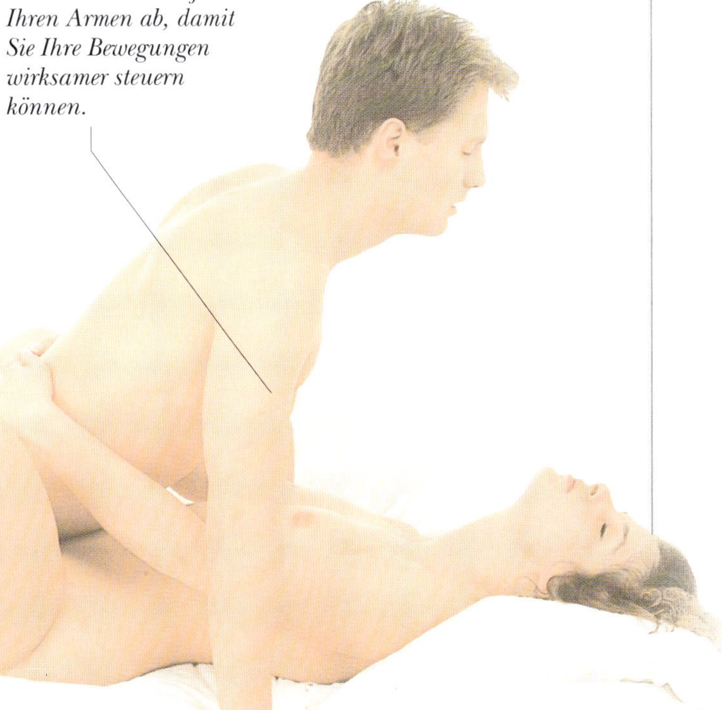

**DIE NEUNER-SETS** Die Neuner-Sets sind eine Schule des Geschlechtsverkehrs, die durch Massage von Scheide und Penis Energien wiederherstellt.

*Stützen Sie sich auf Ihren Armen ab, damit Sie Ihre Bewegungen wirksamer steuern können.*

*Die Kombination von tiefen und flachen Stößen sind der Schlüssel zu den Neuner-Sets.*

# DIE HIRSCH-ÜBUNG

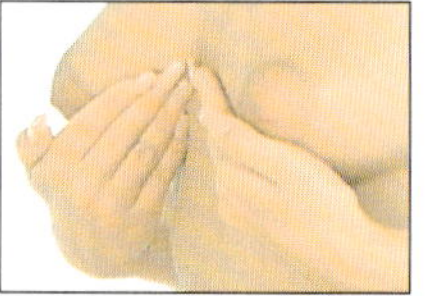

*Vor über zweitausend Jahren dachten die Taoisten in China, dass der Hirsch, der bekannt für sein langes Leben und seine Paarungslust war, beim Schwanzwedeln seinen Anus trainiere. Sie zählten eins und eins zusammen und entwickelten daraus das Konzept der »Hirsch-Übung«. Sie sollte den Mann verjüngen und seine Manneskraft und sexuelle Erregbarkeit erhöhen. Die Hirsch-Übung für die Frau stellt das Hormongleichgewicht und die sexuellen Energien wieder her und lässt eine Frau jünger aussehen.*

**WARME HÄNDE** Bei der Hirsch-Übung massieren Sie sich selbst; darum ist es sinnvoll, wenn Sie Ihre Hände vor Beginn gut wärmen. Reiben Sie sie heftig aneinander oder waschen Sie sie unter heißem Wasser.

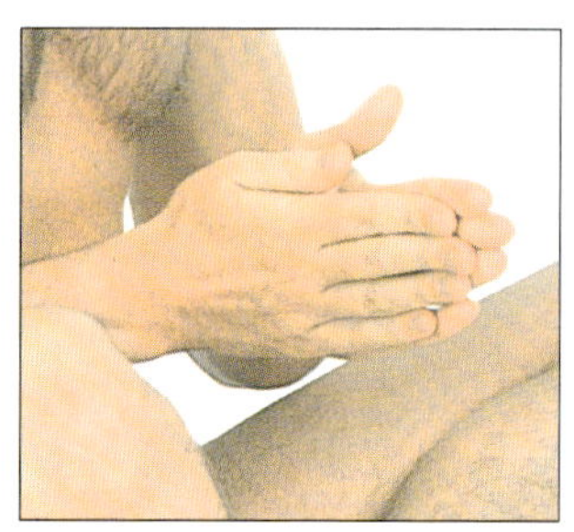

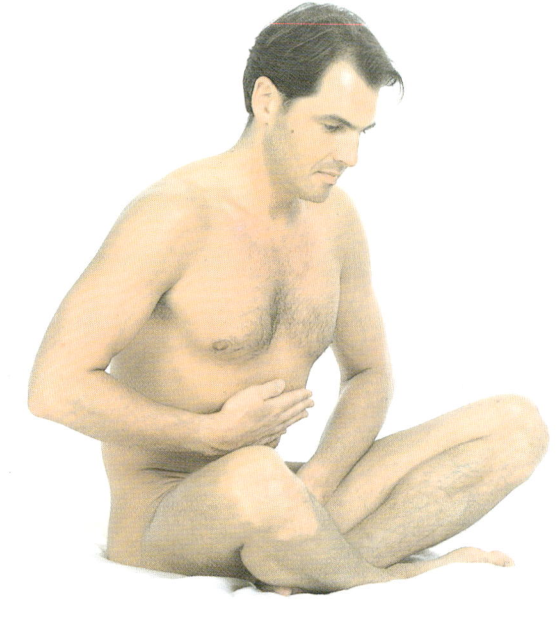

*Sie werden bemerken, wie ein kribbliges Gefühl Ihre Wirbelsäule hinaufläuft und erst irgendwo zwischen Ihren Ohren aufhört, wenn Sie sich entspannen.*

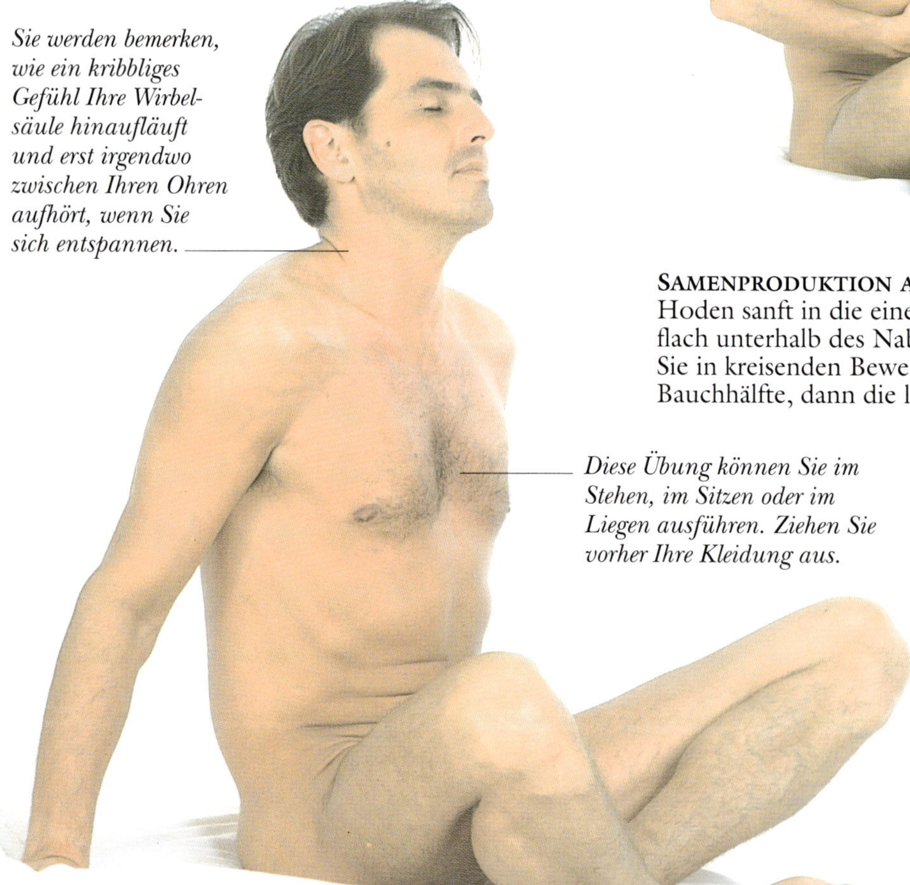

*Diese Übung können Sie im Stehen, im Sitzen oder im Liegen ausführen. Ziehen Sie vorher Ihre Kleidung aus.*

**SAMENPRODUKTION ANREGEN** Nehmen Sie Ihre Hoden sanft in die eine Hand und legen Sie die andere flach unterhalb des Nabels auf Ihren Bauch. Massieren Sie in kreisenden Bewegungen 81-mal zuerst die rechte Bauchhälfte, dann die linke.

**PROSTATA-MASSAGE** Dieser Teil der Übung stärkt die Analmuskulatur und damit auch die Prostata. Ziehen Sie die Analmuskeln fest zusammen und halten Sie aus, solange Sie können. Entspannen Sie dann für eine Minute und wiederholen Sie die Übung dann so oft Sie können. Taoistische Lehrer glauben, dass diese Massage die Prostata anrege, Hormone zu produzieren.

*Ziehen Sie die Kleidung aus und setzen Sie sich im Schneidersitz auf den Boden oder ein Bett.*

**WARME HÄNDE** Bevor Sie mit der Massage beginnen, sollten Sie Ihre Hände anwärmen. Reiben Sie sie heftig aneinander oder waschen Sie sie unter heißem Wasser.

**BRUSTMASSAGE** Massieren Sie Ihre Brust langsam in kreisenden Bewegungen. Kreisen Sie gegen den Uhrzeigersinn auf der rechten Brust und im Uhrzeigersinn auf der linken. Massieren Sie so mindestens 36-mal und höchstens 360-mal; einmal am Morgen und nochmals am Abend.

**DRUCK GEGEN DIE SCHEIDE** Setzen Sie sich im Schneidersitz hin und drücken Sie einen Fuß gegen Ihren Scheideneingang. Wenn Ihnen das zu schwer fällt, nehmen Sie einen kleinen Ball zu Hilfe, den Sie zwischen Fuß und Vagina legen. Dieser Druck stimuliert Ihr sexuelles Verlangen und setzt sexuelle Energien frei.

**ENERGIESOG** Massieren Sie jede Brust abwechselnd mit einer Hand; drücken Sie mit der anderen gegen Ihren Scheideneingang. Ziehen Sie die Muskeln in Scheide und Anus an, so als ob Sie den Harnfluss steuern wollten. Konzentrieren Sie sich, um die Anusmuskeln noch stärker zusammenzuziehen. Halten Sie die Anspannung möglichst lange und entspannen Sie sich dann. Wiederholen Sie die Übung mindestens zwanzig Mal und versuchen Sie, sich jedes Mal zu steigern. Mit einem Finger in der Scheide können Sie prüfen, ob Ihre Muskeln diesen fest umschließen.

*Benutzen Sie eine Hand, um Ihre Brust zu streicheln.*

*Ziehen Sie die Beckenbodenmuskeln zusammen, so dass sie spüren, wie ein tiefes und befriedigendes Gefühl Ihre Wirbelsäule entlang zu den Ohren rieselt.*

*Drücken Sie mit einer Hand gegen Ihren Scheideneingang.*

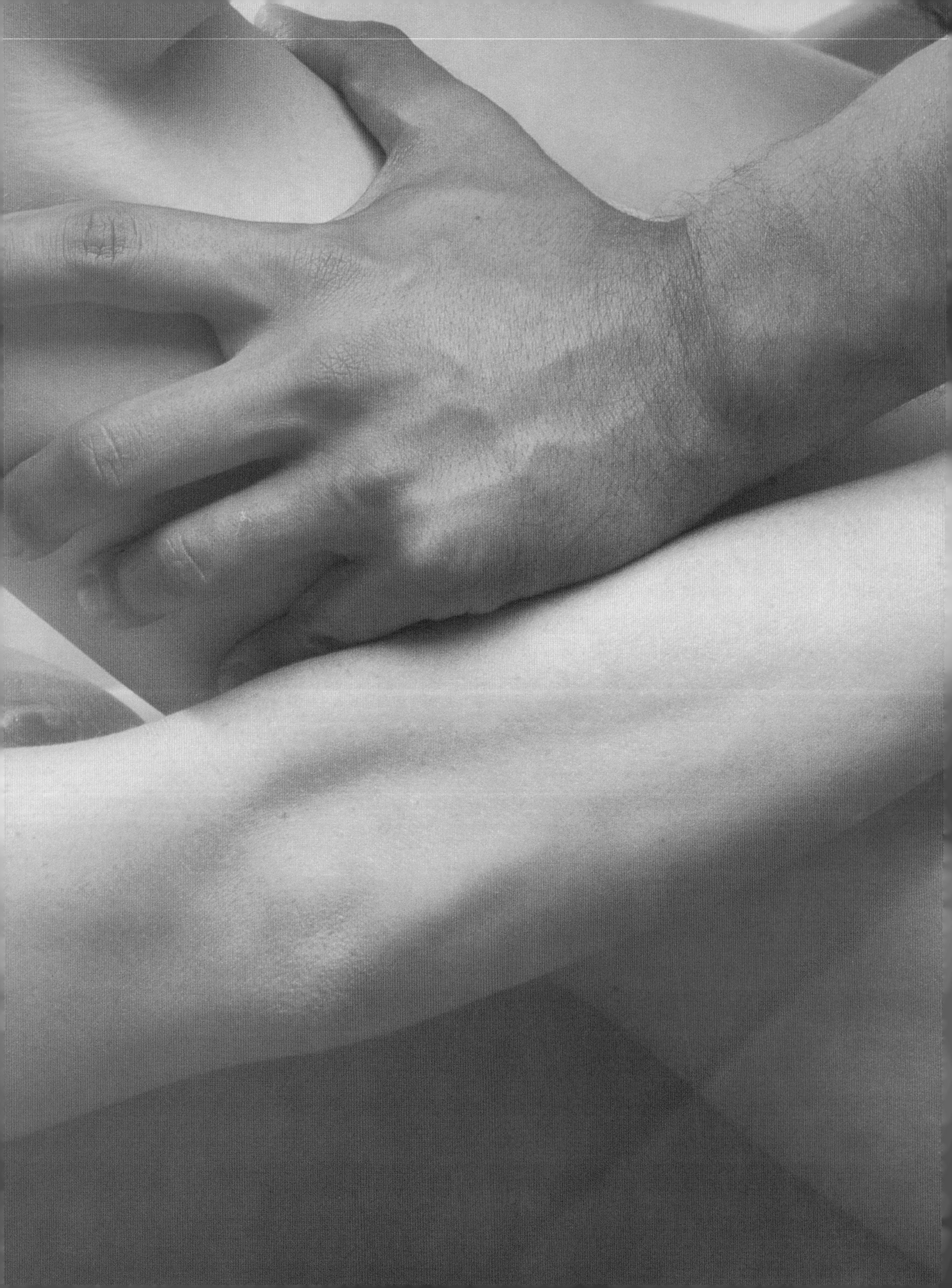

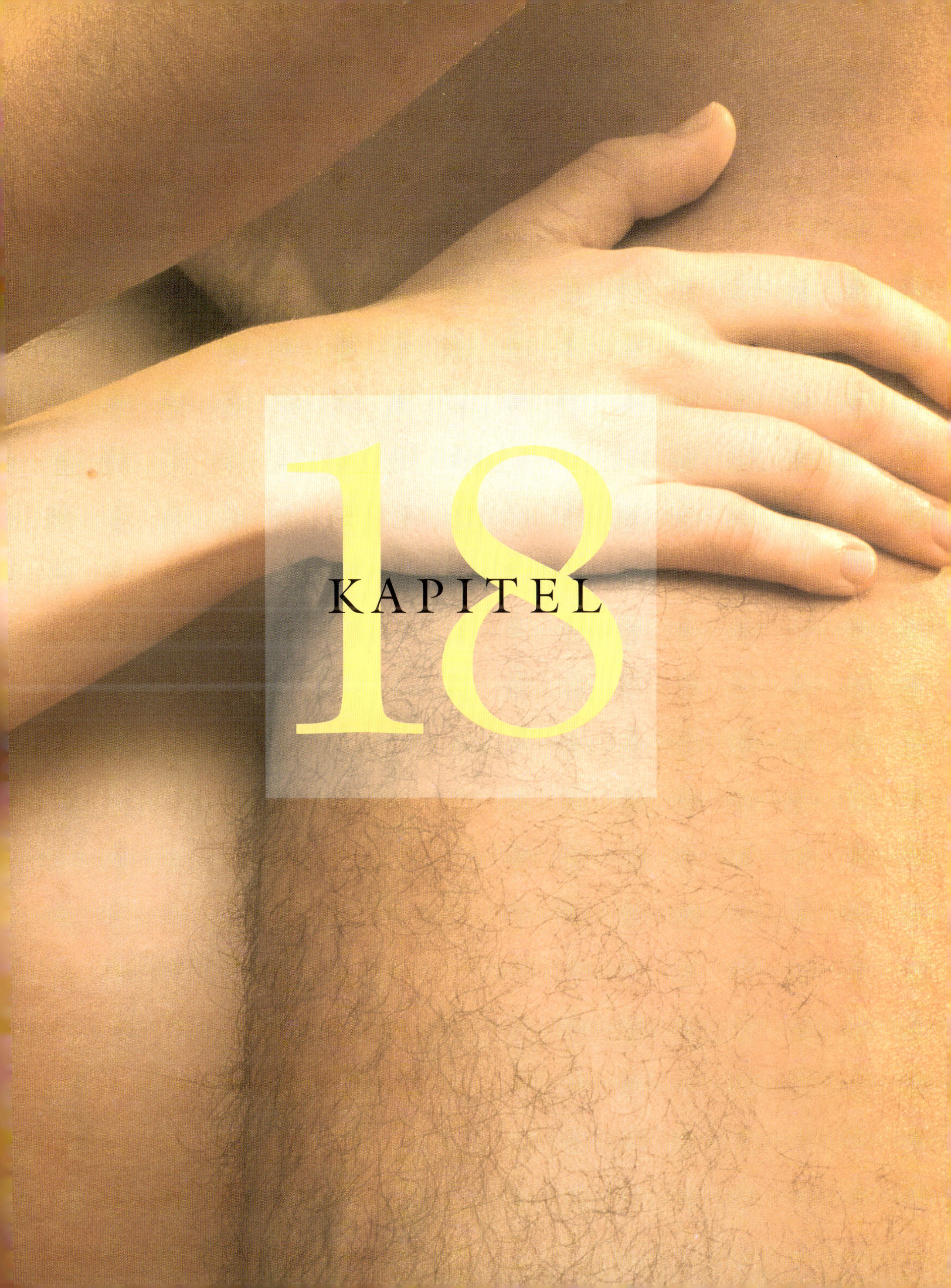

# KAPITEL 18

# WIE SCHENKT UNS SEX EIN GEFÜHL DER GANZHEIT?

*»Die kleinen Dinge der Sinnlichkeit zu üben, wie es die alten orientalischen Kulturen gelehrt haben, ist wie ein hervorragendes Einzeltraining im Mannschaftssport.«*

MAN MUSS NICHT VERLIEBT SEIN, um eine ekstatische Erfahrung beim Sex zu machen. Einige Menschen erreichen ein Stadium der Ekstase dann, wenn sie sich gerade erst kennen gelernt haben. Aber auch alte Freunde, die nur gelegentlich miteinander geschlafen haben, erreichen beim Sex ein Gefühl intensiver Spiritualität.

Selbst wenn Sie und Ihr Partner in der glücklichen Lage sind, dass Sie sich beide lieben und Sex miteinander haben, garantiert das bedauerlicherweise noch lange keine Eintrittskarte ins sexuelle Nirwana. Ein persönliches Gefühl der Ganzheit und grenzenlosen Wohlbefindens hängt wohl zum größten Teil von der eigenen Befindlichkeit ab und nicht von der Beziehung zu einer anderen Person.

Die östlichen Kulturen haben, anders als die westlichen, immer das Ganze, Umfassende, alles Integrierende einer Person im Blick gehabt und haben Sex immer schon mit Spiritualität in Zusammenhang gesetzt.

Nach orientalischem Glauben sind Körper und Geist untrennbar miteinander verbunden, so dass es nahe liegt, wenn guter Sex auch spirituelle Folgen hat. Mit westlichen Begriffen ausgedrückt erfahren wir das als Ganzheit und Wohlbefinden.

# FALLBEISPIEL *Harald & Petra*

*Harald war sich sicher, dass Sex mehr sein könnte, als nur erfolgreich einen Orgasmus hervorzurufen. Er hatte aber Angst, dies gegenüber seiner Partnerin Petra zu äußern. Sie hatte ohnehin schon gespürt, dass er etwas Besonderes vom Geschlechtsverkehr erwartete. Aber obwohl sie mehr als bereit war, jeden Vorschlag aufzugreifen, hatte auch sie Angst zu fragen, um was es ihm ging.*

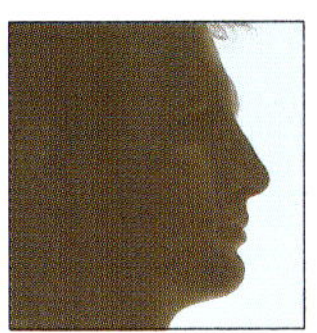

***Name:*** HARALD

***Alter:*** 34

***Familienstand:*** LEDIG

***Beruf:*** STUDENT

*Harald war ein ernsthafter Student, der an seiner Doktorarbeit in Japanologie saß. Der reduzierte und einfache japanische Lebensstil hatte ihn deutlich beeinflusst.*

*»Ich hätte gedacht, dass Sex mehr Bedeutung hat«, sagte er. »Ich habe wirklich geglaubt, dass er eine himmlische Erfahrung sei. Ich dachte, der Orgasmus wäre ein riesiger Aufstieg, mit Gefühlen von Klarheit und einem ungeheuren Wohlgefühl, das einen durchströmt. Ich habe einige Bücher über Spiritualität und Sex gelesen und glaube, dass das möglich ist. Bei uns läuft der Sex eher mechanisch ab und viel zu schnell. Ich möchte langsamer machen, möchte blödeln und schrecklich schnulzig sein. Aber ich habe den Eindruck, dass sie das verrückt finden würde. Für sie bedeutet Sex, dass sie einen Orgasmus hat, dann ich und dann war's das. Es klappt ja auch ganz gut, aber hinterher denke ich: War das alles? Es fehlt eine Dimension.«*

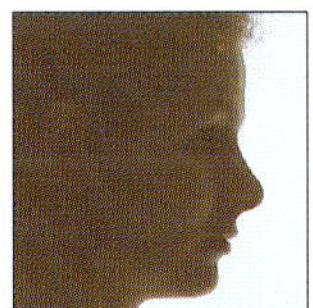

***Name:*** PETRA

***Alter:*** 32

***Familienstand:*** LEDIG

***Beruf:*** KRANKENSCHWESTER

*Petra hatte ein fröhliches, aber nüchternes Gemüt. Ihre überlaute Stimme verdeckte eine Persönlichkeit, die sensibler war, als es erschien.*

*»Ich sehe eigentlich ganz deutlich, dass irgendetwas in Harald vorgeht«, erzählte sie mir. »Das Problem ist, dass ich keine Ahnung habe, was es sein könnte. Ich könnte mir vorstellen, dass er Angst hat es mir zu sagen, weil er mich nicht vor den Kopf stoßen will. Mein Problem besteht darin, dass Harald mein erster fester Freund ist, und obwohl ich viele Ideen hätte, was den Sex betrifft, habe ich nie eine davon ausprobiert.*

*Ich glaube, wenn man jemanden wirklich liebt, dann macht man auch auf sexueller Ebene alles miteinander. Ich weiß, wie sehr ich Harald liebe. Aber er fragt mich nie nach etwas, obwohl ich mich sehr danach sehne. Ich bin für neue Ideen ganz offen, aber wie kann ich Harald helfen, sie mit mir zu teilen?«*

## THERAPEUTISCHER ANSATZ

Man muss nicht verliebt sein, um eine ekstatische Erfahrung beim Sex zu machen. Einige Menschen erreichen ein Stadium der Ekstase dann, wenn Sie sich gerade erst kennen gelernt haben. Aber auch alte Freunde, die nur gelegentlich miteinander geschlafen haben, erreichen beim Sex ein Gefühl intensiver Spiritualität. Selbst wenn Sie und Ihr Partner in der glücklichen Lage sind, dass Sie sich beide lieben und Sex miteinander haben, garantiert das bedauerlicherweise noch lange keine Eintrittskarte ins sexuelle Nirwana.

Wenn es Ihnen gelingt, Liebe, Sex und Ekstase miteinander zu verbinden, ist das vielleicht das Himmelreich. Aber wenn schon mehr oder weniger Fremde beim Sex eine Stufe überirdischer Erleuchtung erreichen können, bedeutet das doch, dass die eher trockenen und fast asexuell wirkenden Sexanweisungen orientalischer Weiser wirklich funktionieren könnten. Sie konzentrieren sich nämlich auf die handelnde Person selbst und weniger auf deren Partner.

### SEXUELLE KRAFT

Vereinfachend gesagt legen die orientalischen Sexualpraktiken besonderen Wert auf die kleinen Dinge der Sinnlichkeit, wie ruhig beieinander zu liegen, gemeinsam zu atmen usw. Sie kultivieren Unabhängigkeit und sexuelle Kraft. Harald hatte durch seine Beschäftigung mit fernöstlicher Kultur die Vorstellung der Ganzheitlichkeit kennen gelernt und brannte darauf, die sexuellen Ratschläge auszuprobieren. Als Harald erkannte, dass Petras kontrolliertes Äußeres jemanden verhüllte, der sich nach Leidenschaft und Hingabe sehnte, verlor er seine Ängste ihr gegenüber. Sein selbstsicherer Versuch und ihre sofortige Bereitschaft, einige schwierige Sexualpraktiken auszuprobieren, veränderte und verbesserte ihr Sexualleben.

### EINFACHE ÜBUNGEN AUSPROBIEREN

Ich empfahl Ihnen einige einfache Übungen zur sexuellen Vertiefung auszuprobieren: Fünfzehn Minuten einfach nur nebeneinander zu liegen, sich gegenseitig zu streicheln, fünf Minuten lang Ohr, Nacken und Schultern zu küssen; gemeinsam zu atmen und sich tief in die Augen zu schauen. Jeder sollte allein die Hirsch-Übung durchführen; zusammen sollten Sie verschiedene Praktiken zur Verbesserung des Orgasmus durchspielen und gelegentlich ganz auf einen Orgasmus verzichten.

# *Tipps* SEXUELLE EKSTASEN ERZIELEN

*Im chinesischen Tao der Sexualität wird der weibliche Orgasmus mit einer Blume verglichen, die in ihrem Zentrum aufzugehen beginnt und Blatt für Blatt in der Sonne erblüht. In ihrem Inneren öffnet sie sich vollständig und gibt sich ganz dem Mann hin, der sie zu jedem Ort hinführen kann und ihr die intensivsten Ekstasen schenken kann. Die taoistische Sicht ist somit sexistisch, da ihre totale Hingabe (die ein Abwerfen jeden Zögerns, jeder Hemmung und Zurückhaltung umfasst und dafür die Erniedrigung in Aussicht stellt) nur im Mann gipfeln kann. Auch die Selbstbefriedigung scheint nicht die gleiche zu sein (obwohl die orgasmischen Reaktionen natürlich identisch mit denen beim Geschlechtsverkehr sein können).*

## *Phase* 1 DIE NEUN STUFEN DES ORGASMUS ERLERNEN

In westlichen Kulturen gibt es nur ein schwach entwickeltes Bewusstsein für die qualitativen Unterschiede beim Orgasmus einer Frau, auch wenn vor einigen Jahren eine heftige Debatte über den vaginalen und klitoralen Orgasmus stattgefunden hat. In meinem Buch über »Körperelektrizität« habe ich verschiedene Formen des Orgasmus beschrieben: »Eine Frau kann Höhepunkte von verschiedener Länge und Stärke haben, die sie an verschiedenen Körperstellen empfinden kann, sowohl in den Genitalien, als auch im ganzen Körper, je nachdem, in welchem Zustand (Müdigkeit, Glück usw.) sie sich befindet.«

**DAS TAO DER SEXUALITÄT** Das Tao der Sexualität geht darüber hinaus. Es beschreibt die Orgasmen der Frau als eine Reihe von aufwärts strebenden Stufen, an die sich eine abwärts strebende anschließt. Die Stufen überlappen sich, da sie jeweils auf der vorherigen Stufe aufbauen. Die Frau erfährt also viele Ebenen der Öffnung, bis sie schließlich dem Mann ganz hingegeben ist. Diese neun Stufen des Orgasmus hat Stephen Chang in seinem Buch »Das Tao der Sexualität« im Detail beschrieben (vgl. die Zusammenfassung auf S. 195).

**UNVOLLSTÄNDIGE ORGASMEN** Da der westliche Mann dies nicht wahrnimmt, hört er schon bei Stufe vier auf, so dass der Höhepunkt der Frau unvollständig bleibt. Würde er weitermachen, wäre ihr Orgasmus viel tiefer.

**DIE UMSTÄNDE VERÄNDERN** Mit einer Veränderung der Umstände verändert sich auch die emotionale Erfahrung, die damit auch zu einem Gefühl der Ganzheitlichkeit beiträgt. Das Tao geht davon aus, dass beim Erreichen der neunten Stufe des Orgasmus der gesamte weibliche Körper von Energie erfüllt wird.

**FEMINISTISCHE VARIANTE** Eine moderne feministische Bearbeitung dieser Ideen würde möglicherweise die Reaktionen des weiblichen Körpers anders bezeichnen; so ist z. B. an keiner Stelle das Strecken und Ausrichten der Zehen als Merkmal des weiblichen Orgasmus erwähnt. Vielleicht würde aber daran erinnert, dass diese Reaktion genauso gut auch bei der Selbstbefriedigung oder bei lesbischem Sex erfahren werden kann. Wie dem auch sei, Frauen, die Orgasmen hatten, werden einige oder alle der neun Stufen aufgrund eigener Erfahrungen wieder erkennen. Zu den ersten vier Stufen des weiblichen Orgasmus (die nach Ansicht des Tao die meisten Frauen in der westlichen Welt beim Sex kennen gelernt haben) gehören schnelles Atmen, leidenschaftliche Küsse und Umarmungen sowie Kontraktionen und Flüssigkeitssekretion in der Scheide.

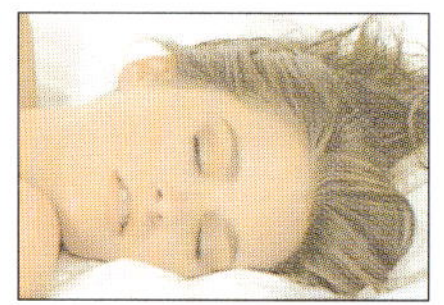

*Selbstbefriedigung, s. S. 232*

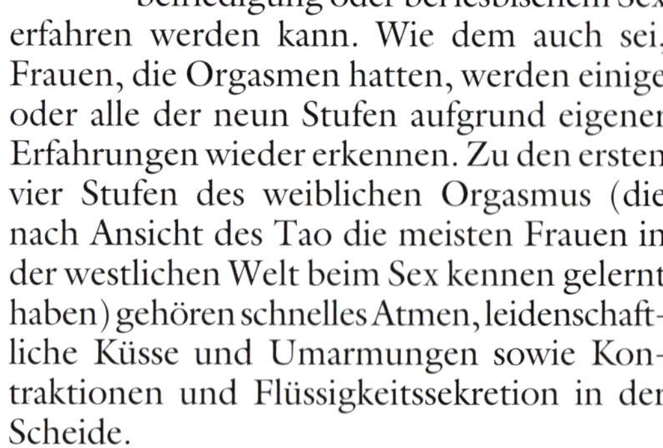

Während der weiteren fünf Stufen, die bei richtiger Stimulation der Frau nach Stufe vier erreicht werden können, werden die Körperbewegungen wilder. Bei Stufe acht und neun entspannen sich dann die Muskeln der Frau vollkommen und sie kollabiert schließlich in einen Zustand des so genannten »kleinen Todes«.

## *Phase* DAS ERREICHEN DER NEUN STUFEN

Wie aber bringt ein Mann seine Partnerin von Stufe vier zu den weiteren Ebenen ihres Höhepunkts? Zunächst muss er natürlich sicherstellen, dass Stufe vier überhaupt erreicht wird.

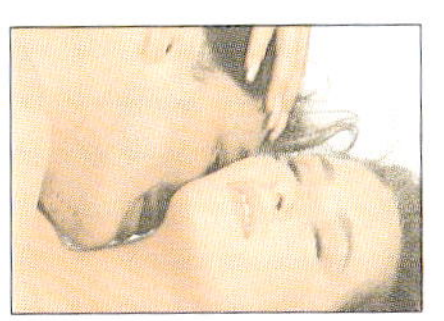

Das gelingt ganz gut, wenn man sich um ein ausgedehntes, liebevolles Vorspiel bemüht, das Masturbation, Zungenspiel und Oralverkehr mit einschließt. Das hilft ihr nämlich einen Orgasmus zu haben, noch bevor der Geschlechtsverkehr beginnt.

*Orgasmen, s. S. 196*

**STIMULATION AUFRECHTERHALTEN** Wenn sie einen Orgasmus hat, sollte er nicht annehmen, dass nun bald alles vorüber sein wird. Vielmehr sollte er mit der Stimulation fortfahren, die bis jetzt »erfolgreich« war. Wenn Geschlechtsverkehr dazu gehörte, sollte dieser im selben Tempo weitergeführt werden und ohne die Heftigkeit der Bewegungen zu verändern.

**RÜCKKEHR DER KONTRAKTIONEN** Wenn er mit der Stimulation fortfährt, wird er bald sehen, wie ihre orgasmischen Kontraktionen zurückkommen. Er wird in ihrem Gesicht und an ihren Bewegungen ablesen können, dass sich ihre Gefühle vertiefen. Vielleicht kommt es zu einer Stufe des Orgasmus, auf der sie ihre Empfindungen so hilflos machen, dass die Art der Stimulation keine Rolle mehr spielt.

## DIE NEUN STUFEN

Jede Stufe des Orgasmus versieht eine bestimmte Körperstelle mit Energie und ruft eine bestimmte beobachtbare und vorhersehbare Reaktion hervor.

- Stufe eins (Lunge): Die Frau seufzt, atmet stark und produziert viel Speichel.
- Stufe zwei (Herz): Während des Küssens streckt sie ihre Zunge in seinen Mund.
- Stufe drei (Milz, Pankreas, Magen): Wenn ihre Muskeln warm werden, klammert sie sich an ihn.
- Stufe vier (Nieren und Blase): Sie erlebt eine Reihe von vaginalen Kontraktionen und wird besonders feucht.
- Stufe fünf (Knochen): Ihre Gelenke werden locker und sie beginnt, ihren Partner zu beißen.
- Stufe sechs (Leber und Nerven): Sie rollt sich wie eine Schlange auf und versucht, ihre Arme und Beine um ihn zu schlingen.
- Stufe sieben (Blut): Ihr Blut »kocht« und sie versucht rasend, ihren Partner überall zu berühren.
- Stufe acht (Muskeln): Ihre Muskeln entspannen sich total. Sie beißt ihn noch mehr und drückt seine Brustwarzen.
- Stufe neun (ganzer Körper): Sie kollabiert in einen »kleinen Tod« und ergibt sich weit geöffnet dem Mann.

**NEUN STUFEN ERREICHEN** Nach Ansicht der Tao-Sexologen gelangen nur wenige Frauen im Westen über Stufe vier hinaus, weil ihre Partner zu früh mit der Stimulation aufhören.

*Hören Sie nicht auf sie zu stimulieren, wenn sie einen Höhepunkt hat, damit Sie höhere Stufen erreichen kann.*

*Wenn Sie den Orgasmus auf Stufe neun erreicht haben, reagiert Ihr gesamter Körper.*

# HILFESTELLUNGEN FÜR BESSERE ORGASMEN

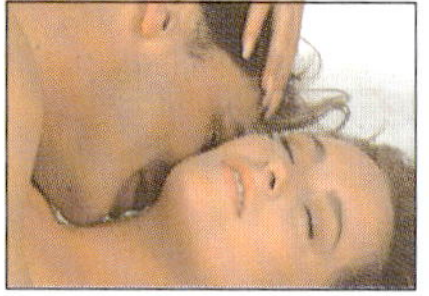

*Der Orgasmus der Frau unterscheidet sich von dem des Mannes dadurch, dass er in unterschiedlicher Stärke länger anhalten kann. Die meisten Männer empfinden ihn als einen kurzen Höhepunkt, da sie nicht wissen, dass der Orgasmus auch bei ihnen durch ein langsames und reizvolles Vorspiel verbessert werden kann.*

**STREICHELN UND BERÜHREN** Zu Beginn des Liebesspiels erhöht sinnliches und reizvolles Streicheln den Grad der Erregung und stärkt das Begehren.

*Küssen Sie sich liebevoll, schauen Sie sich in die Augen und sagen Sie, was Sie fühlen.*

*Erfreuen Sie sich an der Lust aneinander gekuschelter Körper.*

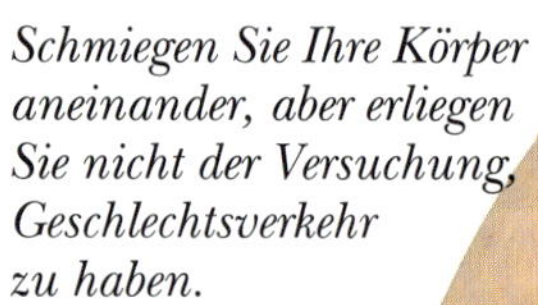

*Schmiegen Sie Ihre Körper aneinander, aber erliegen Sie nicht der Versuchung, Geschlechtsverkehr zu haben.*

**REIZEN UND VERFÜHREN** Während des Kuschelns und Raufens im Bett können Sie schon das Liebesspiel erweitern und gegenseitige Masturbation praktizieren. Widerstehen Sie aber der Versuchung, zu früh Geschlechtsverkehr zu haben: Zuvor gilt es noch mehr lustvolle Stimulationen umzusetzen, bevor er in sie eindringt.

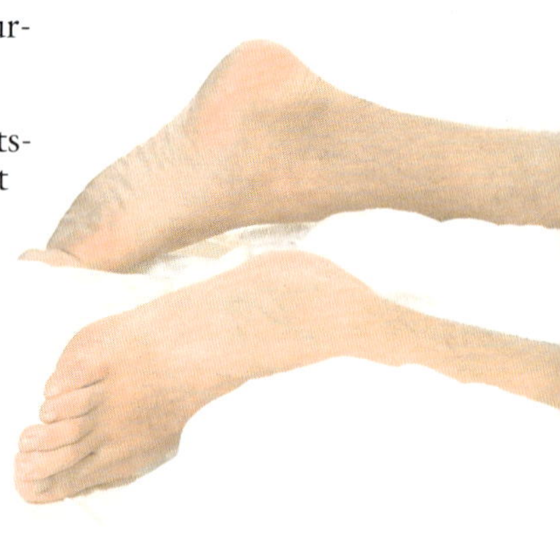

**KUSCHELN UND RAUFEN** Wenn Sie sich durch Sreicheln und Berühren erregt haben, werden Sie sich nach engerem Körperkontakt sehnen. Kuscheln und Raufen bringen Sie dann auf höhere Erregungsstufen.

**SINNLICHER MUND** Die letzte Phase der Vorbereitung auf den Geschlechtsverkehr könnten die Wonnen sein, die Mund und Zunge nicht nur beim Oralverkehr schenken können. Es wird Sie beide auf die Spitze physischen Begehrens treiben und den Weg für einen sensationellen Orgasmus bereiten.

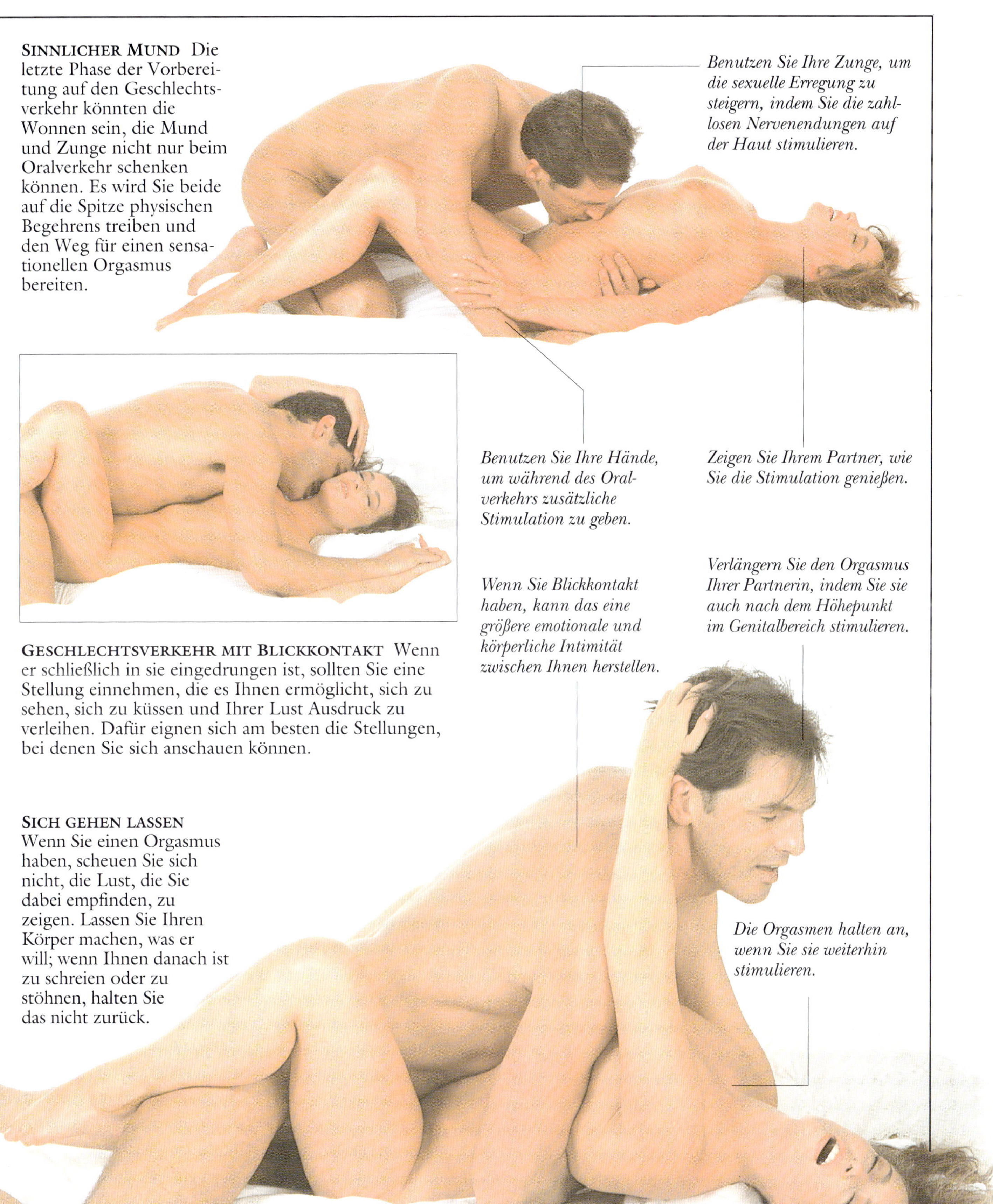

*Benutzen Sie Ihre Zunge, um die sexuelle Erregung zu steigern, indem Sie die zahllosen Nervenendungen auf der Haut stimulieren.*

*Benutzen Sie Ihre Hände, um während des Oralverkehrs zusätzliche Stimulation zu geben.*

*Zeigen Sie Ihrem Partner, wie Sie die Stimulation genießen.*

*Wenn Sie Blickkontakt haben, kann das eine größere emotionale und körperliche Intimität zwischen Ihnen herstellen.*

*Verlängern Sie den Orgasmus Ihrer Partnerin, indem Sie sie auch nach dem Höhepunkt im Genitalbereich stimulieren.*

**GESCHLECHTSVERKEHR MIT BLICKKONTAKT** Wenn er schließlich in sie eingedrungen ist, sollten Sie eine Stellung einnehmen, die es Ihnen ermöglicht, sich zu sehen, sich zu küssen und Ihrer Lust Ausdruck zu verleihen. Dafür eignen sich am besten die Stellungen, bei denen Sie sich anschauen können.

**SICH GEHEN LASSEN** Wenn Sie einen Orgasmus haben, scheuen Sie sich nicht, die Lust, die Sie dabei empfinden, zu zeigen. Lassen Sie Ihren Körper machen, was er will; wenn Ihnen danach ist zu schreien oder zu stöhnen, halten Sie das nicht zurück.

*Die Orgasmen halten an, wenn Sie sie weiterhin stimulieren.*

# KAPITEL 19

# WIE BRINGT MAN DAS BEGEHREN ZURÜCK?

DER AM SCHWERSTEN definierbare Aspekt menschlicher Sexualität ist das Begehren, das zwei Menschen füreinander empfinden.

Was genau ist sexuelles Begehren? Woher kommt es? Ist es etwas, das unsere Hormone hervorrufen, ist es ein psychologisches Phänomen oder die Kombination von beidem? Wieso bleibt es nicht bestehen? Und wenn es verschwindet, wie es oft geschieht, wie können wir es zurückgewinnen?

Diesen Fragen sind Sexualwissenschaftler schon seit Jahren nachgegangen, aber bis jetzt konnten sie noch keine befriedigende Antwort darauf geben.

Die Frage stellt sich auch einem normalen Paar, das sich zwar liebt, das aber – ohne genau zu wissen warum – feststellt, dass das alte Verlangen, miteinander zu schlafen, ihnen irgendwie abhanden gekommen ist.

*»Auch wenn sich das Begehren fast bis zu einem Nichts verflüchtigt hat, gibt es immer noch Wege, wie beide Partner es wieder erwecken können, wenn sie dies wollen.«*

# FALLBEISPIEL *Jan & Elli*

*Die lange und liebevolle Ehe von Jan und Elli litt darunter, dass Jan trotz seiner Liebe zu seiner Frau kein Interesse mehr hatte, mit ihr zu schlafen, und am Sex nicht mehr die Freude von früher empfand. Elli fühlte sich dadurch zu wenig wertgeschätzt. Da die Kinder schon erwachsen und von zu Hause ausgezogen waren, erwog sie, Jan zu verlassen und sich einen neuen Liebhaber zu suchen.*

***Name:*** JAN
***Alter:*** 45
***Familienstand:*** VERHEIRATET
***Beruf:*** ABTEILUNGSLEITER

*Jan war ein großer, dünner, leicht ergrauter Mann und trug eine starke Brille. Er hatte einen scharfen Blick und ein charmantes Lächeln. Er war als Flüchtlingskind ins Land gekommen und hatte zwei erwachsene Kinder.*

*»Ich hatte einen ziemlich schwierigen Start«, erzählte er. »Ich kam mit zehn Jahren hier an; meine Eltern besaßen nichts. Obwohl ich in der Schule und im Beruf ziemlich gut war, fühlte ich mich unsicher – bis ich Elli traf. Erst durch sie verschwanden meine Ängste. Heute empfinde ich sie als einen Teil von mir. Ich liebe sie und ich kann mir nicht vorstellen, dass unsere Ehe scheitert. Doch in den letzten Jahren hat der Sex sehr nachgelassen. Es wurde immer schwieriger, die Anfangswiderstände zu überwinden. Wenn es dann doch passierte, zugegebenermaßen weil Elli so wild danach war, war es genauso schön wie immer. Aber ich spüre einfach nicht mehr das Begehren nach ihrem Körper und ich finde Sex auch nicht mehr so toll wie früher.«*

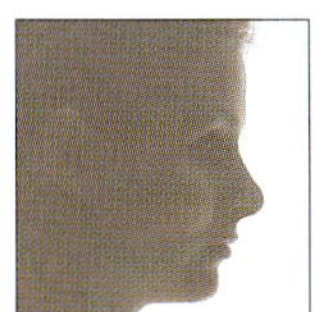

***Name:*** ELLI
***Alter:*** 47
***Familienstand:*** VERHEIRATET
***Beruf:*** SYSTEMANALYSTIN

*Elli war eine fast jugendlich wirkende Frau, war schlank, lebenslustig, gut angezogen und sah sexy aus.*

*»Er ist nicht der Einzige, der sich Sorgen macht«, sagte sie mir. »Ich weiß, dass ich mich von dem Gedanken befreien sollte, dass Sex und Liebe zusammenhängen und mich Jan darum nicht mehr liebt. Ich kann das nur im Kopf nachvollziehen. In meinem Inneren fühle ich mich trotzdem zu wenig geschätzt. Meines Erachtens habe nicht ich ein Problem. Ich empfinde immer noch viel für Jan. Ich bin es auch, die versucht, den Sex wach zu halten, was mir einmal im Monat gelingt. Aber mir ist das nicht genug und ich bin dabei, es ganz aufzugeben. Ich komme jetzt in ein schwieriges Alter. Unsere Kinder haben das Haus verlassen und meine Karriere sieht viel versprechend aus. Obwohl ich die Versuchung noch nicht spüre, sehe ich deutlich, warum Frauen sich unter diesen Umständen in andere Männer verlieben.«*

## THERAPEUTISCHER ANSATZ

Niemand weiß genau, warum Liebende das Verlangen nach dem anderen verlieren. Der Grund könnte zu große Vertrautheit sein, Groll wegen früherer Verletzungen oder die Veränderung des Aussehens über die Jahre hinweg. Vielleicht ist es auch die Elternschaft, oder weil man den Partner mehr als Kumpel oder Geschwister betrachtet. Oder, oder, oder.

Die Möglichkeiten für Menschen in Jans und Ellis Situation sind einfach. Sie können sich unter Schmerzen trennen und neue Partnerschaften beginnen, die vielleicht tatsächlich ihre Lebensfreude wieder wecken. Oder sie können zusammenbleiben und übereinkommen, dass sie die Affären des anderen übersehen. Sie können so weitermachen wie bisher und riskieren, dass die Ehe stagniert und an Trägheit stirbt. Oder sie können versuchen, die erotische Seite des gemeinsamen Lebens wieder zu entdecken. Das garantiert keine Orgasmen, aber es führt dazu, dass sich die Partner wieder Zeit für sinnliche Freuden nehmen und darüber auch Nähe und Zärtlichkeit zurückgewinnen.

### MEDIZINISCHE GRÜNDE

Gelegentlich gibt es auch medizinische oder hormonelle Gründe für den Verlust des Begehrens, und man sollte immer auch den Rat des Arztes einholen. Jan und Elli waren aber beide bei bester Gesundheit. Sie entschieden sich, neue Formen der Berührung zu erlernen und an den Grundlagen einer neuen Sinnlichkeit zu arbeiten.

### WÖCHENTLICHE ÜBUNGEN

Sie kamen überein, jede Woche eine Reihe von Übungen auszuführen, beginnend mit einer Selbstreflexion, die die eigenen inneren Ängste und Begierden hervorkehren sollte. Die Übung in der zweiten Woche umfasste die gegenseitige körperliche »Untersuchung« (vgl. S. 80ff.), und danach folgten regelmäßig Berührungsstunden, bei denen es ihnen zunächst verboten war, miteinander zu schlafen. Mit der Zeit gehörte das aber auch dazu.

### HILFE ZUR SELBSTHILFE

Es gibt zwei weitere therapeutische Ansätze für Paare, die unter dem Verlust sexuellen Verlangens leiden. Zum einen sind es die Tipps zur Bereicherung des Sex (vgl. S. 60ff.), zum zweiten das Dreitageprogramm des Tantra (vgl. S. 202f.). Bei beiden liegt die Betonung auf dem Aufbau von Berührungslust ohne ein Drängen auf Sex. Nur so kann die Sinnlichkeit als Basis des Begehrens wieder entstehen.

# *Tipps zur* WIEDERERWECKUNG DER LUST

*Dem Abflauen des Verlangens kann durch Erfahrungen aus ganz anderen Bereichen entgegengewirkt werden. Die Philosophie des Tantra, die davon ausgeht, dass man durch Sex ein tieferes Sein erleben kann, bietet neue sexuelle Sichtweisen an. Wie das Yoga stammt das Tantra aus Indien; als »Wissenschaft von der Ekstase« erhöht und verlängert es den Kontakt, der Mann und Frau beim Geschlechtsverkehr verbindet. Ziel dieses über drei Tage verlaufenden Programms ist es, ganz bewusst ein ekstatisches Verschmelzen mit dem Partner, und über ihn mit der ganzen Welt, anzustreben. Wenn sich das für Sie nach einer Zumutung anhört, sollten Sie sich daran erinnern, dass im Kopf alles möglich ist.*

Wären Sie ein Schüler der Philosophie des Tantra, müssten Sie einen intensiven Lehrplan absolvieren, der Ihre Sinne für die feinen Unterschiede schärfen würde. Sie müssten körperliche Übungen praktizieren, die jene Muskeln stärken, die aus einer Verlängerung des Geschlechtsverkehrs eine Lust und nicht einen Schmerz machen. Auch geistige Übungen zur Erweiterung der Vorstellungskraft gehörten dazu. So würden Sie erlernen, nicht nur eigene Gefühle wahrzunehmen, sondern auch die des Partners, mit dem Sie eins werden wollen. Das hier vorgestellte Dreitageprogramm ist weniger intensiv, wird Ihnen aber auch helfen, Sie und Ihren Partner näher zusammenzubringen und die frühere Lust wieder zu entfachen.

**SEXUELLE ENTHALTSAMKEIT** Das Dreitageprogramm enthält eine strikte Regel zur sexuellen Enthaltsamkeit: kein Geschlechtsverkehr, kein Orgasmus bis zum letzten Teil des dritten Tages. Es wird Ihnen leichter fallen, den Alltag hinter sich zu lassen, wenn Sie auf dem Lande ein ruhiges, komfortables Fleckchen Erde suchen, das auch durch die Schönheit der Umgebung ihre Erfahrungen erweitert.

Lesen Sie die Tagesanleitungen, während sie nebeneinander im Bett liegen. Vermeiden Sie, dass daraus Sex wird – auch wenn die Praktiken sehr erregend sein können. Da das tantrische Ideal die Verlängerung des gesamten Sexualakts zur Bereicherung des Sex ist, gehört die Enthaltsamkeit zu ihren Methoden.

**DER ERSTE TAG** Thema des ersten Tages ist es, dass Sie und Ihr Partner sich entspannen und offen und ehrlich über sich und ihre Partnerschaft reden. Sie sollten vollkommen offen miteinander sein, aber alles vermeiden, was den anderen kränken könnte.

*Sie können »Händchen halten«, aber Sie sollten sich nicht küssen oder streicheln.*

*Am ersten Tag bleiben Sie beide angezogen; enger Körperkontakt sollte vermieden werden.*

## *Phase* 1 ERSTER TAG

Der erste Tag des Dreitageprogramms dient dem gemeinsamen Kennenlernen. Unabhängig davon, ob Sie schon viele Jahre zusammengelebt haben: Heute werden Sie beginnen, den Schleier des Schweigens zur Seite zu schieben, der sich über die Jahre unbewusst zwischen Ihnen und Ihrem Partner gebildet hat, und Sie werden anfangen, sich ohne Vorbehalte zu öffnen.

Nach einem leichten Frühstück können Sie einen Spaziergang in der schönen Landschaft machen. Genießen Sie die Aussicht, den Frieden und die Ruhe und vergessen Sie die Sorgen des Alltags. Verbringen Sie viel Zeit im Gespräch miteinander und erinnern Sie sich an die Zeit, als Sie sich kennen gelernt haben. Vergegenwärtigen Sie sich die Schönheit Ihrer Liebe, wie Sie sich fühlten, wenn Sie zusammen waren und was Sie gemeinsam erlebt haben.

**ÖFFNUNG** Wenn Sie sich mit Ihrem Partner über sich und Ihre Beziehung unterhalten, lassen Sie alle Schranken fallen und seien Sie ganz offen, was Ihre Gefühle angeht. Zeigen Sie Gefühle: Halten Sie Händchen, lachen und weinen Sie und reden Sie offen über Ihre Ängste, Fantasien und Hoffnungen. Sprechen Sie über Gott und die Welt, aber sagen Sie nichts, was Ihren Partner verletzen könnte.

Wenn Sie z. B. über einen ehemaligen Liebhaber reden, stellen Sie heraus, dass es vorbei ist und Sie das auch nicht bedauern. Sonst könnte der Eindruck entstehen, dass Ihr jetziger Partner nur »zweite Wahl« ist. Und wenn Sie über Fehler des anderen sprechen, machen Sie ihm deutlich, dass es ja nur Kleinigkeiten sind und das Gute bei weitem überwiegt.

**ABSTAND HALTEN** Am ersten Tag sollten Sie sich weder küssen noch streicheln oder miteinander schlafen.

*Ein flüchtiger Gutenachtkuss ist erlaubt.*

Nehmen Sie sich viel Zeit zum Reden, um Meinungen, Gedanken und Hoffnungen auszudrücken; achten Sie darauf, was gesagt wird. Lassen Sie es sich gut gehen und machen Sie sich mit kleinen Geschenken eine Freude.

**ABSTAND HALTEN** Auch wenn Sie Händchen halten, Arm in Arm spazieren gehen: Mehr Berührungen sollten Sie an diesem Tag nicht austauschen. Küssen oder streicheln Sie sich nicht, und schlafen Sie nicht miteinander. Reden Sie am Abend weiter: Reden Sie über die Gefühle bei dieser Übung und wie Sie es empfinden, nicht miteinander schlafen zu dürfen.

Wenn Sie zu Bett gehen, küssen Sie sich kurz, aber streicheln Sie sich nicht. Liegen Sie sich in den Armen, aber halten Sie sich vor Liebkosungen aller Art zurück. Es gibt noch viel Zeit, um miteinander zu schlafen.

**KEIN GESCHLECHTSVERKEHR** Schlafen Sie in der ersten Nacht in den Armen des anderen ein, wenn das für Sie gemütlich ist. Streicheln Sie sich aber nicht und unterlassen Sie Geschlechtsverkehr – die Enthaltsamkeit wird Ihre Gefühle intensivieren.

*Die Löffelstellung ist bequem, wenn man eng beieinander schlafen möchte.*

*Legen Sie den Arm um Ihren Partner, aber streicheln Sie ihn nicht.*

## Phase 2 ZWEITER TAG

Wenn alles gut gelaufen ist, haben Sie in der ersten Nacht der Versuchung widerstanden, miteinander zu schlafen. Jedoch liegt sexuelle Spannung in der Luft und Ihr Verlangen nacheinander ist geweckt worden durch die Kombination von Intimität und Enthaltsamkeit, die Sie gerade erfahren.

Am Morgen des zweiten Tages, nachdem Sie ein Bad genommen und gefrühstückt haben, stellen Sie sicher, dass Sie nicht gestört werden können, schließen Sie sich auf Ihrem Zimmer ein und schließen Sie die Fenster. Setzen Sie sich nackt gegenüber, so nah, dass Sie sich noch berühren können. Beugen Sie sich leicht nach vorn und streicheln Sie sich sanft und liebevoll. Sie können sich überall streicheln, nur nicht an Brust und Genitalien.

**RUHIG SEIN** Sprechen Sie nicht, wenn Sie sich streicheln, sondern fahren Sie einfach fort, an Haut und Körper Ihres Partners so leicht entlangzufahren, als würden Sie eine Blume berühren. Vielleicht werden Sie dadurch stark erregt, vielleicht sogar vor Erregung zittern, weinen oder einen Schweißausbruch bekommen. Streicheln Sie sich trotz der Erregung eineinhalb Stunden weiter. Legen Sie sich danach Seite an Seite auf den Rücken, um zu entspannen und um das intensive sexuelle Gefühl, das Sie aufgebaut haben, nach und nach schwinden zu fühlen.

Wenn Sie sich dann vollkommen entspannt fühlen und das sexuelle Gefühl vorüber ist, nehmen Sie getrennt ein warmes Bad. Setzen Sie sich danach erneut gegenüber, und streicheln Sie sich nochmals für eine Viertelstunde.

Essen Sie später ein leichtes Mittagessen und machen Sie wieder einen Spaziergang. Schweigen Sie, wenn Ihnen danach ist, oder erzählen Sie sich Ihre Gefühle. Wenn einer den Eindruck hat, dass die Übung wenig Sinn hat, bleiben Sie trotzdem dabei und versuchen Sie, die entstehenden Gefühle zu genießen.

**STREICHELN WIEDERHOLEN** Nach einem leichten Abendessen sollten Sie die Streichelübung erneut vornehmen. Dieses Mal stellen Sie sich aber vor, dass Sie die Berührung, die Sie Ihrem Partner schenken, selbst auch fühlen können. Wenn Sie z.B. Ihren Partner am Arm streicheln, stellen Sie sich vor, es sei Ihr eigener und wie es sich anfühlen würde, wenn jemand Sie so streichelte. Blenden Sie gleichzeitig die Empfindung aus, die Sie durch die Hand Ihres Partners in diesem Augenblick erfahren.

Die Übung hilft durch die Kraft der Vorstellung, dass Sie die Empfindungen Ihres Partners stärker spüren als Ihre eigenen. Verwenden Sie mindestens eine halbe Stunde auf diese Übung, auch wenn es nicht so erotisch wird wie am letzten Abend. Vielleicht fühlen Sie sich auch ein wenig »unwirklich«, weil Sie durch Ihre Vorstellungskraft in die Person Ihres Partners hineinschlüpfen. Am wichtigsten ist, dass Sie eine mentale Verbindung zu Ihrem Partner herstellen.

*Streicheln Sie sich überall, nur nicht an Brust und Genitalien.*

**ZWEITER TAG** Der zweite Tag des Programms konzentriert sich auf gegenseitiges Streicheln und Berührungsübungen. Sie dienen dazu, das Einfühlungsvermögen in den Partner zu verstärken.

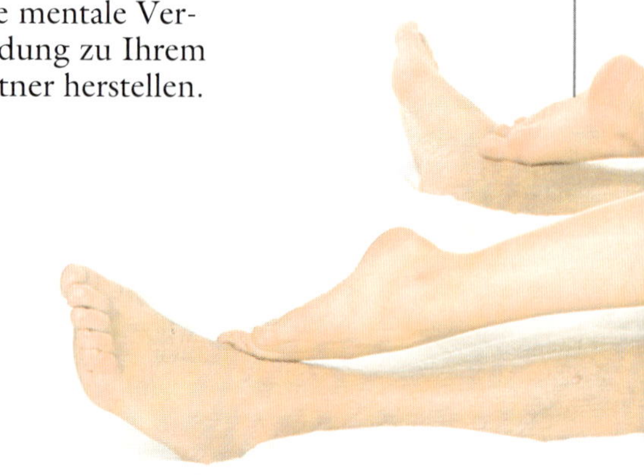

## *Phase 3* DRITTER TAG

Beginnen Sie auch den dritten Tag mit einem Bad und einem leichten Frühstück. Versichern Sie sich wie am zweiten Tag, dass Sie ungestört bleiben und setzen Sie die einfühlsamen Zärtlichkeiten fort.

**GENITALIEN** Sie sitzen nackt und nah aneinander und streicheln sie leicht und liebevoll. Reden Sie nicht, aber seufzen, stöhnen oder schreien Sie, wenn Ihre Erregung sehr stark wird. Dieses Mal können Sie sich überall berühren, Brust, Schamlippen, Scheide, Penis und Hoden eingeschlossen. Die Berührungen sollten aber immer noch so sanft wie möglich sein.

**EINFÜHLUNGSVERMÖGEN** Fühlen Sie sich wie am Abend zuvor in Ihren Partner hinein, indem Sie sich vorstellen, Sie würden sich selbst berühren, wenn Sie sanft über den Körper Ihres Partners fahren. Achten Sie besonders auf die Berührungen an der Brust und – noch wichtiger – an den Genitalien. Diese waren nämlich nicht Teil der einfühlsamen Berührungen, die Sie am Abend vorher ausprobiert haben.

Machen Sie mit diesen Streicheleinheiten ungefähr eine Stunde lang weiter und geben Sie sich dann eine Pause von fünf Minuten, bevor sie zum nächsten Teil übergehen, der auch den Geschlechtsverkehr mit einbezieht.

**PENETRATION** Nach der fünfminütigen Pause legt sich der Mann auf den Rücken. Dann setzt sich seine Partnerin rittlings auf ihn und führt sanft seinen erigierten Penis in ihre Scheide ein. (Wenn er noch keine Erektion hat, sollte sie durch manuelle Stimulation hervorgerufen werden.)

*Tantra-Streicheln, s. S. 206*

Wenn sie den erigierten Penis in die Scheide eingeführt hat, sollte keiner der beiden sich mehr bewegen: keine Stöße seinerseits, keine erotischen Bewegungen ihrerseits. Sie sitzt einfach nur auf ihm und streckt sich dann lang auf ihm aus. Bleiben Sie beide so friedlich liegen, ohne Bewegung, bis seine Erektion nachlässt. Widerstehen Sie der Versuchung, sich zu bewegen oder einen Orgasmus zu haben.

Danach waschen Sie sich, ziehen sich an und gehen spazieren, bevor Sie ein leichtes Mittagessen einnehmen. Reden Sie während des Spaziergangs über Ihre Gedanken und Gefühle hinsichtlich des Programms und über dessen Wirkungen auf sich.

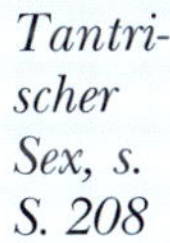

*Tantrischer Sex, s. S. 208*

Während des folgenden Nachmittags oder Abends wiederholen Sie die Streichel- und Penetrationsübung. Versenken Sie sich ganz in die Art Ihrer Berührung, bis Sie spüren, wie sehr Sie mit der Person Ihres Partners verschmelzen. Jetzt dürfen Sie auch miteinander schlafen und schließen damit das Dreitageprogramm auf eine lustvolle und befriedigende Weise ab.

**DRITTER TAG** Der dritte Tag des Programms baut auf den einfühlsamen Berührungen des vorhergehenden Tages auf, wiederholt sie und erweitert sie bis zum Geschlechtsverkehr, der nochmals das gegenseitige Einfühlen verstärkt.

*Bewegen Sie sich nicht mehr, wenn Sie bequem auf ihm liegen und seinen Penis in Ihrer Scheide fühlen.*

*Entspannen Sie sich, machen Sie Ihren Kopf leer und genießen Sie Ihre Gefühle.*

# ZÄRTLICHKEIT IM TANTRA

*Die Zärtlichkeiten im Tantra sind die fernöstliche Version der »Therapie durch sinnliche Konzentration«, wie sie von Masters und Johnson begründet wurde. Aber im Tantra gibt es einen entscheidenden Unterschied. Der erste Teil der Übung entspricht dem »Berühren um der Lust willen«, aber der zweite Teil geht weiter zum tieferen Prinzip der Berührung von Körper und Geist. Der erste entspricht dem eigenen Gefühl bei der Berührung des Partners; der zweite Teil ist das Gefühl des Partners bei Ihrer Berührung. Die Zärtlichkeiten des Tantra lehren, wie man seine Empfindungen mit denen des Partners verschmelzen lassen kann.*

*Umarmen Sie sich und streicheln Sie den Rücken Ihres Partners.*

*Streicheln Sie am Anfang die Schultern, Arme und Beine Ihres Partners.*

**1 GRUNDGRIFFE** Streicheln Sie sich zuerst sanft kreisend, dann hoch- und hinunter fahrend. Lassen Sie Brust und Genitalien aus. Streicheln Sie langsam 15 Minuten lang, legen Sie dann eine Pause ein und wiederholen Sie danach die Übung. Später können Sie sie 30 Minuten lang praktizieren. Stellen Sie sich vor, dass Sie die Berührungen, die Sie Ihrem Partner geben, so spüren, wie wenn Sie sie erhalten würden.

**2 NACH ABSCHLUSS DER ERSTEN PHASE** Legen Sie sich eng aneinander, z. B. in der Löffelstellung, wenn das nicht zu verführerisch ist. Sonst können Sie sich auch anschauen, ohne dass sich Ihre Körper berühren.

*Genießen Sie die Nähe Ihrer Körper, aber widerstehen Sie dem Geschlechtsverkehr.*

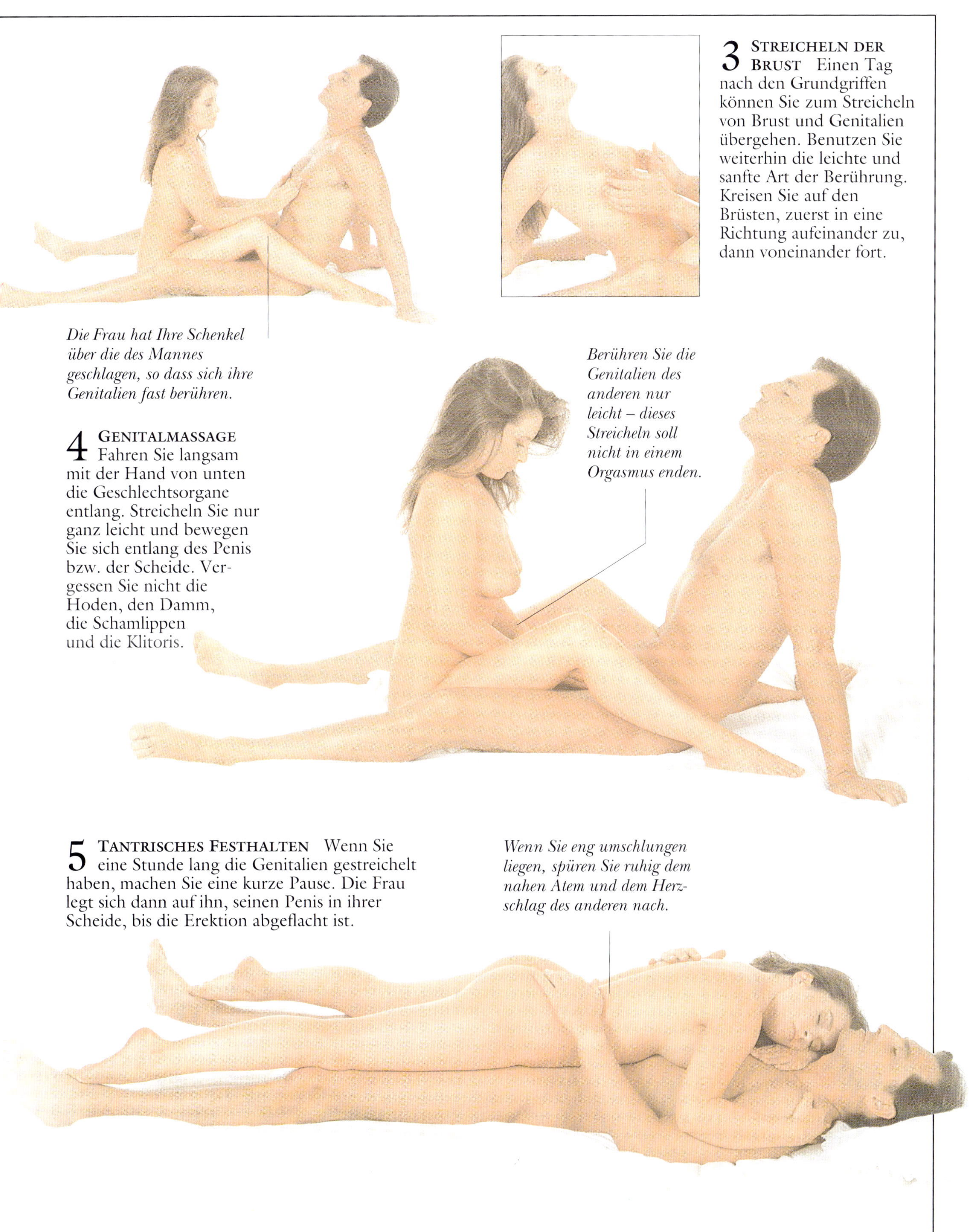

3 **STREICHELN DER BRUST** Einen Tag nach den Grundgriffen können Sie zum Streicheln von Brust und Genitalien übergehen. Benutzen Sie weiterhin die leichte und sanfte Art der Berührung. Kreisen Sie auf den Brüsten, zuerst in eine Richtung aufeinander zu, dann voneinander fort.

*Die Frau hat Ihre Schenkel über die des Mannes geschlagen, so dass sich ihre Genitalien fast berühren.*

4 **GENITALMASSAGE** Fahren Sie langsam mit der Hand von unten die Geschlechtsorgane entlang. Streicheln Sie nur ganz leicht und bewegen Sie sich entlang des Penis bzw. der Scheide. Vergessen Sie nicht die Hoden, den Damm, die Schamlippen und die Klitoris.

*Berühren Sie die Genitalien des anderen nur leicht – dieses Streicheln soll nicht in einem Orgasmus enden.*

5 **TANTRISCHES FESTHALTEN** Wenn Sie eine Stunde lang die Genitalien gestreichelt haben, machen Sie eine kurze Pause. Die Frau legt sich dann auf ihn, seinen Penis in ihrer Scheide, bis die Erektion abgeflacht ist.

*Wenn Sie eng umschlungen liegen, spüren Sie ruhig dem nahen Atem und dem Herzschlag des anderen nach.*

# TANTRISCHER SEX

*Durch tantrischen Sex wird die sexuelle Erregung verlängert. Den Streicheleinheiten folgt ein sehr langsamer Geschlechtsverkehr. Der Penis dringt nur wenige Zentimeter in die Scheide ein, bleibt dort für eine gute Minute, zieht sich dann wieder zurück, verweilt eine weitere Minute vor dem Scheideneingang, um dann wieder in die Scheide zurückzugleiten. Jetzt beginnt der Ablauf von Eindringen, Herausziehen, Warten und Eindringen von neuem.*

**SEITENLAGE** Den Geschlechtsverkehr zu verlängern wird vereinfacht, wenn das Paar sich auf die Seite legt und sich anschaut. Sie legt dabei ein Bein zwischen seine, das andere über ihn.

*Sie sollten halb auf dem Rücken liegen, Ihre Partnerin halb auf dem Bauch.*

*Führen Sie den Unterarm unter ihr durch und ziehen Sie sie so an sich.*

**DIE MISSIONARSSTELLUNG** Der Einsatz dieser zugewandten Stellung soll die Verlängerung des Geschlechtsverkehrs vereinfachen. Der Vorteil der Missionarsstellung besteht darin, dass er durch eine leichte Positionsänderung nach hinten zu seinen Hoden greifen kann, um diese bei nahendem Orgasmus verhindernd nach unten zu ziehen.

**HODENTECHNIK** Viele Männer finden es einfacher, zwischen ihren Beinen hindurch zu ihren Hoden zu greifen als um sich herum.

*Heben Sie leicht Ihre Hüften und ziehen Sie die Muskeln Ihres Pos zusammen.*

*Verzögern Sie Ihren Orgasmus, indem Sie entschieden, aber sanft ihre Hoden nach unten ziehen.*

*Damit eine Hand frei bleibt, um die Hoden anzufassen, sollten Sie Ihr Gewicht gut mit der anderen abstützen.*

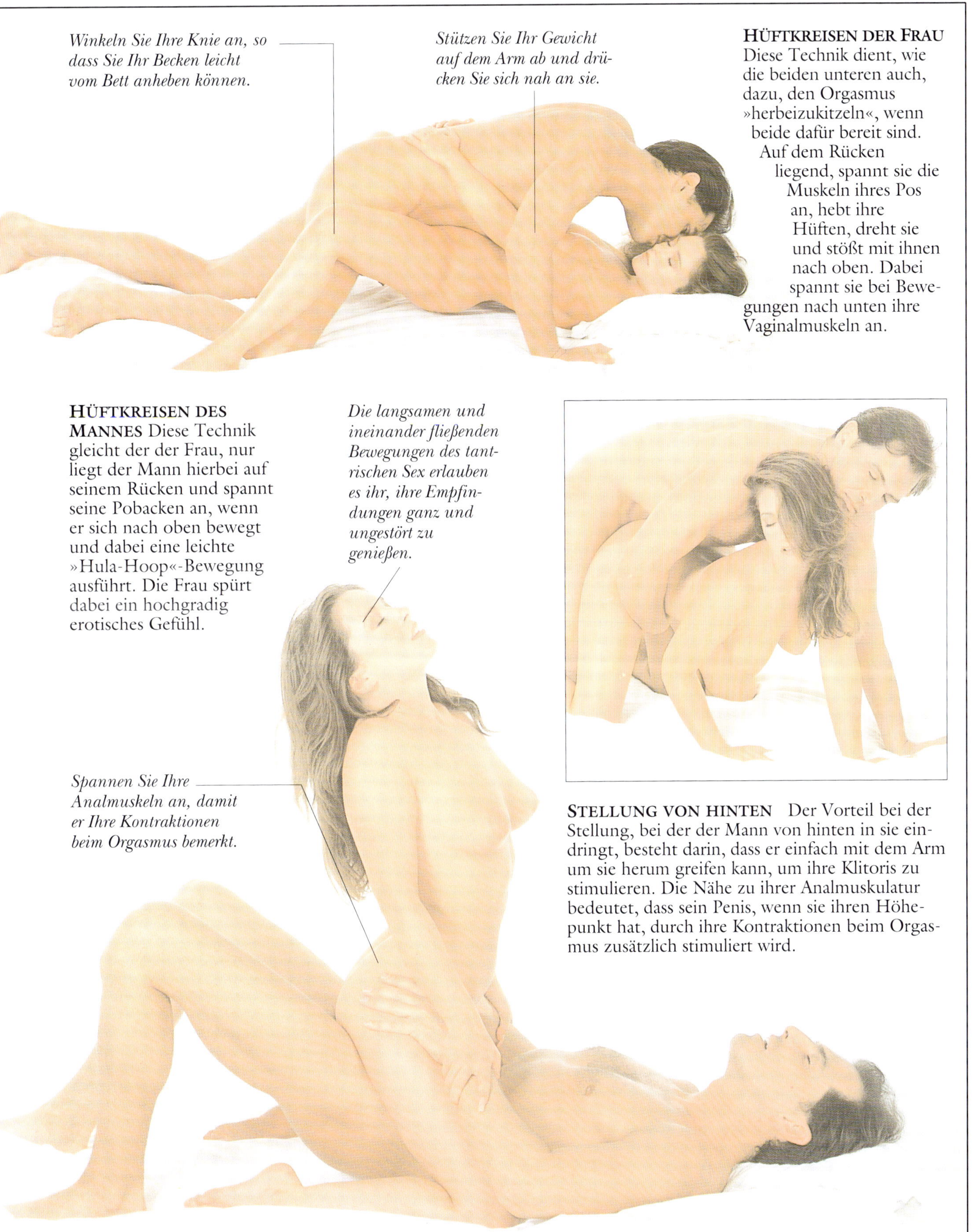

*Winkeln Sie Ihre Knie an, so dass Sie Ihr Becken leicht vom Bett anheben können.*

*Stützen Sie Ihr Gewicht auf dem Arm ab und drücken Sie sich nah an sie.*

**HÜFTKREISEN DER FRAU** Diese Technik dient, wie die beiden unteren auch, dazu, den Orgasmus »herbeizukitzeln«, wenn beide dafür bereit sind.

Auf dem Rücken liegend, spannt sie die Muskeln ihres Pos an, hebt ihre Hüften, dreht sie und stößt mit ihnen nach oben. Dabei spannt sie bei Bewegungen nach unten ihre Vaginalmuskeln an.

**HÜFTKREISEN DES MANNES** Diese Technik gleicht der der Frau, nur liegt der Mann hierbei auf seinem Rücken und spannt seine Pobacken an, wenn er sich nach oben bewegt und dabei eine leichte »Hula-Hoop«-Bewegung ausführt. Die Frau spürt dabei ein hochgradig erotisches Gefühl.

*Die langsamen und ineinander fließenden Bewegungen des tantrischen Sex erlauben es ihr, ihre Empfindungen ganz und ungestört zu genießen.*

*Spannen Sie Ihre Analmuskeln an, damit er Ihre Kontraktionen beim Orgasmus bemerkt.*

**STELLUNG VON HINTEN** Der Vorteil bei der Stellung, bei der der Mann von hinten in sie eindringt, besteht darin, dass er einfach mit dem Arm um sie herum greifen kann, um ihre Klitoris zu stimulieren. Die Nähe zu ihrer Analmuskulatur bedeutet, dass sein Penis, wenn sie ihren Höhepunkt hat, durch ihre Kontraktionen beim Orgasmus zusätzlich stimuliert wird.

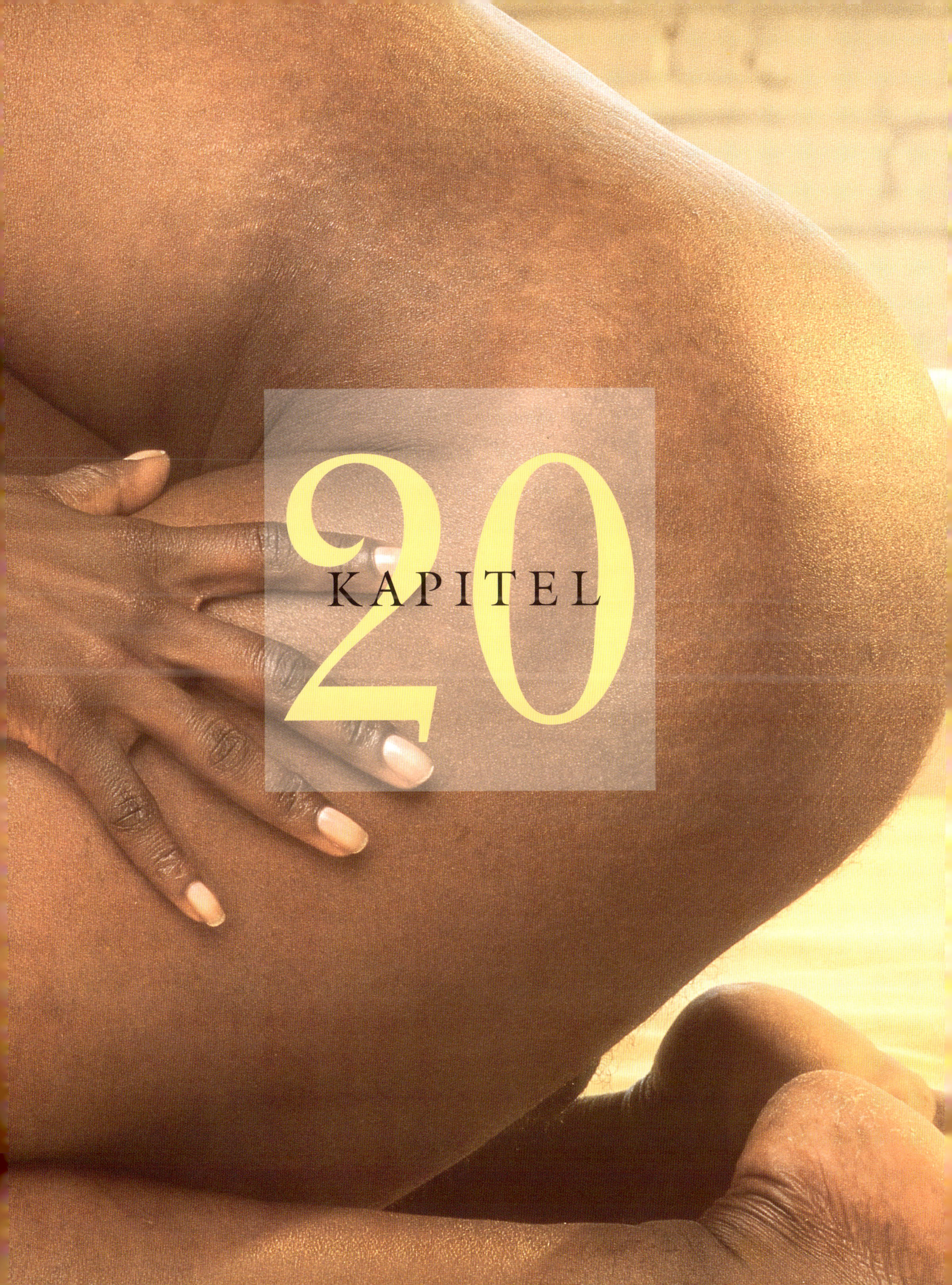

# KAPITEL 20

# WIE KANN ICH MEHR SPASS IM BETT HABEN?

*»Man hat nicht nur dann Spaß am Sex, wenn man neue Stellungen ausprobiert. Es geht auch darum, einen Sinn für Humor zu entwickeln, damit das, was im Bett geschieht, Körper und Geist anregt.«*

FENG-SHUI-ANHÄNGER sind vielleicht fasziniert, wenn sie herausfinden, dass die alten Chinesen die Möbel oder den Garten nicht nur neu arrangierten, um Energien, das »Chi«, wirksam werden zu lassen. Sie konzentrierten ihre Aufmerksamkeit besonders auch auf das Zusammensein von Mann und Frau beim Sex.

Nur für den Fall, dass es noch jemanden gibt, der noch nie vom Chi gehört hat: Es ist eine fernöstliche Vorstellung vom Fluss der Energie in unserer Welt. Diese Energie Chi ist letztlich überall. Wie wir mit ihr umgehen und wie wir lernen, sie für uns zu nutzen, bestimmt das persönliche Wohlempfinden.

Wenn man das Chi in bestimmten Umgebungen oder bei bestimmten Aktivitäten nicht berücksichtigt, fühlen wir uns nicht mehr wohl. Nehmen wir es allerdings ernst und richten unser Leben nach dem Chi aus, fühlt sich das Leben viel besser an. Hier nun ein kurzer Abschnitt zu Feng Shui und Sex.

# FALLBEISPIEL *Markus & Mo*

*Das Liebesleben von Markus und Mo war liebevoll, vielseitig und sinnlich. Aber beide gaben zu, dass sie mehr vom Sex erwarteten. Markus war ein eher einfacher Liebhaber, der das tat, was ihm gerade einfiel. Mo dagegen vermisste den Tiefgang, den sie mit einem früheren Partner gehabt hatte.*

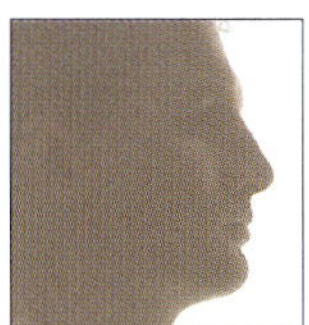

***Name:*** MARKUS
***Alter:*** 24
***Familienstand:*** LEDIG
***Beruf:*** WEBDESIGNER

*Markus war ein gesunder und sportlicher Typ mit einer offenen Art, die Frauen sofort vermittelte, dass man mit ihm umgehen konnte. Er lebte sein Sexleben sehr locker, erfreute sich an dem, was sich spontan ergab, und kümmerte sich nicht viel um kleinere Zurückweisungen.*

*»Ich lebe mit Mo nun schon zwei Jahre zusammen«, sagte er. »Ich liebe sie, aber ich sehe, dass sie vom Sex irgendwie etwas Tiefgreifenderes erwartet. Ich bin bereit, alles Neue auszuprobieren, aber ich weiß nicht genau was. Meine Mutter sagt mir immer, dass ich Zeit brauche, etwas Neues zu lernen, aber wenn ich es dann geschafft habe, habe ich es richtig kapiert.«*

*»Ich schätze Mo sehr, und ich möchte, dass sie glücklich ist. Sie ist sehr intelligent; ich fürchte, dass sie sich einen Neuen suchen wird, wenn sie das Interesse an mir verliert.«*

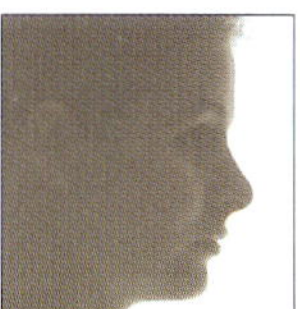

***Name:*** MO
***Alter:*** 26
***Familienstand:*** LEDIG
***Beruf:*** WEBDESIGNERIN

*Mo war mit 17 Jahren von Japan nach Deutschland gezogen und hatte sich schnell in Berlin eingelebt. Mit 23 Jahren flüchtete sie aus einer traditionellen japanischen Ehe und hatte seitdem zwei »normale« Beziehungen gehabt. Da sie jetzt schon seit zwei Jahren mit Markus zusammenwohnte, betrachtete sie die Beziehung als ein langfristiges Engagement. Sie gab aber zu, sich ein wenig Sorgen über die Qualität ihres Liebeslebens zu machen.*

*»Markus ist eine liebenswerte Person. Er ist das, was meine Mutter als gut für Heim und Hof bezeichnet. Ich bin in unsere Liebe hineingewachsen. Ich habe das niemals erwartet, nicht zuletzt, weil unsere Lebenserfahrungen sehr unterschiedlich sind. Ich war schon einmal verheiratet und es gibt Zeiten, da empfinde ich Markus – verglichen mit mir – wie ein unschuldigens Baby.«*

*»Meine letzte Ehe ging zu Bruch, weil ich mich langweilte. Mein Exmann war ziemlich lahm. Markus hat viel mehr, das für ihn spricht; besonders mag ich, dass er bereit ist zu lernen und sich zu verändern. Ich glaube, dass das selten ist. Mich ärgert, dass er nie neue Ideen beim Sex entwickelt.«*

## THERAPEUTISCHER ANSATZ

Niemand kann den Partner zwingen, einen neuen Gedanken hervorzubringen. Aber es ist möglich, die Vorstellungskraft so anzuregen, dass ein neues Verhalten angestoßen wird. Frauen, die z.B. schwer einen Orgasmus bekommen, lernen zur Unterstützung des Orgasmus Fantasien zu entwickeln. Mo wollte ganz offensichtlich, dass Markus neue Ideen entwickelte.

### Geistige Unruhe

Aber Mo musste auch ihr Inneres betrachten und ihr Bedürfnis nach Abwechslung hinterfragen. In der Therapie zeigte sich, dass die ständige Suche nach etwas Neuem ein grundlegendes Thema in ihrem Leben war und einen Großteil ihres Verhaltens steuerte. Bis jetzt hatte sich Mo auf den Besitz von Objekten beschränkt und ihr Haus mit schönen modernen Dingen ausgestattet. Lief sie Gefahr, in Markus auch einen Teil ihres Besitzes zu sehen? Die Natur hatte Mo mit einem scharfen Verstand ausgestattet. Sie hatte ohne Schwierigkeiten das Abitur gemacht, auch wenn sie alles in einer für sie fremden Sprache lernen musste. Sie war schnell, intelligent und schon jetzt so erfolgreich in ihrer Firma, dass man ihr Optionen für Firmenaktien angeboten hatte.

### Verschiedene Formen der Intelligenz

Markus war auch schlau, aber er arbeitete langsamer. Es war nicht so, dass er neue Konzepte nicht begriff, sondern es dauerte einfach länger, bis er sie durchschaut hatte. Mo musste darum verstehen, dass sein Kopf anders funktionierte als ihrer und mehr Toleranz für das unterschiedliche Tempo von beiden aufbringen.

### Schneller ist nicht besser

Diese Unterscheidung verschiedener Formen der Intelligenz ist für den Sex sehr wichtig. Mo lernte, dass schneller nicht besser ist. Es bedeutete einfach nur, dass in ihr ein anderes mentales System ablief. Mo rief sich dieses Prinzip immer dann in Erinnerung, wenn sie ungeduldig wurde. Markus brauchte ein paar neue Anregungen und begann, sich mit dem Yin-und-Yang-Konzept zu beschäftigen. Es gab ihm reichhaltiges Material und vermittelte gute Gedanken und große Lust.

### Langsame Lust

Dieses Paar war überrascht, wie variationsreich ihr Liebesleben auf einmal wurde. Durch den Aufbau von Sinnlichkeit fand Mo besondere Erregung. Teil ihrer Lust war es, ihren Höhepunkt durch langsame Bewegungen hinauszuzögern.

# *Tipps*
# FENG SHUI UND SEX

*Die alten Chinesen glaubten, dass Sex nicht nur lustvoll ist, sondern auch heilende Kräfte entfaltet, die durch die Yin- und Yang-Energie wirksam würden. Diese Energien liegen im menschlichen Körper nebeneinander und gleichwertig vor; ein Mensch fühlt sich schlecht, wenn sie aus dem Gleichgewicht geraten. Es ist hilfreich zu wissen, wie das Chi in sinnlicher Hinsicht wirkt.*

## *Mann* DAS CHI DES PENIS

Das Chi-System ist, den alten Chinesen zufolge, bei Männern und Frauen sehr unterschiedlich. Man ging davon aus, dass das Chi beim Mann auf den Penis konzentriert ist und dort in vier aufeinander folgenden Ebenen zustande kommt. Man bezeichnet diese Ebenen auch als die Zeichen des Mannes.

**ZEICHEN EINS STÄRKE** Wenn der Penis des Mannes erigiert und hart wird, wandert sein Chi von den Nieren zum Herzen. Ist ein Mann gestresst, müde oder alt, dauert das länger, und darum dauert es dann auch länger, stark zu werden.

**ZEICHEN ZWEI GRÖSSE** Danach wandert das Chi aus dem Herzen und wandert in das Muskelsystem des Körpers. Das bedeutet u.a., dass der Penis sich in seiner Größe verändert. Setzt dies nicht auf dieser Ebene ein, dauert es lang, bis es überhaupt passiert. Es führt dazu, dass der Mann von starken Gefühlen betroffen ist, die ihn stören, oder die sein Immunsystem schwächen.

**ZEICHEN DREI HÄRTE** Auch wenn der Mann eine Erektion bekommt, kann diese nicht vollständig und ausreichend für den Geschlechtsverkehr sein. Das bedeutet, dass das Chi noch nicht die Knochen des Körpers erreicht hat. Eine Ursache für diese Chi-Blockade kann in einem schwachen Immunsystem, einer Krankheit oder einer Depression liegen.

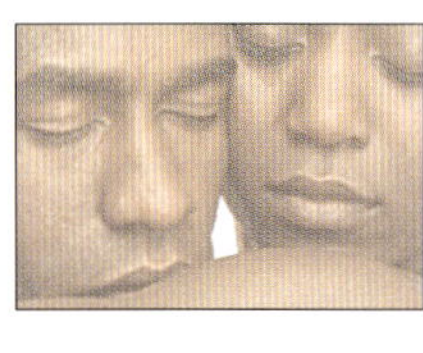

**ZEICHEN VIER HITZE** Wenn der Penis zum Geschlechtsverkehr »bereit« ist, ist er stark, groß, hart und heiß. Die Hitze des Penis wird erzielt, wenn das Chi den inneren Geist des Mannes erweckt hat. Wird der Penis nicht heiß, kann das bedeuten, dass der Geist sich gegen den Körper sträubt. Übrigens glaubten die alten Chinesen, dass auf der vierten Ebene der Mann bereit für den Geschlechtsverkehr sei, nicht, dass er unmittelbar hierauf einen Höhepunkt habe.

*Sex des Tao, s. S. 218*

## *Frau* DAS CHI DES KÖRPERS

Chi und sexuelle Lust sind untrennbar miteinander verbunden. Wenn das Chi beginnt, durch den Körper zu fließen, steigt die Erregung bei Mann und Frau. Die alten Chinesen glaubten, dass die Frauen das Chi der Sexualität nicht nur in den Sexualorganen spüren, sondern an den folgenden neun verschiedenen Stellen.

**STELLE EINS HAUT** Streichelt eine Frau einen Mann und soll er das Gleiche tun, fließt ihr Chi durch die Haut und das darunter liegende Gewebe.

**STELLE ZWEI ATMUNG** Wenn der Strom des Chi die Lunge erreicht, beginnt die Frau stärker zu atmen und mehr Speichel zu erzeugen.

**STELLE DREI LEBER** Breitet sich das Chi im Körper aus und erreicht es die Leber, drückt die Frau ihren Körper gegen den des Partners und erzeugt dadurch einen Energiefluss untereinander.

**STELLE VIER MILZ** Fließt das Chi zu ihrer Milz, zieht sie ihn fest zu sich und küsst ihn.

**STELLE FÜNF KNOCHEN** Wenn das Chi ihre Knochen in Energie »taucht«, drückt sie ihren Partner noch näher an sich und küsst ihn mit großer Leidenschaft.

**STELLE SECHS SEHNEN** Da man davon ausging, dass die Sehnen eine der wichtigsten Energiequellen sind, werden, wenn das Chi die Sehnen erreicht, ihre Bewegungen fast aggressiv. Das geht so weit, dass sie sogar mit den Beinen den Mann umklammert, um ihn stärker festzuhalten.

**STELLE SIEBEN HERZ** Die alten Chinesen glaubten, dass das Herz der Sitz der Gefühle ist. Erreicht das Chi das Herz, bewegt sie das sehr; sie seufzt, sagt Worte der Liebe und küsst den Mann überall.

**STELLE ACHT BLUT** Danach durchströmt das Chi das Blut und heizt es auf. Die Frau widmet dann dem Penis besondere Aufmerksamkeit. Ihre Haut kann einen rosigen Glanz annehmen.

**STELLE NEUN NIEREN** Die alten Chinesen glaubten, dass die Nieren das Yin der Körpervorderseite bestimme und daher die Scheide besonders feucht mache.

*Paare*

## CHI HEUTE

Heutige Sexologen sind der Ansicht, dass sich die sexuellen Reaktionsweisen von Männern und Frauen viel stärker ähneln, als wir das bisher angenommen haben. Nimmt man das ernst, würde das auch bedeuten, dass das Chi Männer und Frauen nicht auf so unterschiedliche Art beeinflusst. Gibt man Männern die Chance dazu, genießen sie die Berührungen der Frau genauso wie umgekehrt ihre Partnerinnen. Genauso erfahren Frauen eine ganz ähnliche Chi-Erregung an ihren Schamlippen und ihrer Scheide wie die Männer an ihrem Penis und ihren Hoden.

Lässt man die Unterschiede beiseite, so liegt der Wert des Chi-Glaubens darin, dass er uns auf bestimmte Dinge aufmerksamer werden lässt. Wenn Sex sich z. B. nicht vom ersten Moment an richtig anfühlt, sollten wir sofort aufhören und uns fragen, was falsch ist. Die Vorstellung von einer Blockade des Chi ist sehr hilfreich, denn sie versinnbildlicht, dass die emotionale Stimmung Auswirkungen auf den Zustand des Körpers hat. In Mos Fall z. B. ist es durchaus möglich, dass sie in ihrem Kopf eine Barriere zwischen sich und ihrem spontanen Sexpartner Markus aufgebaut hatte. Um wirklich ganz intim miteinander zu werden, muss man sich auch emotional öffnen. Wer früher einmal durch die Liebe verletzt worden ist, kann dies als beängstigend empfinden.

## BERÜHRUNGSTIPPS

- Wenn sich etwas nicht richtig anfühlt, hören Sie sofort damit auf und entspannen Sie sich. Analysieren Sie Ihre Gefühle genau, wenn Sie sich wieder besser fühlen. Ihr Rückzug sollte Ihnen nicht peinlich sein. Nutzen Sie diese Gefühle mit Mut. Sprechen Sie sie aus. Wenn Sie Ihre Bedenken nicht mit Ihrem Partner besprechen, nehmen Sie ihm die Chance, Dinge zu bereinigen und zu verändern.

- Um schwierige Gespräche einfacher zu machen, sollten Sie Berührungen einsetzen. Wenn sie nicht zu schnell zu weit gehen, vermitteln sie Nähe und sind, nach Ansicht der alten Chinesen, für einen einfachen und schnellen Fluss des Chi verantwortlich. Nutzen Sie darum die Kraft der Berührung.

- Im Feng Shui glaubt man, dass erotische Berührungen nur dann das Chi stimulieren, wenn sie in der richtigen Reihenfolge getan werden; Sie beginnt bei den Armen und dem Hals, geht weiter über Beine und Brüste und endet an den Genitalien.

- Waschen Sie sich vor Berührungen immer die Hände und wärmen Sie sie an, weil ein wenig Schmutz sich auf der Hand schon wie Sandpapier anfühlen kann. Kalte Hände verspannen den Partner und sind nicht geeignet, Lust zu schenken.

**SINNLICHE BERÜHRUNG**
Berührungen und sanftes Streicheln zeigen Zärtlichkeit und Sinnlichkeit; auch die verschlungenen Beine und die verschmolzenen Genitalien drücken dies aus.

# FENG-SHUI-STELLUNGEN

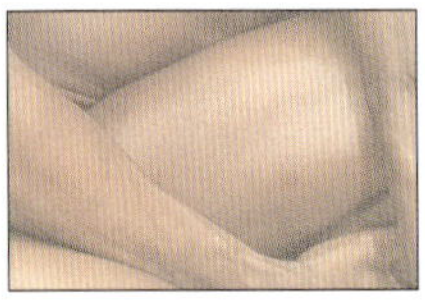

*Glaubt man den alten Chinesen, ist Sex eine sowohl lustvolle wie heilende Handlung, die den Geist beider Partner durch die Unterstützung des Chi-Flusses nährt. Die Sexologen des alten China glaubten so stark daran, dass sie mit Bedacht eine Reihe von Liebesstellungen entwarfen, die nur der Lust dienen sollten. Die folgenden Stellungen, die vor 5000 Jahren erfunden wurden, werden jedem helfen, den Partner bestmöglich zu befriedigen. Allen Stellungen ist gemeinsam, dass sie den Sinn für Zärtlichkeit und Vertrautheit fördern.*

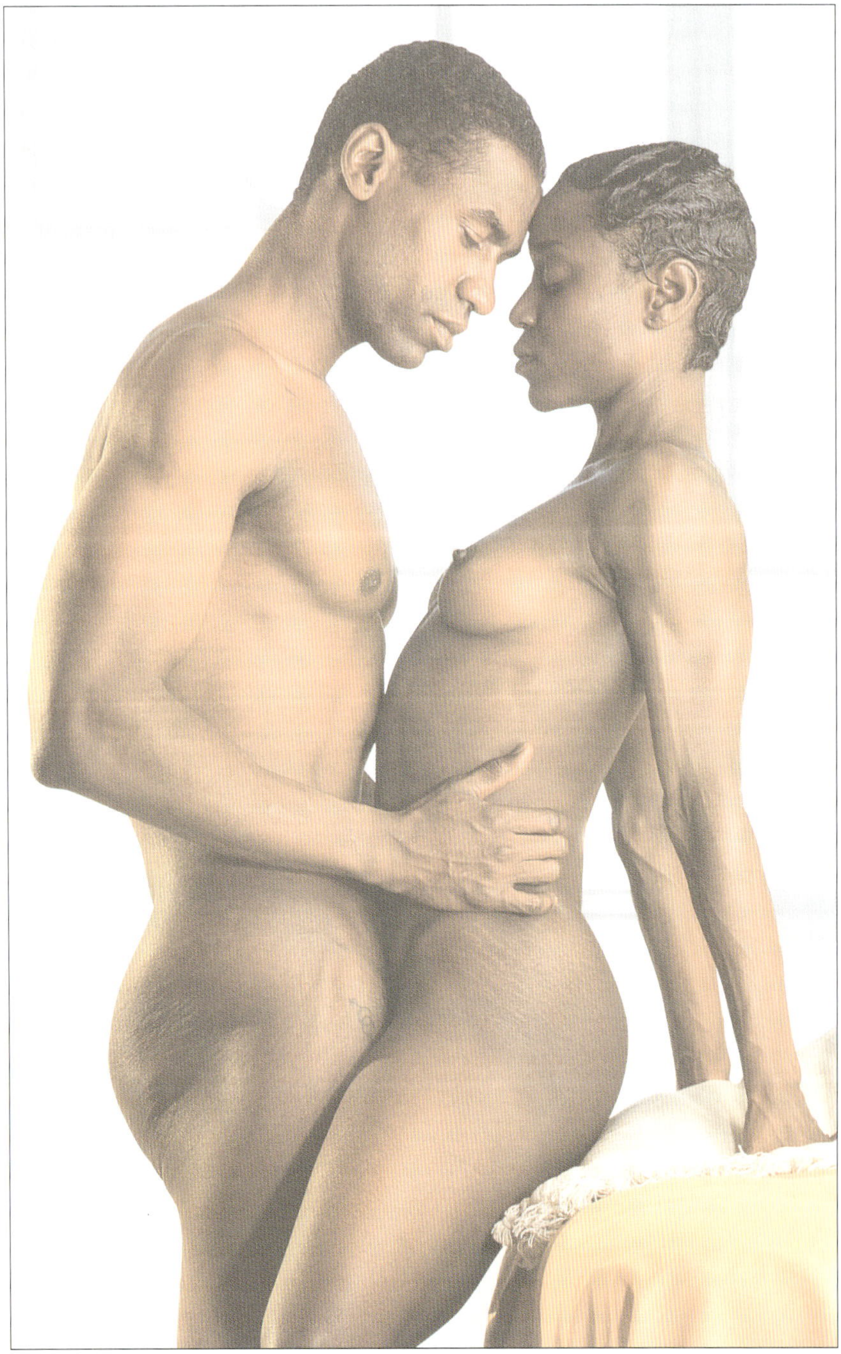

**BAMBUS**
Mann und Frau stehen sich zugewandt gegenüber. Der Mann dringt mit seinem Penis in sie ein und vollführt sanfte Stöße. Der Bambus ermöglicht dem Penis, die Scheide seiner Partnerin von vorne zu stimulieren. Da das Paar gerade steht, erinnert diese Stellung an die Stiele des Bambus.

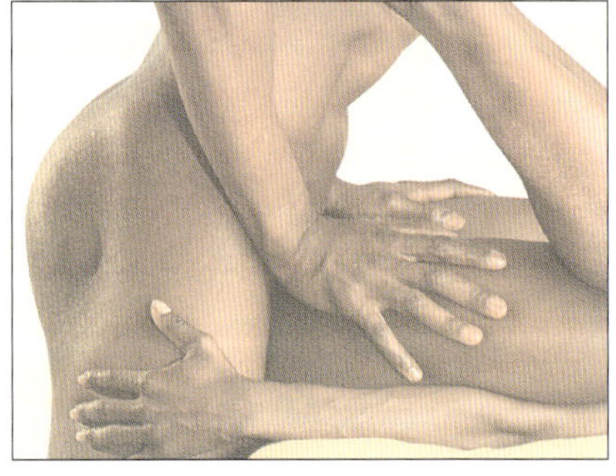

**PHOENIX UND HUHN**
Die Frau sitzt am Ende des Bettes mit weit gespreizten Beinen. Der Mann steht oder kniet zwischen ihren Beinen und schaut sie an. Er dringt mit dem Penis in sie ein und stößt sie sanft, während sie ihre Füße auf seine Schultern legt. Im alten China wurde diese Stellung großen Frauen (Phoenix) und kleinen Männern (Huhn) empfohlen.

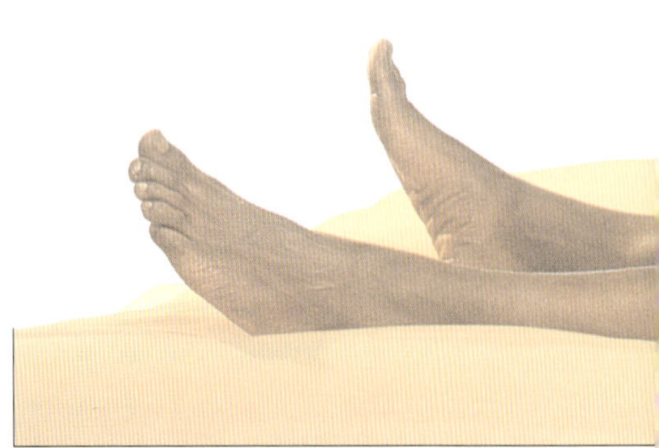

### Ziege und Baum

Mit dem Rücken zu ihrem Partner, der hinter ihr kniet, senkt sich die Frau auf seinen Schoß und Penis hinab. Sie beginnt nun sich nach oben und unten zu bewegen. Zu ihrer Unterstützung hält der Mann ihre Hüften und ihre Unterschenkel zusammen. Die Stellung hat ihren Namen von der Ziege erhalten, die sich an einem Baum kratzt.

### Affe und Baum

Der Mann sitzt mit ausgestreckten und etwa schulterbreit gespreizten Beinen. Die Frau steht und schaut ihn an, die Beine an jeder Seite seiner Hüfte. Sie setzt sich langsam auf seinen Penis und umarmt den Mann über den Schultern. Der Mann kann zur Unterstützung ihre Hüften halten. Die Stellung erinnert an einen Affen, der sich an einem Baum festhält.

*Die Frau setzt sich auf die Hüften ihres Partners.*

### Schmetterling

Der Mann liegt auf dem Rücken, die Beine ausgestreckt und leicht gespreizt. Die Frau schaut ihn an und bringt sich in eine sitzende Position auf seinen Hüften. Nachdem sie seinen Penis in ihre Scheide eingeführt hat, lehnt sie sich nach hinten und stützt sich auf seinen Knien auf. In dieser Stellung hebt und senkt sie sich langsam und benutzt dafür ihre Beine. Mit der Frau, die sich auf dem Mann bewegt, erinnert das Paar an einen Schmetterling beim Flug.

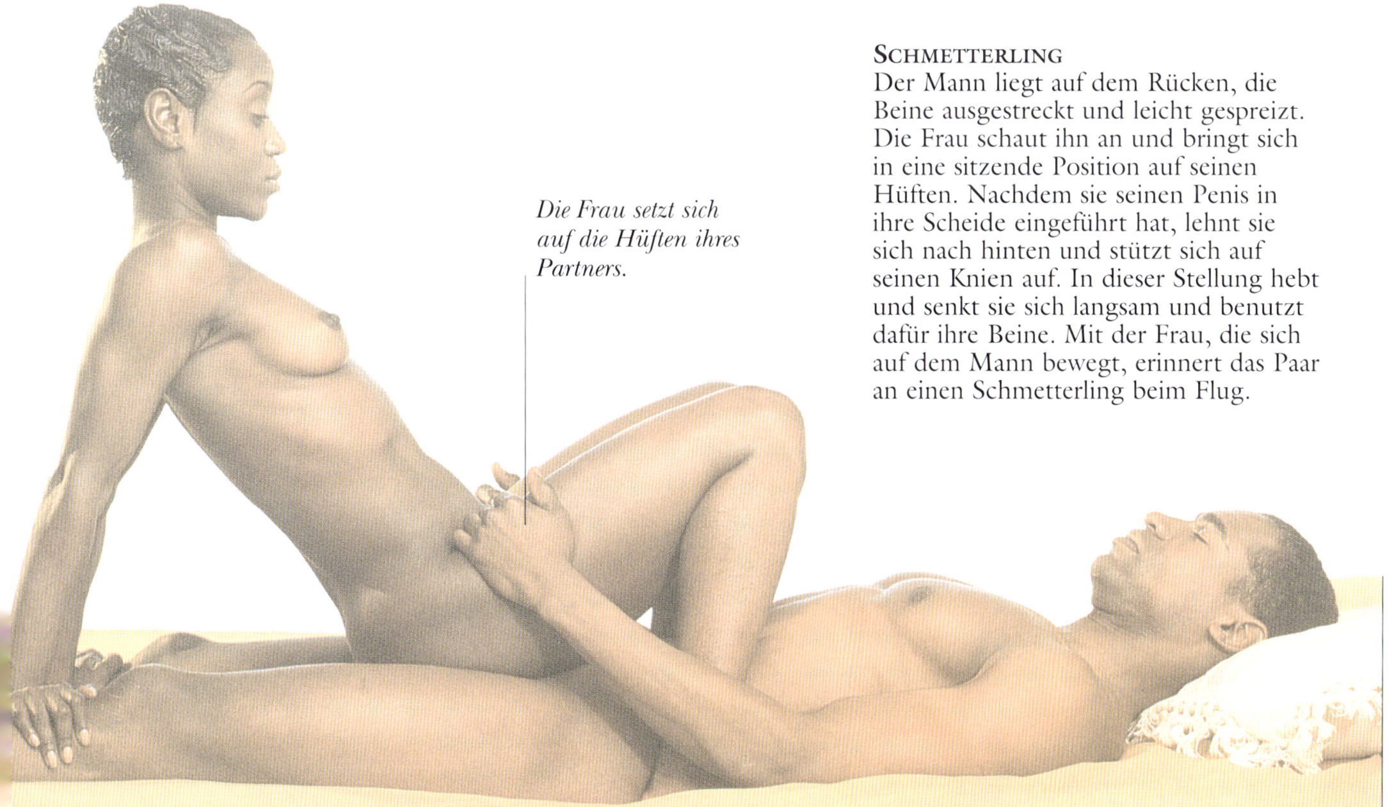

# DER WEG DES TAO BEIM SEX

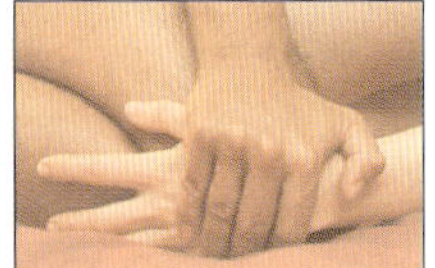

*Die alten Chinesen feierten die Kraft und Leidenschaft jugendlicher Liebhaber. Anstatt die Paarungsweise von Tieren als Beleidigung für den menschlichen Geist abzutun, motivierten sie junge Menschen, sich das natürliche Verhalten der Tiere anzuschauen. Die pure und rohe Sinnlichkeit des Tigers oder selbst die des Esels sollte beobachtet werden. Das gleiche Chi, das durch Männer und Frauen fließt, strömt durch alles Leben insgesamt. Anstatt Tiere als verachtenswerte Wesen anzusehen, wurde den Menschen beigebracht, nach der Kraft spendenden Energie der Natur überhaupt zu suchen.*

**SPRINGENDER ESEL**
Die Frau kniet und stützt sich auf ihren Unterarmen ab, während der Mann sich halb stehend an ihre Hüften schmiegt und in ihre Scheide eindringt. Der Mann sollte mit flachen und tiefen Stößen experimentieren und schnellere und langsamere Bewegungen ausprobieren. Diese Stellung befreit beide davon, das Gewicht des anderen zu tragen, erlaubt aber dem Mann, Schenkel, Rücken und Brust der Frau zu streicheln. Die Stellung erinnert an den Paarungssprung des Esels.

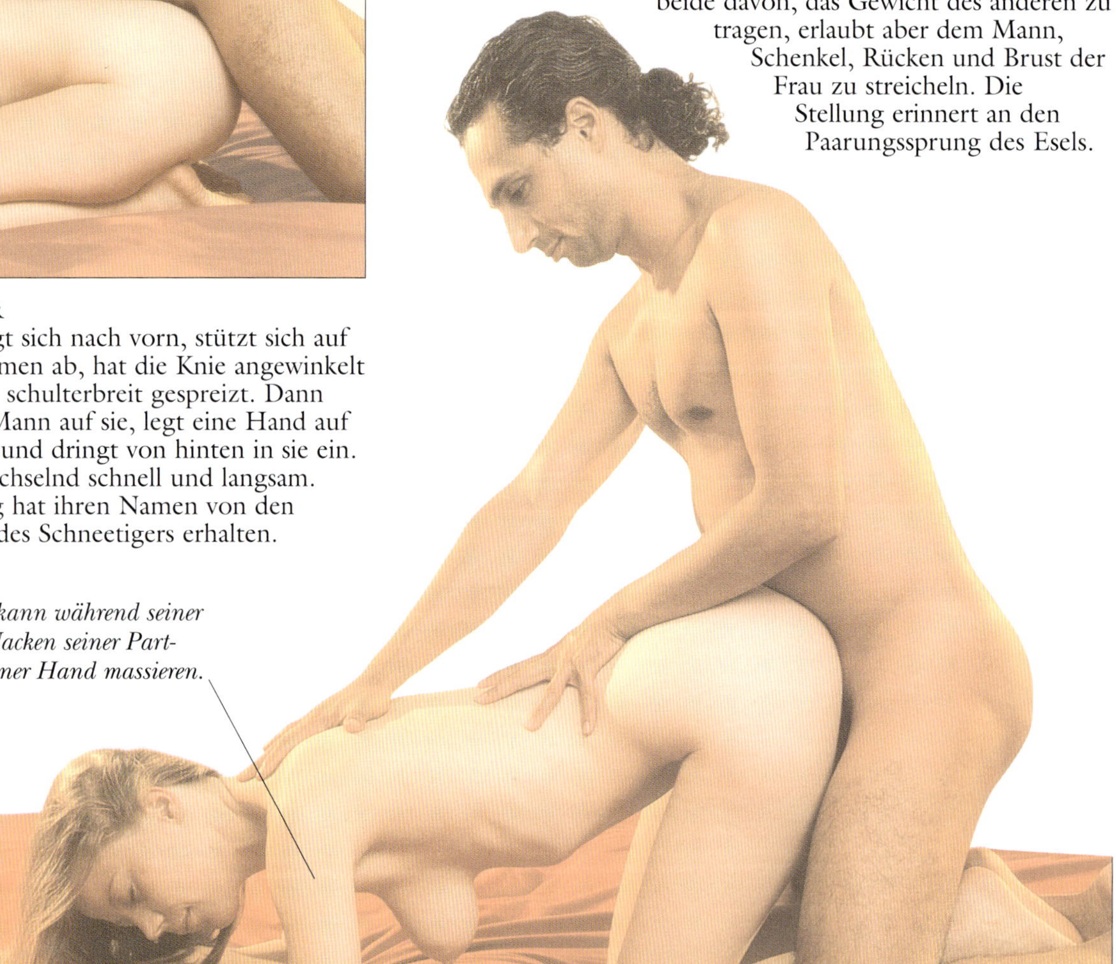

**SCHNEETIGER**
Die Frau beugt sich nach vorn, stützt sich auf ihren Unterarmen ab, hat die Knie angewinkelt und die Beine schulterbreit gespreizt. Dann legt sich der Mann auf sie, legt eine Hand auf ihren Nacken und dringt von hinten in sie ein. Er stößt abwechselnd schnell und langsam. Diese Stellung hat ihren Namen von den Bewegungen des Schneetigers erhalten.

*Der Mann kann während seiner Stöße den Nacken seiner Partnerin mit einer Hand massieren.*

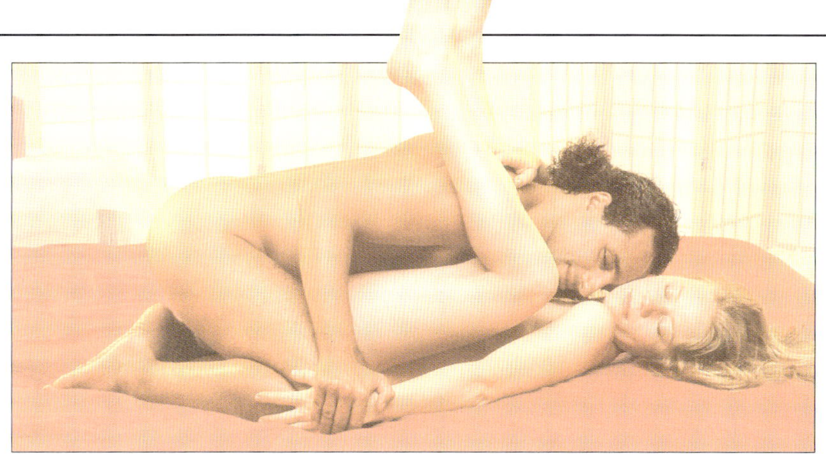

**Jadekreuz**

Die Frau liegt auf dem Rücken und hat die Knie gebeugt und bis an die Brust herangezogen. Der Mann bringt seine Knie unter ihre Hüfte und dringt mit dem Penis in sie ein. So kann er die Rückseite ihrer Scheide erreichen. Die Stellung hat eine gewisse Ähnlichkeit mit den Steinzeichnungen der Jade.

**Drachenwende**

Die Frau liegt auf dem Rücken und hat ihre Knie angewinkelt und an ihre Brust gezogen. Sie streckt die Füße vom Körper fort. Der Mann schaut die Frau an und kniet sich zwischen ihre Beine. Er hält sie gut fest und sein Penis dringt in sie ein, flache und tiefe Stöße ausführend. Die Drachenwende hat ihren Namen von einem mythischen Tier erhalten, dem langen und wendigen Drachen.

**Pferd im Galopp**

Die Frau liegt auf dem Rücken und hat ihre Beine angewinkelt. Der Mann schaut die Frau an und kniet sich unterhalb ihrer Hüften hin. Dann greift er mit seiner linken Hand um ihren Nacken, umklammert mit der rechten ihr linkes Bein, dringt mit dem Penis in sie ein und bewegt sich in schnellen Stößen. Weil die Frau ein Bein angewinkelt hat, fühlen sich manche Paare an ein laufendes Pferd erinnert.

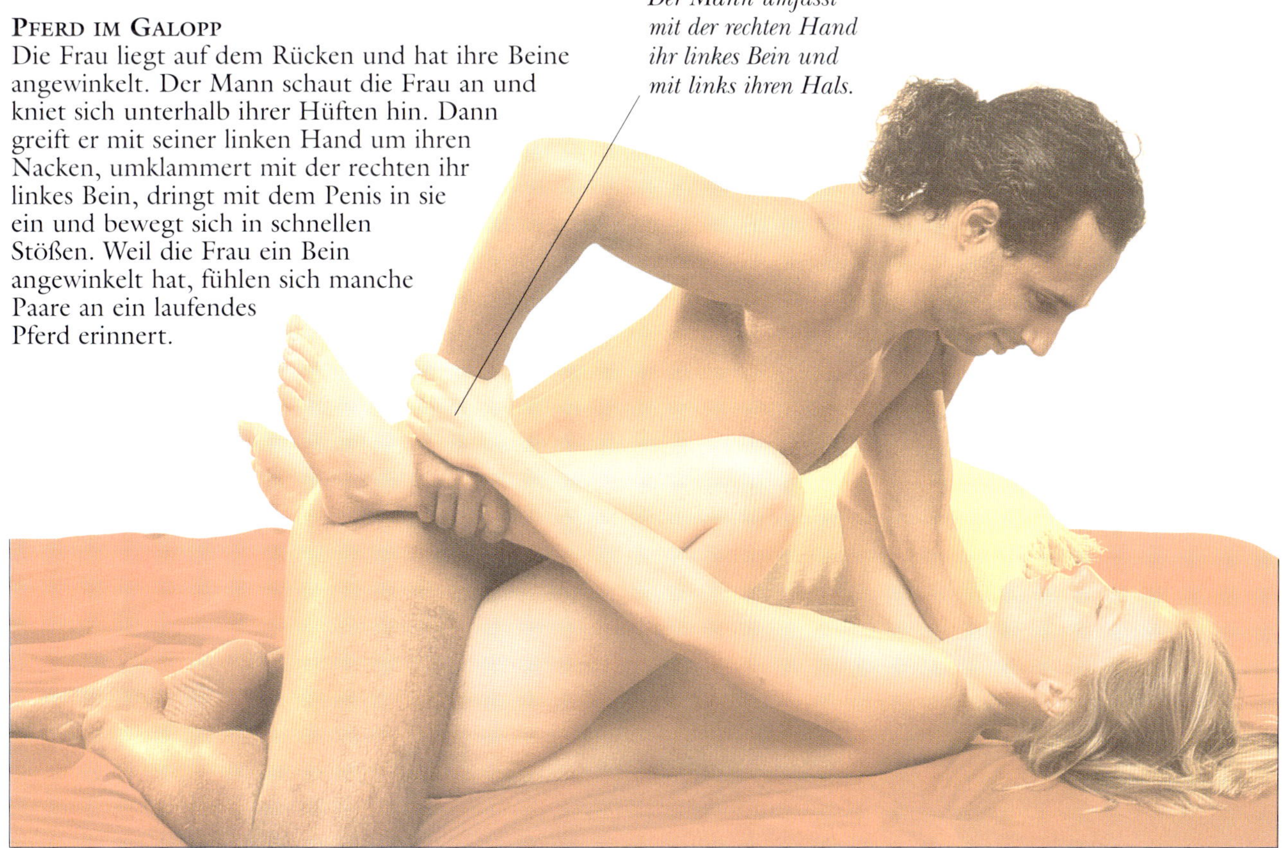

*Der Mann umfasst mit der rechten Hand ihr linkes Bein und mit links ihren Hals.*

# SEX ALS EINE GROSSE KUNST

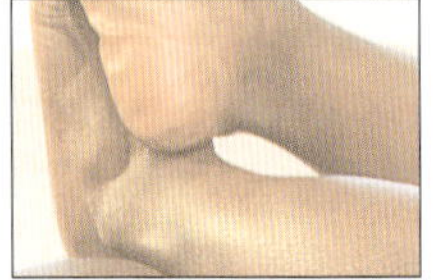

*Dass Sex als eine heilende und lustvolle Kraft betrachtet wurde, bedeutete nicht, dass man in ihr nicht auch eine Form der Kunst sah. Die alten Chinesen fanden, dass Sex in seiner höchsten Vollendung auch ein ästhetisch schönes Bild abgebe. Im Tanz des männlichen und weiblichen Körpers bilden sich im Strecken und Winden rhythmischer Bewegungen verwickelte Formen, verschlingen sich geschmeidige Körperteile und ergeben sich die Konturen von sich bewegenden Vögeln und Tieren. Diese Bewegung in Bildern festzuhalten, ist schwer. In dieser Fotoserie versuchen wir es dennoch.*

**MANDARINENTEN**
Die Frau liegt auf dem Rücken, ihr linkes Bein angewinkelt, ihr rechtes ausgestreckt. Der Mann beugt sich auf sein rechtes Knie, sein linkes Bein nach vorne ausgestreckt. Er führt ihr linkes Bein über sein angewinkeltes rechtes und dringt mit dem Penis in sie ein. Da sie lebenslange Partner sind, gelten Mandarinenten bei den Chinesen als ein Symbol der Liebe.

**ZWEI FLIEGENDE VÖGEL**
Die Frau liegt auf dem Rücken. Der Mann legt sich langsam auf sie, mit Händen und Knien auf der Unterlage abgestützt. Er dringt in sie ein, sie schlingt ihre Beine um ihn und kreuzt die Füße über seinem Po. In dieser Stellung kann man mit ein wenig Fantasie die Form zwei fliegender Vögel sehen.

**ZIKADEN**
Die Frau und der Mann liegen mit dem Gesicht nach unten auf dem Bett. Der Mann hebt ihre Hüften ein wenig hoch und stützt dabei sein Gewicht auf Ellbogen und Füßen ab. Er dringt mit dem Penis in sie ein und passt auf, dass seine stoßenden Bewegungen flach bleiben. Auch wenn die Frau nicht zu starke Bewegungen machen sollte, kann sie ihre Hüften in seinem Rhythmus mit bewegen. Die Bewegungen der Beine ähneln den schlagenden Flügeln sich paarender Zikaden.

*Der Mann muss vorsichtig sein, seiner Partnerin keine Quetschungen zuzufügen.*

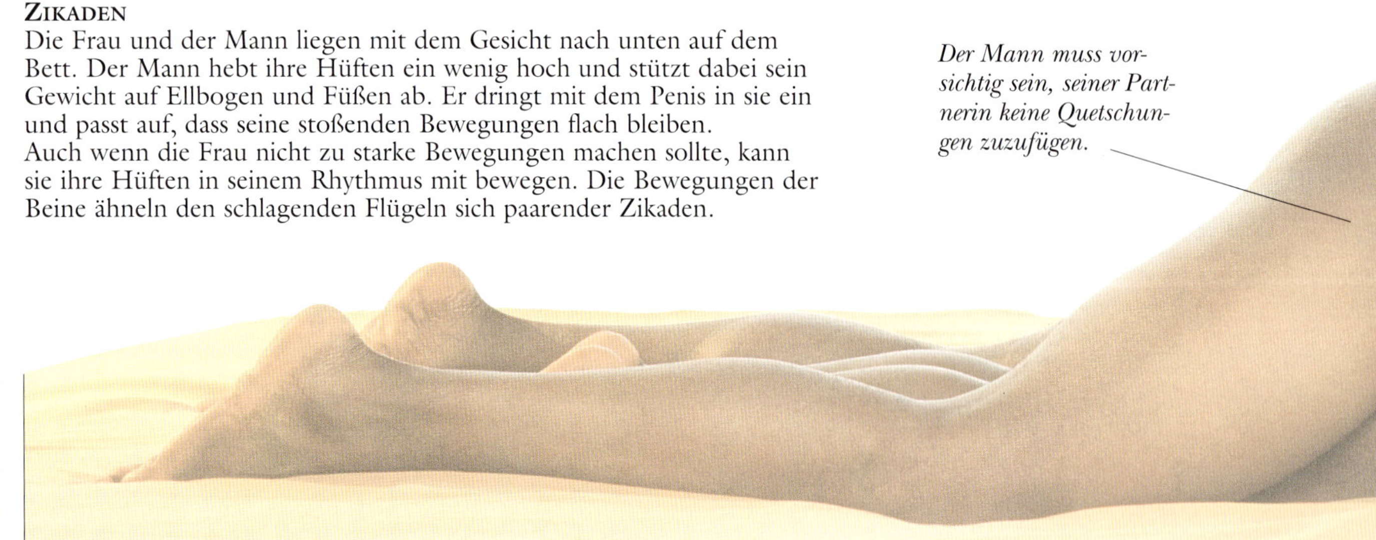

*Der Mann hat sich etwas unterhalb ihrer Hüften hingekniet.*

*Er bindet sie durch einen festen Griff stark an sich.*

**DER SPRUNG DES WILDEN PFERDS**
Die Frau liegt auf dem Rücken. Der Mann schaut sie an und kniet sich unter ihre Hüften. Wenn er so vor ihr kniet, hebt sie die Beine und legt ihre Wade auf seine Schultern. Die Frau kann ihre Arme über ihren Kopf legen und sich mit den Händen an der Wand oder der Rücklehne des Betts abstützen. Der Mann hält die Schenkel der Frau, dringt mit dem Penis in sie ein und stößt sie schnell und heftig. Beim Sprung des wilden Pferdes kommt der Penis in Kontakt mit der Rückseite der weiblichen Scheide. Die Frau in dieser Stellung sieht so aus wie ein wildes Pferd beim Sprung.

**ZWEI FISCHE**
Das Paar liegt Seite an Seite und schaut sich an. Die Frau legt ein Bein über seine Hüfte. Er dringt mit dem Penis in sie ein und hält ihr erhobenes Bein fest. Da die Länge des Penis und die Tiefe der Scheide die Gefühle beider Partner beeinflussen, sollte der Mann mit tiefen und flachen Stößen experimentieren, bis er eine Technik gefunden hat, die für beide schön ist. Die Stellung ähnelt zwei Flundern, die Seite an Seite schwimmen.

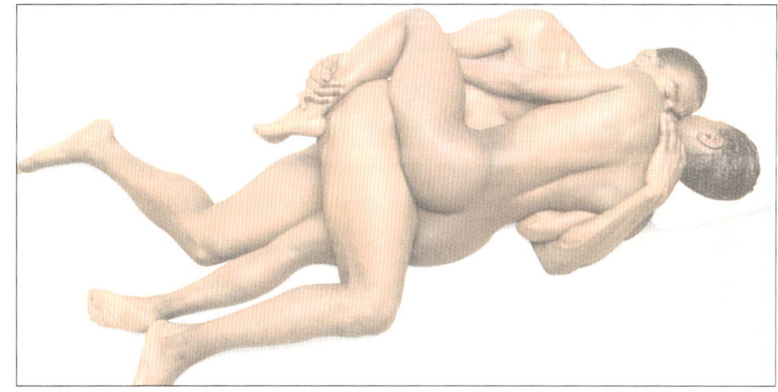

*Nach dem Sex entspannt sich das Paar und ruht sich aus.*

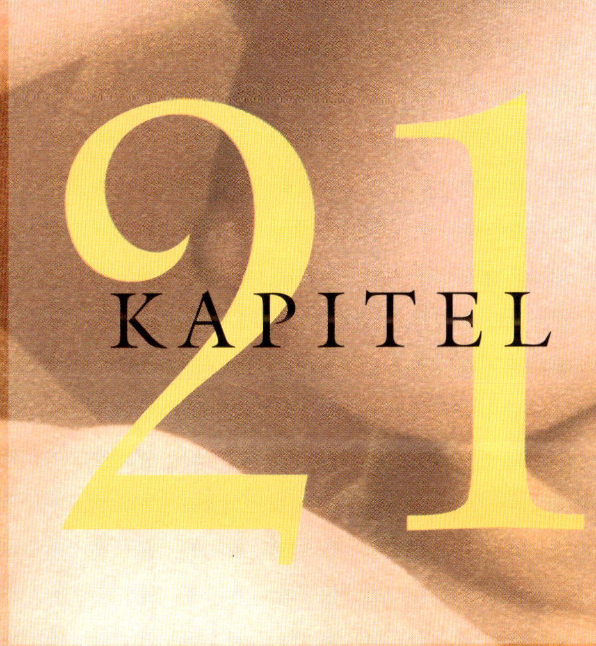

# KAPITEL 21

# WIE ÜBERWINDE ICH SEXUELLE ZURÜCK~ WEISUNG?

*»Einer der wichtigsten Schritte, um über eine sexuelle Zurückweisung hinwegzukommen, ist die Wiedergewinnung des Vertrauens in die eigene Sexualität.«*

ZURÜCKWEISUNG während einer Beziehung oder bei einer Trennung ist niemals leicht zu verkraften. Bei dem, der zurückgewiesen wird, kann es zu Gefühlen der Unzulänglichkeit und zur Beeinträchtigung des Selbstwertgefühls führen. Es kann dazu führen, dass die Betroffenen so viel Angst vor nochmaliger Zurückweisung entwickeln, dass sie Schwierigkeiten haben, eine neue Beziehung einzugehen.

Wenn die Zurückweisung während einer Beziehung geschieht, kann es daran liegen, dass man sexuell einfach nicht zusammenpasst, oder auch an nicht primär sexuellen Gründen liegen. So weisen manche Menschen ihre Partner als eine Art Strafe zurück, die sie für eine tatsächliche oder vermeintliche Kränkung meinen erteilen zu müssen. Andere haben eine solche Abneigung gegen ihren Partner entwickelt, dass die Vorstellung, Sex miteinander zu haben, für sie völlig abwegig geworden ist.

Unabhängig von ihrer Ursache ist es schwer mit sexueller Zurückweisung umzugehen. Wenn es Ihnen geschieht, seien Sie versichert, dass es positive Schritte gibt, die Ihnen helfen, darüber hinwegzukommen und Ihr sexuelles Selbstvertrauen wiederherzustellen.

# FALLBEISPIEL *Diana*

*Diana war zehn Jahre mit Matthias verheiratet gewesen, der sie wegen einer anderen Frau verlassen hat. In ihrer Ehe hatte er oft ihre sexuellen Verhaltensweisen kritisiert. Als sie zu mir in die Therapie kam, fehlte ihr jedes sexuelle Selbstvertrauen. Das hinderte sie auch, neue Beziehungen einzugehen.*

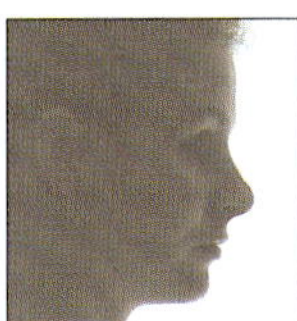

***Name:*** DIANA
***Alter:*** 37
***Familienstand:*** GESCHIEDEN
***Beruf:*** CHEMIKERIN

*Diana war eine Perfektionistin, die ihr Zuhause und ihre Arbeit fest im Griff hatte. Sie hatte keine Kinder und fühlte sich durch Matthias' Zurückweisung sehr verletzt. Obwohl sie sich nach einer neuen Beziehung sehnte, hatte sie Angst, erneut Gefühle zu riskieren.*

*»Jedes Mal, wenn ich mir vorstelle, mit jemandem auszugehen, fühle ich Angst in mir hochsteigen«, erzählte sie mir. »Auch wenn ich mir einrede, dass das so nicht stimmen kann, denke ich doch, dass ich im Bett total versagen würde. Matthias hat viel Zeit darauf verwendet mir zu erzählen, wie schlecht ich war. Wieso sollte ich riskieren, wie es mit jemand anderem ist, wenn mir das erneut passiert?«*

*»Ich hatte mich Matthias mit Herz und Seele verschrieben. Ich habe alles für ihn getan, aber es war ihm nie gut genug. Abgesehen von all den anderen Sachen, mache ich mir immer noch sehr viel aus ihm. Ich kann mir gar nicht vorstellen, mit jemand anderem ins Bett zu gehen.«*

*»Matthias warf mir meistens vor, zu passiv im Bett zu sein. Das stimmt auch. Aber ich habe mir oft vorgestellt, alles Mögliche mit einem Mann zu machen, den ich liebe. Ganz ehrlich, ich glaube, dass die Kritik von Matthias mir so viel Angst gemacht hat, dass ich es erst gar nicht versucht habe. Vielleicht bin ich nicht sehr vielseitig im Bett, aber ich habe immer Spaß am Sex gehabt. Außerdem hatte ich immer den leisen Verdacht, dass ich mit jemand anderem, der mich attraktiv findet, besseren Sex haben könnte. Wie kann ich das jemals mit einem neuen Partner vergessen? Stimmt mit meinem Sexualtrieb etwas nicht?«*

## THERAPEUTISCHER ANSATZ

Dianas Problem hatte zwei Teile: das Gefühl der Zurückweisung und der Unzulänglichkeit und zum anderen ihr Perfektionsdrang. Perfektionisten, die sich selbst unerreichbare Ziele setzen, scheitern zwangsläufig. Es lohnt sich immer, sich den Hintergrund eines Perfektionisten anzuschauen und herauszuarbeiten, woher das Bedürfnis nach Perfektion stammt. Oft kommt dabei heraus, dass diese Menschen in ihrer Kindheit den strengen Eltern, denen das Beste nie genug war, gerecht zu werden versuchten.

### VERHALTENSMUSTER

Auch wenn wir das Elternhaus verlassen haben, besteht das Verhaltensmuster zu gefallen weiter. Es überträgt sich auf Lehrer, Liebhaber und Vorgesetzte. Manchmal haben wir das Glück, dass der Betreffende unsere Leistung anerkennt. Dann können wir entspannen und einsehen, dass Perfektionismus nicht lebensnotwendig ist. Wahrscheinlicher ist es aber, dass wir unbewusst einen Partner wählen, der auf diese Unsicherheiten anspricht, vielleicht, weil er uns vertraut erscheint und den Eltern ähnelt, denen wir mit so viel Mühe gefallen wollten.

### BERATUNG UND SELBSTBESTIMMUNG

Die Beratung half Diana, eine Verbindung zwischen ihren gegenwärtigen Ansichten und ihrer Kindheit herzustellen. Die Besinnung auf ihre Selbstbestimmung (vgl. S. 72) würde ihr helfen das zu tun, was sie wirklich tun wollte, ohne sich schuldig zu fühlen und ohne den Verhaltensmustern ihrer Kindheit zu folgen.

### SEXUELLE SELBSTERKENNTNIS

In sexueller Hinsicht musste Diana mehr über sich selbst herausfinden. Sie hatte sich auch als Jugendliche nie selbst befriedigt und hatte Orgasmen nur beim Geschlechtsverkehr gehabt. Eine solide Kenntnis ihrer sexuellen Reaktionsweisen und Interessen würde ihr zunehmend Vertrauen geben. Bei der nächsten Beziehung könnte sie sexuell mehr in ihre neue Partnerschaft einbringen.

### SELBSTBEFRIEDIGUNG

Wichtiger war, dass Diana herausfand, wie man durch die Selbstbefriedigung (vgl. S. 226f.) sich auch ohne einen Partner als hochgradig erotisches Wesen erfahren kann. Natürlich werden bei der Selbstbefriedigung andere emotionale Bereiche angesprochen als beim Geschlechtsverkehr. Aber sie kann für sich genommen auch eine kraftvolle und erregende Erfahrung sein.

# *Tipps für die* SELBSTBEFRIEDIGUNG DER FRAU

*Frauen werden dazu erzogen, für andere zu sorgen. Man bringt ihnen bei, unterstützende Funktionen wahrzunehmen: Mütter, Sekretärinnen, Krankenschwestern. Über all den Dingen, um die sie sich kümmern müssen, vergessen viele Frauen, sich Zeit für sich selbst zu nehmen. Die Tipps zur weiblichen Selbstbefriedigung zielen deshalb darauf, ein wenig selbstbezogenen Luxus in Ihr Leben zu bringen. Ganz ähnliche Hinweise für Männer finden sich auf den Seiten 228f.*

## *Phase* 1 DIE PUPPEN-ÜBUNG

Ihre Umgebung sollte warm, vertraut und bequem sein. Nehmen Sie sich mindestens eine Stunde Zeit. Genießen Sie ein heißes Bad mit kostbarer Seife und wunderbar duftendem Badeöl. (Wenn Sie am Ende dieser Übung mit Massageöl arbeiten wollen, können Sie die Flasche jetzt schon zur Erwärmung ins Badewasser legen.) Trocknen Sie sich mit einem warmen, kuscheligen Badetuch ab und machen Sie zur Entspannung die Puppen-Übung.

**TIEFES ATMEN** Sie sitzen aufrecht in einem bequemen Lehnstuhl. Atmen Sie tief; wenn Sie einen angenehmen Atemrhythmus gefunden haben, entspannen Sie Ihren Körper, so dass sie langsam, aber sicher nach vorne sinken, bis sie schlaff wie eine Puppe sind.

**ENTSPANNEN** Suchen Sie an Ihrem Körper nach angespannten Stellen, während Sie schlaff im Sessel liegen. Spannen und entspannen Sie sie bewusst, bis sie alle Muskelspannungen eliminiert haben und sich so fühlen, als wären Sie aus Gummi. Wenn Sie mindestens fünf Minuten in dieser Position verharrt haben, heben Sie langsam den Oberkörper an und danach den Kopf, beginnend bei der Taille und dann wie eine Welle zum Kopf und zurück.

## *Phase* 2 BECKEN HEBEN

Das Heben des Beckens ist eine bioenergetische Übung, die Ihnen das Gefühl eines Energieflusses in Schenkeln und Becken gibt. Es ist ebenso eine wohltuende Übung für einen müden Rücken.

Legen Sie sich auf den Rücken und winkeln Sie die Beine so an, dass Ihre Füße fest auf dem Boden stehen. Legen Sie die Arme neben sich, die Handflächen auf dem Boden. Drücken Sie nun Ihren Unterkörper nach oben und bilden Sie mit dem Rücken eine Brücke, so dass der Po über dem Boden ist. Ihre Schultern und Ihre

**BECKEN HEBEN** Diese Übung ermöglicht den Fluss der Energie in Schenkeln und Becken. Sie ist auch für den müden Rücken sehr wohltuend.

*Verlagern Sie Ihr Körpergewicht fast vollständig auf Ihre Füße und Ihre Schultern.*

Füße tragen Ihr gesamtes Körpergewicht. Bleiben Sie einige Minuten in dieser Stellung und lassen Sie Ihren Körper dann sanft auf den Boden zurück. Entspannen Sie sich und gehen Sie dann nach einigen Minuten zur folgenden Übung über.

## *Phase* ÜBUNG IN DER HOCKE

Gehen Sie wie ein Buschmann in die Hocke, die Arme zwischen den Knien und die Füße flach auf dem Boden. Dabei die Balance zu behalten, ist gar nicht so einfach, aber mit ein wenig Übung wird es schnell einfacher.

**GENITALE ENTSPANNUNG** Ziel der Hockübung ist die Öffnung und Entspannung der Genitalien. Atmen Sie tief und stellen Sie sich dabei vor, die Atmung käme von Ihren Genitalien. Machen Sie das drei Minuten lang, legen Sie sich dann ins Bett und entspannen Sie sich, bevor Sie sich selbst eine sinnliche Massage geben.

**ÜBUNG IN DER HOCKE** Ziel der Hockübung, die mit ein wenig Übung viel einfacher wird, ist die Öffnung und Entspannung der Genitalien.

*Wenn Sie Schwierigkeiten haben im Gleichgewicht zu bleiben, legen Sie zur Unterstützung ein Buch unter Ihre Füße.*

## *Phase* SELBSTMASSAGE

Verwenden Sie warmes Massageöl, um die Hände gleitfähig und sensibel zu machen. Sie liegen auf dem Rücken und streicheln und massieren Ihre Arme, Schultern und Schenkel. Dann gehen die Finger und Hände zu den besonders erogenen Körperstellen wie den Brüsten über und schließlich zu den Genitalien. Fahren Sie mit den Fingern in Ihre Vagina hinein und stimulieren Sie Ihre Klitoris.

*Selbststimulation, s. S. 232*

**FORTGESCHRITTENE** Versuchen Sie sich regelmäßig Zeit für die eigene Lust zu nehmen. Nutzen Sie diese Stunden der Ruhe, um dem Druck des Alltags zu entgehen, und tun Sie dann nur das, was Ihnen gefällt. Ich kannte eine Frau, die diese Zeiten am liebsten nackt auf einem Schafsfell vor einem offenen Feuer verbrachte und über Kopfhörer klassische Musik hörte, während Sie erregende Erzählungen las.

## MASTURBATION DER FRAU

Viele Frauen masturbieren regelmäßig. Manche fühlen sich dabei schuldig, meist, weil ihnen unrichtigerweise gesagt wurde, dass Masturbation ungesund und sündhaft sei.

- Heute weiß man, dass der Trieb zu masturbieren bei Männern und Frauen vollkommen normal ist. Es gibt überhaupt keinen Hinweis auf den immer noch bestehenden Aberglauben, dass die Masturbation der Frau zu Lüsternheit oder gar Nymphomanie führt.
- Dieses Gerücht ist vielleicht darum entstanden, weil eine Frau mit starkem Sexualtrieb mit einer höheren Wahrscheinlichkeit auch masturbiert und stärker sexuell aktiv ist. In weniger aufgeklärten Zeiten konnte so ein Verhalten leicht das Ziel sexueller Anspielungen und Verleumdung werden.
- Die meisten Frauen, die masturbieren, verstehen ihre Selbstbefriedigung als eine Verstärkung ihres Liebeslebens. Wenn sie fähig sind, Orgasmen zu haben, geben sie sich nicht zu leicht mit einem schlechten Liebhaber zufrieden. Und wenn diese Frauen jemanden lieben, der noch nicht so viel Erfahrung hat, können sie ihm erklären, was sie erregt.
- Weiterhin können Sie intuitiv, durch die Kenntnis ihrer eigenen Erregungsweisen, erraten, was anderen gefallen könnte, auch wenn Mann und Frau natürlich unterschiedliche Lust empfinden.

# *Tipps für die* SELBSTBEFRIEDIGUNG DES MANNES

*Diese Tipps zur Selbstbefriedigung sollen den Mann anspornen, sich Zeit für sich zu nehmen, die ausschließlich seiner Lust gewidmet ist. Wer in seiner Erziehung gelernt hat, sich immer erst um andere zu kümmern, wird vielleicht Schwierigkeiten haben, diese Übungen auszuführen. Aber Selbstbefriedigung ist diese Anstrengung wert. Nicht nur wegen der Lust, die sie vermittelt, sondern auch, weil man die eigenen sexuellen Reaktionsweisen besser kennen lernt. Man(n) fühlt sich als voll funktionsfähiges sexuelles Wesen, unabhängig davon, ob man eine Partnerin hat oder nicht.*

## *Phase* 1 ENTSPANNUNG

Ihre Umgebung sollte warm, vertraut und bequem sein. Nehmen Sie sich mindestens eine Stunde Zeit. Genießen Sie ein heißes Bad mit kostbarer Seife und wunderbar duftendem Badeöl. (Wenn Sie am Ende dieser Übung mit Massageöl arbeiten wollen, können Sie die Flasche jetzt schon zur Erwärmung ins Badewasser legen.)

**SPANNEN – ENTSPANNEN** Machen Sie es sich nach dem Bad auf einem auf den Boden gelegten Badetuch bequem. Sie sollten dort ungestört sein und die Spannen-Entspannen-Übung von Seite 45 ausführen.

## *Phase* 2 SICH ERDEN

Sich zu erden ist eine bioenergetische Übung, die Sie stärker mit der Erde verbindet und Ihnen hilft, die Energie zu spüren, die durch Sie und den Boden fließt. Sie werden dadurch die Kraft in Ihrem Körper spüren, besonders in Ihren Oberschenkeln und Ihrem Becken.

**ATEMÜBUNG** Stellen Sie sich mit leicht angewinkelten Knien hin, die Füße etwa 20 Zentimeter voneinander entfernt. Drücken Sie Ihre Fäuste etwas oberhalb Ihrer Taille fest gegen den Rücken. Beim Einatmen lassen Sie Ihren Kopf nach hinten fallen und drücken gleichzeitig Ihre Fersen fest gegen den Boden.

Bleiben Sie in dieser Haltung, so lange Sie können, und atmen Sie dabei regelmäßig und flach. Wenn Sie merken, dass Sie so nicht länger aushalten können und sich strecken müssen, tun Sie das und atmen Sie dabei aus. Wenn Sie gerade stehen, machen Sie eine kurze Pause. Beugen Sie sich nun aus der Hüfte heraus nach vorne und versuchen Sie ohne Mühe mit den Fingerspitzen den Boden zu erreichen. Die Fersen berühren immer noch den Boden. Stellen Sie sich nach ein paar Minuten wieder gerade hin und entspannen Sie sich.

Nach mehrmaligen Erdungsübungen werden Sie ein Vibrieren in Ihren Oberschenkeln bemerken. Dann wissen Sie, dass die Übung funktioniert hat und Energie durch Sie strömt.

### ONANIE

Entgegen der Ansicht früherer Moralapostel macht Onanie weder blind oder taub noch krank oder verrückt und tötet einen nicht. Die Ansicht, dass jeder Teelöffel »verlorener« Samen dem Verlust der gleichen Menge Blut entspricht, ist unhaltbar. Onanieren ist ein natürlicher und harmloser Ausdruck von Sexualität.

• Ein typisches Bedenken gegen die Onanie, das oft gegenüber Sexualtherapeuten angesprochen wird, lautet so: »Wenn ich onaniere, verbeiße ich mich da nicht in ein sexuelles Reaktionsmuster, das den Geschlechtsverkehr beeinträchtigt?« Tatsächlich fahren sich ein paar Männer nur darum fest, weil sie nicht fähig sind, ihre Onaniepraxis gegenüber ihrer Partnerin zuzugeben. Sie können darum emotionale Schranken nicht überwinden, die sie daran hindern, sich zu entspannen und einen Höhepunkt zu haben.

• »Kann man vom Onanieren abhängig werden?« Nein! Nur wirklich gestörte Männer (und Frauen) sind süchtig nach Masturbation: Sie müssen sich ständig in einer inakzeptabel offenen Form selbst befriedigen. Aber diese Menschen leiden an einer psychischen Krankheit, deren Folge, nicht deren Ursache die Masturbation ist.

## *Phase* KREISEN DES BECKENS

Diese bioenergetische Übung hilft Ihnen, die Energie in Ihren Genitalien zu spüren. Bewegen Sie im Stehen kreisend Ihre Hüfte, zuerst zur rechten, dann zur linken Seite, dann in Form einer Acht. Atmen Sie während der Übung regelmäßig.

Nach Abschluss der Übung legen Sie sich auf Ihr Bett und geben sich ein paar Minuten Zeit, um zu entspannen. Gehen Sie dann zu einer Körper- und Genitalmassage über.

## *Phase* SELBSTMASSAGE

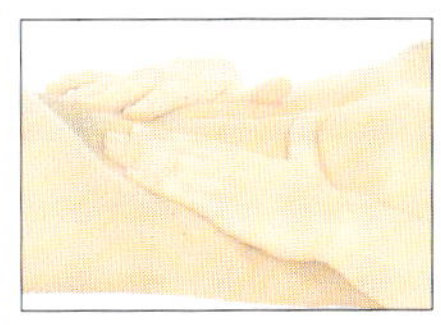

*Selbststimulation, s. S. 230*

Verwenden Sie warmes Massageöl, um die Hände gleitfähig und sensibel zu machen. Auf dem Rücken liegend streicheln und massieren Sie Ihre Arme, Schultern und Beine. Dann wandern Ihre Finger und Hände zu den besonders erogenen Zonen wie den Brustwarzen, dann zu den Genitalien. Bei den nächsten Übungssitzungen schließen Sie mit irgendetwas ab, das Ihnen Freude macht, egal was.

**SICH ERDEN** Diese bioenergetische Übung hilft den Energiefluss durch Boden und Schenkel zu spüren.

*Lassen Sie Ihren Kopf nach hinten fallen, atmen Sie flach und pressen Sie Ihre Fersen gegen den Boden.*

*Stellen Sie die Füße ungefähr 20 Zentimeter auseinander, winkeln Sie die Beine leicht an und drücken Sie mit Ihren Fäusten gegen Ihr Kreuz, knapp oberhalb Ihrer Taille.*

*Wenn Sie die Übung einige Zeit gemacht haben, zeigt Ihnen ein leichtes Vibrieren in den Oberschenkeln an, dass die Übung funktioniert hat.*

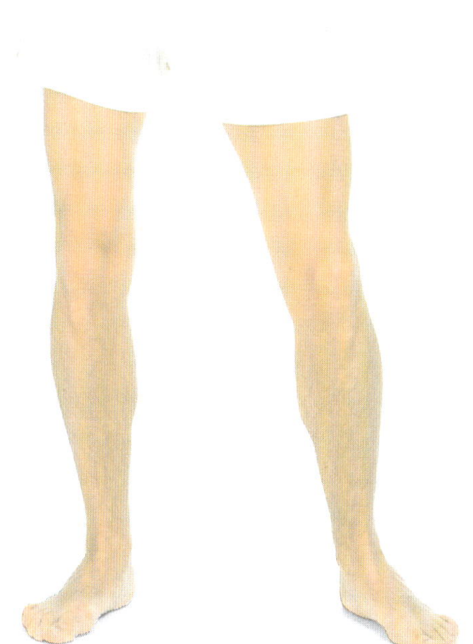

**KREISEN DES BECKENS** Diese bioenergetische Übung lässt Sie den Energiefluss in Ihren Genitalien spüren.

*Bewegen Sie Ihre Hüften kreisend, zuerst rechts herum, dann links, dann in Form einer Acht. Beugen Sie die Knie- und Fußgelenke, aber lassen Sie Ihre Füße fest auf dem Boden ruhen.*

# SELBSTBEFRIEDIGUNG DES MANNES

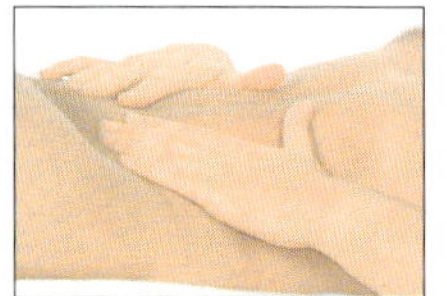

*Die Selbstbefriedigung ermöglicht, den eigenen Körper und seine sexuellen Reaktionen kennen zu lernen. Damit kann sie die Basis für eine gute sexuelle Beziehung herstellen. Noch wichtiger ist, dass die Selbstbefriedigung eine sexuelle Grundlage für ein umfassendes Selbstvertrauen schafft. So hilft sie dabei, den Wert der eigenen Persönlichkeit zu erkennen.*

**RUNDUM BEQUEM**
Stellen Sie sicher, dass Sie im Schlafzimmer nicht gestört werden. Legen Sie sich auf das Bett und machen Sie es sich bequem.

*Versuchen Sie, nicht an andere Dinge zu denken, und entspannen Sie sich.*

*Ziehen Sie sich vollständig aus und machen Sie es sich bequem.*

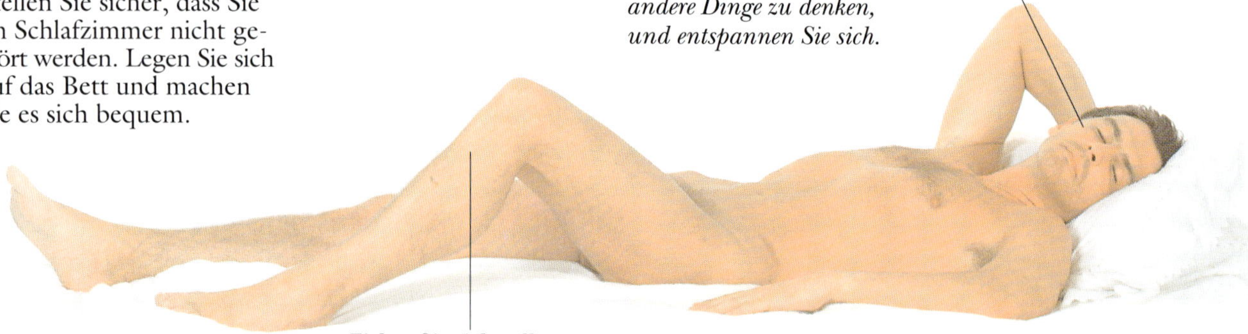

**LEICHTE BERÜHRUNGEN**
Fahren Sie zu Beginn mit Hand und Fingern leicht über Ihren Körper, Ihre Arme und Schultern, nicht aber Ihre Genitalien.

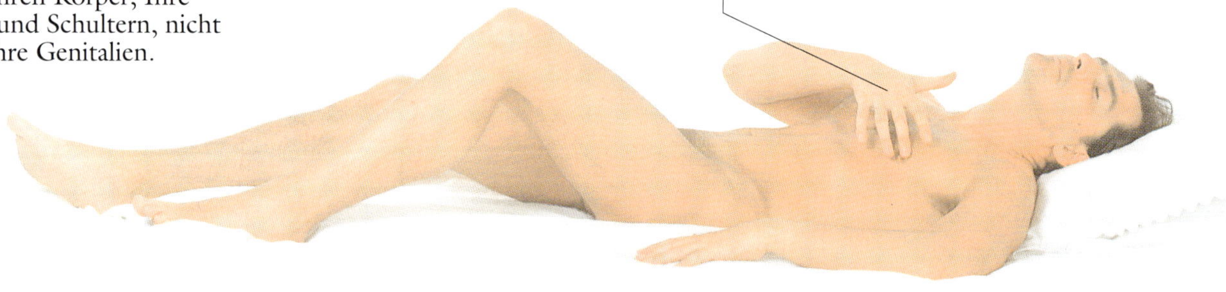

*Cremen Sie sich mit angewärmtem Massageöl die Hände gut ein.*

**EROGENE ZONEN**
Stimulieren Sie Ihre sensibelsten Stellen, auch den Bereich um Ihre Genitalien herum. Geben Sie sich sexuellen Fantasien hin, wenn Ihnen das hilft.

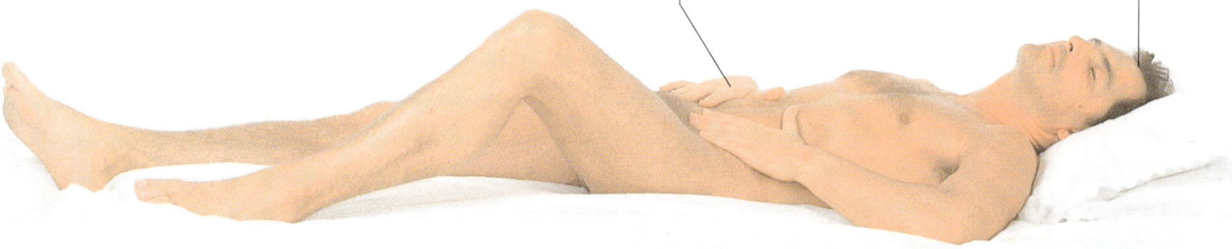

*Experimentieren Sie mit unterschiedlichen Formen der Berührung.*

*Denken Sie an Dinge, die Ihnen Lust bereiten.*

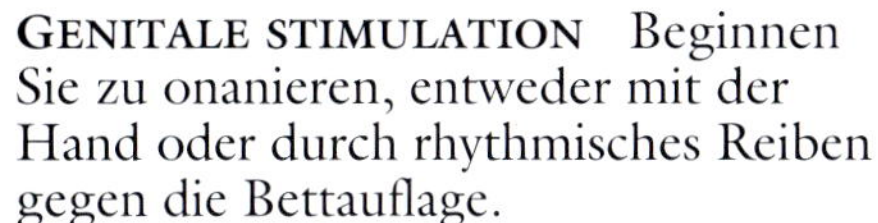

**GENITALE STIMULATION** Beginnen Sie zu onanieren, entweder mit der Hand oder durch rhythmisches Reiben gegen die Bettauflage.

*Es tut gut, beim Onanieren auf dem Bauch und einem Kopfkissen zu liegen.*

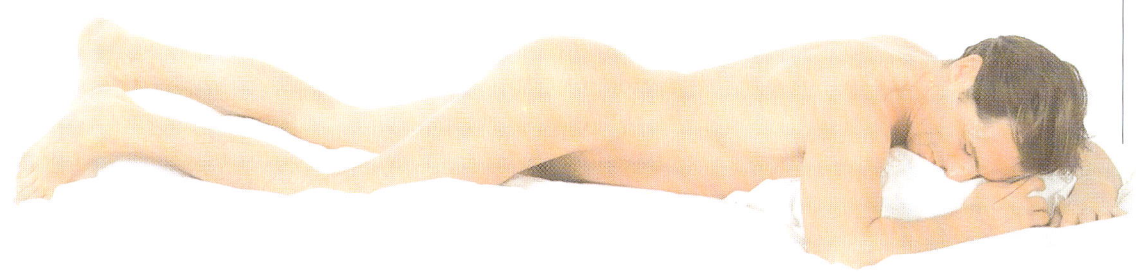

**BECKENBEWEGUNG** Streicheln Sie während des Onanierens Ihre Hoden, den Damm zwischen Anus und Hoden und bewegen Sie Ihr Becken in Ihrem Rhythmus.

*Halten Sie für zusätzliche Stimulation Ihren Penis fest, wenn Sie ihn gegen die Bettauflage reiben.*

*Drücken Sie ryhthmisch Ihre Beine zusammen – das steigert die Empfindungen.*

**LASSEN SIE SICH GEHEN** Reiben Sie Ihren Penis nach oben und unten und von einer Seite zur anderen in rhythmischen Bewegungen. Wenn Ihre Gefühle immer intensiver werden, lassen Sie ihnen freien Lauf. Stöhnen Sie und schreien Sie, wenn Ihnen danach ist.

*Streicheln Sie mit Ihrer Hand Ihr erschlafftes Glied. Beeilen Sie sich nicht, sich zu waschen.*

*Wenn Sie normalerweise keinen Laut von sich geben, versuchen Sie auch einmal, laut beim Orgasmus zu stöhnen.*

# SELBSTBEFRIEDIGUNG DER FRAU

*Die Selbstbefriedigung ermöglicht, den eigenen Körper und seine sexuellen Reaktionen kennen zu lernen. Damit kann sie die Basis für eine gute sexuelle Beziehung herstellen. Hinzu kommt, dass die Selbstbefriedigung eine sexuelle Grundlage für ein umfassendes Selbstvertrauen schafft. So hilft sie dabei, dass man sich einfach nur gut fühlt.*

**RUNDUM BEQUEM**
Stellen Sie sicher, dass Sie im Schlafzimmer nicht gestört werden. Legen Sie sich auf das Bett und machen Sie es sich bequem.

*Versuchen Sie, nicht an andere Dinge zu denken, und entspannen Sie sich.*

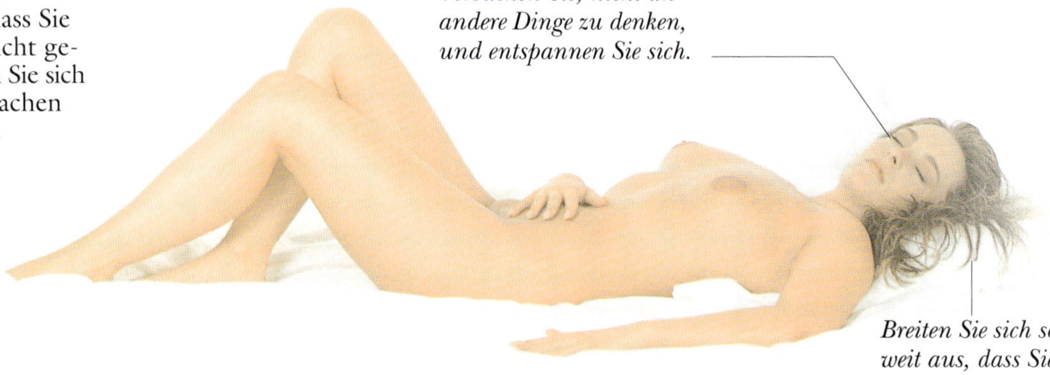

*Breiten Sie sich so weit aus, dass Sie sich bequem bewegen können.*

**LEICHTE BERÜHRUNGEN**
Fahren Sie zu Beginn mit Hand und Fingern leicht über Ihren Körper, Ihre Arme und Schultern, nicht aber Ihre Genitalien.

*Cremen Sie sich mit angewärmtem Massageöl die Hände gut ein.*

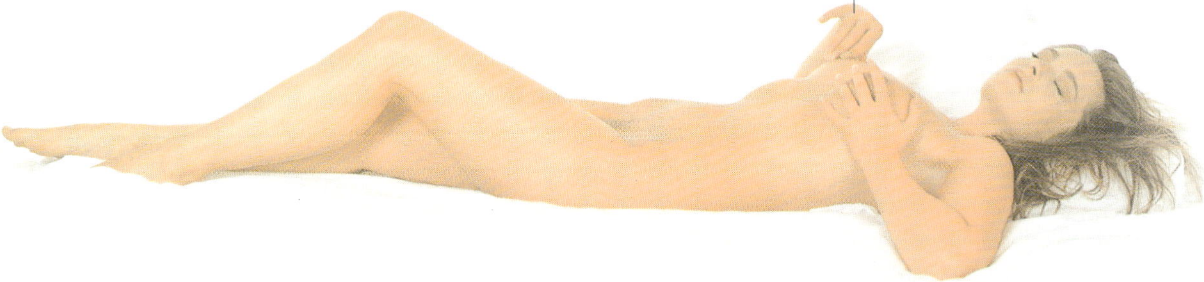

**EROGENE ZONEN**
Stimulieren Sie Ihre empfindlichsten Stellen, auch den Bereich um Ihre Genitalien herum. Geben Sie sich sexuellen Fantasien hin, wenn Ihnen das hilft.

*Experimentieren Sie mit unterschiedlichen Formen der Berührung.*

*Denken Sie an Dinge, die Ihnen Lust bereiten.*

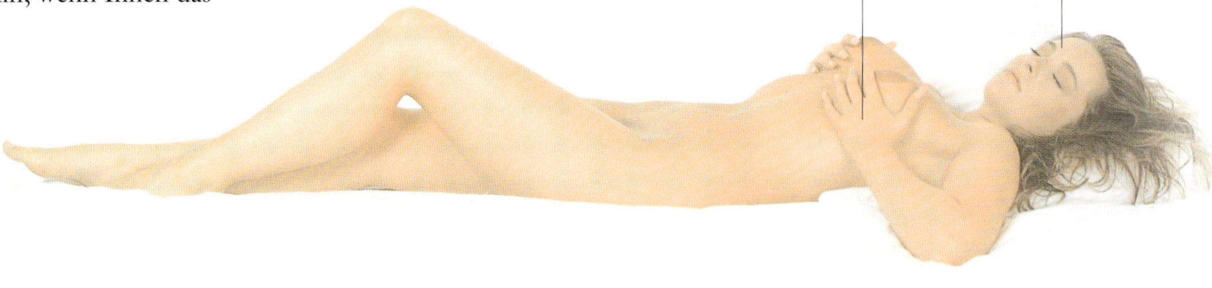

**GENITALE STIMULATION** Gleiten Sie mit Ihrem Finger in die Scheide und um sie herum. Stimulieren Sie Ihre Klitoris auf verschiedene Art, mit unterschiedlichem Rhythmus und Druck.

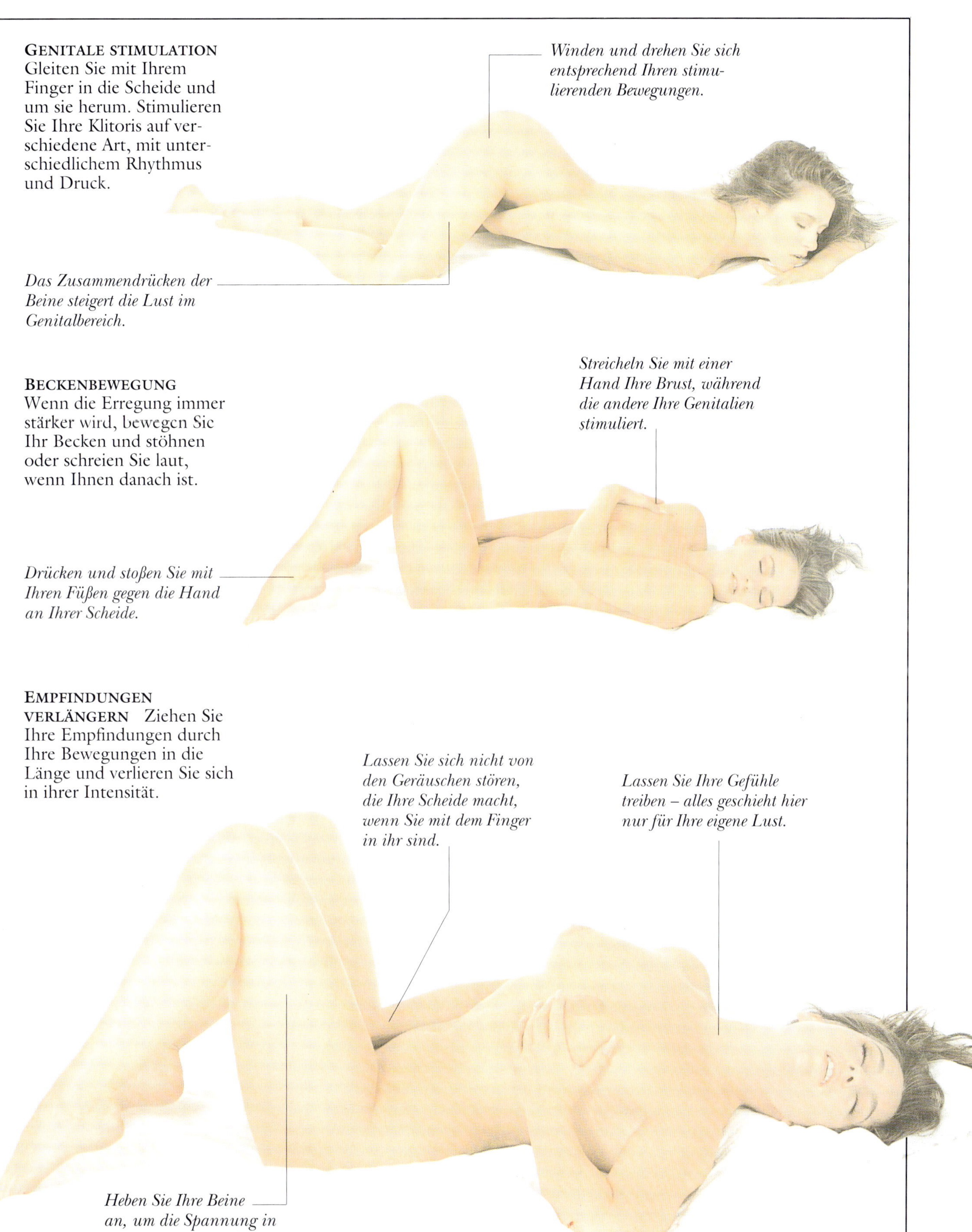

*Winden und drehen Sie sich entsprechend Ihren stimulierenden Bewegungen.*

*Das Zusammendrücken der Beine steigert die Lust im Genitalbereich.*

**BECKENBEWEGUNG** Wenn die Erregung immer stärker wird, bewegen Sie Ihr Becken und stöhnen oder schreien Sie laut, wenn Ihnen danach ist.

*Streicheln Sie mit einer Hand Ihre Brust, während die andere Ihre Genitalien stimuliert.*

*Drücken und stoßen Sie mit Ihren Füßen gegen die Hand an Ihrer Scheide.*

**EMPFINDUNGEN VERLÄNGERN** Ziehen Sie Ihre Empfindungen durch Ihre Bewegungen in die Länge und verlieren Sie sich in ihrer Intensität.

*Lassen Sie sich nicht von den Geräuschen stören, die Ihre Scheide macht, wenn Sie mit dem Finger in ihr sind.*

*Lassen Sie Ihre Gefühle treiben – alles geschieht hier nur für Ihre eigene Lust.*

*Heben Sie Ihre Beine an, um die Spannung in Ihrer Leiste zu erhöhen.*

# KAPITEL 22

# EINSATZ SEXUELLER HILFEN

*»Ein Mann war sehr beeindruckt von dem Vibratoreinsatz seiner Partnerin, mit dem sie zum Orgasmus kam. Er erlernte seinen Einsatz auch während des Geschlechtsverkehrs, so dass sie zusammen einen Höhepunkt hatten.«*

MAN HAT UNS NICHT beigebracht, Vibratoren als natürliche Ergänzungen des Sexualakts zu betrachten. Das liegt wohl vor allem daran, weil es ganz offensichtlich künstliche Objekte sind. Sensibel eingesetzt, stimulieren Vibratoren eine Frau stärker als Penis oder Finger und helfen einen schwer zu bekommenden Orgasmus doch zu erreichen.

Vibratoren sind besonders bei Frauen ratsam, die unter einem »automatischen Sexstopper« leiden. Aufgrund ihrer unbewussten Ängstlichkeit beim Geschlechtsverkehr lassen sie sich von negativen Gedanken ablenken, die ihren Höhepunkt verhindern. Sie sind durchaus fähig, stark sexuell erregt zu werden; Masters und Johnson entdeckten die »Plateauphase«, von der aus diese Frauen einen Höhepunkt erreichen könnten, wenn sie sich mental entspannen würden. Aber die unbewusste Ängstlichkeit hält sie davon zurück.

In vielen dieser Fälle benötigen die Frauen für den Orgasmus nur ein Mehr an Stimulation, um über ihre Ängstlichkeit hinwegzukommen. Die Verwendung eines Vibrators gibt ihnen genau das: ein Mehr an Stimulation.

# FALLBEISPIEL *Pauline*

*Pauline und ihr Partner Lorenz führten eine exzellente Beziehung und hatten beide am Sex großen Spaß. Aber Pauline hatte nur selten einen Orgasmus; sie hatte sich angewöhnt, einen Orgasmus vorzutäuschen, um ihm nicht das Gefühl zu geben, ein ungeschickter Liebhaber zu sein. Diese Täuschungsstrategie funktionierte sehr gut, denn sie steigerte Lorenz' Selbstbewusstsein, ein guter Liebhaber zu sein. Aber mit der Zeit war Pauline zunehmend unzufrieden, da ihr ein echter Orgasmus fehlte.*

***Name:*** PAULINE
***Alter:*** 28
***Familienstand:*** VERHEIRATET
***Beruf:*** PHYSIOTHERAPEUTIN

*Pauline war seit drei Jahren mit Lorenz, einem Sozialarbeiter, verheiratet. Sie sah in ihrer tief ausgeschnittenen Bluse sehr sexy und lebenslustig aus. Lorenz und sie hatten keine Kinder und waren miteinander in sexuellen Dingen sehr offen.*

*»Lorenz und ich schlafen oft miteinander«, erzählte sie mir. »Er gibt mir das Gefühl, sehr sexy zu sein. Aber ich habe mit ihm nur zwei Mal einen Orgasmus gehabt, noch dazu einen sehr schwachen. Lorenz kauft gelegentlich Sexbücher und wir lesen sie dann zusammen. Aus ihnen habe ich gelernt, mich selbst zu befriedigen, und einige der erotischen Geschichten erregen mich sehr. Obwohl die Masturbation sehr lustvoll ist, bekomme ich keinen Orgasmus.«*

*»Lorenz war sehr dahinter her, dass ich mir deswegen Hilfe suchte. Er unterstützt mich sehr. Seit wir zusammen sind, hat er keine anderen Liebesaffären gehabt, hat mir aber geholfen, mit einer Frau zu schlafen, für die ich sehr geschwärmt habe. Er ging einige Male mit ihrem Partner in die Kneipe, so dass ich mit ihr ins Bett gehen konnte. Es hat mir sehr viel Spaß gemacht, aber ich habe trotzdem keinen Höhepunkt gehabt.«*

*»Lorenz und ich gehen sehr zärtlich und liebevoll miteinander um. Wenn wir im Bett sind, habe ich manchmal das Gefühl, ganz nah am Höhepunkt zu sein. Aber wenn ich das realisiere, schaltet irgendetwas in mir ab. Mir fällt es schwer zu entspannen, denn ich fühle mich von Lorenz beobachtet und das verdirbt mir den Spaß. Ich habe Angst, dass Lorenz sehr traurig sein würde, wenn er erfährt, dass ich keinen Höhepunkt habe. Vielleicht würde er mich sogar verlassen. Das will ich auf keinen Fall.«*

*»Ich muss gestehen, dass ich Lorenz manchmal – nicht oft – meine Orgasmen vortäusche, vielleicht jedes vierte oder fünfte Mal. Ich möchte, dass er glaubt, erfolgreich zu sein. Und recht häufig bin ich befriedigt, wenn er kommt. Ein Orgasmus tut ihm so gut und er ist danach so lieb zu mir, dass ich Lust und Befriedigung darüber empfinde. Erst in jüngster Zeit reicht es mir nicht mehr, selbst ohne Orgasmus zu bleiben.«*

## THERAPEUTISCHER ANSATZ

Paulines Beschreibung enthielt mehrere weit verbreitete Probleme, die einer sexuellen Erfüllung im Wege stehen. Dass sie immer das Gefühl hatte, von Lorenz beobachtet zu werden, bedeutete, dass Sie Versagensängste hatte. Wenn man beim Sex darauf konzentriert ist, welche Leistung man bringt, ist im Innern kein Platz mehr für die Zunahme der Empfindungen. Pauline musste lernen, sich weniger Gedanken über Lorenz zu machen, als sich vielmehr auf sich selbst zu konzentrieren.

### ORGASMUS VORTÄUSCHEN

Einen Orgasmus vorzutäuschen mag gelegentlich aus den von Pauline umrissenen Gründen angebracht erscheinen. Wenn man das allerdings zu häufig macht, besteht die Gefahr, dass man nicht mehr herausfindet, wie man beim Geschlechtsverkehr zum Orgasmus kommt. Außerdem lehrt es den Partner, die falschen Praktiken anzuwenden, um Sie zum Orgasmus zu bringen.

Wenn er den Eindruck hat, dass eine bestimmte Praktik gut für Sie geeignet ist, wird er diese beibehalten und damit das eigentliche Problem nur noch verstärken. Es erfordert manchmal Mut zu gestehen, dass bestimmte Dinge nicht »richtig laufen«. Um den Weg zum Vertrauen und zum Orgasmus zu beschreiten, muss man den Partner auch manchmal um Geduld bitten und darum, neue Stimulationen auszuprobieren. An dieser Stelle kommt der Vibrator wieder ins Spiel. Alles, was manchmal zum Orgasmus fehlt, ist mehr Stimulation. Ein Vibrator kann dies ermöglichen, wenn Penis und Finger »die Segel streichen«. Oft ist es aber sehr schwierig, dieses Thema anzusprechen und den Partner zu überzeugen, einen Vibrator zu einem festen Bestandteil des Liebesspiels zu machen.

### VERWENDUNG EINES VIBRATORS

Ich empfahl Pauline, die Selbstbefriedigungstipps (vgl. S. 226f.) vier Wochen lang auszuprobieren und am Ende einen Vibrator zum Einsatz zu bringen. Auch die Hinweise zum Aufbau eines sexuellen Selbstbewusstseins (vgl. S. 72f.) würden ihr helfen den Mut zu finden, Lorenz den Gebrauch eines Vibrators beim Geschlechtsverkehr vorzuschlagen (vgl. S. 238f.). Der Vibratoreinsatz und die Konzentration auf besonders erotische Gedanken (vgl. S. 136f.) halfen Pauline, ihre Ängste abzulegen und Orgasmen zu bekommen.

# *Tipps für* SEXUELLE HILFSMITTEL

*Die Erwiderung auf die Frage »Warum soll man sexuelle Hilfsmittel gebrauchen?« lautet: »Warum nicht?« Es macht Spaß sie zu benutzen und Sex sollte so oft wie möglich Spaß machen. Er muss gar nicht immer »heftig« sein oder romantisch oder voll spiritueller Bedeutung. Sexuelle Hilfen haben zwei Vorteile: Erstens kann man sie ganz für sich in seiner Privatsphäre benutzen, um zwanglos Erfahrungen mit der Selbstbefriedigung zu machen. Zweitens eignen sie sich gut für den Einsatz mit einem einfallsreichen und spielfreudigen Partner.*

Sexhilfen sind keine neue Erfindung: Es gibt sie schon seit mindestens 2500 Jahren. Die alten Ägypter benutzten Dildos; eine griechische Vase aus dem 5. Jahrhundert v. Chr. zeigt eine Frau, die sich einen riesigen Dildo in den Mund und einen zweiten in die Vagina schiebt. Die Römer gossen Kerzen in der Form großer Penisse und in Manuskripten der alten Chinesen lesen wir von dem Brauch, das untere Ende des Penisschafts mit einem Seidentuch zu umbinden, eine frühe Form des Penisrings.

Der chinesische »Igel« war ein Silberring mit feinen Federn, den man über den Penis zog. Das ermöglichte der glücklichen Partnerin, zum Orgasmus gekitzelt zu werden. Die Idee für den Vibrator stammt möglicherweise aus dem 19. Jahrhundert, als Frauen bei der Arbeit in der Mühle entdeckten, dass die vibrierenden Griffe der Mahlmaschine ihnen eine unerwartete Arbeitsbelohnung einbrachten.

Die Zukunft der Sexhilfen liegt im Sexroboter. Er wird darauf programmiert sein, jedes Sexproblem zu beheben: Man muss sich nur noch an ihn anschließen, und die Maschine erledigt dann den Rest.

## *Phase* 1 HERAUSFINDEN, WAS DER MARKT BIETET

Die Lektüre eines beliebigen Sexkatalogs, den man in jedem Sexshop bekommen oder über Annoncen in Sexmagazinen sich diskret zuschicken lassen kann, zeigt eine Fülle von Dildos, Vibratoren, Penisringen, Massageölen mit Fruchtgeschmack, aufblasbaren Puppen und weiteren Onanierhilfen für Männer. Meist gibt es auch eine Auswahl harmloser Bondage-Utensilien wie Seidenkordeln, Augenbinden und Handschellen. Diese Dinge sind oft relativ preiswert, und in Hinsicht auf die stundenlangen Freuden, die sie gewähren, ihr Geld wert.

**DILDOS UND VIBRATOREN** Es gibt unzählige Dildos in den unterschiedlichsten Formen und Größen, eingeschlossen die doppelköpfigen Dildos, die lesbische Paare verwenden. Der Vibrator ist eine moderne Variante des Dildos und zweifellos die erfolgreichste jemals erfundene Sexhilfe.

Es gibt Vibratoren, die einfach nur vibrieren, oder mehrstufige Vibratoren, die ganz langsam oder superschnell vibrieren. Es gibt welche mit weichem Gummi, die sich drehen und winden, oder mit zwei Enden, die Vagina und Anus gleichzeitig stimulieren und einen speziellen Aufsatz für die Klitoris haben, der sich gleichzeitig dreht und vibriert.

Es gibt kleine, dünne Analvibratoren, die eine Sicherheitsvorrichtung haben, die ihr Verschwinden im unpassenden Moment verhindert. Und es gibt kleine, zigarettenförmige Vibratoren, die ausschließlich für eine intensive Stimulation der Klitoris entwickelt wurden. Oder eiförmige Vibratoren, die mehrere Stunden in der Scheide belassen werden können.

**PENISRINGE UND WUNDERKUGELN** Penisringe sind Ringe, die genau über die Basis des Penisschaftes passen und den Rückfluss des Blutes aus dem erigierten Penis so lange wie möglich verhindern sollen. Wunderbälle sind kleine, aber nicht leichte Kugeln, die in die Vagina gesteckt werden, wo sie hin und her rollen und erotische Gefühle bewirken. Die alten Japanerinnen haben sie zuerst in ihren schwingenden Hängematten genutzt.

**ÖLE, PUPPEN UND BONDAGE** Massageöle mit Fruchtgeschmack wurden entwickelt, um den Oralverkehr besonders süß zu machen, und aufblasbare Plastikpuppen dienen Männern als Ersatz für die nicht vorhandene Geschlechtspartnerin. Es gibt Ausführungen dieser Puppen, die man mit heißem Wasser füllt, oder solche mit Gummischamlippen und -scheiden, die »immer und überall willig« sind, da sie in eine Tasche passen und jederzeit einsetzbar sind. Die Utensilien des Bondage sprechen im Normalfall für sich.

Trotz der Vielzahl von Sexhilfen, die es auf dem Erotikmarkt zu kaufen gibt, dürfte der Vibrator einem Paar am besten dienen.

## *Phase* 2 WAHL DES VIBRATORS

Vibratoren werden entweder von einer Batterie (oder einem Akku) betrieben oder hängen direkt an der Steckdose. Die zigarrenförmigen, batteriebetriebenen Vibratoren sind die praktischsten. Man braucht keine große Anzahl verschiedener Köpfe, damit die Stimulation erfolgreich verläuft. Aber eine passende Geschwindigkeit ist wichtig.

**VIBRATORLEISTUNG** Untersuchungen aus England haben gezeigt, dass die optimale Geschwindigkeit, um einen Orgasmus zu bekommen, bei 80 Umdrehungen pro Sekunde liegt. Einige Frauen brauchen eine so intensive Stimulation, die mit der Hand faktisch nicht zu erreichen ist. Diese hohe Vibratorgeschwindigkeit wird am besten von Vibratoren erreicht, die direkt an das Stromnetz angeschlossen sind.

Wenn Sie einen batteriebetriebenen Vibrator benutzen, investieren Sie in die langlebigen Alkalinebatterien, die zwar teurer sind als Karbonbatterien, aber mehr Leistung bringen und länger halten. Batterien entleeren sich unglaublich schnell. Manchmal hat nicht die Fähigkeit der Frau abgenommen, mit dem Vibrator leicht einen Orgasmus zu haben, sondern nur die Batterieleistung des immer langsamer werdenden Vibrators.

## *Phase* 3 ANWENDUNGSGEBIETE

Vibratoren sind brauchbare Mittel, damit Frauen einen Orgasmus erleben können, bei denen es anders einfach nicht geht. Aber sie können auch wunderbar für eine klitorale Stimulation

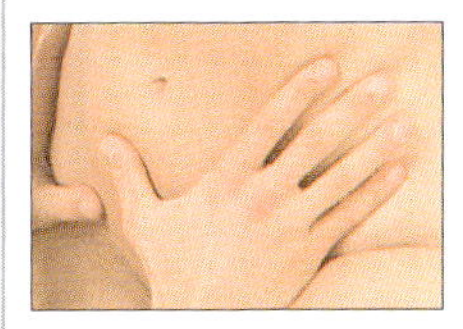

*Gegenseit. Masturbation, s. S. 106*

auch ohne Partner eingesetzt werden. Wenn Sie einen Partner haben, ist es einfach, den Gebrauch eines Vibrators in das Liebesspiel einzubauen und ihn z. B. so zwischen die Körper zu legen, dass er beim Geschlechtsverkehr genau den richtigen Punkt stimuliert.

Viele Menschen vergessen oder wissen einfach nicht, dass auch Männer das Gefühl, das Vibratoren vermitteln, schätzen können. Es gibt runde Vibratoren, die über den Penis bis zur Basis gestreift werden und in der Lage sind, Männer zum Orgasmus zu bringen.

**VIBRATOREN UND GESCHLECHTSVERKEHR** Probieren Sie in einem geeigneten Moment des Liebesspiels den angewärmten Vibrator am anderen aus. Fahren Sie abwechselnd damit über Schultern, Hals, Brust und Busen, die Körperseiten hinab, um den Bauch herum zum Po und vergessen Sie die Innenseiten der Schenkel nicht, die bei den meisten erogene Zonen sind. Erforschen Sie die Scheide mit dem Vibrator, legen Sie ihn sanft in die Falten des Hodens und an die Basis des Penisschaftes.

**INTENSIVE EMPFINDUNGEN** Die durch einen Vibrator am besten zu stimulierenden Körperstellen sind bei der Frau die Klitoris, beim Mann das Frenulum des Penis. Der Anusrand ist oft bei beiden ein angenehmer Stimulationspunkt. Viele Männer empfinden die anale Stimulation der Prostata als extrem lustvoll.

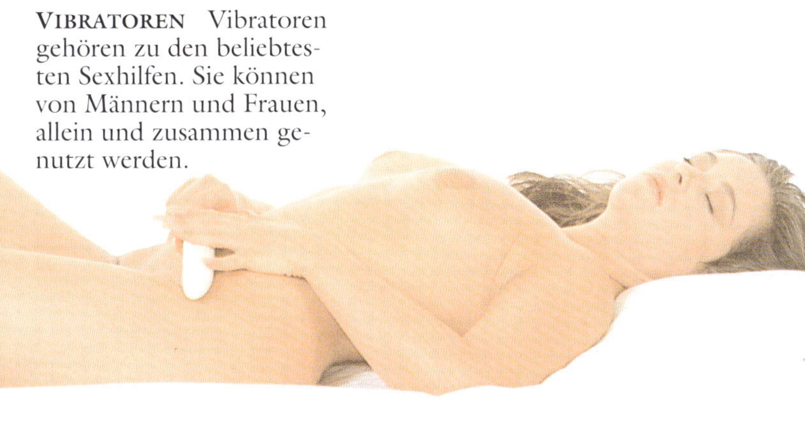

**VIBRATOREN** Vibratoren gehören zu den beliebtesten Sexhilfen. Sie können von Männern und Frauen, allein und zusammen genutzt werden.

# KAPITEL 23

# SEINE GESCHLECHTSORGANE

*In Hinsicht auf das Liebesspiel und den Geschlechtsverkehr ist der Penis zweifellos das wichtigste Geschlechtsorgan des Mannes. Jedoch ist die landläufige Meinung, dass die Potenz des Mannes und seine sexuelle Leistungsfähigkeit von der Größe seines erigierten Penis abhänge, vollkommen falsch. Was wirklich zählt, sind aber Engagement, Können und Einfühlungsvermögen.*

**MÄNNLICHE GESCHLECHTSORGANE** Die Geschlechtsorgane des Mannes liegen innerhalb und außerhalb des Körpers. Die außerhalb liegenden Organe sind der Penis und der Hodensack (der die Hoden, Nebenhoden und Samenleiter enthält), die innerhalb liegenden sind die Prostata und die Samenbläschen. Bei einer Erektion spielt ein kompliziertes Netzwerk von Adern zusammen, um den Penis mit Blut zu füllen, hart werden und anschwellen zu lassen. Die Harnröhre, die durch den Penis läuft, führt den Urin und die Samenflüssigkeit (bei einer Ejakulation) nach außen.

**EICHEL** Die Eichel, der Kopf des Penis, enthält viele Nervenendungen, die sie für Berührungen sehr empfindlich machen.

**VORHAUTBÄNDCHEN** Das hochempfindliche Frenulum ist ein schmales Hautband zwischen Eichel und Schaft.

**SCHAFT** Der Kamm an der Unterseite des Penis ist oft eine sehr empfindliche Körperstelle.

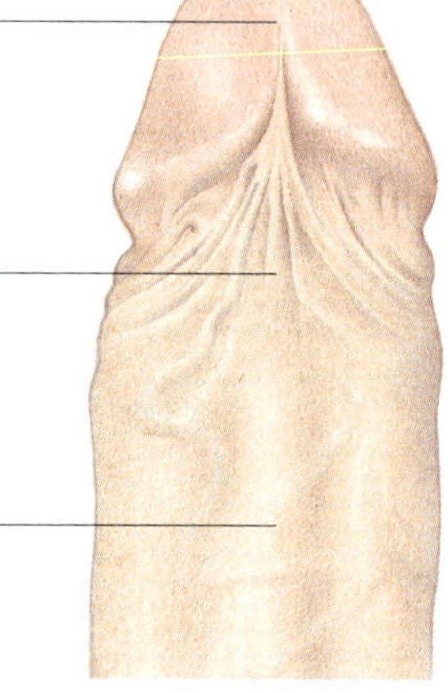

**SAMENLEITER** Innerhalb der beiden Samenleiter wird das von den Nebenhoden produzierte Sperma durch die Samenbläschen geführt und mit Samenflüssigkeit angereichert.

**SAMENBLÄSCHEN** Die beiden Samenbläschen auf jeder Seite der Blase produzieren den größten Teil der Samenflüssigkeit, die bei der Ejakulation ausgestoßen wird.

Anus

**PROSTATADRÜSE** Innerhalb der Prostatadrüse, die unterhalb der Blase liegt, treffen sich die Leiter der Samenbläschen mit der Harnröhre. Eine manuelle Stimulation der Prostata kann eine intensive Erregung hervorrufen.

Blase

Schambein

Penis

Harnröhre

Eichel

Vorhaut

Nebenhoden

**HODEN** Die Hoden stellen das Sperma und das männliche Sexualhormon Testosteron her. Das Sperma wird nach der Produktion in den Nebenhoden gelagert.

**HODENSACK** Der Hodensack hat zwei Teile, die beide einen Hoden enthalten und durch die Samenleiter, Blutgefäße und Nerven miteinander verbunden sind.

# IHRE GESCHLECHTSORGANE

*Die außerhalb liegenden weiblichen Geschlechtsorgane und der Bereich um sie herum sprechen stark auf Stimulation an. Diese empfindsamen Stellen reichen vom Venushügel, einem Fettpolster unterhalb des Schamhaares, das beim Geschlechtsverkehr wie ein Kissen wirkt, bis zum Damm (oder Perineum), der von der Scheide bis zum Anus reicht.*

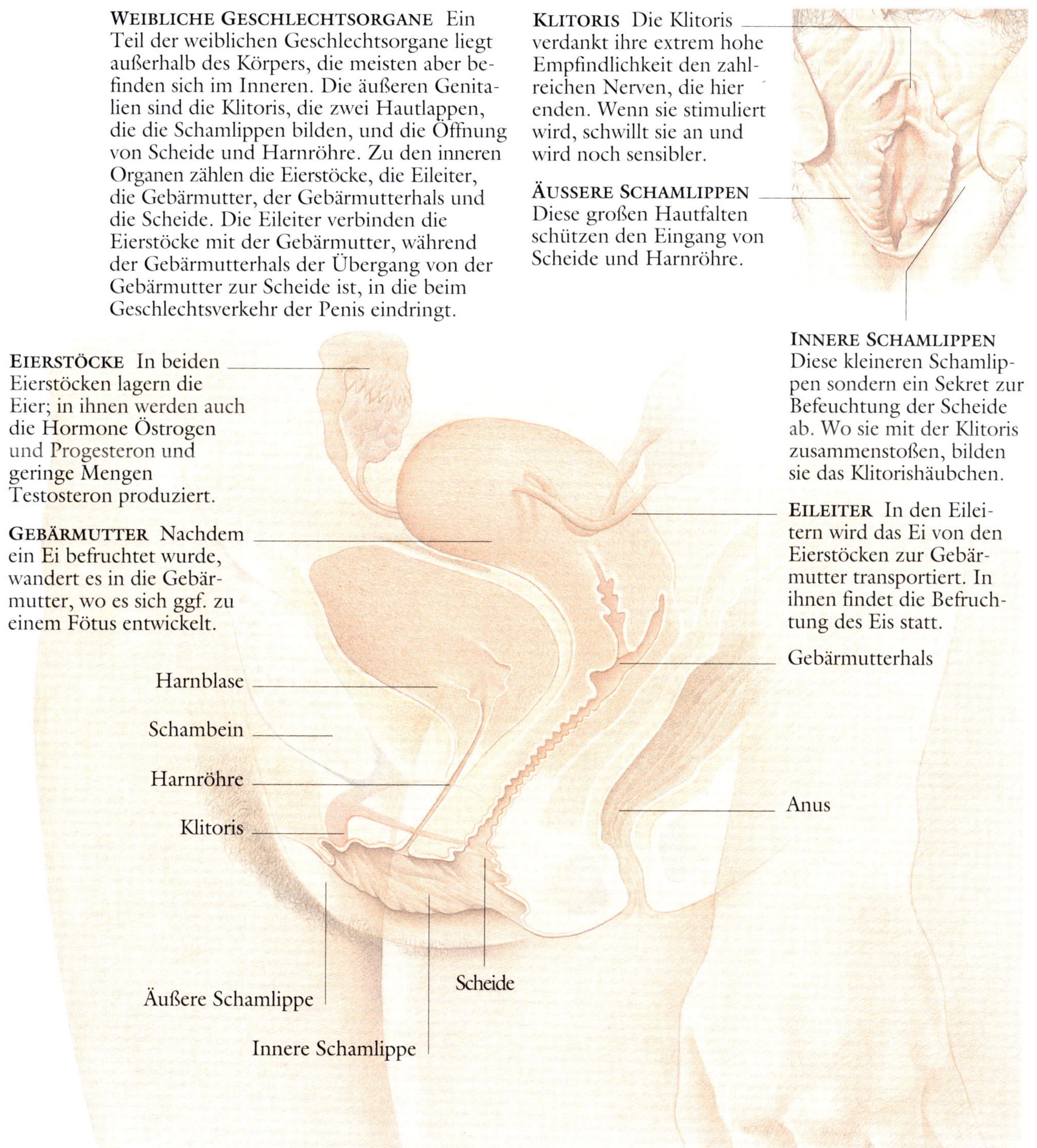

# REGISTER


## A

**Ablehnung**, sexuelle
Gründe für 224
Umgehen mit 225
**Abstinenz**, sexuelle
und sexuelle Energie 185
und sexuelle Reizbarkeit 101
zur Förderung der Begierde 202
**Abwechslung** beim Sex
außerhalb des Schlafzimmers 118
Einführung 112
Sex auf einem Stuhl 174
**Aids**
und HIV 148
und Safer Sex 146
Tests 146, 150
Ursache von 148
**Akupunktur** 186
**Anale Stimulation**
bei gegenseitiger Masturbation (männlich) 107
bei der sexologischen Untersuchung (weiblich) 83
bei der sexologischen Untersuchung (männlich) 81
Einführung 103
Grundtechnik 105
Hygiene 93
kreisen 103
manuelle Reizung 103
mit Vibrator 239
Rimming 103
Vorbehalte 103
**Ängste** lösen
bei der Frau 237
beim Mann 88
**Ängstlichkeit**
Umgang mit 115
und sexuelle Erregung 101
**Anus**
der Frau 243
des Mannes 242
sexologische Untersuchung (weiblich) 83
sexologische Untersuchung (männlich) 81
»Zeigerpositionen« (männlich) 81
»Zeigerpositionen« (weiblich) 83
»Zeigerpositionen« 105
**Anziehungskraft** 22
**Arme**
Basismassage 63
erotische Berührung 29
erotische Massage 170
**Atmen**
gemeinsam 181
bei männlicher Selbstbefriedigung 228
bei weiblicher Selbstbefriedigung 226
zur Enthemmung 45
**Attraktivität** 23
**Augen verbinden**
bei Sexspielen 125
in der männlichen Fantasie 139
in der weiblichen Fantasie 140
tastende Erotik 64
**Augenbinde** 238
**Ausziehen**
als Vorspiel 54
den männlichen Partner 46
den weiblichen Partner 143
teilweises 118

## B

**Bankett**, lustvolles 66
**Befriedigung** verzögern 94
**Begierde**, sexuelle
Natur der 200
Verlust der 201
Wecken der 202
bei weiblicher Selbststimulation 233
um Hemmungen abzubauen 44
**Beinmassage**
Basistechnik 60
erotische 170
sinnliche, für ihn 128
sinnliche, für sie 130
**Bekleidung**
Auswahl 27
Erotik durch 45
Strippen 54
**Berührung**
Bedeutung von 60
bei der Selbstbefriedigung 230–232
Intimität herstellen 26
Orgasmusverbesserung 196
selbstlose 168
sinnliche 28
und Sexualität 8
**Bestrafung**
in männlicher Fantasie 138
bei Sexspielen 125
**Bewusstsein**, sexuelles 36
**Blase**
männliche 242
weibliche 243
**Blut** und HIV 149
**Brust**
essen und trinken von der 66
Massage bei der Hirschübung 189
sexologische Untersuchung (männlich) 80
sexologische Untersuchung (weiblich) 82
sinnliche Massage ihrer 131
sinnliche Massage seiner 129
Stimulation beim Geschlechtsverkehr 109
tantrisches Streicheln 207
Veränderungen während der Schwangerschaft 158
Selbststimulation der Frau 233
**Brustmassage**
Grundgriffe 60
erotische 170
**Brustwarzen**
sexologische Untersuchung der (männlichen) 80
sexologische Untersuchung der (weiblichen) 82
Stimulation beim Sex 109
und Essen 66
Vergrößerung während der Schwangerschaft 158
**Büstenhalter**
ausziehen 55
Auswahl 54

## C

**Champagner**, erotischer Gebrauch 66
**Chlamydien** 148, 152

## D

**Dildos** 238
**dominieren**
in Liebesspielen 126
in männlicher Fantasie 138
**Dreihändige Massage**
für ihn 172
für sie 170
**Dreitageprogramm** 202
**Drogenmissbrauch**
und HIV 149
**Drüsen**, die sieben 186
**Duft**, 27

## E

**Eichel** 242
**Eierstöcke**
Funktion der 243
und Reflexzonen 186
**Eileiter** 243
**Ejakulation**
Drucktechnik 59
hinauszögern 162
Hodendrucktechnik 208
Kontrolle der 59
Natur der 14
schnelle 58
Squeezetechnik 59
und Injakulation 187
und Kondome 153
vorzeitige 58
weibliche 92
**Energie** tanken 186
**Enthaltsamkeit**, sexuelle 202
**Entspannung**
Bedingungen für sexuelle 166
bei männlicher Selbstbefriedigung 228
bei weiblicher Selbstbefriedigung 226
Hemmungen abbauen 44
**Erektion**
erhalten durch manuelle Stimulation 106
Mechanismus der 242
und Injakulation 187
und Kondome 153
erkunden 134
Gebrauch beim Geschlechtsverkehr 137
Orgasmusverbesserung 136
Sinnlichkeit verstärken durch 53
umsetzen, bei der Frau 140
umsetzen, beim Mann 138
und Libido 136
und Safer Sex 157
Verlustangst 137
vorstellen 135
**Erotik** 53
**Erotische Berührung**
Basistechnik 28
Kleidung zur Stimulation 45
**Erotische Massage** 169
**Erotisierendes Streicheln** 64
**Erregung**
Auswirkungen des Alters 51
Auswirkungen von Unsicherheit 50
**Erscheinung**
achten auf 24
verbessern 27
**Experimente** beim Sex 115

## F

**Fantasien**, sexuelle
ausleben 137
bei männlicher Selbstbefriedigung 230

bei weiblicher Selbstbefriedigung 232
Beziehung retten durch 115
»Das erste Mal« spielen 142
entwickeln 13
**Federn**, streicheln mit 65
**Fersendruckübung** 45
**Fesseln**
Ausrüstung 238
in der männlichen Fantasie 139
Richtlinien 124
Spiele 126
**Fingernägel**
Einsatz bei der erotischen Berührung 29
Einsatz bei der erotischen Massage 170
**Fixe Ideen** zum Thema Sex
Änderung 114
Ursprung 113
**Früchte**, erotischer Gebrauch 66
**Führung**
und Selbstbestimmtheit 73
beim Geschlechtsverkehr 74
**Fußmassage**
Basistechnik 62
bei der erotischen Berührung 29
erotische 170
sinnliche, für ihn 131
sinnliche, für sie 128
**Frenulum**
Anatomie 242
sexologische Untersuchung 80
Stimulation mit dem Vibrator 239


# G


**Ganzheitlichkeit** und Wohlbefinden 192
**Gebärmutter** 243
**Gedanken** lenken 45
**Genitalberührung**
bei der sexologischen Untersuchung (des Mannes) 81
bei dreihändiger Massage für ihn 173
bei dreihändiger Massage für sie 170
bei erotischer Berührung 65
bei gegenseitiger Befriedigung 96
bei männlicher Selbstbefriedigung 231
bei weiblicher Selbstbefriedigung 233
Führung übernehmen 75
mit den Haaren 74
zur Wiederbelebung der Begierde 205
**Genitalentspannung** (weibliche) 227
**Genitalien**
Anatomie beim Mann 242
Anatomie bei der Frau 243
**Genitalmassage**
im tantrischen Sex 207
taoistische 186
und Kondome 152
**Genuss**
empfangen 169
schenken 168
**Gesäß**
Basismassage 60
erotische Massage 170
sinnliche Massage für ihr 130
sinnliche Massage für sein 128
streicheln (weibliches) 109
streicheln (männliches) 107
**Geschlechtsorgane**
s. Genitalien
**Geschlechtsverkehr**
auf einem Stuhl 174
Ende 180
inniger 78
kreativer 126
**Gonorrhö** 148, 152
**G-Punkt**
Entdeckung 90
Partnerstimulation 92, 93
Position 92
Stimulation beim Geschlechtsverkehr 92–95
**Grenzen** erweitern 102
**Gummipuppe** 238


# H


**Haare**
bürsten, erotisierend 64
sinnliches Bürsten 28
Frisur 27
**Handballen** 238
**Handmassage** 62
**Harnröhre**
männliche 242
weibliche 243
sexologische Untersuchung (männlich) 80
sexologische Untersuchung (weiblich) 83
**Haut**
bemalen 65
bürsten 64
essen von 66
kitzeln mit Federn 65
streicheln mit Seide 64
**Hektors Pferd** 95
**Hemmungen**
des Partners überwinden 43
eigene überwinden 44
und Sexmöglichkeiten 53
Ursachen 42
**Herpes** 146, 148
**Hirnanhangdrüse** 186
**Hirschübung** 188
**HIV**
Auswirkung von 148
Herkunft von 149, 151
Heterosexualität und 148,157
Homosexualität und 148,157
Tests 146, 150
Übertragung 148
und Aids 148
und Safer Sex 146
**Hocke**, Entspannungsübung 227
**Hoden**
Reflexzonen 186
durch Partner stimulieren 97
Funktion der 242
Stimulieren während des Geschlechtsverkehrs 107
Streicheln 75
und Orgasmuskontrolle 208
**Hodendrucktechnik**
Grundgriffe 59
Höhepunkt hinauszögern 71
**Höhepunkt**, Nähe nach dem 180
**Höschen** 55
**Hüfthebeübung** 226
**Hüftkreisübung** 229
**Hüftrotation**, tantrische 209


# I


**Injakulation** 187
**Interesse**, nachlassendes 122
**Intimität**
pflegen 79
und geteilte Gefühle 78
verstärken, körperlich 80


# J


**Jen-Mo Punkt** 187


# K


**Kirlian-Fotografie** 186
**Klitoris**
lecken 85
massieren 96
Anatomie der 243
Selbststimulation 233
sexologische Untersuchung der 83
Stimulation mit Vibrator 239
Stimulation und tantrischer Geschlechtsverkehr 209
Stimulation während des Geschlechtsverkehrs 109
**Kondom**
Auswirkung auf männliche Stimulation 147
Auswirkung auf weibliche Empfindsamkeit 153
Gebrauch beim Safer Sex 150
Herausziehen153
Oraler Sex und 153
und Sinnlichkeit 152
Überziehen 153
und HIV 150
und sexuell übertragbare Krankheiten 152
**Kopfmassage** 64
**Körperfarben** 65
**Körperflüssigkeiten**
Austausch von 149
und HIV 149
Vermeiden von 150
**Körperkarte** 90
**Körpersprache**
begrüßen 24
Blickkontakt 25
Gebrauch der 24
Grenzen setzen 24
Nachahmung 25
**Krankheiten,** sexuell übertragbare s. Sexualkrankheiten
**Kuscheln** 196
**Küssen**
beim Geschlechtsverkehr 30
einen neuen Partner 27
Orgasmusförderung 197
überall 102


# L


**Langeweile**, sexuelle
Effekt auf Erregbarkeit 185
Entwicklung der 114
Gefahr der 122
Spiele zur Überwindung 126
Vermeiden 114
**Libido** 136
**Liebeskugeln** 238
**Liebeswerbung,** traditionelle 89
**Löffelstellung**
beim Streicheln 206
Führung übernehmen 75
Grundstellung 31


# M


**Mann-oben-Stellungen**
Grundstellungen 160
Höhepunkt hinauszögern 94
Missionarsstellung 30

Missionarsstellung,
Varianten 160
Schere 75, 94
zur gegenseitigen Befriedigung 106
**Massage**
Basisgriffe 60
bei männlicher Selbstbefriedigung 229
bei weiblicher Selbstbefriedigung 227
dreihändige für ihn 172
dreihändige für sie 170
erotische 169
sexuelle Empfindungen stärken durch 168
sinnliche für ihn 128
sinnliche für sie 130
und erotische Berührung 28
und Safer Sex 157
zur sexuellen Stärkung 63
**Massageöl**, siehe Massage
**Massagegriffe**
Daumengriffe 61
dreihändige Massage für ihn 172
dreihändige Massage für sie 170
Federflug 61
gleiten 61
kneten 62, 63
Knöchel streicheln 62
kreisen 60, 61
schwimmen 61
sinnliche Massage für ihn 128
sinnliche Massage für sie 130
**Masturbation**
bei der Frau durch den Partner 108
beim Mann durch die Partnerin 106
beim spontanen Sex 117
mit Vibrator 239
wenn die Frau oben liegt 163
beim spontanen Sex 116
Hemmungen überwinden 44
männliche, Mythen über 228
mit Hilfen 238
Orgasmusverbesserung 196
Sinnlichkeit steigern 53
und Safer Sex 151
während der Schwangerschaft 157
weibliche, Mythen über 227
zur männlichen Selbststimulation 230
zur weiblichen Selbststimulation 232
**Meditation** zur Verbesserung des Sex 181
**Missionarsstellung**
bei tantrischem Sex 208
Grundstellung 30
und Genitalkontakt 161
Veränderung 160
**Muskeln**
Basismassage der 60
erotische Massage der 169
sinnliches Kneten 28


# N


**Nackenmassage**
Basisgriffe 62
bei sinnlicher Berührung 28
erotisch 170
**Nacktheit** während des Verkehrs 115
**Nahrungsmittel**, erotischer Gebrauch von 66
**Nebenhoden** 242
**Nebennieren** 186
**Nervosität** 89
**Neuartigkeit** und sexuelle Freuden 101
**Neuner-Set** 186


# O


**Öffnen**, sich 79
**Onanie** s. Selbstbefriedigung, männliche
**Oralverkehr**
Basistechniken 84
beim Spontansex 116
Butterfly flick 84
Cunnilingus 85
Einführen 102
Fellatio 84
in der Schwangerschaft 157
Orgasmusverbesserung 196
und Aids 151
**Orgasmus**
Aufbau 196
auslösen 209
durch Masturbation 113
Nähe nach dem 180
Stellungen zur Verzögerung 94
Sexfreuden ohne 113
verbessern 196
Verbesserung durch Fantasien 136
vertiefen 166
verzögern 208
Wesen des 14
**Orgasmus**, männlicher
auslösen 209
bei Selbststimulation 231
Ejakulationskontrolle 59
Positionen zur Verzögerung 94
Verbesserung 196
Verzögern 208
Verzögerung durch Injakulation 187
Wesen des 14
Zurückhalten lernen 71
Schwierigkeiten 196
**Orgasmus**, weiblicher
Auslöser 209
bei Selbststimulation 233
in der Schwangerschaft 158
neun Stufen des 194
Nichterreichen 196
Stellungen zur Verzögerung 94
und Sexualität 180
und Vibratoren 237
Verbesserung 196
Vortäuschung 237
Wesen des 15
**Östriol** 158
**Östrogen**
Level bei Schwangeren 158
Produktion von 243


# P


**Partner**
Begehren wieder wecken 202
Empfänglichkeit für 185
finden 23
kennen lernen 89
Körperkarte 90
neuer 101
Safer Sex mit einem neuen 146
sexologische Untersuchung (männliche) 80
sexologische Untersuchung (weibliche) 82
sexuelle Entdeckung 90
sich öffnen 115
Zeit haben für 178
**Passivität** 169
**Penetration** 13
Begehren wieder wecken 205
bei dreihändiger Massage 171
bei tantrischem Geschlechtsverkehr 208
verändern, mit ihm oben 160
verändern, mit ihr oben 163
**Penis**
und Reflexzonen 186
Größe des 242
manuell stimulieren 106
Massage des 186
oral stimulieren 84
Selbststimulation 231
sexologische Untersuchung des 231
Stimulation beim Geschlechtsverkehr 106
Stimulation mit einem Vibrator 239
Anatomie des 242
und dreihändige Massage bei ihm 173
und dreihändige Massage bei ihr 171
und Penetration 13
**Penisring** 238
**Perineum** (Damm)
sexologische Untersuchung des (männlichen) 81
sexologische Untersuchung des (weiblichen) 83
Stimulation (männliche) 97
Stimulation während des Verkehrs (männlich) 107
**Postkutsche**, Stellung 95, 174
**Problemsituationen**
Umgang mit 72
**Progesteron** 243
**Prostata**
Funktion der 93
manuelle Stimulation der 93
Massage der 188
Position der 242
Stimulation mit einem Vibrator 239
und Ejakulation 14
und Injakulation 187
und Reflexzonen 186
**Psychologie**, Sex und Gesundheit 186
**Puritanismus** 114


# R


**Reflexzonen** 131,186
**Reiterstellungen**
auf einem Stuhl 175
Frosch 163
Führung übernehmen 75
für ihre Masturbation 109
für seine Masturbation 107
Grundform 31, 160
Hektors Pferd 95
Schubkarre 95
von hinten 95
von hinten eindringen 163
zur Verzögerung des Höhepunktes 95
**Rollenspiele** 125
**Rücken** zum Gesicht 95
**Rückenmassage**
Basisgriffe 60
erotische 170
sinnliche, für ihn 130
sinnliche, für sie 128


# S


**Safer Sex**
diskutieren 147

mit einem neuen Partner 146
verlangen 150
Wichtigkeit 148
**Sahne**, erotischer Gebrauch 67
**Samenflüssigkeit**
Ejakulation der 14
Produktion der 242
**Samenleiter** 242
**Schambein**
männliches 242
weibliches 243
**Schamhaar** (männliches) 80
**Schamlippen**
große, kleine 243
Gummischutz (Masturbation und Aids) 239
sexologische Untersuchung 83
**Scherenposition**
Führung übernehmen 75
zum Hinauszögern des Höhepunkts 94
**Schilddrüse** 186
**Schläge**
bei Sexspielen 125
einführen 135
**Schmutzige Wörter** 72
**Schuhe**, hohe
Effekt der 54
Wahl der 27
**Schultermassage**
Basisgriffe 60
bei erotischer Berührung 28
erotische 170
**Schwangerschaft**
Auswirkungen auf die Beziehung 156
Auswirkungen auf ihre sexuellen Bedürfnisse 157
Körperliche und hormonelle Veränderungen 158
Sex während der 159
sexuelle Sicherheit 159
**Seide**, streicheln mit 64
**Seitenlage** 208
**Selbstbefriedigung**
Hemmungen abbauen 44
männliche 228
sexuelle Gefühle verstärken 169
sexuelle Wahlmöglichkeiten 174
sexuelle Ablehnung 225
weibliche 226
**Selbstbestimmung**, sexuelle
bei Zurückweisung 225
demonstrieren 73
»Grundgesetz« 72
**Selbstliebe** 169
**Selbstmassage**
für ihn 229
für sie 227
**Selbststimulation**
männliche 230
Vorlieben aufzeigen 38
weibliche 232
weibliche, beim Verkehr 31
Sex auf dem Stuhl 174
**Sex ohne Koitus**
bei Safer Sex 151
bei Sexspielen 125
beim Spontansex 116
Langeweile bekämpfen durch 113
Sinnlichkeit vertiefen 53
während der Schwangerschaft 157
zur Entdeckung der Sinnlichkeit 185
zur Sexverbesserung 63
zur Verlängerung der Lust 59
**Sex**
emotionale Beteiligung 88
erlernte Fähigkeit 8
Haltung zum 114
Interesse zeigen für 22
Kleidung für 114
lernen 89
natürlicher Zugang zum 9
Probleme lösen 9
Sexualakt 12
Spiritualität 193
Varianten 9
Vielfalt 10
während der Schwangerschaft 158
**Sexologische Untersuchung**
bei ihm 80
bei ihr 82
sexuelle Empfindungen verbessern 169
**Sexspiele**
erweitern 88
Nutzen der 89
**Sexspielzeug**
Einführung 238
Gebrauch 236
**Sexstellungen**
auf dem Boden 119
auf einem Stuhl 174
Basisgriffe 31
bei Spontansex 117
bei tantrischem Sex 209
Frau liegt oben 163
für ihn, um sie zu masturbieren 108
für sie, um ihn zu masturbieren 107
für tiefe Penetration 160
für verzögerten Höhepunkt 94
Hektors Pferd 95
in der Schwangerschaft 159
knien 174
Löffelstellung 31, 75, 206
Mann liegt oben 30, 94, 106, 160
Missionarstellung 30, 160
Postkutsche 95
Reiterstellung 163
Schere 75, 94
Schubkarre 174
Seite an Seite 30
seitlich 208
spontan 116
stehend 116
von hinten 95
zur G-Punkt-Stimulation 95
**Sexualität** und Berührung 8
**Sexualkrankheiten**, sexuell übertragbare Krankheiten
Aids 146–148
Ausbreitung 146
Chlamydien 148–152
Gonorrhö 148–152
Syphilis 148–152
und Kondome 152
und Safer Sex 148
**Sexualtrieb**
Rolle des Testosterons 158
und Alter 185
**Sexuelle Batterie** aufladen 184
**Sexuelle Biographie**
Fragebogen 37
**Sexuelle Ekstase**
erreichen 194
und sexuelle Ganzheit 193
und sexuelle Liebe 169
vergrößern 100
**Sexuelle Kommunikation**
anfangen 36
verbessern 36
**Sexuelle Entdeckung**
gegenseitige 90
Sechspunkteplan 93
**Sexuelle Selbsterkenntnis** 225
**Sexuelle Vorlieben** und Abneigungen
Abstimmung mit dem Partner 34
Befragung35
Herausfinden der eigenen 35
**Sexueller Ausdruck**
bei männlicher Selbststimulation 231
Sicherheit geben
und Fantasien 135
und Intimität 79
**Sinnliche Massage**
für ihn 128
für sie 130
**Sinnlichkeit**
entdecken 185
und Ganzheit 193
**Sirup**, erotischer Gebrauch 66
**Spannung** abbauen
bei männlicher Selbstbefriedigung 228
bei weiblicher Selbstbefriedigung 226
Hemmungen abbauen 45
**Spannung**, sexuelle
erhöhen 101
während der Schwangerschaft 158
zu niedrige erhöhen 126
**Sperma** 242
Produktion 188
und HIV 149
**Spiele, sexuelle**
kreativ 126
männliche Fantasien 138
planen 124
Richtlinien zu 124
spielen 125
und Vertrauen 124
Unschuld spielen 142
weibliche Fantasien 140
**Spontansex** 116
**Stagnation**
beim Spontansex 117
der Beziehung 179
des Sexlebens 10
mit Stuhl 174
und sinnliches Entkleiden 54
**Strapse und Strümpfe**
abstreifen 55
Reiz von 55
Vorteile von 117
**Streicheln**
Begierde wieder wecken 204
erotisierendes 64
Führung übernehmen 74
Orgasmus intensivieren 196
Selbststimulation, männliche 230
Selbststimulation, weibliche 232
Sinnlichkeit steigern 53
tantrisch 206
Verlängerung des Liebesaktes 59
**Stress**, Auswirkungen 123
**Syphilis** 148, 152

# T

**Tantra**
Geschlechtsverkehr 208
Philosophie 202
streicheln 206
**Taoismus** und Sex
Hirschübung 188
Injakulation 187
neun Stufen des Orgasmus 194
Neuner-Sets 186
**Testosteron**
Auswirkung von Stress 123
Produktion bei der Frau 243
Produktion beim Mann 242
und Haarwuchs 80
und Sexualtrieb 158
und Vorstellungskraft 136
**Tipps**
Begehren wieder wecken 202
fixe Ideen ändern 114

gegenseitige Erforschung 90
Hemmungen verlieren 44
Kommunikation verbessern 36
Körperliche Nähe herstellen 80
Nähe nach dem Höhepunkt 180
Safer Sex 148
Selbstbefriedigung, männliche 228
Selbstbefriedigung, weibliche 226
Sexdauer 58
Sexfantasien 136
Sexspielzeug 238
sexuelle Gefühle 168
sexuelle Hemmungen 102
sexuelle Selbstbestimmung 72
sexy Image 24
sexy Schwangerschaft 158

# U

**Übungen**
Analstimulation 105
ausleben, ihre Fantasien 140
ausleben, seine Fantasien 138
außerhalb des Schlafzimmers 118
Basisstellungen 30
Befriedigung hinauszögern 94
dreihändige Massage 172
einfallsreiche Liebesspiele 126
erotische Berührung 64
Führung übernehmen beim Liebesakt 74
gegenseitige Masturbation ohne Geschlechtsverkehr 96
Hirschübung 188
männliche Selbstbefriedigung 230
Masturbation beim Geschlechtsverkehr für ihn 106
Masturbation beim Geschlechtsverkehr für sie 108
Oralvekehr 84
Reiterstellungen 162
Selbstbefriedigung, weibliche 232
Sex auf dem Stuhl 174
sexologische Untersuchung (für sie) 82
sexuelles Bankett 66
sexy strippen 54
sinnliche Massage für ihn 130
sinnliche Massage für sie 128
sinnlich-erotische Berührung 28
sinnliches Kondom 152
Spontansex, Stellungen 116
tantrische Berührung 206
tantrischer Sex 208
Unschuld spielen 142
verbesserter Orgasmus 196
Verführerin spielen 46
Wünsche aufzeigen 38
Zungenspiele 104
**Unschuld** spielen 142
**Unterwäsche**, Wahl der 27
**Uterus** (Gebärmutter) 243

# V

**Vagina** (Scheide)
Gummischutz 239
Hirschübung 189
lecken 85
Massage der 186
Position der 243
Reflexzone 186
Selbststimulation 233
sexologische Untersuchung der 83
Stimulation mit Vibrator 239
und Penetration 13
**Vaginalsekrete**
und HIV 149
und Penetration 13
**Venushügel** 243
**Verführerin spielen** 142
erotische Gefühle stimulieren 46
Hemmungen abbauen 45
**Verletzbarkeit** 79
**Vertrauen**
aufbauen 167
und Sexspiele 124
Mangel von 51
**Vibratoren**
bei Sexspielen 125
Anwendung beim Sex 239
auswählen 239
Erregung steigern 51
Typen 238
und weiblicher Orgasmus 236
**Vorhaut**
Anatomie 242
sexologische Untersuchung der 80
**Vorzeitiger Samenerguss** 58

# W

**Wärme**
spenden 26
und sexuelle Entspannung 166
**Wein**, erotischer Gebrauch 66
**Wünsche** äußern 70
**Wünsche** zeigen 38

# Z

**Zehenmassage** 29
**Zeit** finden für die Liebe 178
**Zirbeldrüse** 186
**Zonen, erogene**
eigene zeigen 38
erforschen beim Partner 52
Kartierung 90
Selbstbefriedigung 230–232
Erotisierung der 65
weibliche Selbststimulation 232
**Züchtigung** 125
**Zungenspiele**
als Vorspiel zum Oralverkehr 102
Basistechnik 104
Orgasmushilfe 197
**Zurückhaltung**, erregende 55

---

*ANNE HOOPER*
*LUST – DER ULTIMATIVE RATGEBER*

*DTP-Design:* Debbie Rhodes
*Lithographie:* DTP
*Herstellung:* Lorraine Baird

CARROLL & BROWN LIMITED
möchte sich bedanken bei: Bruce Garrett und Madeline Weston für redaktionelle Unterstützung; Tim Kent und Tula Whitlow für ihre Unterstützung bei der Fotoerstellung; allen Fotomodellen für ihren Enthusiasmus, ihre Kooperation und ihre Professionalität während der Produktion.